マクロ経済学の再構築

マクロ経済学の再構築
ケインズとシュンペーター

HIROSHI YOSHIKAWA 吉川 洋

岩波書店

科學の進歩を妨げるものは素人の無理解ではなく，いつでも科學者自身の科學其の物の使命と本質に對する認識の不足である（寺田寅彦 1933）．

はしがき

　本書のゲラを校正し,「はしがき」を書いている今,日本を含む国際経済社会は,新型コロナウイルスの感染拡大という暗雲に覆いつくされている．コロナショックにより世界経済は,戦後最悪, 1930 年代の大不況 (いわゆる Great Depression) 以来の危機に直面した.

　米国における週間失職者の数は, 1967 年 1 月から 2020 年 3 月まで半世紀余の平均で 35 万人, 2008 年秋のリーマン・ブラザーズ破綻後の世界金融危機 (いわゆる Great Recession) の時ですら 66 万 5000 人であった．ところがウイルス禍が拡大した 3 月 23-28 日には, 660 万人という驚くべき水準で史上最悪を記録した．この結果, 2020 年 3 月に 4.4% だった失業率は, 4 月には 14.7% に跳ね上がった.

　日本経済の (実質) 成長率も,すでに 2020 年 1-3 月期にマイナス 2.2% となっていたが, 4-6 月期には大幅に落ち込みが加速し, 1973-74 年の第 1 次オイルショック, 2008-09 年のリーマンショックを上回る戦後最悪の不況となることは確実である.

　経済学という学問にとって不幸なことに,現代のマクロ経済学は,こうした経済の現実の動きを説明し,有効な政策提言を行うことができない．なるほど,コロナショックに直面し,日本でも米国でも EU でも,中国も含めて世界中の政府が大規模な財政出動と金融緩和策を打ち出した．しかし,こうした政策は, 40 年ほど前までマクロ経済学の主流であったケインズ経済学に基づく処方箋にほかならない．今日,世界の主要な大学で学界のリーダーが研究し大学院レベルの教科書に書かれているマクロ経済学は,危機に直面する世界経済に対してなんら有効な処方箋を提供できない．それどころか,「2% インフレ」という的外れな目標を達成するために,マネーストックを異常な水準まで拡大するという誤った処方箋を書き続けているのである.

　マクロ経済学は,過去 40 年間に大きく変貌した．ケインズ経済学から新古典派理論へというこの大転換において,最も大きな役割を果たしたキーワード

は「マクロ経済学のミクロ的基礎づけ」である．しかし，家計や企業などミクロの経済主体の最適行動を詳細に調べ，それを相似拡大してマクロ経済の動きを分析するこの方法論は，マクロ経済学を現実の経済とは関係のない知的遊戯に陥れてしまった．1つの確立された学問分野が，半世紀という長きにわたりこれほど迷走したということは，思えば驚くべきことである．20世紀末から米国の経済学界で続けられてきたマクロ経済学の営みは，知のエピステーメー（認識の台座）として将来研究されるべきテーマであるに違いない．

マクロ経済学の柱は，ケインズの有効需要の理論である．第3章で説明するように，ケインズ経済学のアキレス腱と言われてきた供給サイドは，統計物理学の方法でミクロ的に基礎づけられる．物理学，化学，生物学などを専門とする自然科学者にはごく素直に，ほとんど常識として受け入れてもらえるであろうことも，経済学者には抵抗が強いことが予想される．筆者が尊敬するロバート・ソロー教授は，第3章の議論を "quite convincing" とし，本書の英語版のカバーに "It captures analytically a good part of the intuition that underlies the Keynesian economics of people like Tobin and me." という推薦文を寄せてくださった．筆者としては，若く有能な経済学者が，先入観を捨て，第3章の議論を検討してくださることを期待している．

ケインズ経済学のキーワードは「需要」だが，需要は短期だけではなく，長期的にも経済成長の帰趨を決定する．そこに登場するのがシュンペーターである．このことは第5章で説明するが，ケインズもシュンペーターも，彼らの考えたことは現代のマクロ経済学では生かされていない．本書の目的は，2人の経済学をテコにマクロ経済学を再構築することである．

マクロ経済学のミクロ的基礎づけについて，経済学者が考えていることとはまったく異なる統計物理学の方法を筆者に教えてくださったのは，故青木正直教授である．青木先生は，経済学者が誰ひとり省みない中，孤高の道を歩まれたパイオニアだった．30年以上前に大阪大学社会経済研究所で数年間先生と同僚となった縁で，長らく筆者が夢見るように考えていたことが現実のものとなった．

その後は，経済物理学という新しい学問分野の開拓者である青山秀明，家富洋，池田裕一，藤原義久，相馬亘，各教授ら物理学者の人たちと共同研究を行

う機会を得て，彼らから多くのことを学ぶことができた．本書においても共同研究の成果を使わせていただいた．そのほか第5章では，中央大学の安藤浩一教授との共同研究の結果も紹介させていただいた．

本書は過去20年ほどの筆者の研究をまとめたものだが，この間さまざまな組織のお世話になってきた．2017年3月までは東京大学経済学部，同年4月からは立正大学経済学部を研究の拠点としながらも，そのほかに財務省財務総合政策研究所，経済産業研究所，キヤノングローバル戦略研究所，日興リサーチセンターなどが筆者の研究活動をサポートしてくださった．

またニューヨーク大学の佐藤隆三先生には様々な機会に励まして戴いた．友人の井堀利宏教授の科学研究費にも長年お世話になった．第3章のシミュレーションは，当時東京大学大学院経済学研究科博士課程の学生だった荒田禎之氏（現経済産業研究所）がやって下さった．

本書の完成については，研究室の宮川修子氏と岩波書店の髙橋弘氏のおふたりにお世話になった．本書には面倒な数式や図表が多いが，今回もおふたりのおかげで完成することが出来た．以上に挙げた方々，組織に心から感謝したい．

筆者が経済学を学び始めて50年が経過した．本書は，私にとって研究生活を締めくくる「卒業論文」のようなものだ．45年間，研究生活を支えてくれたのは妻節子である．感謝とともに本書を彼女に捧げることにしたい．

　　令和2年4月12日

　　　　　　　　　　　　　　　　　　　　緊急事態宣言下の東京にて
　　　　　　　　　　　　　　　　　　　　　　　　　吉　川　　洋

目　次

はしがき

序　章 1

第 1 章　標準的な「ミクロ的基礎づけ」は
　　　　　なぜ間違っているのか 7

1. 代表的消費者／企業　16／2.「ミクロ的に基礎づけられたマクロ経済学」が仮定する「ミクロ・ショック」——ルーカス・モデル　19／3. 非自己平均性——現実的な「ミクロ・ショック」の性質　22／4. 合理的期待　29／5. ワルラスの「一般均衡理論」　36

第 2 章　統計物理学の考え方とマクロ経済学 45

1. マクロの法則　46／2. 変分原理　47／3. マクロとミクロ　48／4. エントロピー　51／5. 具体例——景気循環のモデル　53／6. ラムゼー・モデル　55／7. マルコフ・モデル　60／8. まとめ　70

第 3 章　ケインズ経済学のミクロ的基礎づけ
　　　　　——確率的マクロ均衡 73

1. 生産性の分布の意義　77／2. 生産性格差　79／3. サーチ理論の限界　87／4. 不完全競争——屈折個別需要曲線　94／5. 限界費用　96／6. 企業の最適行動　98／7. 労働生産性の分布　109／8. 職(job)の創造と破壊　111／9. 生産性の分布を説明する理論モデル　114／10. 失業　122／11. シミュレーションによる説明　123／12. まとめ——有効需要の原理　127

第 4 章　景気循環——有効需要の役割 133

1. マクロ経済学の誕生　133／2. 景気循環の原因——RBC への批判　137／3. 産業部門別データを用いた分析　144／4. Great Recession　151／5.「循環」を生み出すメカニズム——投資の役割　156／6. まとめ　160

第 5 章　需要の飽和と経済成長
　　　——ケインズとシュンペーターの出会うところ……………163

　第 1 節　経済成長の理論　165
　　　1．ルイス・モデル　167／2．戦後日本の高度成長　171
　第 2 節　需要の飽和　174
　第 3 節　プロダクト・イノベーションと経済成長　181
　　　1．供給サイドと需要サイド　181／2．需要と技術革新　184／
　　　3．プロダクト・イノベーションのモデル化　186／4．青木＝吉川
　　　モデル　190
　第 4 節　部門間シフトとマクロの経済成長　204
　まとめ——経済成長における需要の役割　207

第 6 章　物価と賃金………………………………………………211

　第 1 節　デフレと日本経済　212
　第 2 節　金融政策と「期待」　216
　第 3 節　価格の決定　222
　第 4 節　個別の価格と一般物価　232
　第 5 節　賃金　241
　第 6 節　まとめ　248

第 7 章　金融市場／資産価格と実体経済………………………257

　第 1 節　新古典派的アプローチ　258
　第 2 節　資産価格変動の数理　263
　　　1．ベキ分布　263／2．独立な確率変数の和の極限分布　266／
　　　3．エントロピー最大化　271
　第 3 節　「バブル」について　279
　第 4 節　実体経済との違い　283
　第 5 節　金融市場の「合理性」　288
　まとめ　293

第8章　結論——マクロ経済学のあるべき姿·· 295
 1. ミクロの問題とマクロの問題　295／2. ミクロの最適行動の詳細を追っても意味はない　297／3. 景気の変動を決めるのは実質総需要の水準である　300／4. 需要は「長期」の経済成長でも大きな役割を果たす　303／5. 物価と賃金　304／6. 金融市場の役割　305／7. おわりに　306

補論　先駆者たち··· 309
 1. チャンパーノウンによる所得分布に関する研究　311／2. 1930年代の「ロシア学派」　315／3. コブ＝ダグラス関数のミクロ的基礎　319／4. トービンの「確率的マクロ均衡」　322／5. 物理学者の貢献　324

参考文献··· 325
索　引·· 349

序　章

　戦争中の第一高等学校(一高)で教え戦後は論壇の「右派」として活躍，『ビルマの竪琴』の著者としても知られた竹山道雄は，『昭和の精神史』(1956年)の中で次のように書いている．

　　歴史を解釈するときに，まずある大前提となる原理をたてて，そこから下へ下へと具体的現象の説明に及ぶ行き方は，あやまりである．歴史を，ある先験的な原理の図式的な展開として，論理の操作によってひろげてゆくことはできない．このような「上からの演繹」は，かならずまちがった結論へと導く．事実につきあたるとそれを歪めてしまう．事実をこの図式に合致したのとして理解すべく，都合のいいもののみをとりあげて都合のわるいものは棄てる．そして，「かくあるはずである．故に，かくある．もしそうでない事実があるなら，それは非科学的であるから，事実の方がまちがっている」という．
　　「上からの演繹」は，歴史をその根本の発生因と想定されたものにしたがって体制化すべく，さまざまの論理を縦横に駆使する．そして，かくして成立した歴史像をその論理の権威の故に正しい，とする．しかし，そこに用いられている論理は，多くの場合にははなはだ杜撰なものである（竹山 1956／2011，145頁）．

　竹山がここで「上からの演繹」とよび批判しているのは，マルクス主義の「唯物史観」である．しかし私は，この文章にある「歴史」を「経済」に置きかえれば，現代の「ミクロ的に基礎づけられた(micro-founded)マクロ経済学」に対してもまったく同じ批判があてはまる，と考えている．もちろんそれには説明がいる．長い説明がいる．これを説明するのが本書の目的である．

「マクロ経済学」という言葉は今日当たり前のように使われているが，ミクロの経済現象と違い，マクロの現象の全体像を直接肉眼で見た人は，実は1人もいない．景気循環にしても経済成長にしても，われわれはその微小部分を個人的に体験しながら，全体像——これこそが「マクロ」の現象であるわけだが——については統計を通して知るしかない．しかし統計を通してみるマクロの現象を徒手空拳で「理解」することはできない．われわれは何らかの「理論」により頭の中でさまざまな統計を整理しなければ現実の経済の動きを「理解」することはできない．地図が無ければ登山をしても道に迷ってしまうようなものだ．地図であるからには，縮尺がなければならず，地図には小さな道の曲がりくねりは描かれていないし，そこに咲いている美しい花も書かれていないことは当然だ．にもかかわらず地図は私たちに正しい方向を教えてくれる．抽象的ではあっても頼りになる地図としての理論，マクロ経済学における理論の必要性を，私は40年近く大学で毎年このように学生に説明してきた．

　しかし「理論」を使う，ということは，つまるところ「上からの演繹」である．上からの演繹はいけない，といいながら，他方で上からの演繹が必要である，というのは矛盾ではないか．まさにそのとおりで，ここに難しさがある．要するに「悪い理論」で強引に現実を解釈してはいけない，「よい理論」を使う必要がある．そういうことなのだが，そうであれば，「よい理論」とは何かということが次の問題になる．

　19世紀から1930年代にかけて，今日われわれが「マクロ経済学」とよぶ学問が確立していく過程で最大の課題となったのは景気循環，とりわけ深刻な不況，失業をいかに説明するか，ということだった．この間に，いかに多くの学説が生まれたかは，たとえばハーバラーによる浩瀚なサーベイ(Haberler 1964)をみれば十分だ．そうした中で最終的に「正解」を得たのが，1936年に刊行されたケインズ(John Maynard Keynes, 1883-1946)の『雇用・利子および貨幣の一般理論(以下，一般理論)』(Keynes 1936)だったのである．それからもう1人，ケインズとはまったく異なる角度から資本主義経済の本質に光を当てたのがシュンペーター(Joseph Alois Schumpeter, 1883-1950)である．

　今日的な意味での「マクロ経済学」は，誰よりもまずケインズによってつくられた．『一般理論』において最大の標的となり手厳しく批判されたピグー

(Arthur Cecil Pigou, 1877-1959)は,ケインズの死後,次のように書いた.

　かつて『一般理論』の書評を書いたときには,私はこの本の意義を理解できず,ケインズの功績を十分に評価しなかった.しかし私の考えでは,実物的／貨幣的両面にわたって現実の経済における重要な要素をすべて取り入れ,こうした変数の関係を整合的に研究できるような1つのまとまった体系をつくり上げたのは,ケインズ以前には誰もいなかったのである(Pigou 1950, p.65).

ロバート・ソロー(Robert Merton Solow, 1924-)がいうとおり,ここでピグーが「1つのまとまった体系」と呼んだもの,それこそが「マクロ経済学」にほかならない(Solow 1986).
　ケインズによれば,不況すなわちGDPの落ちこみは総需要の低下によって起きる.逆に好況は需要の盛り上がりによって生じる.私がこの「有効需要の原理」を「正解」とよぶ理由は,どこの国でも,いつの時代も,この「原理」が成り立たなかったことは一度として無いからである.だからこそ,今日でもGDPの四半期ごとの速報値が公表されるときには,内閣府は需要項目別の成長率寄与度を明らかにし,新聞もまたそれを重要な情報として伝えるのである.
　総需要がなぜアップダウンするのか,その理由は国により,時代により千差万別である.輸出の増減,技術革新による投資ブーム,金融危機による投資の落ちこみ,政府の支出増大等々有効需要が変動する理由はさまざまだが,とにかく需要の変動が景気循環を説明する.このことに例外はない.戦後ケインズ経済学がマクロ経済学の基本的なフレームワークとして広く受け入れられた理由も,ここにあるといえるだろう.大多数の経済学者は,目の前で起きている景気のアップダウンは需要の変動に起因することを素直に受け入れたのである.
　これに対して1960年代末から始まったマクロ経済学の変容,すなわち「ケインズ反革命」は,経済学という学問の世界の中でのある意味でペダンティック(衒学的),分かりやすくいえば「頭でっかち」な論争から始まった.具体的に

は，ケインズ経済学が，新古典派理論の立場から見たときに，しっかりとした「ミクロ的基礎づけを持たない」という批判である．第1章でみるとおり，ケインズ経済学を批判的に検討する際の尺度はワルラス(Marie Esprit Léon Walras, 1834-1910)による一般均衡理論だった．これは経済学にとって不幸なことだったといわざるをえない．

　過去50年間のマクロ経済学の変遷を振り返ると，それはイデオロギー論争としての側面も持っていた．政府の政策的介入を積極的に求めるケインズ経済学に対して，それを嫌う新古典派経済学(正確さを欠くが「市場原理主義」ともいわれる)の逆襲である．中心的な役割を担ったのは，米国のシカゴ大学を中心とする「シカゴ学派」，すなわちミルトン・フリードマン(Milton Friedman, 1912-2006)，ロバート・ルーカス，トーマス・サージェント，エドワード・プレスコットといった人たちである．

　残念ながら過去50年間，マクロ経済学は，複雑な数式に囲まれた見た目上のソフィスティケーションとは裏腹に，1国経済の動きを説明するという本来の役割をまったく果たせなくなってしまった．このことを誰の目にも明らかにしたのは，2008年9月，米国の証券会社リーマン・ブラザーズの破綻を機に生じた「世界同時不況」(Great Recession)である．危機に直面した各国政府はケインズ的な財政政策に訴え，それが1930年代に起きたような「大不況」(Great Depression)に世界が陥ることを未然に防いだ．それは現実の経済にとってよかったが，問題は，こうした政策が過去50年間のマクロ経済学とはまったく接点をもたないものだったことである．

　マクロ経済学の「混迷」を救うには何が必要か．第一は，「混迷」がいかなる意味での混迷なのかを明らかにすることである．混迷脱出と言っても，家計や企業などミクロの経済主体の「最適化」と，価格の調整を通した需給均衡という基本的な枠組，すなわちワルラスが構想したフレームワーク以外には何も無いではないか．そう考えている経済学者が多い．しかし100年以上前，19世紀末から物理学の分野では「マクロ」の現象を分析する強力な方法である「統計物理学」が誕生し，化学や生物学も含めて自然科学においてはこの方法論が大きな成果を生み出してきた．本書で詳しく説明するとおり，自然現象と経済は違う，といった単純な考えは誤解である．

マクロ経済学は，統計物理学に学ばなければならない．その上で，2人の天才経済学者，ケインズとシュンペーターの遺産を生かすことだ．ケインズの「有効需要の原理」はマクロ経済学の主柱だが，その「ミクロ的な基礎づけ」は，統計物理学の方法によって与えられる．さらにそれはシュンペーターの理論で補完されなければならない．ともすれば水と油のように考えられているケインズとシュンペーターを結ぶリンクは，「需要の飽和」と「需要創出型のイノベーション」である．ケインズとシュンペーターの遺産を生かす，と言えば簡単に納得されるかもしれない．しかし，2人の経済学者の仕事を基に新古典派経済学を批判的に検討するためには，需要と供給という自明と思われている概念すら疑うところから始めなければならない．

第1章
標準的な「ミクロ的基礎づけ」はなぜ間違っているのか

　本書の主題「マクロ経済学」という言葉が用いられるようになったのは第2次世界大戦後のことである．戦後長く世界的なベストセラーだったサミュエルソン (Paul Anthony Samuelson, 1915-2009) の教科書『経済学』(初版1948年) でも「所得分析」(income analysis) という言葉が使われていた．このように当初「所得分析」ともよばれたマクロ経済学は，ケインズの有効需要の原理に基づき1国全体の所得がどのような水準に決まるのか，「不完全雇用」の下で完全雇用を達成するためにはどのような財政・金融政策がとられるべきか，を論ずることを目的としていた．マクロ経済学は，「長期」の経済成長を分析する「経済成長論」を別にすれば，ケインズ経済学と同義だった．

　こうして1960年代の終わり頃まで戦後20年間，経済学は「価格理論」ともよばれたミクロ経済学とマクロ経済学（ケインズ経済学）の2本立てとする考え方が，大半の経済学者によって受け入れられていた．サミュエルソンのいわゆる「新古典派総合」(neoclassical synthesis) は，両者の関係を「完全雇用」状態を分析する新古典派理論と，「不完全雇用」状態を分析するケインズ経済学という二分法で処理した．資本主義経済は時に深刻な不況に陥り失業率が上昇するという問題が生じるから，その場合にはケインズ経済学が教えるように，財政・金融政策を用いてできるだけ速やかに完全雇用を実現する必要がある．完全雇用が達成されたら資源の効率的配分も重要だから，そこでは新古典派の均衡理論を用いればよい．これが「新古典派総合」の考えであった．経済学は，新古典派のミクロ経済学と，ケインズ経済学のマクロ経済学，「二刀流」というのがサミュエルソンの主張で，これが学界に広く受け入れられていた．世界中，経済学の教科書もこうした考え方に基づいて書かれていたのである．

しかし 1960 年代中頃になると次第に「新古典派総合」的なミクロ／マクロ経済学の理解に対して疑問が呈せられるようになった．ほかならぬサミュエルソンの論文集に対する書評の中で，アロー(Kenneth Joseph Arrow, 1921-2017)は，「新古典派総合」は厳密さを欠いた単なる常識論にすぎない，と批判した．

$W(g)$ をワルラス体系とし，$K(g)$ を「真」のシステムとしよう．ここで g は財政／金融政策など政府の政策を表わす．サミュエルソン＝ケインズは，$K(g)$ において完全雇用が成立するのは，g が特別の値をとったときのみであると主張する．これに対して $W(g)$ では，g がどのような値でも完全雇用が成立する．$K(g)$ において完全雇用が成立するときの g の値を g^* としよう．$W(g^*)$ で成り立つ命題は，すべて $K(g^*)$ でも成り立つだろうか．2 つのシステムが g の変化に対して同じように反応するということはありえない．なぜなら，この場合，$W(g^*)$ では完全雇用が維持されるが，$K(g^*)$ では完全雇用は成り立たなくなってしまうからである．もっとも，技術の変化や輸出の増大などで政府の政策 g 以外のパラメターが変化したとき経済がどのように反応するかは，$K(g^*)$ においても $W(g^*)$ においても定量的，あるいは少なくとも定性的に同じになる，と考える人もいるかもしれない．しかし，先験的にこのことを信じるわけにはいかない．……

たとえば，K モデルにおいて，価格の硬直性があれば，適当な政府の財政政策によって完全雇用を達成することができるかもしれない．しかし，こうして達成された完全雇用の下で，技術が変化したときに経済がどのように反応するかは，新古典派モデルのそれとは異なる．完全雇用が長く続くことによって価格の伸縮性が回復される場合にのみ，新古典派的な結果が長期的に得られるのである(Arrow 1967, p.735)．

ケインズ経済学と新古典派理論との関係を，われわれはどのように理解すればよいのか．もちろんこの問題は，アローの議論に始まったわけではない．『一般理論』刊行(1936 年 2 月)直後から活発に議論されてきた．たとえば *Quarterly Journal of Economics* 誌は，早くも 1936 年 11 月号で『一般理論』

の特集を組み，ジェイコブ・ヴァイナー，デニス・ロバートソン(Dennis Holme Robertson, 1890-1963)，フランク・タウシッグ，ワシリー・レオンティエフ(Wassily Leontief, 1906-99)が批判的な論稿を寄せた(Leontief 1936; Robertson 1936)．これに応える形で同誌1937年2月号には，ケインズ自身が"The General Theory of Employment"というタイトルで『一般理論』の要約をしている(Keynes 1937)．ジョン・ヒックス(John Richard Hicks, 1904-89)の貢献は『一般理論』刊行直後の研究を代表するものであり，そこから今日なお学部レベルのマクロ経済学の「定番」となっているIS/LMモデルが生まれた(Hicks 1936, 37)．ヒックスとのやりとりも含めて，ケインズ自身のリアクションは全集の第14巻にまとめられている．

その後フランコ・モディリアーニにより，新古典派理論とケインズ経済学を，それぞれ名目賃金／物価が伸縮的に変化する経済，硬直的である経済を分析する経済学として整理するモデルが提出された(Modigliani 1944)．すなわち，価格／賃金が(下方にも)伸縮的に変化すれば新古典派的な「完全雇用」均衡が実現するが，何らかの理由で価格が非伸縮的(硬直的)であれば，ケインズ的な「不完全雇用」が生まれる．先に引用したケインズ経済学に関するアローの議論も，こうした理解に基くものである．それは今日でも広く受け入れられている教科書レベルの標準的な理解だ．1980年代「ニュー・ケインジアン経済学」(New Keynesian Economics)(Mankiw and Romer 1991)の名の下に，ケインズ経済学を基礎づけるべく行われた研究も，賃金／物価の硬直性を「合理的」に説明することを課題としていた．近年「ケインズ的」モデルとして理解されている動学的確率的一般均衡(Dynamic Stochastic General Equilibrium: DSGE)モデルも，それが「ケインズ的」とよばれる理由は，価格の非伸縮性を仮定しているからである．

さて，ケインズ経済学がマクロ経済学として広く受け入れられていた1960年代には，先に引用したアローの指摘などもあり，新たなリサーチ・プログラムが生まれた．ケインズ経済学は，家計や企業などミクロの経済主体の行動に関していかなる仮定を設けているのか，この点を明らかにするいわゆる「ミクロ的基礎づけ」(micro-foundation)の問題である．

ケインズの消費関数では，消費は家計の所得の関数とされる．これは常識

的にはもっともなこととして納得できるかもしれないが，実は「所得」は，実質賃金や利子率など「価格」ではなく，賃金と労働供給量の積，すなわち「価格」と「数量」の積である．新古典派の理論によれば，家計は賃金／価格を所与として消費と労働供給を同時に決める．「所得」の関数である「消費関数」のミクロ的基礎づけを，Clower (1965)は改めてこうした問題意識に立ち考察した．この時期の成果としては，『一般理論』を「未完の動学」として解釈したLeiyonhufvud (1968)や，「ミクロ的基礎づけ」に関して「数量制約」を考えるBenassy (1975), Malinvaud (1977), Negishi (1979)などがある．根岸隆の研究については，第3章で詳しく紹介する．

　以上に挙げたマクロ経済学のミクロ的基礎づけはいずれも「ケインズ経済学」をミクロ的に基礎づけようという試みだったが，「ミクロ的基礎づけ」のリサーチ・プログラムはほどなくして大きな方向転換のときを迎え，「ケインズ反革命」の嵐をマクロ経済学にもたらすことになる．

　出発点となったのはFriedman (1968)によるフィリップス曲線に対する批判，すなわち「短期的」には物価／賃金の変化と失業率の間に負の相関がみられるとしても，「期待」が実現する「長期」にはそうした相関はなくなる，つまり右下がりフィリップス曲線は存在しない，という議論だった[1]．フェルプスによって編纂された論文集(Phelps 1970)は，フィリップス曲線のミクロ的基礎づけを通して，その後のマクロ経済学の流れに決定的な影響を与えた．その後Lucas (1972, 73)による「合理的期待革命」, Kydland and Prescott (1982)による「実物的景気循環理論」(real business cycle theory: RBC)とつづき，マクロ経済学は文字どおり一変したのである．筆者自身の考えは吉川(2000), Yoshikawa (2010)に書いたので，ここではその詳細に立ち入らない．学界の動向を代表するものとしてLucas (1987)による「勝利宣言」を引用すれば十分であろう．

　　マクロ経済学における最も興味ぶかい最近の発展は，インフレーション，景気循環などマクロの問題を，ミクロ経済理論の一般的な枠組のなか

---

[1]　2018年には，アメリカ経済学会の雑誌 *Journal of Economic Perspectives* がフリードマンの会長講演50年を記念した特集を組んでいる(Hall and Sargent 2018).

に再び組み入れる試みだといえるだろう．こうした研究が成功すればマクロ経済学という言葉は死語となり，ミクロという修飾語も不必要になるに違いない．われわれは，スミス，リカード，マーシャル，ワルラスがそうであったように，経済理論という1つの言葉を語ることになるだろう．謙虚に考えてみるならば，いつの時代にも経済理論によって十分に解明できる現象と，そうでない現象が存在する．理論と現実がうまくかみ合わないときには，そうした事実は何か違った理論によって説明できるといいたくなるものだ．ケインズ的なマクロ経済学は強圧の下とはいえ，こうした誘惑への屈服であったと思う(Lucas 1987, pp.107-108)．

ルーカスがいうとおり1980年代以降，マクロ経済学はミクロの最適化をコアとするマクロ経済学(Micro-founded Macroeconomics)に変貌した．かつて1960年代には「最適成長モデル」とよばれ，政府の長期的経済計画等の指針となるような規範的(normative)なモデルとして理解されていたラムゼー(Frank Plumpton Ramsey, 1903-30)によるモデル(Ramsey 1928)が，現在は現実の経済の動きを描写するdescriptiveなモデルだとされている．ラムゼー・モデルの最適成長経路は，市場の失敗がなければ分権的な市場均衡と一致する(厚生経済学の基本定理のマクロ版)．Kydland and Prescott (1982)に始まるRBCはこうしたアプローチの代表である．大学院レベルのマクロ経済学の教科書としてベストセラーになったBlanchard and Fischer (1989)においても，マクロ経済学の骨格を構成するフレームワークとしてラムゼー・モデルが詳しく説明されている．

実際1980年代以降今日に至るまで，マクロ経済学の論文は――驚くべきことにいわゆるマクロだけではなく途上国を分析対象とする経済発展論の論文までも――ことごとく「代表的消費者」の効用最大化から始まる，といっても過言ではない．

もっともこのように言うと，最近のマクロ経済学はミクロの経済全体の「異質性」(heterogeneity)を強調しているのであり，決して「代表的経済主体」(representative agent)を仮定しているわけではない，と反論する経済学者もいるだろう．たしかに形式的には，ルーカスの合理的期待モデルでも，第3章でみ

る労働市場のサーチ・モデルでも，そこには「異質な」ミクロの主体が登場する．消費や投資の実証研究でも，ミクロデータの利用がなされるようになったこともあり，家計や企業の異質性が強調されている(Attanasio 1999; Caballero 1999)．しかしこうしたモデルでは，異質性は平均のまわりでのモデルづくり上処理可能な「都合のよいばらつき」として表現されているにすぎない．マクロ経済の動きは，結局のところ「平均」に対応する「代表的経済主体」の行動の相似拡大によってとらえられる．

そもそも「最適化」を明示的に考える，ということになれば「代表的消費者」，「代表的企業」を仮定せざるをえないではないか．日本経済を分析するために，6000万の全く異なる家計の効用最適化を6000万回考察するということは不可能だからである．こうして代表的消費者の効用最大化を基礎とするアプローチは，理論のみならず実証分析にも大きな影響を与えた．マクロの消費を，代表的消費者の効用最大化から導かれるオイラー方程式に基づき分析することはHall (1978)によって始められたが，その「論文創出乗数」がいかに大きかったかは，個々の論文を挙げるまでもなくよく知られている．「ミクロ的に基礎づけられたマクロ経済学」(Micro-founded Macroeconomics)の代表であるRBCは景気循環を代表的消費者の効用最大化の結果として理解する．

Lucas (1987)は，代表的消費者の期待効用最大化のフレームワークに基づき，景気循環の「コスト」を計算した．第2次世界大戦後アメリカ経済で生じた消費の変動が仮にすべて除去されたとしても，それから得られるアメリカ人1人当たりの利益(gain)はわずか8ドル50セントにしかならない．したがって「第2次世界大戦後にわれわれが経験した程度の経済変動はマイナーな問題にすぎない」．これがルーカスの結論であった．

Fair (1989)が指摘したように，ケインズ的な世界では景気安定化の利益はまったく異なるものになる．たとえば，もし1980-82年のアメリカの不況(2008年秋リーマン・ブラザーズ破綻後，金融危機の下で生じた世界同時不況(Great Recession)まで，1982年不況がアメリカ経済にとり戦後最悪の不況だった)が完全に除去され，1979年から82年まで年率3%の経済成長が達成されていたとしたら(実際の成長率は1980年 −0.2%，81年 1.9%，82年 −2.5%)，アメリカ人1人当たりの利益は，ルーカスによる計算8ドル50セントとは比較にならない2400ド

ルになるのである.

　しかも現実には景気循環のコストは各人均等に負担されるわけではない. 失業を考えれば明らかなように, 通常不況のコストは, 社会的弱者ほど大きい, すなわち「逆進的」である. だから不況は, いつの時代もどこの国でも大きな社会問題となり, 政治の動向にも影響を与えるのである. なおルーカスはアメリカ経済学会年次大会において, 景気循環の問題はすべて解決した, という趣旨の会長講演も行った(Lucas 2003). 皮肉なことに, ルーカスがこの講演を行ったときには, 後に "Great Recession" と呼ばれることになる 2008-09 年の金融危機・世界同時不況に向けてサブプライム・ローンをはじめアメリカ経済の問題は悪化の一途をたどっていたのである. 学界の第一人者であるルーカスの研究は, 現在のマクロ経済学がいかに現実から遊離しているかを象徴するものだといえるだろう.

　ミクロの経済主体すなわち代表的消費者の効用最大化から出発するマクロ経済学は, 以上みたように過去 40 年間, 大半の経済学者によって受け入れられてきた. しかしながらこうしたマクロ経済学の潮流は, われわれが経済学を超えてより広い学問の世界に視野を広げるならば, 実はきわめて奇妙なことなのである. というのも第 2 章で説明するように物理学, 化学, 生物学など自然科学の諸分野では, 単一(あるいは, ごく少数)の "粒子" あるいは "個体" の動きを分析する場合と, 多数の粒子(個体)からなるマクロ系を分析する場合では, まったく異なる理論的フレームワークを用いるのが常識となっているからである. 後に説明するように, 経済主体の行動は合理的な「最適化」に基づくものであるから, 自然科学の対象である「無機的」な粒子の動きと本質的に異なる, と考えるのは無理解に基づく初歩的な誤解にすぎない.

　ルーカスの言葉が象徴するとおり, ミクロの行動を分析するミクロ経済学と, マクロの経済現象を分析するマクロ経済学を「統合」することに経済学者は情熱を注ぎ, その成果に大きな満足を覚えてきた. だからこそ「ミクロ的に基礎づけられたマクロ経済学」が多くの経済学者によって受け入れられてきたのである. しかし代表的な消費者の効用最大化の分析を通してマクロ経済学を「ミクロ経済理論の一般的な枠組のなかに組み入れる」(先に引用した Lucas 1987)という試みは, 誤ったリサーチ・プログラムである. そうしてできあが

る「ミクロ的に基礎づけられたマクロ経済学」は「砂上の楼閣」にすぎない．

といっても，アメリカを中心とする正統派経済学の学界はきわめて堅固で，こうした批判に耳を傾ける雰囲気は皆無だった．もちろん「ミクロ的に基礎づけられたマクロ経済学」に対する批判が正統派経済学の内部にまったくなかったわけではない．たとえば Kirman (1992) は，「代表的経済主体」という「ミクロ的に基礎づけられたマクロ経済学」の核を成す概念を痛烈に批判した．Hahn and Solow (1995) も RBC に代表されるマクロ経済学に対する批判を世代重複モデル (overlapping-generations model: OLG) を用いて展開した[2]．さらにソローは "The Tobin approach to monetary economics" と題する論文 (Solow 2004) の中でも「行きすぎたミクロ的基礎づけ」に警告を発している．しかし先にも述べたとおり今なおマクロ経済学の主流は「ミクロ的に基礎づけられたマクロ経済学」なのであり，ほとんどすべての論文は，言葉ばかり経済主体の「異質性」で化粧したとはいえ，本質的に代表的個人の効用最大化から始まるのである．なぜ "the Tobin approach" が必要であるのか．それを説明することが本書の主題といってもよい．

2008 年 9 月 15 日リーマン・ブラザーズの破綻を機に深刻化した金融危機と世界同時不況は，マクロ経済学の現状に冷水を浴びせることとなった．たとえば The Economist 誌 2009 年 7 月 18-24 日号は "Modern Economic Theory: Where it went wrong, and how the crisis is changing it" というタイトルの特集を組んだ．また 2009 年 6 月，London School of Economics の Lionel Robbins Lectures でポール・クルーグマンは次のように述べた．"Most macroeconomics of the past 30 years was spectacularly useless at best, and positively harmful at worst." 先に紹介した Lucas (1987) の計算，すなわち第 2 次世界大戦後アメリカの景気循環がすべて取り除かれたとしても代表的消費者 1 人当たりの利益は 8 ドル 50 セントにすぎない，したがって不況などはたいした問題ではない，という結論などは，幸いこうしたナンセンスをまとも

---

[2] フランク・ハーンとロバート・ソローという超一流の理論家 2 人による批判も，OLG という代表的経済主体の仮定に基づく既存のフレームワークの中でなされたためか——それは「内在的」な批判を行おうという著者の意図から意識的になされたのかもしれないが——精彩を欠き，インパクトも小さかった，と言わざるをえない．なお同書のカバーにはケネス・アローの推薦文が載っている．さすがにアローも RBC には批判的だった．

にとる政治家や政策当局者がいなかったからよかったものの，まさに "positively harmful" の代表格といえるだろう．

こうした流れの中でジョゼフ・スティグリッツも「経済学には新しいパラダイムが必要」と題する論考において次のように論じている(Stiglitz 2010)．

> 大不況以来最悪の不況は一体誰の責任なのか，犯人探しが続いている．リスクの管理をまったく怠っていた金融業の関係者か，それとも彼らの暴走を止められなかった監督官庁なのか．しかし経済学者にも大いに責任がある．……
> 経済学を専門としない人たちには，メイン・ストリームのマクロ経済学の理論モデルがどれほど奇妙なものなのか理解するのは難しいだろう．ほとんどのモデルでは需要と供給は等しい，ということになっている．したがって失業も存在しない．(多くの人はただいつもより長時間の余暇を楽しんでいるにすぎない．なぜ彼らが不幸であるか，それを説明するのは経済学ではなく心理学の課題というわけだ．)多くは「代表的経済主体」のモデルである．そこではすべての人は同じなのだから，そもそも意味のある金融市場も存在しえない(そうした世界でいったい誰が誰にお金を貸すというのか)．……
> パラダイムを変えるのは容易なことではない．あまりに多くの経済学者が誤ったモデルにあまりに多くの労力を注ぎ込んできたからだ．プトレマイオスの天動説の場合と同じように，スタンダードなパラダイムを複雑にし彫琢しようとする努力が今後も続けられるだろう．そうして生まれるモデルは前より少しマシなものとなり，モデルに基づく経済政策も多少よくなるかもしれない．しかし結局こうしたモデルも失敗に終わるだろう．パラダイムの転換以外に道はないのだ(Stiglitz 2010)．

このように正統派経済学の内部からも「ミクロ的に基礎づけられたマクロ経済学」に対する批判がなされるようになったにもかかわらず，それが経済学者のマジョリティを動かすに至らない最大の理由は何だろうか．Stiglitz (2010)の言葉を用いるなら新しい「パラダイム」が見えないからであるに違いない．

具体的に言えば，ミクロ経済主体の最適化以外に経済学が「ミクロ的基礎づけ」の方法論を知らないこと，それこそが最大の理由だと考えられる．しかし，実は「ミクロの最適化」以外に明確な方法が存在する．

　マクロ経済学に正しい「ミクロ的な基礎づけ」を与えるもの，それは一言でいえば，「統計物理学」(statistical physics)の方法論である．経済学は個々の経済主体のミクロ的行動を分析し，それに基づき個別の経済問題を「部分均衡」により分析するミクロ経済学と，マクロ経済の動きを分析するマクロ経済学の2本立てでなければならない．こうした二分法が必要になる理由は，問題をミクロに限定した場合には，伝統的な経済学が問題としてきた個々の経済主体のインセンティブ，「最適化」が重要であるしまたそれを分析することに意味があるのに対して，マクロ経済学の場合には，ミクロの主体の行動，とりわけ相互作用は，文字どおり第三者に観察不可能なほど複雑であるためにまったく異なるアプローチが必要になるからである．

　ルーカスの合理的期待理論にせよ，RBCにせよ，既存の「ミクロ的に基礎づけられたマクロ経済学」は，代表的なミクロの主体の最適化がマクロの基礎となるような，モデルづくりの上では都合のよい，しかしまったく非現実的な仮定を設けて「ミクロ的基礎づけ」としてきたにすぎない．実は，後に論じるように，現代の経済学の大元ともいえるほかならぬワルラスの一般均衡理論が，間違った「ミクロ的基礎づけ」に基づくマクロ理論なのである．現実の経済の動きを分析するマクロ経済学の柱となるのは，ケインズの「有効需要の原理」(principle of effective demand)である．こうしたことを説明するのが本書の目的である．

1. 代表的消費者／企業

　消費者や企業などミクロの経済主体の最適化行動を詳細に分析する標準的な「ミクロ的基礎づけ」は，必然的に「代表的経済主体」を仮定することになる．プレスコットらによる実物的景気循環(RBC)モデル，内生的成長モデルの多くは，文字どおり代表的消費者を仮定している．現実の消費者，企業は，嗜好，技術，サイズなどすべての点で異なることは自明だから，1人の「代表的」消費者の行動でマクロ経済の動きを描写するのには無理があるだろう．誰

しもがそう考えるだろう．

しかし RBC については清滝(2010)，Kiyotaki (2011)による次のような擁護もある．

> 代表的家計は初めから仮定されたのではなく，市場が完全の場合には不変である根岸のウェイトを用いて構成されたのである(Negishi 1960 参照)．同様に，集計的生産関数も，摩擦のない市場で効率的な生産が行われる結果，構成されたものである．したがって，リアル・ビジネス・サイクル理論では企業や家計の多様性を無視しているのではなく，市場が非常にうまく機能している経済を想定するので，あたかも集計的生産関数や代表的個人が存在するかのように経済変動を分析できるのである(清滝 2010, 277-278 頁)．

形式的には正しいが，このような議論にいったいどのような意味があるのか．後に説明するとおり，清滝信宏の議論のベースにあるワルラスの一般均衡理論そのものに実は基本的な問題があるのである．清滝自らの論文である Kiyotaki and Moore (1997)では，経済主体が借入制約に服しているが，そうした世界ではもちろん上記のような議論は成り立たない――にもかかわらず，この論文では代表的経済主体が仮定されている．

第 2 章，第 3 章で説明する統計物理学的方法が必要となるのは，数多くのミクロの経済主体の動きには不可避的にランダムネス(randomness)が伴い，それはマクロ経済を分析する第三者には絶対に知りようもないからである．問題をすべて捨象した一般均衡モデルの中で，「均衡」はあたかも代表的消費者と集計的生産関数により描写できるといっても，無意味だ．清滝の言うことは，代表的経済主体を仮定したモデルの正当化というよりは，むしろワルラスの一般均衡理論が深刻な問題を抱えていることを示しているのである．

にもかかわらず RBC を評したプロッサーの言葉は，今日の学界の大勢を代表するものだろう．

> 実物的景気循環(RBC)モデルは，マクロの経済変数を，技術や資源の

制約の下で多くの個人がそれぞれ効用を最大化した結果として生まれるものだとみなしている．したがって RBC モデルは明示的かつしっかりとしたミクロ経済学的な基礎づけをもっている (Plosser 1989, p.53)．

　現実の消費者，企業があらゆる点で異なることは論ずるまでもない事実なのだから，文字どおり 1 人の代表的消費者を仮定してその行動を詳細に分析する RBC がそのままではマクロ経済学の基礎づけとして意味をなさないことは自明である．
　実は，後に詳しく検討するワルラスの一般均衡理論では，個々の消費者の選好，個々の企業の技術はすべて異なると仮定されているのだから，その意味でミクロの主体はすべて異なるのである．しかし，一定の仮定の下では清滝 (2010) がいうように，あたかも「代表的消費者」が存在するかのように分析できる．ワルラスの一般均衡理論では，各経済主体が自分以外の他の経済主体，さらに経済主体との間にもつ「相互作用」は「価格」を通してのみである，という (非現実的な) 仮定が設けられているため，すべての経済主体の「限界代替率」は共通の価格比に等しくなっているからである．
　先に述べたようにルーカスの合理的期待モデル，第 3 章でとりあげる労働市場のサーチ理論などメイン・ストリームのマクロ経済モデルの多くも，表面的には「異質な」経済主体を仮定している．仮定しているだけではなく，ミクロの形式的「異質性」を強調すらしているのである．こうしたことからスタンダードなミクロ的基礎づけをもつマクロ経済学は決して代表的経済主体を仮定するものではなく，「代表的経済主体」の仮定が非現実的だという批判は的外れだと考えている経済学者も少なくない．しかし以下詳しく説明するとおり，スタンダードなマクロ経済モデルは，現実のミクロの経済主体の異質性を正しくモデル化してはいないのである．つまりモデルづくりに都合のよい非現実的な形式的「異質性」を仮定しているにすぎない．この点を理解するためには，具体的な例を通して考察をするのが一番である．

2. 「ミクロ的に基礎づけられたマクロ経済学」が仮定する「ミクロ・ショック」——ルーカス・モデル

スタンダードな「ミクロ的に基礎づけられたマクロ経済学」においても，ルーカスの合理的期待モデルや労働市場のサーチ理論などは，表面上「異質な」ミクロの経済主体を仮定している．しかしこうしたモデルでは，第3章でも詳しく説明するとおりすべての経済主体は同一の確率分布を共有しており，ただそこから得られる確率変数の実現値が異なるという意味においてのみ互いに異なるにすぎない．そこではすべての経済主体に共通な同一の確率分布，すなわち「代表的確率分布」が仮定されている．誤解を避けるために付け加えるが，どのような経済変数でもマクロの分布は存在する．たとえば，日本経済全体での賃金の分布を統計により求めることは容易である．ここで言っているのは，そうしたマクロの「分布」は，厚生労働省にとって重要なものであっても，個々の労働者がそれを「共通の」制約条件として最適化を行うなどということはない，ということだ．個々の経済主体が直面する制約条件は，「分布」も含めてすべて異質だからである．

こうした理論装置を大洋に浮かぶ島々の喩え(islands model)によって導入したのはPhelps (1970)だが，それ以降Lucas (1972, 73)の合理的期待モデルはもとより内生的成長理論(Aghion and Howitt 1992)，サーチ理論(Lucas and Prescott 1974; Mortensen and Pissarides 1994)まで，今日の「ミクロ的に基礎づけられたマクロ経済学」では陰陽さまざまな形をとりながらも同じ仮定が設けられている．これこそが「合理的期待」モデルの基礎にある基本的な仮定なのである．

フェルプスの島々の喩えモデルの例として1970年代にマクロ経済学を一変したルーカスの「合理的期待モデル」を具体的に検討してみることにしよう(Lucas 1973)．ルーカスのモデルのコアは「総供給関数」(aggregate supply function)である．これは以下のようにして個別市場のミクロの供給関数から導出される．

数多くの異なる企業が，zでインデックスされた個別の市場に存在する．景気循環により変動する市場zの循環的な生産量$y_t(z)$は，この市場に存在する

企業が観察した相対価格(perceived relative price)に依存して決まる——企業が制約として受け取るシグナルは「価格」のみ!

さて,たとえ事後的(*ex post*)にそれが間違っていたとしても,企業は自ら生産する財の相対価格が上昇したと事前的(*ex ante*)に思えば,生産量を増大する(逆は逆).Lucas (1973)の論文の(3)式は,こうして決まる市場zの生産量$y_t(z)$を表わす[3]。

$$y_t(z) = \gamma[P_t(z) - \mathrm{E}(P_t|I_t(z))] \qquad (\gamma > 0) \tag{1.1}$$

ここで$P_t(z)$はt期の市場zにおける現実の価格(ただし対数値),一方$\mathrm{E}(P_t|I_t(z))$は市場zの企業がt期に得られるローカルな情報$I_t(z)$に基づいて形成するマクロの平均価格P_tに関する条件付き期待値である.P_tが対数値であることに注意すると,右辺の大括弧の中は市場zの財の「相対価格」を表わすことがわかる.

マクロの価格P_tについて各市場の企業がもつ事前分布は,すべての市場zに共通であり正規分布(平均$\overline{P_t}$,分散はσ^2)に従う.すべての企業が共通の分布をシェアする,という仮定は何となく受け入れてしまいがちだが,後に説明するように,ここにこそ最大の問題がある.「何となく受け入れてしまいがち」と書いたが,その理由は,論文の読者,あるいはこうしたモデルをつくる経済学者が,マクロ経済を空から鳥瞰する立場に立って,個々のミクロの経済主体の立場を見失ってしまうところにある.

さて,市場zで供給される個別の財の価格$P_t(z)$はマクロの平均価格P_tからzだけ乖離する,と仮定する.

$$P_t(z) = P_t + z \tag{1.2}$$

すなわちミクロの市場のインデックスzを平均価格からの乖離(Pは対数をとっているので%で表した乖離)zと同一視するのである[4]。

---

3) ここでは本質的なことだけを説明するためにLucas (1973)論文の(3)式を簡略化している.なお$y_t(z)$は生産量の対数値である.したがって企業の観察した相対価格が予想どおりだったときには生産水準は「均衡」水準1に等しくなり,$y_t(z)$はゼロになる.

4) したがって,このモデルではzは,たとえば鉄鋼産業というような企業/産業に固有のインデックスではない.各期平均価格からの乖離(相対価格の変動)の大小により市場・企業はインデックスされている.一般にあるzに属する企業は毎期異なるのである.

「ミクロ・ショック」を表わす z については，それがマクロの平均価格 P_t の事前分布とは独立の「平均ゼロ，分散 τ^2」の正規分布に従うものと仮定する．すべての産業，すべての企業が相対価格について同じ分散をもつ，と仮定するのだ．すなわち個別企業は，z の実現値が異なるという意味では違うが，まったく同一の分布を制約条件としている点で「代表的企業」なのである．これはスタンダードな「ミクロ的に基礎づけられたマクロ経済学」においてルーティン的に設けられる仮定だが，繰り返し指摘してきたとおり，実はこれこそが最大の問題なのである．この点は後に再度説明することにしたい．

いずれにせよ，この仮定の下では $\mathrm{E}(P_t|I_t(z))$ を計算するうえで必要な情報 $I_t(z)$ は，個別市場 z で観察される $P_t(z)$ と，マクロの平均価格 P_t に関する事前分布の平均値 $\overline{P_t}$ となる．その結果

$$\mathrm{E}(P_t|I_t(z)) = \mathrm{E}(P_t|P_t(z), \overline{P_t}) = (1-\theta)P_t(z) + \theta\overline{P_t} \tag{1.3}$$

ここで $P_t(z)$ と $\overline{P_t}$ のウェイト θ は

$$\theta = \frac{\tau^2}{\sigma^2 + \tau^2} \tag{1.4}$$

である．つまり $\mathrm{E}(P_t|I_t(z))$ の条件付き期待値＝「合理的期待」は，個別の市場 z で観察されるローカルな価格 $P_t(z)$ と，マクロの平均価格の事前の平均値 $\overline{P_t}$ の加重平均となる．その際のウェイトは，「ミクロ・ショック」z，マクロの平均価格 P_t それぞれの分散，τ^2 と σ^2 に依存して決まる．分散すなわちバラツキが大きければ大きいほど，その変数の持つ情報価値は小さくなるので，ウェイトは小さくなる．

個別市場 z のミクロの供給関数 y は (1.1), (1.3) 式より次のようになる．

$$y_t(z) = \theta\gamma[P_t(z) - \overline{P_t}] \tag{1.5}$$

このミクロの供給関数を経済全体で集計することによりマクロの「総供給関数」Y_t が得られる．ミクロ・ショック z の密度関数を $\varphi(z)$ とすれば，z は平均ゼロであるから (1.2) 式より

$$Y_t = \int y_t(z)\varphi(z)dz = \int \theta\gamma[P_t(z) - \overline{P_t}]\varphi(z)dz = \theta\gamma[P_t - \overline{P_t}] \tag{1.6}$$

となる.

この総供給関数がLucas (1972, 73)の「合理的期待モデル」の核心である.以上,具体的に見たとおり,このモデルでは「ミクロ・ショック」zは,マクロのショック(Pショック)とは独立であり,マクロの平均値の周りで互いに打ち消し合うものと仮定されている.またミクロ・ショックzの分布はすべての経済主体に共通であり,各経済主体は,ただ「同一の分布」から異なる実現値を手にするにすぎない.すでに述べたように,各経済主体は「ミクロ・ショック」につき「代表的分布」をシェアしているのである.

しかし現実には,個々の経済主体が直面する「ミクロの制約」はすべて異なり,すべての主体の制約条件となる1つの共通の分布などは存在しない.グーグルなど巨大企業GAFAも小さな青果商も,各期経験する「ミクロ・ショック」につき同一の確率分布をもつということなどはありえない.Solow (2004)も指摘するとおり,こうした仮定はきわめて非現実的である.現実には,「ミクロ・ショック」の確率分布は経済主体ごとに異なり,しかも経路依存(path-dependent)だと考えるほうがはるかに現実的である.以下,「非自己平均性」という概念と合わせてこの問題をさらに説明しよう.

3. 非自己平均性――現実的な「ミクロ・ショック」の性質

非自己平均性(non-self-averaging)という概念は,経済学ではほとんど知られていない.ここでは,まず非自己平均性という概念について説明する.そのうえでスタンダードな「ミクロ的に基礎づけられたマクロ経済学」あるいは「合理的期待」モデルにおいて,当然のこととして設けられている「ミクロのショックは互いに打ち消し合う」という仮定が,実はきわめて非現実的であることを説明することにしたい.

定義

系の大きさnに依存する(物理学でいう示量性の(extensive))確率変数X_nを考える.確率変数の列$x_1, x_2, \ldots, x_n$の和

$$X_n = \sum_{k=1}^{n} x_k \tag{1.7}$$

は X_n の典型例である．マクロ経済学では n は経済主体の数，X_n はマクロ変数と考えればよい．

ここで X_n の変動係数，すなわち標準偏差と平均の比

$$CV(X_n) = \frac{\sqrt{(X_n \text{の分散})}}{(X_n \text{の平均})} \qquad (1.8)$$

が n が大きくなる $(n \to \infty)$ とゼロに収束するとき，X_n は自己平均的(self-averaging)であるという．ゼロに収束しないとき，考えている系は非自己平均的である．

変動係数 CV は，定義より

$$CV(X_n) = \frac{\sqrt{\mathrm{E}((X_n - \mathrm{E}(X_n))^2)}}{\mathrm{E}(X_n)} = \sqrt{\frac{\mathrm{E}(X_n^2)}{(\mathrm{E}(X_n))^2} - 1} \qquad (1.9)$$

である．したがって自己平均的であれば

$$P((1-\varepsilon)\mathrm{E}(X_n) < X_n < (1+\varepsilon)\mathrm{E}(X_n)) \to 1 \qquad (\forall \varepsilon > 0, \quad n \to \infty) \qquad (1.10)$$

が成り立つ．すなわち自己平均的な系では，経済主体の数 n が大きければ X_n の動きをほぼ「平均」でとらえることができる．

自己平均的の例として，Aghion and Howitt (1992) など経済学の理論モデルでよく用いられるポアソン過程について具体的に見てみよう．技術進歩やジョブ・マッチングなど確率的な「事象」が生起するポアソン過程のパラメターを λ とする．こうしたモデルでは，すべての経済主体が λ を共有しているという仮定が設けられている．繰り返し述べているとおり，理論モデルが何のこだわりもなくルーティン的に受け入れているこの仮定が非現実的なのであり，それゆえスタンダードな「ミクロ的基礎づけ」は，「ニセ」のミクロ的基礎づけなのである．

経済全体に n の経済主体が存在すれば，マクロのポアソン過程を特徴づけるパラメターは λn となる．したがって経済全体で「事象」が起きる回数の平均は λn，標準偏差は $\sqrt{\lambda n}$ である．したがって変動係数は $\sqrt{\lambda n}/\lambda n = 1/\sqrt{\lambda n}$

となり $n \to \infty$ でゼロに収束する．つまりすべての経済主体に同じ確率過程が当てはまると仮定するスタンダードなポアソン・モデルは，自己平均的である．すべての経済主体に同一の正規分布を仮定するモデルも自己平均的であることは，容易に確かめられる（変動係数はポアソン・モデルと同じく $1/\sqrt{n}$ のオーダーでゼロに収束する）．

こうしたモデルでは，モデルのサイズ（経済主体の数）が大きければ先に述べたとおり「平均」によってマクロ経済の動きをとらえることができる．ポアソン・モデルでは平均を決めるパラメターは λ であるから，この λ がどのように決まるのかが問題となる．「ミクロ的に基礎づけられたマクロ経済学」では，これをミクロの「代表的経済主体」の最適化と市場の均衡条件によって決める．

こうしたスタンダードな分析手法は，しかしモデルが自己平均的である場合にのみ意味を持つ．もし非自己平均的であれば，経済主体の数が多くてもマクロ変数は平均の周りで有意なばらつきを持つ．したがって「平均」によってマクロの動きを正確に知ることはできない．ということは，複雑な最適化によって代表的経済主体の動きをとらえて「平均」に関する情報を得ても，そのこと自体意味は無くなるのである．

非自己平均性は決して病理的・例外的な現象ではない．たとえば有名な物理学者カダノフは，資産価格の変動という経済現象の例を挙げながら，次のようにいっている．

> 統計物理ではわれわれは，数多くのステップないし部分からなる事象によってつくり出される２種類の統計的な動きを区別する．単純な動きは自己平均性という用語で言い表わされる．自己平均的な動きとは，個々の事象が足し合わさると，ほとんど決定論的な結果が生まれる場合である．……
>
> 対照的に乗算的な確率過程は，すべて非自己平均的と呼ばれる第二の動きを生み出す．市場や金融商品の動きが乗算的な確率過程で記述できるときには，そうした金融商品は大きなほとんど予測不可能な価格の変化を示すであろう．時間の経過とともにステップの数が大きくなればなるほど価

格の不確実性は大きくなる(Kadanoff 2000, pp.85-86).

乗算的(multiplicative)な確率過程については第7章で詳しく説明することにして，ここでは実際に非自己平均性がいかに自然に生まれるか，Sornette (2000, p.370)に従い，ごく簡単な例を見てみることにしよう．

長さ1の棒を繰り返し折っていく．第1段階では長さ1の棒を$1-p$とpの長さを持つ2つの棒に分割する($0<p<1$)．$1-p$の長さの棒はそのまま保存し，pの長さの棒を第2段階で$p(1-p)$とp^2の長さを持つ2つの棒に分割する．第3段階でp^2の長さの棒を分割するというようにしてこのプロセスを続けると，われわれは次のような長さW_n ($n=1,2,\ldots$)を持つ棒の集合を得る．

$$W_1 = 1-p$$
$$W_2 = (1-p)p$$
$$\vdots$$
$$W_n = (1-p)p^{n-1} \qquad (1.11)$$

ここで棒を折ったときの分割比率pは密度関数$f(p)$を持つ確率変数だとしよう．この確率分布からpを1つ引き出し，前述の棒を折っていくプロセスでは1つのpの実現値を固定しておく．こうして同じような棒折りのプロセスを数多く行ったとしよう．そこで次の式で定義されるYという変数を考える．

$$Y = \sum_n W_n^2 = \sum_n (1-p)^2 p^{2(n-1)} = \frac{1-p}{1+p} \qquad (1.12)$$

棒の長さW_nの和$\sum W_n$は当然のことながら常に1に等しくなる．W_nの2乗和Yはpが確率変数であるから確率変数であり，折られた棒の破片の分布を表わす1つの測度である($0<Y<1$)．すなわちYが1に近ければ長さが1に近い大きな破片が存在することを意味するのに対して，Yが0に近ければすべての破片が細かいことを表わす．Yしたがってまた破片の長さW_nは非自己平均的である．ここで非自己平均的である棒折りのプロセスが経路依存的であることに注意しなければならない．このようにKadanoff (2000)がいうと

おり，非自己平均性は自然現象の中に広範に見出せるのだが，経済モデルの中ではどうか．以下で見るように非自己平均性は経済モデルにおいてもごく自然に現れる．

非自己平均性が経済モデルにおいてどのようにして生まれるかを見るために，ごく簡単な経済成長のモデルを考える(Aoki and Yoshikawa 2012)．このモデルはあくまでも1つの例なのだから，「ミクロ的基礎づけ」がない！　などといわずに，趣旨を理解してもらいたい．

マクロ経済はイノベーションにより成長するが，イノベーションには2つの種類があるものとしよう．1つは既存のセクターないし財の生産性を上昇させるイノベーション，もう1つは新しいセクターないし財を生み出すイノベーションである．経済成長についてわれわれは第5章で考える．このモデルはあくまでも非自己平均性を説明するための例と考えていただきたい．

経済全体で n 回イノベーションが起きるまでに新セクターを創出するイノベーションにより K_n 番目までのセクターが生み出されているとする．一方第 i セクターでは，このセクターの生産性を高めるイノベーションが n_i 回起きているとする $(i=1,2,\ldots,K_n)$．定義により $K_n = k$ のとき

$$n_1 + n_2 + \cdots + n_k = n \tag{1.13}$$

が成立している．もし n 番目のイノベーションが新たなセクター(すなわちセクター k)を生み出したとすれば $n_k = 1$ である．

経済全体で n 回イノベーションが生じたときのGDPを Y_n とすれば，Y_n は各セクターの生産量 y_i の和であるから

$$Y_n = \sum_{i}^{K_n} y_i \tag{1.14}$$

である．なお各セクターの生産量 y_i は

$$y_i = \eta \gamma^{n_i} \quad (\eta > 0,\ \gamma > 1) \tag{1.15}$$

である．以下分析を容易にするために(1.13)式を次のように書き換えておく．

$$n = \sum_{j}^{n} j a_j(n) \tag{1.16}$$

ここで $a_j(n)$ はイノベーションが j 回起きたセクターの数である．$a_j(n)$ から成るベクトル $a(n)$ を分配ベクトル (partition vector) と呼ぶ[5]．この分配ベクトルを用いると K_n を

$$K_n = \sum_j^n a_j(n) \tag{1.17}$$

と表わすことができる．

近似式

$$\gamma^{n_i} = \exp(n_i \ln \gamma) \cong 1 + \ln(\gamma) n_i$$

を用いると (1.15) 式は

$$y_i = \eta + \eta \ln(\gamma) n_i \tag{1.18}$$

と書けるから，(1.13), (1.14), (1.16), (1.17), (1.18) 式より

$$Y_n \cong K_n + \eta \sum_j^n j a_j(n) \tag{1.19}$$

がえられる．GDP はイノベーションによって成長するが，どのセクターでイノベーションが起きるかにより成長に与えるインパクトは異なる．

ここでイノベーションがどのようにして生じるか，それをモデル化しなければならない．以下ではそれが 2 パラメターのポアソン=ディリクレ分布に従うものとする．2 パラメターのポアソン=ディリクレ分布 $PD(\alpha,\theta)$ とは次のような過程である．「サイズ」が n_i $(i=1,2,\ldots,k)$ であるようなクラスターが k あるとしよう $(n=n_1+n_2+\cdots+n_k)$．ここでクラスターの「サイズ」と呼んだのは，このモデルでは各セクターで生じたイノベーションの回数に対応する．サイズが n_i である既存のセクターでイノベーションが生じる確率 p_i は

$$p_i = \frac{n_i - \alpha}{n + \theta} \qquad (\theta + \alpha > 0, \quad 0 < \alpha < 1) \tag{1.20}$$

である．一方新しいセクターが生じる確率 p は

---

[5] 分配ベクトル，後述のポアソン=ディリクレ分布などについては，Aoki and Yoshikawa (2007) 参照．

$$p = 1 - \sum_{i}^{k} \frac{n_i - \alpha}{n + \theta} = \frac{\theta + k\alpha}{n + \theta} \tag{1.21}$$

である．なおパラメター $\alpha=0$ のときには，モデルは1パラメターのポアソン＝ディリクレ過程 $PD(\theta)$ に退化する．(1.21)式を見れば明らかなとおり，$\alpha>0$ のときには，新しいセクターが生じる確率 p が現時点のセクター数 k の増加関数となる．新しいセクターの誕生に関して既存のセクター数が「外部性」を持つ．

このモデルではイノベーションが生じる確率はセクターごとに異なる．したがって「ミクロ的に基礎づけられたマクロ経済学」のモデルで仮定されているような，すべての(ミクロの)セクターに共通の「代表的確率分布」は存在しない．各セクターでイノベーションが生じる確率は，単に異なるだけではなく，時間とともに変化していく．すなわち確率分布は，経路に依存する．ミクロの経済主体は，単に1つの確率分布からえられた実現値が異なるというのではなく，それぞれ異なる確率過程に直面しているのである．

イノベーションの生起につき2パラメターのポアソン＝ディリクレ過程を仮定したこのモデルでは，Y_n すなわち GDP は非自己平均的となる (Aoki and Yoshikawa 2012)．以上考察した「成長モデル」は，はじめにも述べたように，あくまでも例として挙げたものだが，このモデルはきわめて簡単な構造を持ち，多様な解釈を許すものである．非自己平均性は，自然現象だけではなく，経済モデルにおいても，「ミクロ・ショック」に関して非現実的な「代表的確率分布」の仮定を取り払うと，ごく自然に発生するものなのである．

問題を経済の理論モデルとしてもよく使われるマルコフ・モデルの「遷移確率」の観点から考えることもできる．遷移確率を図1-1にあるようなツリー(tree)で表わそう．図1-1(a)のような1階層のツリーでは，4つの状態の間の「距離」はすべて等しく，したがって4つの状態は対称的である．

一方図1-1(b)の3階層のツリーの例では，状態1と状態2の距離は，状態1と状態3ないし状態2と状態3よりはるかに近い．一般にこのような多くの階層構造を持つマルコフ・モデルのダイナミクスは，時間について指数関数ではなくベキ分布のダイナミクスとなる．「ミクロ・ショックは互いに打ち消し合う」と仮定するスタンダードなモデルでは，すべての経済主体は対称的であ

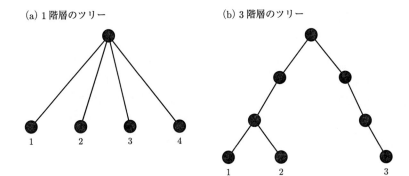

図 1-1　マルコフ・モデルの遷移確率のツリー
注）詳しくは Aoki and Yoshikawa (2007), Chapter 5 を参照．

るから図 1-1 (a) の 1 階層のツリーに対応する．図 1-1 (a) にある状態 1-4 は，まさにフェルプスの島々の喩えにおける「島々」であり，いずれも「代表的ミクロ主体」で表現される．しかしこれは現実的ではない．繰り返しになるが，現実的な仮定の下では，一般に非自己平均性が生じるのである．非自己平均性の下では「代表的ミクロ主体」は存在せず，通常の「ミクロ的基礎づけ」は無意味になる．

4. 合理的期待

ここで改めて 1970 年代以降マクロ経済学が大きく変わるうえで決定的といえるほどに大きな役割を果たした「合理的期待」(rational expectations) について論じることにしたい．合理的期待こそが，誇張なく現代の「ミクロ的に基礎づけられたマクロ経済学」の根本問題を集約しているといえるからである．

フェルプス編集の論文集 (Phelps 1970) に集められた論文では，いずれも「適応型期待」(adaptive expectations) が仮定されていた．ルーカスがラッピングと書いた共著論文も例外ではない．ところでこれより 10 年ほど前に Muth (1960, 61) は，期待形成に関する 1 つの仮説として「合理的期待」を提唱していた．

期待は経済主体にとって重要な，場合によっては致命的な影響を与えるものであるのに，期待形成についての最適化の仮定が設けられていないのはおかし

い．これがミュスのアイデアである．ミュスは，「最適」な期待形成を「合理的」(rational) と名付けた．

「最適性」を問題にする以上「評価基準」をはっきりさせなければならない．そのためには，期待が関わる変数を含む何らかの経済モデル——すべて「線形」(linear) のモデル——を想定する必要がある．と同時に，期待を形成する経済主体がどれだけの情報を持っているかもはっきりさせておく必要がある．情報をより多く持っていれば，期待の精度が上がるのは当然である．別の言い方をすれば事後的に見た期待のパフォーマンスが良くなくても，それが情報不足によるのであれば必ずしも最適な期待形成，すなわち合理的期待と矛盾しない．ここでは時点 t に期待が形成されるとき経済主体が持っている情報の集合を「情報集合」と呼び Ω_t と書くことにする．合理的期待を仮定するためには，経済モデルと並んで情報集合 Ω_t もはっきりさせておかなければならない．

さて情報集合 Ω に基づくある変数 x の合理的期待を考えよう．x は確率的 (stochastic) な変数である．最適性の基準としては，「Ω の条件付き平均 2 乗誤差を最小にする」というのがスタンダードである．すなわち x^* を x についての「期待」とするとき

$$\mathrm{E}[(x-x^*)^2|\Omega]$$

を最小にするような x^* が，「はずれ」の 2 乗の Ω 条件付き期待値 (損失関数) を最小にするという意味で「最適」，ミュスの定義した「合理的」な期待に他ならない．$\mathrm{E}[x|\Omega]$ は x の Ω 条件付き期待値を表す記号である．

上記の式は，$\mathrm{E}[x|\Omega]$ を $\bar{x}$ と書けば次のように変形できる．

$$\begin{aligned}
\mathrm{E}[(x-x^*)^2|\Omega] &= \mathrm{E}[(x-\bar{x}+\bar{x}-x^*)^2|\Omega] \\
&= \mathrm{E}[(x-\bar{x})^2 + 2(x-\bar{x})(\bar{x}-x^*) + (\bar{x}-x^*)^2|\Omega] \\
&= \mathrm{E}[(x-\bar{x})^2|\Omega] + 2\mathrm{E}[(x-\bar{x})(\bar{x}-x^*)|\Omega] + \mathrm{E}[(\bar{x}-x^*)^2|\Omega] \quad (1.22)
\end{aligned}$$

最右辺の第 2 項は，$\bar{x}, x^*$ がともに非確率変数であるから

$$2(\bar{x}-x^*)\mathrm{E}[(x-\bar{x})|\Omega] = 2(\bar{x}-x^*)(\mathrm{E}[x|\Omega]-\bar{x}) = 0 \quad (1.23)$$

となる.したがって(1.22)式は

$$\mathrm{E}[(x-x^*)^2|\Omega] = \mathrm{E}[(x-\bar{x})^2|\Omega] + (\bar{x}-x^*)^2 \qquad (1.24)$$

に等しい.すなわち損失関数は x の条件付き分散と $(\bar{x}-x^*)^2$ の和になる.(1.24)式の右辺第1項である x の条件付き分散は,期待 x^* に依存しない.したがって損失関数(1.24)式は,右辺第2項が最小になるとき最小となる.第2項は, x^* が条件付き期待値 $\bar{x}$ に等しくなるときゼロとなり,最小となる.この命題は「ヒルベルト空間における直交射影定理」の特殊なケースにほかならない.「射影定理」は「関数解析」のどの教科書にも必ず説明がある基本的な定理である.

「合理的期待」とは,モデルを所与として,当該変数の Ω 条件付き期待値にほかならない.これがミュスによる「合理的期待」の定義である.Muth(1961)は農産物市場の部分均衡モデルを考えた.ミュスの考えた合理的期待モデルでは,外生的に適応型期待を仮定する場合とは異なり,価格の弾力性が変わると期待の調整速度も変化する.

合理的期待は与えられた確率モデルにおいて「条件付き期待値」になるという定義を理解すればわかるとおり,合理的期待にはあらかじめ何か決まったルールがあるわけではない.非確率的ないし決定論的なモデルでは合理的期待は「完全予見」(perfect foresight)に等しいが,それは退化(degenerate)した例外的なケースであり,モデルを所与としたときの「条件付き期待値」としての「合理的期待」が具体的にどのような形をとるかは,モデルと確率的攪乱項の性質によって決まる.

Muth (1960)は,Friedman (1957)の「恒常所得仮説」をはじめとして当時さまざまな分野で有望視されていた「適応型期待」は,当該変数(消費関数の場合「所得」)がどのような確率過程によって生み出されているときに「合理的期待」となるかを明らかにした.適応型期待が合理的期待になるのはどのような場合か,という一種の「逆問題」を考えたのである.こうしたことからもわかるとおり「消費を今期の所得のみの関数と考えるケインズの消費関数は近視眼的な家計を前提としており合理的期待と両立しない」というような今日でも散見される言い方は,実は「合理的期待」について全くの無理解に基づくものなので

ある．

たとえば家計の t 期の消費 C_t は，t 期から将来にわたる所得 Y_t の期待割引現在価値に依存するものとしよう（割引率は r）．すなわち

$$C_t = c\mathrm{E}\left[\sum_{j=0}^{\infty}\frac{Y_{t+j}}{(1+r)^j}\bigg|\Omega_t\right] \qquad (0 < c < 1) \tag{1.25}$$

簡単のために「将来」は無限の先まで考える．(1.25)式では将来の所得について合理的期待を仮定している．情報集合については

$$\Omega_t = \{Y_{t-1}, Y_{t-2}, \ldots\} \tag{1.26}$$

とする．

消費関数が具体的にどのような形になるかは先に説明したとおり所得 Y_t がどのような確率過程によって生み出されるかに依存する．たとえば所得 Y_t がランダム・ウォーク(random walk)によって生成されている場合には

$$Y_{t+1} = Y_t + \varepsilon_{t+1}, \quad \mathrm{E}[\varepsilon_{t+1}|\Omega_t] = 0 \tag{1.27}$$

より

$$Y_{t+j} = Y_t + \varepsilon_{t+1} + \cdots + \varepsilon_{t+j}$$
$$\mathrm{E}[\varepsilon_{t+k}|\Omega_t] = 0 \qquad (k = 1, \ldots, j) \tag{1.28}$$

だから

$$\mathrm{E}[Y_{t+j}|\Omega_t] = Y_t \tag{1.29}$$

となる．つまり将来の所得の条件付き期待値（合理的期待）は，遠い将来まですべて今期の所得になる．したがって(1.29)式を(1.25)式に代入することにより

$$C_t = c\left(\frac{1+r}{r}\right)Y_t \tag{1.30}$$

がえられる．今期の消費 C_t は，今期の所得 Y_t の関数となる．

いうまでもなく，ここでは(1.30)式で表わされる特定の型の消費関数が現実的だというようなことをいっているわけではない．ただ「今期の所得が今

期の消費に強い影響を与える」という仮説は，必ずしも家計の近視眼的ないし「非合理的」な行動を仮定しているわけではない，ということを指摘したいのである．所得がランダム・ウォークしていれば，遠い将来の所得まで考慮に入れて家計が消費を決めていても，「合理的期待」の下では今期の所得が今期の消費に大きい影響を与えることになるのである．こうしたことは「合理的期待」の含意であるにもかかわらず，不正確な言説が後を絶たないのは，なぜであろうか[6]．

さて1960年にミュスによって合理的期待仮説が提唱された後，ルーカス，サージェントらによる「合理的期待革命」が起きる10年前に，わが国でその本格的な紹介を最初に行ったのは根岸(1965)である．根岸は，著書『価格と配分の理論』の「付録Ⅱ」でMuth (1961)の論文にそって合理的期待を紹介した上で，一般均衡理論にそれを適用することにつき次のように述べている．

> ただし，簡単な市場の模型の場合と異なって一般均衡理論的な多数財市場の模型の場合には，経済主体が一般的な経済模型を駆使してあらゆる情報を処理することにより予測すると仮定するのはゆきすぎかもしれない．実際には情報を得るには費用がかかり，また入手した情報を計算処理するにも費用がかかるからである．この場合，合理的な行動とは予測における情報の効用と費用とをバランスさせることである．そのためには比較的入手しやすい情報のみを使用し，一般的な模型ではなく簡単化された近似的な模型や，あるいは模型の全体ではなく一部分のみを操作して予測を行なうと考えられる．したがって，経済主体の期待の形成は情報入手の難易，操作する模型の異同などにより異なってくる(根岸1965, 217頁)．

根岸の一般均衡モデルについての指摘は，言い換えればマクロ経済モデルに合理的期待を適用することの問題である．ワルラスの一般均衡理論は，経

[6) 日本銀行は，2013年4月以来「異次元の緩和」を続ける中で，物価の「予想」が現実の物価を動かすことを強調してきた．その間一貫して，「適合的な期待」を過去の物価動向にとらわれるバックワード・ルッキングな期待形成として，「合理的期待」に対立するかのように書いてきた(例えば「経済・物価情勢の展望」2018年7月号)．これは誤りである．日銀は，予想について語る前にMuth (1960)を読むべきである．

済全体に関する理論モデルだから定義によりマクロ・モデルである．合理的期待は，先に説明したとおり1つの確率モデルないし確率過程を所与とした，問題とする確率変数の「条件付き期待値」なのだから，複数の経済主体が関係する場合(マクロの場合必然的に多数の主体が存在する)には，すべての経済主体が1つの確率モデルを共有していなければならない．これは1国経済全体についてはありえない．

ミクロの経済主体はそれぞれ異なる確率的制約条件のもとに行動しているのである．実際消費の意思決定を行う際に，「マクロ・モデル」に依拠して将来の自分の所得を予想する消費者はいない．誰でも自らの所得についての「簡単化された近似的な模型」を用いて予測を行うに違いない．それはすべての家計で異なる．なぜなら個々の家計の所得を生み出す確率過程はすべて異なるからだ．この1つの確率過程を所与として，1人の消費者の行動に合理的期待を適用することには意味があろう．Muth (1960) が考えたのは，まさにこのケースである．

こうした意味で合理的期待につながるアイデアは，ミュス以前にもあった．たとえば，1950年代に米国で白人と黒人の貯蓄率を調べたところ，黒人の家計の貯蓄率のほうが高いということが分かった．当初，この事実は意外なものとして受け取られたが，黒人の所得のほうが白人のそれより変動が激しい，つまり分散が大きいため黒人の家計は予備的な貯蓄をする必要に迫られている，というのが有力な説明とされた．これは厳密な意味では合理的期待ではないが，家計が所得について1次のモーメント(平均)だけでなく，2次のモーメント(分散)まで考慮に入れて消費／貯蓄を行っている，すなわち消費行動が所得の確率過程に依存しているという意味で「合理的期待的な」経済活動に関する分析だといえる．ただしこれは，あくまでも1つの家計の行動にそれを適用したものであることに注意しなければならない．

「市場」についても根岸のいう「簡単な市場」，すなわち「部分均衡」としてみた1つの市場にこの概念を適用することは可能性として考えられる．たとえば年々同じようなパターンが繰り返される1つの市場，たとえばMuth (1961)が分析した農産物や畜産物の市場では，合理的期待仮説が経済主体の行動を描写するための強力な分析道具になる蓋然性が高い．また政府がある期

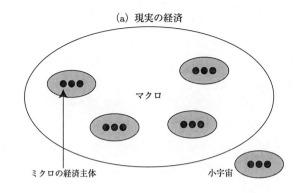

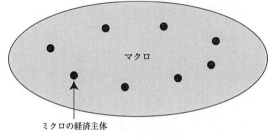

図 1-2 ミクロの経済主体とマクロ

間,機械的なルールに基づいて外国為替市場への介入を繰り返していれば,そうした政府の介入行動が民間経済主体の予測に「折り込まれる」のはごく自然なことである.

合理的期待仮説が威力を発揮するのは,このような同じパターンが繰り返される単一の市場を分析する際である.しかし多数の市場を含む複雑なモデル——その極限がマクロ・モデルにほかならない——の中では,根岸が指摘したとおりその適用はありえない.一言でいえば合理的期待は,「ミクロ」の論理なのである.ルーカス,サージェントらは,合理的期待の概念を本来適用するべきではないマクロ・モデルに無批判に適用し,その結果,マクロ経済学を無意味な知的遊戯に変えてしまったのである.

現実の経済においては,個々の経済主体は,図 1-2 (a)にあるとおりそれぞれ異なる「小宇宙」を制約条件として行動している.先に説明した非自己平均

性のモデルでは，ミクロの主体はそれぞれが異なる確率過程――これが異なる「小宇宙」――のもとに行動している．ところが，これまで繰り返し述べてきたとおり，スタンダードな「ミクロ的基礎づけ」をもつマクロ経済モデルにおいては，図1-2(b)にあるとおり，ミクロの経済主体(消費者／企業)はいずれも共通のマクロ的制約のもとに行動している，と仮定されている．たとえば，ルーカスのモデルや第3章で検討する労働市場のサーチ・モデルでは，ミクロの経済主体は共通の1つの確率分布を制約条件として共有している．この意味ですべての経済主体は対称的であり，したがって「代表的」経済主体を措定することが許されるのである．

次に検討するワルラスの一般均衡モデルでも，個々の家計や企業の選好と技術は異なっても，彼らの行動を変化させる外部的制約条件は「価格ベクトル」だけである．すべての家計，企業は言うまでもなく同じ価格ベクトルに直面しているのであり，その変化――それのみ――に反応する，すなわちミクロの主体の「相互作用」は観察可能な価格を経由したものだけ，ということになっている．

5. ワルラスの「一般均衡理論」

われわれは，ここでワルラスの「一般均衡理論」(general equilibrium theory)について改めて考えてみる必要がある．ワルラスの一般均衡理論は，過去100年，今日に至るまで理論経済学において中心的な役割を果たしてきた．今日，経済学者がルーティン的につくっている経済学の理論モデルも，ことごとくワルラス的な一般均衡モデルである．

アダム・スミス(Adam Smith, 1723-90)以前，古く15世紀にまで遡り「均衡」の概念をレビューした結論として丸山(2008)は次のように述べている．

> もう一度繰り返していうが，この均衡の概念を誰にも誤解の余地のない，科学の言葉で表現された明示的体系としてはじめて提示したのはスミスでもリカードでもない．それは断然ワルラスその人なのである……ワルラスに従う現代経済学には，現実の観察事象をなんらかの均衡状態とみる．この思考様式が圧倒的な影響を与えており，この点はすでに強調して

述べたとおりである(丸山 2008, 61 頁).

　先に引用したアローの議論でも，ケインズ経済学を評価する際の比較対象はワルラスの一般均衡だった．与えられた価格の下で家計，企業の最適化行動を考えることにより需要・供給関数を導出し，その上ですべての需給を一致させるような均衡価格と数量を求めるワルラスの方法は，マクロのみならず今日すべての経済学の基本となっている．標準的な「ミクロ的基礎づけ」をもつマクロ・モデルは，ワルラスの一般均衡理論の簡略版ないしミニチュアにほかならない．先に検討したルーカスの合理的期待モデル，RBC，さらにサーチ・モデル，「ケインズ的」といわれる DSGE も例外ではない．
　ところで現代経済学の土台となっているワルラス的な「均衡」の概念は，ニュートン力学的な「均衡」にほかならない．実はそれとはまったく異なる均衡概念——統計力学的な「均衡」——が，ワルラスの生きた時代に生まれていたのである．経済学は，それを知ることなく100年の時が流れた．この間経済学者は，ワルラスの一般均衡モデルを経済理論の神として祀ってきたのだが，このモデルは現実のマクロ経済を描写するモデルとしてはまったく意味のないモデルである．ちなみに一般均衡理論は，伝統的に「ミクロ経済学」で教えられることになっているが，すべてのモノやサービスの市場から成る経済全体にかかわる理論なのだから，これはマクロ・モデルである．
　このモデルでは，ミクロの行動については家計・企業ともモノやサービスの価格のみに関心をもちつつ，それぞれ効用や利潤を最大化することになっている．こうしたフレームワークに経済学者は何ら疑問を感じない．しかし，ここにワルラスの一般均衡理論の大きな問題があるのである．なぜなら家計や企業がモノやサービスを需要／供給するとき，価格は彼らが関心をもつモノやサービスの属性のうち 1 つの属性であるにすぎない．価格がすべてではない．
　ここにマーシャル(Alfred Marshall, 1842-1924)とワルラスの根本的な違いがある．マーシャルは 1 つのモノやサービスの市場において需要と供給を価格の関数として表わし，需給が一致する「部分均衡」を考えた．経済学を学び始めた者が最初に出会う右下りの需要曲線と右上りの供給曲線を用いた分析である．やがてワルラスの一般均衡理論を学んだ者は，マーシャルの部分均衡理論

を，一般均衡理論の特殊ケース($n=1$)にすぎない幼稚な分析フレームワークであるかのように感じるのではないだろうか．しかし，これは間違った理解である．

マーシャルは，1つのモノやサービスにわれわれが関心を絞り込んだときには，需要と供給を価格のみの関数と仮定しても，それなりに意味のある分析を行うことができる，と考えたのだ．逆にいえば，同じ分析，すなわち需要・供給を価格のみの関数として表わし，価格の変化に注意を集中するような分析手法をマクロ経済に適用することはできない，と考えた．つまり，一般均衡理論を意識的に拒否したのである[7]．こうしたマーシャルとワルラスの間には当初文通がなされたにもかかわらず，ほどなくして両者の関係が絶交状態に陥ったのは不思議なことではないだろう(丸山 2008, 74-78 頁)．

ワルラスは，主著『純粋経済学要論』の第 2 編第 5 章「市場と競争」で自ら述べているように，よく組織された証券取引所を念頭に置き，これを経済全体を描写する際のモデルとした．これこそがワルラスの犯した最大の誤りだったのである．ワルラスが念頭に置いた株式市場では，たしかに市場に参加する人々は価格にしか関心をもたない．しかし，ミクロの経済主体の関心が価格に集約されるのは金融市場の特殊な性質であり，普通のモノやサービスが生産／消費される実体経済はまったく異なる．需要と供給を決定する要因として価格は限られた役割しか果たさない．

ちなみに，ワルラスと並び限界革命の担い手とされるカール・メンガー(Carl Menger, 1840-1921)は，商品の需要が価格以外の X ファクターに依存することを十分に認識していた．「商品の販売力」ということを強調したメンガーは，主著『国民経済学原理』(第 5 章「価格論」)において「価格は交換という経済現象の，最も基本的特質を担うものでは断じてない」とすらいっている．メンガーもワルラスと文通したが，ワルラスの一般均衡理論を厳しく批判し，やがて文通はとだえた(丸山 2008, 263-266 頁)．「限界革命の担い手」として一括りにされるワルラス，メンガー，マーシャルだが，3 人の経済学は本質的に

---

[7] もっとも，丸山(2008, 70-73 頁)が詳しく説明しているとおり，マーシャルの『経済学原理』の数学付録 XXI (Marshall 1920, pp.703-704)では，生産要素市場も含めたマーシャル流の「一般均衡モデル」が提示されている．それはワルラスの理論と比べて不徹底であるが，マーシャルは，その彫琢に情熱を注がなかった．その理由は本文に述べたとおりである．

異なる．その内，現代の経済学に継承されているのは，ワルラスの一般均衡理論である．

しかし，マクロの経済現象を分析するマクロ・モデルとしての「一般均衡理論」には根本的な問題がある．ワルラスの体系は，一見きわめて一般的であり，だからこそ多くの経済学者がそれを基本的に受け入れてきた．しかし，それはマクロ経済を分析するフレームワークとしては失格である．

一般均衡理論においてモノやサービス，すなわち「財」の数nは任意であるから100万でも1億でもよい．この点はいかにも一般的であり，多くの経済学者は一般均衡理論の「壮大さ」に感心するのかもしれない．しかし第5章で詳しく説明するように，われわれの住む資本主義経済の本質は，モノやサービスの新陳代謝である．多くのモノやサービスが時代の役割を終え，姿を消す一方で，新しいモノやサービスが毎日のように誕生する．したがって，「財」の数nが与えられているとするところにそもそもの問題があるのである．「薄型液晶テレビ」と一口に言っても，消費者にとってそれは千差万別である．また同じ名前で呼ばれるモノやサービスでも，その品質は毎日のように変化している．これこそが経済の本質なのだから，単純に定義された財の数nを固定して価格の調整のみを考えるマクロ・モデルは，役に立たない．

実際，1つの「財」として明確に定義できる「原材料」や「素材」と異なり，多くのモノやサービスは，その「質」が一意的に明確には定義できない．このことは一般均衡理論がもつ第二の問題と関係する．一般均衡理論では，消費者／企業が外部と相互作用をもつ変数が「価格」のみと仮定されている．需要／供給関数は価格ベクトルのみの関数であるし，一般均衡の「安定性」の分析では，ワルラスの「模索過程」(tâtonnement)にみられるとおり，価格の変化が需給の調整役を担う．

しかし，経済主体の注意が価格に集中することは，「財」の質が一意的に明確に定義できる場合に限って成立するものであるし，また近似的にせよ経済主体が価格に注意を集中するのは，個別の1つのモノ，つまりマーシャルの「部分均衡」が対象とするケースである．要するに，この仮定が成り立つのは，実物経済においては「原材料」や一部の「素材」の市場のみである．そして，市場参加者が価格のみに関心をもつ極限的な市場こそが，「資産市場」，すなわ

ち株・債券・外国為替など金融市場なのである．逆にこうした仮定の対極にあるのが，実体経済，とりわけ第3章で詳しくみる労働市場にほかならない．

なお，ワルラスの「一般均衡理論」の先駆者として忘れることが許されないのは，ワルラス自身が自著で認めているようにクールノーである．クールノーは『富の理論の数学的原理に関する研究』(1838年)で1つの一般均衡モデルを考え，そこでは今日われわれが「ワルラス法則」とよぶ制約式も明示的に考慮している．ただしクールノーが考えたのは，円，ドル，ユーロというような多数の通貨の購買力平価に関する一般均衡であった．すなわちクールノーは「資産市場」の一般均衡を考えたのである．資産市場はまさに価格の変化によって需給が調整される市場だから，クールノーのモデルには一定の意味がある．

一方，ワルラスは，クールノーのモデルをすべての実物的なモノやサービスに関するマクロ・モデルとして定式化した．その際にワルラスが市場の働きについて着想を得たのは，彼自身が述べているように，パリの証券取引所であった．先にも述べたように，これこそがワルラスの犯した最大の誤りだったのである．大多数のモノやサービスなど実物的セクターは，資産市場と本質的に異なるからである．

株式市場においてA社の株といえば1種類，それを売り買いする人にとり関心事は価格以外には何もない．市場における需給の調整は価格の変化を通して行われる．まさにワルラスの一般均衡理論が想定するとおりである．ワルラスの見たパリの証券取引所は，そのように機能していたに違いない．しかし，多くのモノやサービスを購入する経済主体にとって，価格は重要な情報とはいえ，それがすべてではない．

モノやサービスを購入する際に，われわれが価格以外の要因，たとえば「品質」，「デザイン」，「ブランド」といったものに関心をもつことは，誰もが容易に納得できるだろう．しかし，もう少し客観的，定量的にこのことを示すことはできないだろうか．近年におけるミクロデータの蓄積，いわゆるビッグデータはこのことを可能にした．

水野貴之は，渡辺努との共同研究(水野2016)の結果を分かりやすくまとめている．水野らは，複数の家電量販店によるネット上の価格比較サイト「価格.com」で，同じ型番のテレビに時々刻々(！)どのような価格づけがなされ，商

品がどれだけ売れていくかを調べた．ビッグデータの解析により，販売者の20%は最低価格よりも5割以上も高い価格をつけており，しかもその高い商品を買う消費者がいる，という事実が判明した．ネット販売においては，店舗が表示価格を書き換えるのにかかる費用，いわゆる「メニュー・コスト」は小さい．また一物一価が成立しない理由として，従来の経済学が考えてきた情報の不完全性とサーチコストも無視できるほど小さいはずである．1つの均衡価格ではなく価格の「分布」が存在するのは，水野が指摘するとおり，消費者が特定の店舗グループを好む，すなわち選好順位を決定するうえで価格以外に重要なファクターが存在するためである．消費者の行動を決定する要素は価格だけではない，ということだ．水野＝渡辺が分析したのは，同じ型番のテレビ，すなわち同一商品である．それにもかかわらず，これが現実なのである．新しい商品やサービスの場合，需要を決定するものは価格だけではない，否むしろ価格より重要な要素が存在することは容易に理解できるだろう．

　もう1つ，矢野(2014)は，2006年に日立中央研究所で開発されたウェアラブルセンサに基づくビッグデータの解析により明らかとなった，きわめて興味深い発見を報告している．この研究では，ウェアラブルセンサを左手首に装着した人同士の行動をリアルタイムで継続的に記録したデータが用いられる．得られた結果は，要するに人間の行動——もちろん消費行動も含まれる——にとっては，価格とは無関係な周囲との直接的な「相互作用」が基本的に重要な役割を果たしている，ということを明確に示している．「流行」ということ1つを想起すれば，このことは直ちに理解できるはずだ．

　こうした研究成果を，面白いが，経済学にとってはマイナーな「小話」だと考えてはならない．ビッグデータの解析により明らかになったことは，価格が変化するより先に，「選好」が複数の経済主体の直接的な「相互作用」を通して変わる，ということだ．こうした「相互作用」こそが，ミクロの経済行動に対して価格の変化よりも大きな影響を与えている，ということである．したがって，選好や技術を所与として価格の変化に焦点を当てる一般均衡理論は，どれだけ一般的に見えても，実は経済を理解する上で本質的な部分を見落としているのである．したがって，完全競争はもとより不完全競争も含めて，価格のみに焦点を当てミクロの最適化を考える標準的な「ミクロ的基礎づけ」は意味

をなさない.

　ミクロの経済主体の相互作用は，価格の変化に対する消費者のシステマティックな反応とは異なり，マクロ経済学を分析する第三者にはまったく観察不能である．ビッグデータに基づくミクロの行動に関する分析は，価格のみに焦点を当てるワルラスの一般均衡理論がマクロ経済の動きを描写するモデルとしてきわめて不適切なモデルであることを明らかにした．そこでキーワードとなるのは，メンガーのいう「商品の販売力」に基づく「数量制約」である．

　一般均衡理論のもつこうした問題は，経済学者がルーティン的に口にする「価格の伸縮性」とはまったく関係がない．多くの財・サービスの価格が伸縮的に変わり，それがあたかも手旗信号のように需要と供給を調整し経済を均衡へ導くというワルラスのビジョンは，経済学者，エコノミストに広く共有されている．しかしわれわれの住む経済は，このように出来上がってはいないのだ．したがって価格の伸縮性にかかわらずマクロ経済のモデルとしてワルラスの一般均衡理論は，はじめから失格なのである．このことは晩年のヒックスも，遺著ともいえる *A Market Theory of Money* の中で明快に説明している．

> ケインズ以前の経済学者は，彼らが直面している問題を解決することができなかった．なぜなら彼らは，正しい市場の理論を持っていなかったからである．ワルラスのモデルは，現代の経済学者，とりわけ数理経済学者には広く受け入れられているが，それは現実には存在しない市場を仮定している(Hicks 1989, p.2)．

　Arrow and Debreu (1954)による「均衡解の存在証明」を戦後経済学の「金字塔」と思っている経済学者が多いのではないだろうか．間違いなくそれは，経済学に「科学的装い」を与えることに貢献した．しかし，ワルラスのモデル自体がマクロ経済のモデルとして無意味である以上，そのフレームワークの中での「存在証明」に意味がないことは明らかである．

　なお，ヒックスはワルラスを厳しく批判する一方で，マーシャルについては一定の理解を示している．ワルラスの一般均衡理論はマクロ経済に関わるモデルであるのに対して，マーシャルの「需要と供給の分析」は経済全体に関わ

るものではなく，1つの商品について需給が価格の変化を通して調整されていくような1つの市場の働きを分析したにすぎないからである．実際，マーシャルの生きた19世紀には，木綿をはじめ代表的商品の多くはまだ単純で品質が比較的一様な商品であり，そうした商品は問屋間の市場で先物も含めて活発に取引されていたのである．マーシャルの「部分均衡」分析は，こうした1つの市場の働きを分析する枠組みだった．その上でマクロ経済を分析するためには，まったく異なるアプローチが必要であることをマーシャルはよく理解していた．

いずれにしても，20世紀に入り時代は変わった．

> 製造業によってつくり出される最終財の多くは，客観的，画一的に定義される商品として競争的な卸売市場で取引されるような財ではなくなった．それらは新しく生み出された財であり，しかも新たなバラエティが継続的に生み出されるようになった(Hicks 1989, p.23)．

こうした財については，もはや価格は需給の調整をしない．

> 価格はもはや供給条件の一面にすぎない．価格と並ぶ他の条件が存在するのだ(Hicks 1989, p.25)．

「後期ヒックス」は，ワルラスの一般均衡理論の問題を次のような言葉を用いて表現した．すなわち，現実の経済においては，金融市場や原材料の市場など「伸縮価格市場」はごく一部でしかなく，「固定価格市場」の方がはるかに重要なのに，ワルラスの一般均衡モデルでは「伸縮価格市場」のみが想定されている．

ヒックスの「固定価格市場」において価格がどのように決まるかは第6章で説明することにして，とりあえず価格以外の「他の条件」がいかに複雑なものであるか．それは，先に紹介したように，21世紀に入りビッグデータの分析を通して明らかにされてきた．重要なことは，客観的に観察可能な価格とは異なり，人々そして企業を動かすミクロの事情は複雑であり，マクロ経済を分

析する第三者には知りようがない，ということである．つまり，マクロ経済を分析するためには，ミクロの経済主体の行動を詳細に追うことは不可能だし，そもそも意味がないということだ．

現在，世界の経済学界の主流である「ミクロ的に基礎づけられたマクロ経済学」，すなわちルーカスの合理的期待理論，プレスコットのRBC，モルテンセン等のサーチ理論，「ケインズ的」モデルと解釈されることもあるDSGEは，いずれも誤ったリサーチ・プログラムにのっとった理論である．第一に，これらはすべて本質的にはワルラスの一般均衡理論のミニチュアであるが，ワルラスの一般均衡理論は，マクロの理論モデルとして大本から失格なのである．価格が伸縮的であればワルラス的均衡に行きつく，といった理解（たとえば先に引用したアローの議論）は，ワルラスの土俵の上でだけ意味を持つものであり，現実の経済を理解するためには何の意味もない．

ワルラスの理論を捨てるとすれば，われわれは一体どのようにしてマクロ経済を理解すればよいのか．この問いに答えたのがケインズの『一般理論』である．ケインズは「正解」を得た．たしかに，その説明はぎこちなく，すべての人を満足させるものではなかった．にもかかわらず，ケインズの「有効需要の原理」は，あたかも物理学において気体の状態方程式，ボイル＝シャルルの法則が果たしたのと同じような強力な土台をマクロ経済学に与えたのである．

しかし現代のマクロ経済学は，この土台とすべき「有効需要の原理」を捨て去ってしまった．その際，合言葉となった「ミクロ的基礎づけ」は，すべての経済主体が1つの「マクロ」を共有し，それがミクロの最適化の制約条件になる，というまったく非現実的な仮定に基づく誤った「ミクロ的基礎づけ」にすぎない．「代表的消費者」，「代表的企業」の動きを詳細に分析し，それを相似拡大することにより，マクロ経済を理解しようとするアプローチは誤りである．

こうしたアプローチに代わる「統計物理学的方法」を次章で簡単に紹介した後，第3章ではこの方法を用いて，マクロ経済学の主柱となるべきケインズ経済学に「正しい」ミクロ的基礎づけを与える．

第2章
統計物理学の考え方とマクロ経済学

「ミクロ」の経済問題を分析するときには，それぞれの問題に即してミクロの経済主体の動機，そして最適化を調べることが必要になる．そのうえで従来の経済学がしてきたように，適当な「均衡」の概念で状態を記述する．しかしこれは，あくまでもミクロの問題に限ってのみ意味のある分析である．これがマーシャルの考え方だった．われわれは，マーシャルが常に注意した「他の事情が同じならば」(*ceteris paribus*)という「部分均衡」の意味を十分に理解する必要がある．マクロ経済においては，「他の事情が同じならば」として経済のごく一部を切り出して分析するわけにはいかない．1国経済全体の動きを分析するマクロ経済学においては，まったく異なるアプローチが必要になる．

スティグリッツがいうように，マクロ経済学は新しいパラダイムを必要としている．それこそが本書で説明する統計物理学の方法論にほかならないが，統計物理学的な方法論に基づく新しいアプローチは，第3章で詳しくみるとおりマクロ経済に関する「現象論」としてのケインズの「有効需要の原理」に対して，従来とはまったく異なる「ミクロ的基礎づけ」を与える．それは次章で詳しく説明することにして，本章ではまず統計物理学の考え方を簡単な例を通して説明することにしよう．

19世紀後半，「限界革命」を通して新古典派経済学を創りあげたマーシャル，ワルラス，パレート (Vilfredo Federico Damaso Pareto, 1848-1923) 等は，いずれも自らの理論的なフレームワークの基礎をニュートンによる古典力学に求めた．たとえばマーシャルは「静学や動学という用語を経済学は物理学から取り入れた」と書き残している (Marshall 1898)．ここでマーシャルの言う「物理学」とはニュートン力学のことである．第1章で述べたようにマーシャル

はそうした方法論の適用範囲を「ミクロ」つまり「部分均衡」に限定したが，ワルラスはそれを1国経済全体に当てはめた．経済学を数学的な「科学」とすることを夢みたワルラスは「われわれが試み，すでに達成さえした政治・経済学における革命は，まさしく幾何学，力学，物理学および生理学の分野で，デカルト，ラグランジュ，マックスウェル，ヘルムホルツによって遂行された革命に匹敵するものである」と書き残した[8]．ワルラスが目標としたのは，19世紀フランスで学問の模範とされたラグランジュの解析力学すなわちニュートン力学だったのである．

しかしちょうど新古典派経済学が創られた19世紀後半，物理学の世界では後に「統計力学」(statistical mechanics)とよばれることになる新しいアプローチが生まれた．これこそがマクロの現象を理解する普遍的な方法なのだが，経済学の世界ではこれまで正面から取り上げられることがなかった．

1. マクロの法則

統計力学の出発点となったのは，気体に関する「ボイル＝シャルルの法則」である．これは，容器の内部の気体の圧力 p は温度が一定であれば容器の体積 V に反比例する，というボイルの法則(1662年)と，一定の圧力の下では気体の体積は絶対温度 T に比例する，というシャルルの法則(1787年)を合わせたもので

$$pV = RT \qquad (2.1)$$

と表わされる．ここで R は気体の種類によらない定数である．マクロの物理量である圧力 p，体積 V，絶対温度 T の間に(2.1)式のような関係式が成り立つことは，18世紀末フランス革命以前に知られていた．

問題は「マクロ」の観察結果であるボイル＝シャルルの法則を理論的にどのように説明するか，すなわち「ミクロ的基礎づけ」であった．これが気体の分子運動論である．マックスウェルによる気体分子の速度分布に関する研究(1859年)を経て，それはウィーン大学のボルツマン(Ludwig Boltzmann,

---

[8] 丸山(2008, 233頁)参照．

1844-1906)によって「統計力学」として確立され,さらにイェール大学のギブス(Josiah Willard Gibbs, 1839-1903)の手により古典的な統計力学は完成した.余談ながらアーヴィング・フィッシャー(Irving Fisher, 1867-1947)はイェール大学でギブスの弟子であった[9]。

2. 変分原理

気体を構成する個々の分子は,秒速644メートルという高速(ちなみに2009年8月に陸上100メートル走で世界記録を樹立したボルトの最高秒速は12.50メートル)で容器の中をランダムに動き回っている.いずれの分子も「質量×加速度=力」というニュートンの運動方程式に従い運動している[10].すなわち位置ベクトルを x とすれば

$$m\frac{d^2x}{dt^2} = f = -\operatorname{grad} V(x) \tag{2.2}$$

を満たす.m は分子の質量,f は分子に働く力,$V(x)$ はその勾配(grad)が力となる位置の関数,すなわちポテンシャル(位置エネルギー)である.

さて,初期時点 $t=0$ で $x(0)$ にある分子が $t=T>0$ で $x(T)$ まで動くとき,$0 \le t \le T$ に対して $x(t)$ が運動方程式(2.2)を満たす必要十分条件は,$x(t)$ が汎関数

$$F = \int_0^T L(x(t), \dot{x}(t))dt = \int_0^T \left[\frac{m|\dot{x}|^2}{2} - V(x(t))\right]dt \tag{2.3}$$

の極値となっていることである.汎関数(2.3)式の被積分関数 L は,運動エネルギー $\dfrac{m|\dot{x}|^2}{2}$ と位置エネルギー $V(x)$ の差を表わすラグランジアンである.F の極値を与えるオイラー=ラグランジュ方程式(経済学では通常「オイラー方程式」"Euler equation" とよんでいる)

$$\frac{d}{dt}\left(\frac{\partial L}{\partial \dot{x}}\right) - \frac{\partial L}{\partial x} = 0 \tag{2.4}$$

---

[9] イェール大学でギブスの愛弟子であったアーヴィング・フィッシャーに師ギブスの統計力学はなぜ影響を与えなかったのか.興味が持たれる問題である.

[10] 現代の統計力学は量子統計力学であり,第3章ではその結果も用いるが,ここでは古典統計力学との違いには立ち入らない.標準的な教科書を参照されたい.たとえば古くから定評のある久保(1952)のほか,最近のものとして,和達・十河・出口(2005),田崎(2008)等がある.

が運動方程式(2.2)になることは容易に確かめられる.

このように気体の分子など無機的な物質の運動も，変分問題の解として与えられるのである——「最小作用の原理」，ないし「変分原理」(Feynman 1964). 今日マクロ経済学でルーティン的に仮定されるラムゼー流の消費者の行動は変分問題の解として「オイラー方程式」によって記述されるが，それを人間による頭を使った最適化の専売特許と考えてはならない. 複雑な最適化を行う人間の経済行動と，無機的な物理／化学現象とはまったく違う，と素朴に考える経済学者が多いが，実は頭も心もないはずの「無機的」な物質の動きも変分問題の解としてオイラー方程式を満たしている. その動きが変分問題の解として与えられるという点では，無機的な物質の運動も，人間の経済行動と同等なのである. このことについては後に再度言及することにしたい.

3. マクロとミクロ

さて容器の中には運動方程式(2.2)を満たしながら動き回る分子が多数(アボガドロ数 6×10^{23} のオーダー)存在する. 分子の衝突を考慮に入れたとしても，もしすべての分子の初期値(位置ベクトルと速度ベクトル)が分かれば，それから後の運動は運動方程式に従い決定論的に決まるはずである. 問題は，膨大な数の初期値を知ることがわれわれ人間には不可能だということにすぎない. これがラプラスの考えであった. ラプラスは，すべての初期値を知る魔物(いわゆる「ラプラスの魔」)の目からすれば，すべては決定論的に説明される，と考えた.

もちろん現実には 10^{23} 個の分子の初期値を知ることは不可能である. たとえ知っても分子間の相互作用を考えれば，3×10^{23} 本の微分方程式を解析的に解くことはできない. 幸いなことにマクロの現象を理解するためには，実は個々の分子のミクロの動きを詳細に知る必要はない. こうした洞察に基づき，マクロの物理現象を理解するために，ミクロの詳細な動きを追うことを積極的に放棄する. これが統計物理学の出発点であり，最も基本的な考え方である.

たとえばマクロの関係式であるボイル゠シャルルの法則(2.1)式は次のようにして説明される. いま1辺の長さが L の立方体の中を N 個の分子が動き回っている. 個々の分子の質量は m，速さは v である. 実際の分子は，ありと

あらゆる方向に異なる速度でデタラメに動き回っているに違いない．しかしここでは分子はすべて等速度で，しかも立方体の各面に平行な方向にのみ（分子どうしが衝突することもなく）直進運動をつづけているものと仮定する．これは個々の分子の動き，すなわち「ミクロ」にこだわる人にとっては容認しがたい乱暴な仮定であるに違いない．しかしそれにこだわったのでは，「ミクロの動きは分からない」から先に進めない．以下にみるとおり，ミクロの詳細を積極的に捨て去ることにより，マクロについて豊かな結果が得られるのである．

圧力とは，分子が立方体の壁にぶつかって跳ね返されるとき壁に与える単位面積当たりの力積である．それを調べるために座標を各面に平行にとり，x 軸に垂直な 1 つの面を考える．すると単位時間当たりこの面へ x 軸をプラス方向に進む分子が衝突する回数は，v/L である．速さ v の分子は L だけの距離を進むのに時間 L/v を要するから，単位時間当たり平均 v/L 回，面に衝突するのである．分子が衝突すると運動量は mv から $-mv$ に変わる．したがって 1 回の衝突で 1 個の分子が壁に与える力積は $2mv$．立方体には 6 つの面があるので，考えている方向へ運動する分子の数は $N/6$ である．

$$= \frac{(\text{圧力})}{(\text{分子 1 個が壁に与える力積}) \times (\text{単位時間当たりの衝突回数}) \times (\text{分子の数})}{(\text{壁の面積})} \tag{2.5}$$

であるから

$$p = \frac{(2mv) \times (v/L) \times (N/6)}{L^2} \tag{2.6}$$

となる．体積 $V = L^3$ であることに注意すると

$$pV = \frac{mv^2 N}{3} = \frac{2}{3}\left(\frac{mv^2}{2}\right) N \tag{2.7}$$

が得られる．分子 1 個の平均運動エネルギー $mv^2/2$ は絶対温度 T に比例する．すなわち

$$\frac{mv^2}{2} = \frac{3}{2}kT \qquad (k > 0) \tag{2.8}$$

が成立する．したがって $R=Nk$ とおけば，ボイル＝シャルルの法則 $pV=RT$ が得られる．

　以上マクロの現象を説明するための手順を振り返ると，マクロ経済学にとって重要な教訓が得られる．それは，個々の分子のミクロ的な動きについては，実際にはありえない乱暴とすらいえるほど簡略化した仮定を設ければよい，ということである．もちろんより詳細な分析を行うためには，以上説明した簡単化の仮定を適宜修正しなければならない．たとえば分子が互いに衝突する可能性を考慮に入れれば上記の記述は当然修正されることになるが，しかしそれは「マクロ経済学」について考えているわれわれにとっては深入りする必要はないことである．重要なことは，ボイル＝シャルルの法則という「マクロ」の関係を大筋で理解するためには，きわめて簡略化された「ミクロ」の動きを仮定すればそれで十分という点である．

　もっとも現実には，すべての分子が同じ速度で運動しているということはありえない．分子はすべて異なる速度で運動している．分子の速さ v は一定の温度 T の下でどのように分布しているのであろうか．分子の運動エネルギーは $mv^2/2$ であるから，分子の運動エネルギーはどのように分布しているのか，といい換えてもよい．この問いに答えるべくマックスウェル，ボルツマンによって考え出された理論こそが，統計力学の真髄にほかならない．

　この理論で本質的な役割を果たすのは「ランダムネス」(randomness)である．マクロの系を構成する膨大な数(物理・化学ではアボガドロ数 6×10^{23})のミクロの動きをすべて追うことは，先にも述べたとおり不可能である．個々のミクロの構成要素は乱雑な動きをしているに違いないが，それをわれわれが観察することはできない．またそれを知ったところでたいした意味はない．このことを，統計力学の教科書として名著の誉れ高い久保(1952)は次のように説明している．

　　　実際政治に必要なのはこのような巨視的状態である．だれがどうということはまずまず問題ではない．この巨視的な社会状態がどう変化するということが，関心ごとなのである．

　　　これは統計力学においてわれわれの当面する問題と本質的に同じ意味を

もっている．多数の粒子から成る一つの物体をみているとき，その分子一つ一つの運動はわれわれの眼にははいらない．

(中略)

　幸い，われわれはそんなものに拘泥する必要を感じない．統計力学はわれわれに必要な巨視的な知識を，微視的な立場から簡明に与えてくれるのである．

　その基礎には，常に何か確率的なものが横たわっている．社会現象の場合にも，上にいったようなある巨視的な見方をするときには，だれだれがどうしたという微視的な立場を離れて，全体をある統計的な立場からみるということが基礎になっているわけである(久保1952, 14頁)．

4. エントロピー

　さて，統計物理学において最も重要な役割を果たす概念がエントロピーである．いまミクロの粒子がとりうる状態 k が K だけあるとしよう($k=1,\ldots,K$)．状態 k にある粒子の数を n_k とする．したがって次の式が成り立つ．

$$\sum_{k=1}^{K} n_k = N \tag{2.9}$$

N は粒子の総数である．$n=(n_1, n_2, \ldots, n_K)$ は1つのマクロの状態を表わす．n が生じる場合の数 w_n は，N 個の(名前のない)ボールを K 個の番号の付いた箱に入れる場合の数にほかならないから

$$w_n = \frac{N!}{\prod_{k=1}^{K} n_k!} \tag{2.10}$$

となる．N 個の粒子をそれぞれ K 種類ある状態のいずれかに振り分けるすべての場合の数は K^N だから，$n=(n_1, n_2, \ldots, n_K)$ というマクロの状態が現出する確率 P_n は

$$P_n = \frac{1}{K^N} \frac{N!}{\prod_{k=1}^{K} n_k!} \tag{2.11}$$

である．

与えられたマクロの制約条件の下で，確率 P_n を最大化するような状態 $n = (n_1, n_2, \ldots, n_K)$ が現実に観察される．これが統計力学の基本的な考え方である．これは統計学や計量経済学(econometrics)における最尤法と同じ考え方だといえよう．

さて，確率 P_n の最大化とその対数値 $\ln P_n$ の最大化は同値であるから $\ln P_n$ の最大化を考える．大きな数 x に関する近似式であるスターリングの公式

$$\ln x! \cong x \ln x - x \tag{2.12}$$

を用いると，$\ln P_n$ の最大化は

$$S = -\sum_{k=1}^{K} p_k \ln p_k \qquad \left(p_k = \frac{n_k}{N}\right) \tag{2.13}$$

の最大化と同値であることは容易に確認できる．S は(シャノン(Shannon)の)エントロピーであり，ランダムになされる配分ないし状態 n の組み合わせ論的な場合の数すなわち確率を表わす．

系の平均を所与として S を最大化するとき，得られる分布は指数分布となる(ちなみに分散を所与として S を最大化すると正規分布が得られる)．系の平均(気体の分子運動論の場合，分子の平均エネルギーすなわち絶対温度 T)を一定としたとき得られる指数分布はボルツマン分布と呼ばれ，統計物理学で最も基本的な役割を演ずるのだが，その導出は後に第3章でマクロ経済学への応用を説明する際に詳しく説明することにして，ここでは統計物理学がマクロ経済学へ与える教訓について要約しておこう．

多数のミクロの主体(経済学を念頭において以下では分子とか粒子と呼ばず「ミクロの主体」という表現を用いる)からなるマクロの系の状態や動きを理解するためには，ミクロの主体の詳細な動きを分析しても意味はない．典型的なミクロの主体(たとえば消費者)を想定して，その行動を変分問題の解としてとらえるようなマクロ経済学におけるスタンダードな方法は意味がないのである．今日主流となっているマクロ経済学は，「ミクロ的基礎づけ」を声高に叫びながら実はミクロの行動を真剣に考えていない．ミクロの経済主体の目的関数，制約条件はいずれもまったく異質である，ということを十分に考慮していないからである．このことは第1章で説明したが，第3章で労働市場のサーチ理論を例

にとり再度具体的に説明する．

　要は，ミクロの主体の最適化を詳しく調べる方法論は，マクロ経済学の正しいミクロ的基礎づけにはならないのである．正しくは，ミクロの経済主体の行動にはランダムネスが必然的にともなうことを正面から受け入れたうえで，組み合わせ論的な場合の数によって決まる確率，すなわちエントロピーを陽表的に考慮に入れなければならない．

　なお，「ランダムネス」はマクロ経済学にとって二重の意味で現れることに注意したい．1つは，個々のミクロの経済主体そのものにあるランダムネス．もう1つは，気体分子の運動と同じく，個々のミクロの経済主体の行動が仮に決定論的であったとしても，その数があまりに多く異質であるために，第三者としてマクロ経済を分析する者にとっては，ランダムだとみなさざるをえないことである．

　いずれにせよ，統計物理学の方法は，物理学に限らず化学でも生物学でも自然科学の諸分野においては，マクロの系を分析する際には常識である．にもかかわらず，経済学の世界ではこれまで一顧だにされることがなかった．以下統計物理学の方法論がマクロ経済学にどのような新しい知見をもたらすのか具体的な例を通して説明することにしたい．

5. 具体例——景気循環のモデル

　マクロ経済学に統計物理学的方法がどのように適用されるのか，ここでは景気循環に関する Aoki (1998) のモデルを通して説明することにしたい．先に述べたとおり Kydland and Prescott (1982) に始まる RBC は，「ミクロ的に基礎づけられたマクロ経済学」の代表である．この RBC と対極をなす景気循環に関するモデルは，統計物理学的方法の意味を理解するために格好の題材である．景気循環については第4章で詳しく議論するが，ここでは統計物理学の考え方を理解するための例として考える．

　さて，「循環」といっても決して正弦曲線のように好況・不況が対称的であるわけではない (Neftçi 1984)．典型的なパターンとしては，景気の拡張期(好況)は長く，後退期(不況)は短い．たとえば，1951年10月から2012年11月(第2循環から第15循環)までわが国の景気の基準日付(山と谷)によれば，拡

張期の長さは平均 36.2 か月であるのに対して，後退期の平均は 16.1 か月である．

こうした好不況の長さの「非対称性」をどのように説明するか．これが問題である．実物的景気循環(RBC)理論に代表される現代の「ミクロ的に基礎づけられたマクロ経済学」のフレームワークでは，マクロ経済変動の非対称性を説明する最有力候補は，代表的消費者の嗜好(preferences)である．効用関数の形を決めるキー・パラメター，たとえば「異時点間の代替の弾力性」の変化など，いずれにせよ代表的消費者の行動にマクロ経済変動パターンの説明を求めることになる．

しかしマクロの現象を，代表的効用関数の形で説明することなどには一片のリアリティもない．たとえば日本経済の場合，2008 年のリーマン・ショックに始まる世界的な金融危機により輸出が急落したことが深刻な不況をもたらした．こうした景気の動きを，代表的消費者の嗜好，つまり「好み」で説明しようとするなど，まったくの見当違いであることは改めて説明するまでもないはずである．2019 年の米中貿易摩擦につづき 2020 年，新型コロナウイルスの感染拡大が深刻な不況をもたらしたことも，代表的消費者の効用関数と一体どこに接点があるのか．

Aoki (1998) は，マクロ経済が数多くの異質な経済主体からなる，という誰も否定することのできない自明の事実から出発する．ちなみに日本経済の場合，家計の数は約 6000 万，企業の数は企業の定義にもよるが数百万であるから，家計，企業の数はそれぞれ 10^7，10^6 のオーダーである．これは自然科学におけるアボガドロ数 6×10^{23} よりははるかに小さいが，しかし統計物理学的方法が効力を発揮するためには十分大きな数である(大沢 2011)．

マクロ経済には N の企業が存在する．それぞれの企業は，「高い」水準 y^* で生産を行うか，低い水準 y で生産を行うか，いずれかであるとしよう($y^* > y > 0$)．高い水準 y^* で生産を行う企業の数を n とすれば，経済全体での生産量 GDP Y は次の式で表わされる．

$$Y = ny^* + (N-n)y \qquad (n = 0, 1, \ldots, N) \qquad (2.14)$$

このモデルにおいて企業は y^*，y という 2 つのうちいずれかを選択する．す

なわちモデルは二項選択モデル(binary choice model)である.

このようなモデルを理論的な分析に用いることに対して,理論経済学者の多くはかなりの抵抗を感じるのではないだろうか.たしかに二項選択モデルを,文字どおり二者択一の選択行動をモデル化したものと考えるなら,その適用範囲はきわめて限られたものになる.たとえば2大政党のいずれを支持するかという投票行動や,ABの2地点間の交通手段として鉄道を利用するか,それともバスに乗るかというような問題である.実際マクファドン等により,こうした問題は二項選択モデルを土台とした計量経済学を用いて実証的に分析されてきた.その結果二項選択モデルには,文字どおり二者択一の選択行動に適用されるべきモデルというイメージが定着している.

この点は重要な問題なので,モデルの説明を続ける前にもう少し詳しく論じることにしたい.まずわれわれの当面の目的のためには,経済主体の選択肢が2つ(y^*とy)である必要はまったくない.この仮定はあくまでも分析を簡単にするために便宜的に設けられた仮定であり,選択肢が可算有限(たとえば$y_1,\ldots,y_K$;Kは任意の自然数)であればよい.その場合は二者択一に限られない一般的な離散選択モデル(discrete choice model)になるが,一般化されたとはいえ,それでもなお離散選択モデルにも強い抵抗を感じる経済学者が多いだろう.その理由は,経済主体のミクロの最適化に関する標準的なモデルと,離散選択モデルのギャップはあまりにも大きい,と理論経済学者の多くが感じるところにある.離散選択モデルは明示的な最適化をまったく考慮していないではないか.これが彼らの言い分であるに違いない.こうした誤解を解くために,ここではスタンダードな「ミクロ的に基礎づけられたマクロ経済学」において最も基本的なモデルとなっているラムゼー的な代表的消費者の最適行動を考えることにしよう.

6. ラムゼー・モデル

ラムゼー型の消費者の動学的最適化は,RBCはじめ今日の「ミクロ的に基礎づけられたマクロ経済学」の基本モデルとしてマクロ経済学のどの教科書にも詳しい説明がある(たとえばBlanchard and Fischer 1989).世界中の大学院のマクロ経済学のカリキュラムにおいて,このモデルは必修のトピックスとして

教えられている.

ラムゼー型消費者の最適化問題は，次のような動学的所得制約式(n は人口成長率)

$$\dot{k} = f(k) - nk - c \tag{2.15}$$

と，1人当たり資本ストックkの初期値$k(0)$を与えられた条件として，消費cから得られる効用$u(c)$を割引率δで割り引いた現在価値

$$\int_0^\infty u(c_t)e^{-\delta t}dt \tag{2.16}$$

を最大化するような消費cないし資本蓄積kの経路を見つけ出すことである．$f(k)$は生産関数であり，$f' > 0$, $f'' < 0$ という条件を満たす.

変分法ないし最適制御の理論を用いて得られるこの最適化問題の解の定性的性質は，図2-1のようなフェイズ・ダイアグラムによって知ることができる．図中の太い実線がラムゼー型消費者の動学的最適経路である．もし初期の資本ストックが$k(0)$であれば最適な消費水準は$c(0)$となる．やがて資本が蓄積されるとともに豊かになった消費者は消費水準を上昇させていく．こうして資本ストックkと消費水準cのペアは，最適経路(図中の太い実線)上を(k^*, c^*)へと漸近していく．

発達した脳をもつ人間は，まさにこうした変分問題の解として表わされるような複雑な最適化を行うのであり，その点で無機的な分子や粒子の運動とまったく異なる，と考える人もいるようだが，すでに説明したとおり((2.3), (2.4)式)，無機的な粒子の問題も変分問題の解となっている．この点では第三者としての観察者にとって，無機的な粒子の運動と合目的的な人間の行動との間に本質的な違いはない．

さて，ラムゼー・モデルはすべてのマクロ経済学者，そしてマクロ経済学の基本コースを修了した大学院生がよく知るところである．なるほどラムゼー・モデルと離散選択モデルの間には大きなギャップが存在するように見える．ラムゼー・モデルは，動学的な最適化問題を解くことにより，kとcの動きについて図2-1にあるように「正確な」情報を提供してくれる．これに対して離散選択モデルは，ミクロの経済主体の行動についてあまりにナイーブでアド・

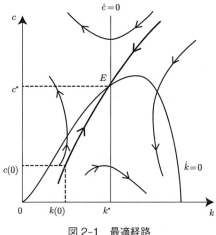

図2-1 最適経路

ホックな行動を仮定している．これが多くの理論経済学者の考えであると思う．

しかし図2-1にあるようなk, cの動学経路(図中の太い実線)がマクロ経済の動きを描写すると考えるためには，2つの重大な前提条件が満たされなければならない．第一は，マクロ経済はラムゼー型消費者の相似拡大にほかならない，という前提である．すなわち10^7の消費者の異質性(heterogeneity)は捨象し代表的消費者の行動を分析することによりマクロ経済の姿をとらえられるとする前提である．第二は，代表的消費者ないしマクロ経済が大きなショックに影響されることなく図2-1の太線のようにk, cが変化していく，という前提である．現実には2つの条件はいずれも満たされない．

多くの経済学者は，ラムゼー・モデルを解いて得られるk, cの最適経路上をマクロ経済は動いていく，と考えているようだ．もしそうでなければそもそもこうしたモデルを解く意味がないことになるのも事実であるが，現実には最適化を行う主体である個々の消費者は間断なくさまざまなミクロのショック(新しい環境，新しいニュース)に影響される．たとえば失業した消費者は$f(k)$あるいは所得制約の悪化に直面するであろうし，病気になった消費者の効用関数$u(c)$は関数自体が変化する(cが同じでも以前と同じ効用の水準は得られない)．

第2章 統計物理学の考え方とマクロ経済学 57

2014年には127万人が亡くなっているが，死者の出た家計は社会習慣により葬儀を執り行う．葬儀費用は平均189万円(2014年)であるというから，一般の家計にとっては大きな出費である．これも理論的には効用関数$u(c)$の確率的攪乱に相当するだろう．

個々の消費者がこうしたミクロのショック(失業や病気)に影響されるということは，消費者が「合理的」でありラムゼー型消費者のように動学的最適化をしている，という仮定と矛盾するものではない．しかし新しい経済環境におかれたラムゼー型消費者は，毎期新たな条件の下でラムゼー問題を解き直さなければならない．すなわち消費者は所得，嗜好など間断なきショックに影響されるという否定しがたい事実をひとたび受け入れると，ラムゼー・モデルのうち意味のあるのは図2-1の太線ではなく実は$c(0)$だけなのである．次の期には新たな条件の下で再度ラムゼー問題を解くことになる．先に述べたように，一般には次の期には$f(k)$, $u(c)$の関数自体が変わっているから，フェイズ・ダイアグラムで$\dot{c}=0$, $\dot{k}=0$の軌跡(locus)はシフトする．それに対応して最適経路も変わる．毎期新たな最適経路上で，その期の資本ストックに対応する最適な消費水準c(したがって投資$\dot{k}$)が決まるのである．

このようにして決まる「真の」最適経路は，一般に図2-1にあるような単調な経路ではない．それは図2-2にあるようなジグザグな経路(図中の点1→点2→点3)である．ジグザグは消費者が影響されるミクロのショックによって決まるから，それがどのようなジグザグなのか一般にははっきりしたことはいえない．ミクロのショックのランダムネスを反映して最適経路はまさにジグザグとしか言いようのない動きをたどるのである．

以上考察したのは1人の消費者の行動である．先に見たようにわが国には6×10^7の家計が存在するが，その行動はすべて異なるジグザグである．これを第三者として経済を分析するわれわれは知ることができない．なお，ミクロのジグザグは互いに打ち消すから，平均をとれば通常のラムゼー型消費者の最適消費経路(図2-1)に戻ると考える人もいるかもしれないが，それはただそう宣言しているだけであり，そうした仮定が正当化されるものではないことはすでに説明した．ミクロの異質性はそれほど都合の良い単純なものではないのである．

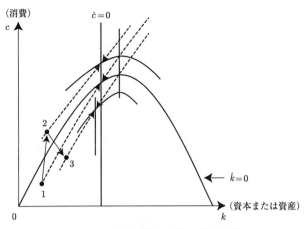

図2-2 確率的攪乱と消費の最適経路

　要するに，ミクロの経済主体の最適行動をわれわれはまったく観察できない．これこそが統計物理学の方法論の出発点である．具体的には 6×10^7 のジグザグ(すでに述べたようにこれこそが確率的な経済環境の下でのラムゼー問題の解なのだ)をモデル化するために適した方法は離散選択モデルを前提とした確率過程以外にない．以下では飛躍型マルコフ過程(jump Markov process)を考える[11]．

　繰り返しになるが，経済主体の行動そのものは，文字どおり離散選択モデルが記述するような離散選択(discrete choice)である必要はない．消費者はラムゼー型の消費者で，動学的な最適化を行っているかもしれない．しかし 6×10^7 の家計のラムゼー解は，すでに述べたようにすべて異なり，互いに打ち消しあうこともないジグザグなのであるから，分析しようとする第三者(経済学者)の立場からは，それを離散選択モデルによって記述するしか方法がない．以上を予備的な考察として述べた上でモデルに戻ることにしたい．

---

[11] 飛躍型マルコフ過程の解説は Aoki and Yoshikawa (2007) の Chapter2 にある．また Van Kampen (1992) は，自然科学における応用を目的とした定評のある教科書である．

7. マルコフ・モデル

高い生産水準 y^* で生産を行う企業の比率を x で表わす.

$$x = \frac{n}{N} \qquad (n = 0, 1, \ldots, N) \tag{2.17}$$

x を用いれば，(2.14)式で表わされる GDP は次のように書き換えることができる.

$$Y = N[xy^* + (1-x)y] \tag{2.18}$$

N が大きければ，x は実数($0 \leq x \leq 1$)とみなしても大過ない．x と Y は1対1に対応しているので，x が0と1の間で変動するのに応じて Y は Ny と Ny^* の間で変動する．

x は飛躍型マルコフ過程に従う．すでに述べたとおり個々の経済主体(企業)は動学的な最適化(利潤の割引現在価値ないし株価の最大化)を行っている．しかし 10^6 のオーダーに達する多数の企業の行動を第三者の立場から記述する唯一の方法は，確率的なモデルである．各時点で，ある企業は第三者には知りえないミクロ的な理由により，企業の最適な意思決定の結果として生産水準を下げる．逆に生産水準を上げる企業もある．ここで考えるモデルでは生産水準は $y^*, y\,(y^*>y)$ の2つであるが，先にも述べたとおり，これはあくまでも簡単化のために設けた仮定であって生産水準は可算個であればいくつあってもよい．

飛躍型マルコフ・モデルは，それぞれの状態から他の状態へ(1つの)企業[12]が生産水準を変える「遷移確率」(transition probability)を決めれば完成する．そこで低い生産水準 y で生産しているある1つの企業が高い生産水準に移る遷移率を η_1 とする．η_1 は1人の女性が子どもを産む出生率に相当する．経済全体で1つの企業が y から y^* に生産を変える率は，当然現在低い水準 y で生産している企業の数に比例する．これはある瞬間に社会全体で1人の子どもが産まれる確率はその社会の女性の数に比例するのと同じである．したがって y から y^* への遷移率 r は，η_1 に低い水準で生産している企業の数 $N(1-$

---

[12] 連続時間モデルなので，きわめて短い Δt の時間内に2つ以上の企業が生産水準を変える可能性は無視してよい．

x) をかけた

$$r = N(1-x)\eta_1(x) \tag{2.19}$$

と書くことができる．同じく y^* から y へ企業が生産を変える遷移率 l は

$$l = Nx\eta_2(x) \tag{2.20}$$

である．η_2 は現在 y^* で生産している1企業が y へ生産を変える遷移率を表わす．

　さて (2.19), (2.20) 式では，「1企業」の遷移率 η_1, η_2 が現在 y^* で生産している企業の比率 x すなわち GDP Y の水準に依存する (x の関数である)．以下この仮定について詳しく説明する．η_1, η_2 が定数ではなく x に依存するということは，企業の (最適な) 意思決定が Y に依存するということを意味している．たとえば $\eta_1(x)$ は x の増加関数，逆に $\eta_2(x)$ は x の減少関数と仮定したとしよう．この場合 GDP の水準が高ければ低い生産水準 y から高い生産水準 y^* へ移る確率が高まる．逆に y^* から y へ移る確率は小さくなる．

　もちろん GDP の水準が高い，つまり好況でもそうした中で生産を縮小する企業もあるだろう．生産する財に対する需要が「構造的」に減少している企業は，好況でも生産を縮小しなければならない．労働争議がつづいている，あるいは工場で火災事故があったために，好況にもかかわらず生産の縮小を余儀なくされる企業もあるだろう．逆に Y が低い不況の中で生産水準を上げる企業もある．新商品が爆発的な売れ行きを示している，といったケースである．個々の企業をとりまくミクロの状況は，繰り返し述べているように分析を行う第三者には知ることはできない．それは「確率的」なものとしてモデル化するしかないのである．

　好況の中で企業が生産を落したり，不況の中で生産を増やしたりする確率はゼロではない．しかし全体としてみると，Y が高ければ高いほど，y から y^* へ生産を上げる確率が高まり，逆に y^* から y へ生産を下げる確率は低くなるのではないか．このような仮定の下では $\eta_1'(x) > 0$, $\eta_2'(x) < 0$ となる．ケインズの有効需要の原理はまさにこうした仮定と自然に調和する．実際有効需要の原理のミクロ的基礎づけを企図した Diamond (1982) のサーチ・モデルは，

$\eta_1(x)$, $\eta_2(x)$ の 1 つの基礎づけとして解釈することができる[13]. もちろん場合によっては $\eta_1'(x) < 0$, $\eta_2'(x) > 0$ という逆のケースを考えることもできる.

2 つの遷移率 η_1, η_2 は定義により, その和が 1 にならなければならない. この条件を満たす η_1, η_2 は一般に次のように書くことができる.

$$\eta_1(x) = X^{-1} e^{\beta g(x)} \quad (\beta > 0) \tag{2.21}$$

$$\eta_2(x) = 1 - \eta_1(x) = X^{-1} e^{-\beta g(x)} \tag{2.22}$$

$$X = e^{\beta g(x)} + e^{-\beta g(x)} \tag{2.23}$$

(2.21), (2.22), (2.23)式は一見すると唐突に見えるかもしれない. しかし実は不確実な経済環境の下での経済主体の意思決定を考察するときに, きわめて自然に得られるものである.

なお, (2.21), (2.22)式の $g(x)$ の前についている β は, 不確実性の度合いを表わすパラメターである. 不確実性が高まると β は小さくなる. 逆に不確実性が小さいときに β は大きくなる. こうしたことの説明は Aoki and Yoshikawa (2007, pp.60-66)に譲ることにして, ここでは次のことを確認しておこう. 指数関数の肩に乗っている関数 $g(x)$ が x の増加関数, すなわち $g'(x) > 0$ であれば, $\eta_1'(x) > 0$, $\eta_2'(x) < 0$. 逆に $g(x)$ が x の減少関数, すなわち $g'(x) < 0$ であれば, $\eta_1'(x) < 0$, $\eta_2'(x) > 0$ となる. (2.23)式で定義される X が(2.21), (2.22)式の分母に登場することによって, $\eta_1(x)$, $\eta_2(x)$ の和は 1 になることが保証される.

さて, 先に説明した遷移率 $\eta_1(x)$, $\eta_2(x)$ の性質は, (2.21), (2.22)式を介して, $g(x)$ の性質と 1 対 1 に対応する. $g(x)$ の値が大きければ大きいほど, y から y^* に変える, つまり「強気」になるほうが有利だと考える企業のシェアが高まる(逆は逆). $g(x)$ が x の増加関数すなわち $g'(x) > 0$ であれば, Y が大きい好況のときほど強気の企業がさらに増える傾向があり, 逆に不況のときには弱気の企業が増える傾向がある. いわば「不安定」なケースである. 逆に $g(x)$ が x の減少関数 $g'(x) < 0$ であれば, 好況になると多くの企業が警戒的となり生産を縮小し, 逆に不況が進む(x が小さくなる)と企業は「底入れ」を意

---

13) Diamond (1982)のサーチ・モデルは飛躍型マルコフ・モデルによって表現することができる(Aoki and Shirai 2000).

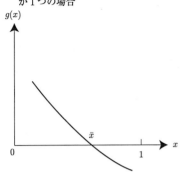
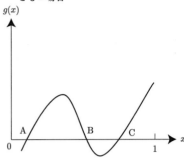

図 2-3　$g(x)$ 関数の形

識してむしろ生産を拡大するような「安定的」なケースである．

なお，関数 $g(x)$ のゼロ点 $\bar{x}$，すなわち $g(\bar{x})=0$ を満たす $\bar{x}$ においては，$g=0$ となるから，(2.21)，(2.22)式より $\eta_1(x)=\eta_2(x)=1/2$ となる．$\bar{x}$ に対応する Y の下では，生産を拡大する傾向と縮小する傾向がちょうどフィフティ・フィフティとなる．

関数 $g(x)$ の例を 2 つ図 2-3 に挙げる．図 2-3 (a)は $g'(x)<0$ で $g(x)$ は唯一のゼロ点 $\bar{x}$ をもつ．これに対して図 2-3 (b)では $g(x)$ は 3 つのゼロ点 A, B, C をもつ．A, C は不安定，B は安定な点である．

ここでもう一度 $g(x)$ の意味を確認しておこう．$g(x)$ は個々の企業が最適化の結果として，生産を y から y^* に拡大したほうが有利だと判断する傾向の強さを表わす（正確には y から y^* へという遷移率を決める）．すでに説明したとおり $g(x)$ は経済全体で y^* の生産を行っている企業の比率 x——これは GDP の水準に対応する——に依存するが，いずれにしても，$g(x)$ はミクロの経済主体の「異質な」最適行動を反映したものである．ことさらに「異質な」というのは，もし企業が異質でなければ，そもそも y^* で生産する企業の比率 x を確率的なものとして考えること自体が意味をなさないからである．「代表的」企業の最適行動は，その定義からして y^* あるいは y いずれかに決まるはずである．

ところで，マクロの経済環境が変化すれば関数 $g(x)$ 自体が変わる．たとえ

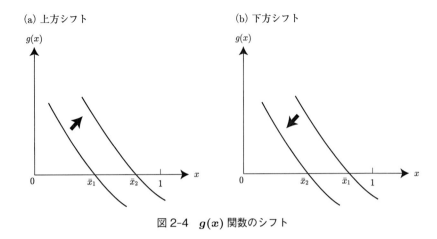

図 2-4　$g(x)$ 関数のシフト

ば財政・金融政策などマクロ経済政策が変更されれば，$g(x)$ 関数自体がシフトする．金利の低下や財政支出の増大など拡張的なマクロ経済政策が発動された場合には，$g(x)$ 関数は上方にシフトすると考えられる (図 2-4 (a))．拡張的なマクロ政策の結果として，GDPの水準 (つまり x) が同じであっても前より多くの企業が生産を y から y^* に拡大するほうが有利だと考えるようになるからである．図 2-4 (a) にあるように $g(x)$ のゼロ点は右に移行する．もっとも金利を下げると投資が拡大するといっても，すべての企業が投資を増やすわけではない．金利が下がる中で投資を減らす企業もある．ここで考えているモデルは，まさにこうしたことを明示的に考慮に入れているのである．拡張的なマクロ政策がもたらす結果は，y から y^* へと生産を拡大する方向へ企業が変わる遷移率を (与えられた x の下で) 高めることである．逆にマクロの経済環境が悪いほうに変われば $g(x)$ 関数全体が下方にシフトし，ゼロ点は左に移行する (図 2-4 (b))．

以下このモデルの中で GDP Y の動きを考察しよう．確率的なモデルなので Y は一義的に決まるわけではない．われわれは高い生産水準 y^* で生産を行う企業のシェアが時点 t に x である確率 $P(x,t)$ を考える．x と Y は 1 対 1 に対応しているから，$P(x,t)$ は時点 t に GDP が (2.18) 式で決まる水準 Y にある確率と同じである．この確率 $P(x,t)$ は時間 t に依存している．$P(x,t)$ が時間

とともにどのように変化するか，それを表わす発展方程式ないしマスター方程式は，いわゆるチャップマン＝コルモゴロフ方程式である．この方程式に関心のある読者は確率過程の教科書あるいは Aoki and Yoshikawa (2007, pp.93-96) を参照していただくことにして，ここでは結論を要約することにしたい．

確率変数 x の期待値 φ_t (これも時間とともに変化する)の動きは，次の常微分方程式

$$\frac{d\varphi_t}{dt} = \varphi_t \eta_2(\varphi_t) - (1-\varphi_t)\eta_1(\varphi_t) \qquad (2.24)$$

によって決まる．右辺に登場する η_1, η_2 は y から y^*，y^* から y の2つの遷移率((2.21)式および(2.22)式)である．確率変数 x の挙動は，期待値の動きを表わすこの微分方程式(2.24)を通して知ることができる．

φ_t の定常状態における値 φ^* (微分方程式(2.24)の右辺をゼロにする φ_t の値)を求める．φ^* は次の式の解である．

$$\frac{\eta_1(\varphi)}{\eta_2(\varphi)} = \frac{\varphi}{1-\varphi} \qquad (2.25)$$

(2.25)式は遷移率 η_1, η_2 の定義(2.21), (2.22)式を用いると次のように書き換えることができる．

$$2\beta g(\varphi) = \ln\left(\frac{\varphi}{1-\varphi}\right) \qquad (2.26)$$

先に簡単に説明したとおり β は不確実性の大きさを表わすパラメターである．経済主体の直面する不確実性がほとんど問題にならない場合，すなわち β がきわめて大きい場合には(2.26)式は

$$g(\varphi) = 0 \qquad (2.27)$$

となる．x の期待値 φ_t の定常状態における値 φ^* は $g(x)$ のゼロ点すなわち $g(x) = 0$ の解となるのである．しかし不確実性が無視できない(すなわち β が無限大ではなく有限な値をとる)ときには，定常状態における φ^* は $g(\varphi) = 0$ ではなく，(2.26)式の解となる．いずれにしても確率変数 x は，この φ^* の周りで確率的に変動する．言い換えれば φ^* は確率変数 x (あるいは Y)の変動の「中心」がどこにあるか，われわれに教えてくれるのである．

そこで(2.26)式の解をもう少し詳しく調べることにする．そのために少々唐突に思われるかもしれないが，ここで $g(x)$, β を用いて次のような「ポテンシャル関数」$U(x)$ を定義する．

$$U(x) = -2\int_0^x g(u)du - \frac{1}{\beta}H(x) \tag{2.28}$$

右辺の関数 $H(x)$ は次式で定義されるシャノンのエントロピーである．

$$H(x) = -x\ln x - (1-x)\ln(1-x) \tag{2.29}$$

以下の議論で重要な役割を果たすエントロピー $H(x)$ は，先に説明したとおり組み合わせ論的な場合の数を表わしている．われわれのモデルでは N の企業が y^* か y かいずれかの水準で生産を行うのであった．$H(x)$ は二項係数 ${}_NC_n$ すなわち N の企業のうち n の企業が y^* で生産を行う場合の数の対数値 $\ln {}_NC_n$ にほかならない．$\ln {}_NC_n$ にスターリングの近似式

$$\ln N! \cong N(\ln N - 1) \tag{2.30}$$

を適用すると

$$\ln {}_NC_n = NH(x) \tag{2.31}$$

が成立することは容易に確かめることができる．$H(x)$ は数多くの経済主体が確率的に二者択一を行う場合の組み合わせ論的な場合の数を表わしているのである．$H(x)$ は(2.13)式で説明したエントロピー S にほかならない((2.29)式は(2.13)式で $K=2$ のケース)．第3章で説明するボルツマン分布は $H(x)$ を最大化することによって得られる．

従来の経済学では $H(x)$，すなわち問題の組み合わせ論的な側面は完全に無視されてきた．これはミクロの行動をわれわれ第三者が正確に観察できることを暗然裡に仮定してきたからである．すべての経済主体のミクロの行動が観察できなくても「平均」の動きは観察できると仮定されてきた(だからこそ代表的ミクロ主体の最適行動を考えることができる)．

しかし現実には，マクロ経済を構成する 10^6 とか 10^7 のミクロの主体の行動はまったく分からない．しかもミクロのランダムネスは互いに打ち消し合う

ものでもない．その場合には以下にみるとおり，x の挙動は決定的に $H(x)$ に依存する．したがってマクロの経済現象(この場合 Y の変動)を理解するためには，$H(x)$ を無視することは許されない．

さて $H(x)$ を x で微分すると

$$H'(x) = \ln\left(\frac{1-x}{x}\right) \tag{2.32}$$

になることに注意すると，(2.28)式で定義されたポテンシャル関数 $U(x)$ の極値，すなわち

$$\begin{aligned}U'(\varphi) &= -2g(\varphi) - \frac{1}{\beta}H'(\varphi) \\ &= -2g(\varphi) + \frac{1}{\beta}\ln\left(\frac{\varphi}{1-\varphi}\right) = 0\end{aligned} \tag{2.33}$$

の解は，(2.26)式の解と一致することがわかる．

言い換えれば，われわれが知りたい確率変数 x の期待値 φ_t の定常状態における値は，ポテンシャル関数 $U(x)$ の極値(実際には最小値)にほかならない．すなわち，(2.28)式で頭ごなしに定義された感じのするポテンシャル関数は，期待値の定常解を直観的に理解するために有用な関数なのである．ポテンシャル関数は(2.28)式にあるとおり $H(x)$ に依存しているのであるから，先にも述べたとおりマクロの現象(x あるいは Y の挙動)を理解する上で $H(x)$ を無視することは許されない．エントロピー $H(x)$ を無視することが許されるのは，β が無限大，すなわち不確実性がまったく存在しないという非現実的な場合のみである(その場合には $U(x)$ の極値は $g(\varphi)=0$ の解となる)．

さて一般に(2.33)式すなわち $U'(\varphi)=0$ は φ に関する非線形な関数であるから複数の解をもつ．図 2-5 (a) にあるように，$U(x)$ が単純に1つの極値を持つのはむしろ例外である．たとえ遷移率を決める $g(x)$ が図 2-3 (a) のように単調な関数であっても，エントロピーから生じる非線形項((2.33)式の右辺第 2 項)の存在により $U'(\varphi)=0$ の解が複数になることは十分ありうる．Aoki (1996)は図 2-5 (b) にあるような2つの極小値をもつようなポテンシャル関数を分析した．

2つの極小値をもつポテンシャル関数の下で生じる x (したがって Y)の確率

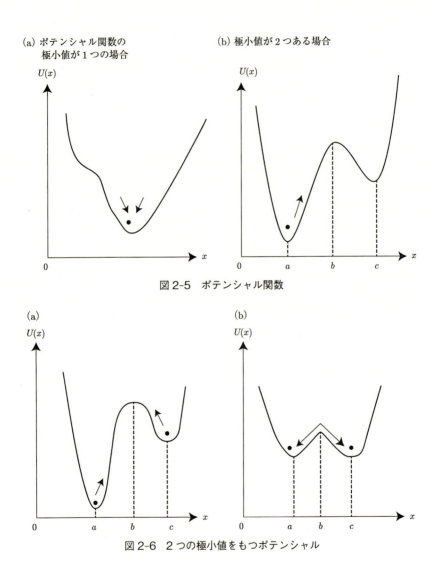

図 2-5 ポテンシャル関数

図 2-6 2つの極小値をもつポテンシャル

的な動きは図 2-6 によって理解することができる．x の状態は図中の黒いボールによって表わされている．x すなわち黒いボールは確率的に変動しているのであるが，図から直観的にわかるように，ボールは「大半」の時間は安定な極値(図中の a と c)のまわりで変動している．2つの極小値 a と c の間には不安

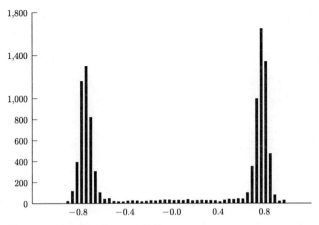

図2-7 シミュレーションの結果
出典) Aoki (1996).
注) 図の横軸は，本文の x（「強気」の企業の割合）ではなく $y=2x-1$ と変換した y を表わしている．したがって y は，0 と 1 の間ではなく 1 と -1 の間の値をとる．

定な極値 b の山があるが，ボールは時が経つと b の山を越えて a から c，逆に c から a へ移る．もちろん a から c，c から a への移行は確率的に生じる．われわれは，a から c，c から a への移行が平均的にどれほどの時間的間隔をおいて生じるか，平均遷移時間 (mean passage time) を計算することができる．図 2-6 (b) のように a, c の谷の深さが同じであれば a から c，c から a への平均遷移時間はほぼ等しくなるが，図 2-6 (a) のように a の谷が c に比べて深ければ，a から c への平均遷移時間は c から a へのそれより長くなる．こうした結果は，図からごく自然に納得できるであろう．図 2-7 は Aoki (1996) によるシミュレーションの結果だが，モデルの動きを綺麗に表わしている（図中 -0.8 が不況，0.8 が好況である）．

さて図 2-6 において c は高い水準の GDP すなわち好況，a は不況に対応する．第5節の冒頭で指摘したとおり，戦後の拡張期の長さは平均 36.2 か月であるのに対して，後退期の長さは平均 16.1 か月である．こうした好不況の長さの「非対称性」は，ポテンシャル関数によって容易に説明できる．すなわち図 2-6 (a) において，（図とは逆に）c の谷が a の谷よりも深ければ，実際に観察されるように好況のほうが不況より長いというパターンが生まれるのである．

このようにこのモデルでは，好不況の長さはポテンシャル関数の形によって決まる．ポテンシャル関数がどのようにして導出されたかをふり返れば，それが代表的消費者の効用関数といったミクロの経済主体の行動の詳細とはまったく関係無いことが分る．

8. まとめ

例として説明したモデルに則して，統計物理学の方法につき2つのことを指摘しておきたい．第一は，統計物理学的アプローチと「ミクロ的に基礎づけられたマクロ経済学」の相違点である．好不況の長さが非対称であるというマクロの経済現象を，「ミクロ的に基礎づけられたマクロ経済学」は代表的消費者の効用関数の型，その他いずれにしても代表的経済主体の行動を通して説明しなければならない．マクロの経済現象をミクロの相似拡大で理解しようとする以上，このことは不可避である．そこに根本的な無理がある．

これに対して統計物理学的アプローチでは，マクロ経済の動きは，ミクロの経済主体(そもそもそれは皆まったく違う)の行動とはまったく関係がない．われわれは，「平均」の意味についてよく考えてみなければならない．マクロの現象は多数のミクロの平均であるといっても，その平均に対応する典型的なミクロの行動があると考えてはならない．マクロの現象においては，エントロピー$H(x)$が決定的な役割を演じているからである．マクロの現象はミクロの相似拡大では理解できない．

第二に，ポテンシャル関数が複数の極値をもつことは，スタンダードな経済モデルにおける「複数均衡」に対応する．スタンダードなアプローチでは，モデルの中で複数の均衡をまず求めた上で，次にどの均衡が選ばれるか均衡の選択(equilibrium selection)を考える．どのようにして均衡が選択されるか，マクロ経済学では「履歴」(history)対「期待」(expectations)という形で問題が整理されてきた(Krugman 1991)．ゲーム理論の分野でもさまざまな解決策が提案されている．しかしミクロの経済主体の「合理性」に基づくこうした「解決策」は，いずれもソフィスティケートされたものになればなるほど恣意性を免れない．頭の体操にはなっても，現実の経済とは何のかかわりもなくなってしまう．

ここで紹介したモデルにおいては，「複数均衡」がある(ポテンシャル関数が複数の極値をもつ)場合でも，経済はそうした複数均衡の間を確率的に動いているのであり，そもそも「均衡の選択」という問題自体が存在しない．図2-7のシミュレーションが視覚的に示しているように，経済は2つの均衡の間を確率的に変動している．先に述べたように，われわれは1つの「均衡」から他の「均衡」へ移行するために要する平均遷移時間を計算することもできる．強いて1つの均衡を選ぶことは，その均衡に対するポテンシャルの谷が極端に深い場合と考えることもできるが，いずれにしてもポテンシャル関数の型は，通常の経済学ではまったく無視されているエントロピーに依存して決まる．繰り返しになるが統計物理学的方法論からみると，均衡の選択という問題の設定そのものが意味をなさないのである．

　マクロの経済現象をミクロの相似拡大で理解しようとするマクロ経済学の標準的な方法には，基本的な誤りがある．マクロを理解するためにミクロの最適行動を詳しく調べるマクロ経済学の方法論は，経済学の世界から視野を広げて自然科学に目を転じれば，そこでは誰からも奇異の目で見られるものである．自然科学の世界では，物理学でも化学でも生態学でも，マクロを理解するための方法として統計物理学的なアプローチが確立しているからである．

　とはいっても，経済学と自然科学は違う．そう考える経済学者が多い．とりわけ今日標準的なマクロ経済学が強調する「ミクロ的基礎づけ」の観点からは，統計物理学の考え方はすぐに理解できるものではないかもしれない．しかし，経済学者が自信をもつ「ミクロ的基礎づけ」は，実は自己満足的な「砂上の楼閣」にすぎない．消費者や企業がたとえソフィスティケートな最適化をしていたとしても，最適化を行う際に各経済主体が認識している「制約条件」はあまりに多様で複雑だから，マクロ経済の動きを分析する第三者にはまったく知りようがない．この点でマクロ経済学と自然科学の間には本質的な違いはない．このことは第1章で詳しく説明したとおりである．要するに，マクロを理解するためには，ミクロの動きを詳しく追っても意味はない．

第3章
ケインズ経済学のミクロ的基礎づけ
—— 確率的マクロ均衡

「ミクロ的基礎づけが無い」という理由で，学界の主流から追われたケインズ経済学の正しいミクロ的基礎づけを与える方法，これが第2章で簡単に紹介した統計力学的方法である．本章ではこのことを詳しく説明する．

ケインズ経済学のミクロ的基礎づけといってもいろいろな問題がある．しかし，特に重要な問題として考えられてきたのは，「非自発的失業」を伴うケインズ的「均衡」とは一体何なのか，である．とりわけ，ケインズ経済学のアキレス腱とされてきた供給サイドにおいて，モノやサービスを生産する企業の行動，労働市場における労働の需要／供給をめぐる問題である．

ケインズ経済学が対象とする経済といえば「不完全雇用」(underemployment)つまり「非自発的失業」(involuntary unemployment)が存在する状態だ，と誰もが考えている．教科書にもそう書いてある．しかし，「失業」はどこの国でも「アクティブに求職活動をしている労働者」として定義されている——さもなくば，たとえ頭の中でよい職を得ることを希望していたとしても，「非労働力人口」(Not In the Labor Force: NILF)に区分される．求職活動は自発的に行われる経済行為なのだから，そもそも「非自発的」失業という概念そのものが意味をなさない，と考える経済学者もいる．そう考える変わった経済学者も少数いるといったことではなく，これが新古典派の経済学の考えなのである[14]．

「失業」はたしかに大きな論点となってきた．しかし，問題を正しく分析す

---

14) 1970年代にルーカスがイェール大学でセミナーを行ったときの光景を，当時大学院生だった筆者は今でもはっきりと覚えている．若い助教授がルーカスに対して「あなたのモデルには失業はあってもすべて自発的で，非自発的失業がないではないか」と問いただすと，ルーカスは平然として次のように答えたものだ．「イェールでは先生までが非自発的失業などというバカげた言葉を今でも使うのか．シカゴでは学部の学生でもそんな無意味な言葉を使うと窓から放り出される」．

るためには，労働が十分に「稼動」していない状態は実は失業に限られるわけではない，ということを理解する必要がある．「失業」と「雇用」という0か1かという二分法は，経済の現実を反映しない過度の単純化にすぎない．このことをまずはっきりと認識する必要がある．現実には労働者が「働いている」といっても，その「働き具合」は千差万別だからである．以下でみるとおり，労働生産性はすべての産業・企業で等しくなっているのではなく，大きなばらつきをもっている．失業，すなわち職探し(job search)は，労働者がとりうる生産性の低い1つの状態であるにすぎない．マクロ経済の中には一般に労働生産性のばらつき，分布(distribution)が存在する．このことを認識することは，以下で説明するとおりケインズ経済学の「正しい」ミクロ的基礎づけを理解する上で本質的に重要な第一歩である．

　新古典派経済学のロジックはよく知られているとおりだ．産業・企業間で，もし労働の限界生産が異なるなら，生産性の低い所から高い所へ労働者が移動することによりアウトプットは増大する．社会全体で純利得が生じ，個々の企業・労働者にとっても所得が増大するのだから，こうした移動はすべての産業・企業間で労働の限界生産が等しくなるまでつづく．行き着く先が新古典派的な「均衡」にほかならない．それはパレートの意味で「効率的」すなわち「パレート最適」である．

　もちろん労働者が生産性の低い産業，セクター，企業から高い所へ移動することもある．しかし労働者の移動は，決して生産性の低い所から高い所へ一方通行ではない．逆方向の動きを生み出す最大の要因は，個々の企業，セクター，産業における需要の落ち込みである．労働者は解雇されれば失業状態に陥るし，解雇されなくても生産性(したがって賃金)の低い関連企業に出向させられることもあるだろう．たとえ元の企業に留まったとしても，企業の生産物に対する需要が減退すれば，瞬時にして労働生産性は低下する．この場合労働者は物理的には「移動」していない．むしろ労働の移動は需要の変動とは異なり瞬時に実行することが不可能であるために，生産性の高い状態から低い状態へ労働者は瞬時にして変化しているのである．

　現実の「移動」を見ても，労働者が必ずしも生産性の低い所から高い所へ移動するとは限らない，ということは直ちにわかる．2018年1月1日時点，労

働者の総数は4970万人，そのうち転職して現在の仕事に就いた人は495万人だから，およそ1割を占める．厚生労働省『雇用動向調査』によると，2017年，転職後賃金が上昇した労働者の割合は36.2%にすぎない．逆に，33.0%は転職後に賃金が低下している(「変わらない」が29.2%)．「人手不足」がさらにはっきりした2018年でも，転職により賃金が上昇した人の割合は37.0%だ(これは比較可能な2004年以降で最高水準)．転職後に賃金が下がった人が34.2%いる．

賃金が労働の限界生産に等しい(あるいは大まかに比例する)と考えるかぎり，転職した労働者の3割以上は生産性の高い所から低い所に移動していることになる．スタンダードな経済学が想定するように，生産性が低い所から高い所へ移動する労働者の割合は4割に達しない．このように3割以上の人は生産性の高いところから低いところへ移っている．一見パラドックスに思われるこうした事実も「リストラ」という言葉を想起すれば，それほど不思議でないこととして納得できるはずである．また2020年，新型コロナウイルスの感染拡大により需要が急速に落ち込んだことを機に多くの労働者が生産性(所得)の低い状態に移行したことは，改めて説明するまでもない．

新古典派の均衡理論は，生産性が低い所から高い所へという労働者の移動を極端に強調し，すべての産業・セクター・企業で限界生産が等しくなる極限状態を均衡(equilibrium)と考える．ミクロのショックと移動の摩擦(friction)を考慮に入れたいわゆるサーチ・モデル(たとえばLucas and Prescott 1974)も，新古典派均衡理論と本質的に異なるところはない．しかし現実にはDavis, Haltiwanger, and Schuh (1996)が分析したとおり，マクロ経済の内部では産業間，セクター間，企業間の資源配分を促すような需要・供給両面のショックが間断なく生じている．こうした絶え間ない需給両面のショックの影響を受ける現実の経済においては，新古典派の均衡は永遠に行き着くことのないおとぎの国(never-never land)にすぎない．先にも述べたように「均衡」において存在するのは，「労働生産性の分布」である．均衡は唯一の労働の限界生産すなわち「点」ではなく，「分布」になるのである．これから詳しく説明するとおり，これはスタンダードなサーチ理論における「分布」とは異なる．

生産性のばらつき，分布については少数ながらその本質的意義を見抜き正面

から分析した経済学者がいた．Salter (1960)は一例である．またソールターに先立つこと5年，わが国では篠原(1955)が産業別の生産性・賃金・分配率を分析している．そこではつぎのように述べられている．

　私自身の意圖はこのような分析を積みあげていくことによって日本經濟を次のような角度から把握してみたいというにある．すなわち生産性の發展は一部は賃銀上昇に吸収され，一部は價格低落に吸収される．この價格・賃銀の兩面の動きから利潤率・分配率が變動してくる．經濟全體として變動する事もあれば，産業別に異なった變動を示すこともあろう．この利潤率・分配率の平行的ないし傾斜的變化から經濟における endogeneous な蓄積の一つの方向が規定されてくるであろう．そしてこの蓄積は再び生産力の變化として同じ結果を繰りかえす．
　經濟を單に價格論によって，schedule の武器で把握することでは分析は何かしら線が細すぎる．所得分析によって aggregate output の推移を語るだけでは質的なものを見失ってしまう．分析の焦點を生産性の變動に合わせそれを問題の核心として掘り下げることによって價格體系，賃銀構造の變貌を辿り，分配の動搖を通じて蓄積の過程を追っていかねばならない．Dunlop のように生産性から賃銀構造へと下りて行く行き方も重要だがそれは價格體系の動搖を取り上げないという意味で一面的である．さらに cost differentials から蓄積論に至る道程を示した Steindl の示唆も貴重であるがそれは一層歴史的な cost-price structure の趨勢分析によって補完されねばならない．
　古く Ricardo や Marx の經濟學の核心もこの點にあった筈である．収穫遞減といい，利潤率低下といい，皆生産力發達・蓄積の過程から出發して cost-price structure，分配構造の變遷に至ったものと考える．したがって私は現在のところこの種の地味な一見非理論的であるかに見える分析が，もっとも經濟學の核心に連なるものをもっているという心境にある（篠原 1955, 90-91 頁）．

篠原三代平，ソールターいずれも企業・部門間の生産性格差が現実の経済の

重要な特性であること，したがって新古典派の均衡状態にはないことを実証的に確認した上で，それがマクロ経済の成長や循環の分析と接合されなければならないことを説いた．本章では生産性の分布がケインズ経済学の「ミクロ的基礎づけ」の本質であることを説明するが，本論に入る前に生産性格差がケインズ経済学の核心である「有効需要の原理」とどのように関連しているのか，簡単な例を用いて確認しておくことにしたい．

1. 生産性の分布の意義

経済全体に n のセクター／活動が存在するものとする．n の中にはやや特殊な「生産活動」として職探し＝失業や「余暇」ないし「家庭内生産」も含まれる．1単位の第 i 財をつくるのに必要な労働の量を a_i とする．簡単のために生産要素は労働だけだとしよう．第 i 財の名目価格を P_i で表わす．職探し＝失業や余暇，家庭内生産については P_i が明示的に存在しないから P_i は「影の価格」(shadow price)である．

さて n のセクター／活動を労働の価値生産性の高い順に並べる．

$$\frac{P_1}{a_1} \geq \frac{P_2}{a_2} \geq \cdots \geq \frac{P_n}{a_n} \tag{3.1}$$

n 番目の財を基準財にとれば(3.1)式は次のように書き換えることができる．

$$\frac{p_1}{a_1} \geq \frac{p_2}{a_2} \geq \cdots \geq \frac{1}{a_n} \tag{3.2}$$

p_i は第 n 財で測った第 i 財の相対(実質)価格である．

各セクターで使われる労働の量を L_i とすれば

$$\sum_{i=1}^{n} L_i = L \tag{3.3}$$

が成立する．n の中には失業や余暇，家庭内生産も含まれていることに注意したい．したがって(3.3)式の左辺は「就業者」，「失業者」，「非労働力人口」を全て含む．したがって(3.3)式の右辺 L は労働供給(労働力人口)というよりはむしろ概念的に労働力人口と非労働力人口を合わせた「15歳以上人口」に近い．

さて各セクターとも物理的な生産量 Q_i は実質需要量 D_i によって決まって

いるとしよう．このとき第 n 財ではかった実質総産出量(実質 GDP) Y は次のように表わされる．

$$Y = \sum_{i=1}^{n-1} p_i Q_i + Q_n = \sum_{i=1}^{n-1} p_i D_i + D_n$$

$$= \sum_{i=1}^{n-1} p_i D_i + \frac{\left[L - \sum_{i=1}^{n-1} a_i D_i\right]}{a_n}$$

$$= \left(\frac{L}{a_n}\right) + \sum_{i=1}^{n-1} a_i \left[\left(\frac{p_i}{a_i}\right) - \left(\frac{1}{a_n}\right)\right] D_i \tag{3.4}$$

新古典派均衡では，全てのセクターで労働の価値限界生産が等しくなっている．つまり(3.2)式で全ての i について等号が成立しているから，(3.4)式の右辺第 2 項はゼロとなり

$$Y = \frac{L}{a_n} \tag{3.5}$$

となる．すなわち実質 GDP は，生産要素の賦与量 L とテクノロジー(この場合 a_n)のみによって決まり，需要 $D_1, \ldots, D_n$ からは独立になる．経済全体の総産出量ないし実質 GDP が，生産要素の賦与量と技術のみによって決まり需要から独立になるという命題は，実物的景気循環(RBC)理論や新古典派成長理論，さらにヘクシャー=オリーン・モデルをはじめとする貿易理論などすべての新古典派理論に均しく当てはまるものである．

新古典派理論にとって基本的ともいえるこの命題は，(3.2)式で全て等号が成立しているという条件に依存している．もし(3.2)式で少なくとも 1 つ(厳密な)不等号が成立していれば，(3.4)式の右辺第 2 項は正になる．そのときには不等式

$$\frac{p_i}{a_i} > \frac{1}{a_n} \tag{3.6}$$

が成立しているセクターの(実質)需要 D_i が増大すれば，実質 GDP Y は増加する．

このようにセクター／活動間で労働の価値限界生産に格差があるときには，実質 GDP は需要に依存する．したがって「失業」を通した職探しは生産性の著しく低い経済活動ではあるものの，より一般的に「価値限界生産の部門間不

均等」を生産要素の「不完全雇用」の指標として考えた方が，（たとえば労働の場合）「非自発的」失業の存在を考えるより理論的にも実証的にもはるかに明快である．マクロの総生産量が需要に依存するというケインズ理論の基礎は，このように企業・部門間の生産性格差にあるのである．

2. 生産性格差

現実の経済における企業間・部門間の生産性格差について，先に篠原(1955)，Salter(1960)に言及したが，ここで実際のデータを簡単にみることにしよう．同一産業内で企業間に著しい生産性格差が存在することは，わが国では「二重構造」としてつとに指摘されてきた[15]．しかし実際に，ほぼ同一の生産物について，労働生産性のばらつきを計測した統計はあまり存在しない．産業はもちろん企業レベルでの生産性といえども，1つの企業が複数の生産物を生産しているかぎり，十分とはいえないからである．

同一生産物についての物理的労働生産性を企業ごとに詳しく調査した統計としては，労働省(当時)が1952年から83年まで行った「労働生産性統計調査」がある．この調査は代表的な生産物(製造業19産業における70品目)について，毎年10月と11月の生産量(1トン，1台など物理的生産量)と，その生産に要した延べ労働時間を生産工程別に直接把握し，生産物単位当たり所用労働時間を測定している[16]．この調査における「労働投入量」は製造，加工，検査，運搬，倉庫業務，動力，修理など「生産」に直接かかわるブルーカラー労働者の「実労働時間」(所定内／所定外労働時間の合計)である．上記業務に従事するかぎり，雇用契約のいかんにかかわらず，臨時，日雇い，社外工などの労働時間も含まれる．逆に，ホワイトカラーや係長・課長など管理監督の労働者の労働時間は含まない．

こうして得られた「労働生産性統計調査」の結果は，およそわれわれが望むことができる最も正確な「物理的」労働生産性の統計の1つであるというこ

---

15) 「二重構造」については川口ほか(1962)を参照．
16) 調査対象19産業は，綿紡績業，毛紡績業，綿スフ織物業，合板製造業，パルプ製造業，紙製造業，アンモニア系肥料製造業，ソーダ工業，レーヨン製造業，タイヤ・チューブ製造業，セメント製造業，鉄精錬業，鉄圧延業，鉄鋼・銑鉄鋳物製造業，電線・ケーブル製造業，旋盤製造業，玉軸受・ころ軸受製造業，電動機製造業，および自動車・同付属品製造業の19産業である．

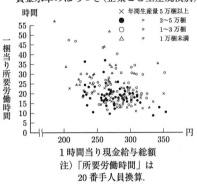
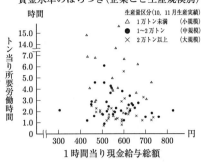

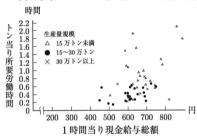

図 3-1　生産性のばらつき
出所) 労働省「昭和 46 年労働生産性統計調査」．

とができるだろう．ここでの目的は，それを詳しく紹介することではないので，1971 年の調査を例にとり，調査結果の概要のみを記すことにしよう．19 産業 70 品目に関する結果からも，次のことが確かめられる．(1) 同一産業同一品目についてみても労働生産性には企業間で著しい格差が存在する．(2) 賃金 (1 時間当たり現金給与総額) にも企業間格差は存在するが，労働生産性の格差に比べればその程度ははるかに小さい．ここでは図 3-1 (a)-(c) に，例として綿紡績業，電気炉鋼，セメントという 3 つの産業を挙げることにする．

　企業間の賃金格差や労働生産性格差を論ずる際に常に問題となるのは，大企業と中小企業では同じ「労働」といっても，学歴等の違いによる人的資本 (human capital) の格差が存在するという点である．しかしこの調査では，先に説明したように，基本的にブルーカラーの労働投入時間のみを考えることによ

り，労働の質はかなりコントロールされている．実際，図 3-1 の横軸方向に測られている賃金の格差をみると，必ずしも大企業の賃金が中小企業のそれより高いわけではない．ほぼ同質の労働の対価である賃金格差が 1 対 1.5 ないし 1 対 2 の範囲内にあることは，自然な結果ということができる．

これに対して，労働生産性の格差は，図 3-1 に挙げた綿紡績業では 1 対 5, セメント 1 対 10，電気炉鋼 1 対 15 と，賃金格差に比べてはるかに大きい．大まかにいえば，大企業での生産性が中小企業のそれより高い傾向があるといえるが，そうした傾向は決して明確ではなく，同一規模の企業間でも著しい生産性格差が存在する．図 3-1 にみられるこうした結果は，他の産業・品目についてもおおむね成立している．品目を細かくコントロールしているから，1 対 5 から 1 対 15 に及ぶほどの物的生産性の格差を打ち消すような製品価格の違いがあるとは考えられない．したがって，物的生産性の格差は，それと並行して価値労働生産性の格差を生み出しているものと考えられる．企業はほぼ同一の賃金を支払う労働をインプットとして用いながら，そこには著しい価値労働生産性の格差が存在するのである．

以上，企業間の生産性格差を具体的にみたのだが，問題をマクロの観点から考察することもできる．オーカン (Arthur Melvin Okun, 1928-80) 自身による「オーカン法則」の説明は最もよく知られた例である．

Okun (1962) は，米国経済につき失業率と実質 GDP の間に安定した関係があることを見いだした．たとえば四半期データ (1947.II-1960.IV) を用いて失業率 U の変化を実質 GDP Y の成長率に回帰する，すなわち

$$U_t - U_{t-1} = \alpha - \beta \left(\frac{Y_t - Y_{t-1}}{Y_{t-1}} \right) \tag{3.7}$$

という回帰を行うと，β は約 0.3 と推定された．したがって，実質 GDP の成長率が 1% ポイント高まると失業率は 0.3% ポイント下がる．言い換えれば，失業率が 1% ポイント下がると経済成長率は 3.3% ポイントほど上昇することになる．1% ポイントの失業率の変化がおおよそ 3% ポイントの実質 GDP の変化を生み出すというオーカンの発見は，米国経済についてはその後多くのエコノミストによって再確認され，その安定性ゆえに「オーカン法則」と呼ばれるようになった．

このように安定した「オーカン係数」が得られる理由はどこにあるのだろうか．コブ=ダグラスの生産関数(K, L はそれぞれ資本ストックと労働サービス)

$$Y = K^{1-\alpha} L^{\alpha} \tag{3.8}$$

と要素価格について限界生産力理論を仮定すれば，実質 GDP の労働力 L に関する弾力性 α は労働分配率に等しくなるので，おおよそ 2/3 である．1% ポイントの失業率の低下は 1% ポイントを少し上回る雇用の上昇をもたらす．したがって(3.8)式の α を労働分配率に等しいと考え 2/3 とすれば，それは 0.7% ポイント弱の実質 GDP の上昇しかもたらさないはずである．しかしオーカン法則によれば実際には実質 GDP は約 3% ポイント上昇する．

オーカン法則は，このようにスタンダードな新古典派経済理論と整合しない．この矛盾をどのように説明するか．Okun (1962)は，失業率が低下したときには雇用の増加という直接的な影響に加え，(1)労働供給(労働力人口)が増大し(失業率が高い時に職探しをあきらめ非労働力人口となっていた人，いわゆる求職意欲喪失者(discouraged workers)が労働市場に復帰する)，(2) 1 人当たりの労働時間も上昇し，さらに(3)労働生産性も上昇するために，0.7 をはるかに超える 3 という「オーカン係数」が得られると説明した[17]．ここでは第 3 の要因，すなわち「労働生産性の上昇」について考えることにしたい．

どこの国いつの時期についても労働生産性は失業率が低い好況期に上昇し，失業率が上昇する不況期に下落するというはっきりとした傾向をもつ[18]．循環的(procyclical)な労働生産性の動きを説明するために Okun(1973)は次のような要因を挙げた．

第 1 に，長期的な労働契約や採用募集／解雇に伴うコスト，企業に固有な技能が存在するために，生産水準が変動しても企業はそれに合わせて雇用を調整しない．したがって不況期には企業内に労働が「退蔵」(hoard)されている．オーカンはそれを「見かけ上は職に就いている不完全雇用」(on-the-job under-

---

17) この点に関する詳細は吉川(2009b)を参照．
18) 同じことは労働生産性だけではなく，全要素生産性(Total Factor Productivity: TFP)についても当てはまる．第 4 章で説明するように，この事実をどのように解釈するかは，RBC 理論をめぐる論争の 1 つの焦点となっている．それはバブル崩壊後の日本経済の「失われた 10 年」をどのように理解するかとも密接に関係している(林 2003；吉川 2003)．

employment)と呼んでいる．失業率が低下する好況期には，そうした退蔵されている労働の「稼動率」が上がり，労働生産性が上昇する．

労働生産性の動きを説明するもう１つの要因としてオーカンが挙げたのは，産業ないし部門間シフトの影響である．生産水準のアップダウンに関して景気の影響を最も強く受けるのは，自動車など耐久財を中心とする製造業であるが，製造業の労働生産性は，他のセクターに比べて高い．そのために産業／部門間のシフトを通して労働生産性に循環的な動きが生み出される．オーカンは，好況期には労働者が生産性の高い部門・企業に「階段を上り」，逆に不況期には生産性の低い方向へ「階段を下りていく」という視覚的なイメージに富む説明をした．

このほか労働経済学の分野で古くから知られている賃金格差を分析したMortensen (2003)も次のように述べている．

> なぜ同じような労働者が異なる賃金を受け取っているのだろうか．なぜある会社の賃金は他の会社のそれより高いのだろうか．私はこうした賃金格差は企業の生産性の相違を反映したものだと考えている．……もちろん賃金格差は生産性の格差の結果だという主張は次の問題を提起する．すなわち何が生産性のばらつきを生み出すのか(Mortensen 2003, p.129)．

このように生産性の分布は，現実の経済においてたしかに存在する．ケインズ経済学の「正しい」ミクロ的基礎づけとも関連する生産性の分布，これが以下われわれの問題である．

「均衡」において労働生産性はどのように分布するのか．以下で詳しく説明するとおり，この問いに答えるためには，われわれは統計物理学の基本的な考え方に拠らなければならない．すでに第２章で統計物理学の方法を説明したが，以下では重複をいとわず生産性に即してもう一度問題を整理することにしたい．

異なる労働生産性 c_k をもつセクターが K あるとしよう $(k=1,\ldots,K)$．便宜上「セクター」というが，k は企業でも産業でもよい．個々のセクターの需要の増減，技術の変化を反映して各セクターの労働生産性は間断なく変化してい

る．したがって k は正確には物理的に定義される1つのセクターないし企業のインデックスではなく，c_k の生産性をもつセクターのインデックスと解釈されるべきである．k はあるときは A 社，あるときは B 社と変わりうるし，k が複数の企業から成っていたとしても，ここでの目的のためには支障はない．時とともにセクター k の中身は物理的に変わるはずである．異なる生産性をもつ各セクターに属する労働者の数を n_k で表わす．労働者の総数 N は一定である．

$$\sum_{k=1}^{K} n_k = N \tag{3.9}$$

$n=(n_1, n_2, \ldots, n_K)$ は，N 人の労働者の各セクター／企業への配分を表わす．

第2章で説明したように，配分 n が実現する場合の数 w_n は，N 個の(名前のない)ボールを，K 個の番号の付いた箱に入れる場合の数にほかならないから

$$w_n = \frac{N!}{\prod_{k=1}^{K} n_k!} \tag{3.10}$$

となる．N 個のボール(労働者)を異なる K 個の箱(生産性の異なる K 種類の状態)のいずれかに振り分けるすべての場合の数は K^N だから，$n=(n_1, n_2, \ldots, n_K)$ というマクロの状態が現出する確率 P_n は

$$P_n = \frac{1}{K^N} \frac{N!}{\prod_{k=1}^{K} n_k!} \tag{3.11}$$

である．

与えられたマクロの制約条件の下で，確率 P_n を最大化するような状態 $n=(n_1, n_2, \ldots, n_K)$ が現実に観察される．すでに繰り返し説明してきたとおり，これこそが統計力学の基本的な考え方である．確率 P_n の最大化とその対数値 $\ln P_n$ の最大化は同値であるから $\ln P_n$ の最大化を考えればよい．ここで大きな数 x に関する近似式であるスターリングの公式

$$\ln x! \cong x \ln x - x \tag{3.12}$$

を用いると，$\ln P_n$ の最大化は

$$S = -\sum_{k=1}^{K} p_k \ln p_k \qquad \left(p_k = \frac{n_k}{N} \right) \tag{3.13}$$

の最大化と同値であることは容易に確認できる．すでに読者にも馴染みであるはずの S はシャノンのエントロピーであり，ランダムになされる配分ないし状態 n の組み合わせ論的な場合の数，すなわち確率を表わす．

なお第2章で詳しく説明したとおり，P_n ないし S を最大化するような状態が実現すると考えることは，決してミクロの主体の最適化と矛盾するわけではない．家計も企業も効用や利潤を(動学的に)最大化しているのである．しかし個々の経済実体の行動には必然的にランダムネスが伴う．利子率が上がってもすべての企業が投資を減らすわけではない．逆に投資を増やす企業もあることは誰も否定できない．従来の経済学は，「典型的」な企業を想定し，その行動を「相似拡大」することによってマクロ経済の動きを理解できると考えてきた．統計物理学の考え方は，個々のミクロ主体の動きに伴うランダムネスを積極的に考慮に入れ，第三者にはミクロの動きを知ることはできないという事実をテコにしてマクロの状態を理解するのである．そこで本質的な役割を演じるのが，起きうる「マクロ」の状態の確率——この確率は，そうしたマクロの状態を生み出す「ミクロ」の状態の場合の数による——，すなわちエントロピーである．

さて，マクロの制約式としては，労働の供給制約式(3.9)の他に財市場における有効需要の制約がある．

$$\sum_{k=1}^{K} c_k n_k = D \tag{3.14}$$

ここで D は有効需要であり，外生的に与えられているものとする．言うまでもなく現実の経済において需要がすべて外生的であるわけではない．所得に依存する消費一つとってみてもこの事は明らかである．しかしケインズ経済学においては，需要の一部は常に外生的であり，内生的に決まる需要も含めた総需要は結局のところ外生的な需要の関数となる．これが「乗数分析」の核心である．本章では以下このような意味で総需要 D は外生であるとみなす(D はたとえば第4章の(4.17)式の Y^* に対応)．ケインズ的な「均衡」における供給サイド

を分析する.

さて，すでに述べたとおり統計力学の考え方は，与えられた制約式(3.9)，(3.14)の下で確率 P_n ないしエントロピー S を最大化するような状態が実現する，というものである．結果は次のような指数分布となる(Aoki and Yoshikawa 2007, pp.79-81).

$$\frac{n_k}{N} = \frac{e^{-\frac{N}{D}c_k}}{\sum_{k=1}^{K} e^{-\frac{N}{D}c_k}} \qquad (3.15)$$

高い生産性をもつセクター k で働く労働者のシェア n_k/N は低いセクターよりも小さくなる．分布の形状は図3-2にあるとおりだが，それを決めるのは有効需要 D である(正確に言えば有効需要を労働存在量でデフレートした D/N であり物理学の用語では示強変数). D/N は物理学における温度 T に対応する．図3-2にあるとおり有効需要 D が高くなれば生産性の高いセクターで働く労働者のシェアが大きくなる(逆は逆)．まさに Okun (1973) のいったとおり，有効需要 D が大きくなると，労働者はあたかも「階段を上るように」生産性の高いセクターに移動していくのである．逆に不況により D が低くなれば労働者は「階段を下りていく」ことになる．

生産要素の「完全雇用」を仮定する新古典派理論によれば，GDPの水準は労働や資本がどれだけあるかによって決まる．ケインズの『一般理論』は，労働や資本は必ずしも完全雇用の状態にないこと，したがって労働や資本がどれだけあるかはマクロの経済の天井を与えるにしても，現実の水準を決めるものではない，ということを指摘した．現実のマクロ経済の状態(たとえばGDPの水準)は，財・サービスに対する「有効需要」によって決まる．言うまでもなく，これこそがケインズ経済学の核心である．

統計物理学の一般理論は，労働の限界生産がすべての産業・企業で等しくなる，すなわちすべての労働が「フル稼動」している状態はありえない，ということを明らかにする．労働や資本がフル稼動すること(パレート最適)を要請する新古典派的均衡は，まさに「おとぎの国」なのである．ケインズが正しく指摘したとおり有効需要の増大は，労働や資本の生産性(稼動率)を高める(より正確にいえば図3-2にあるように生産性の分布を変える)ことによって，GDPを増大

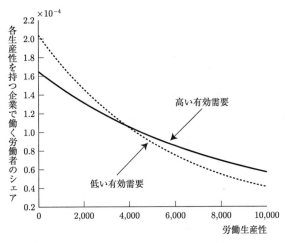

図 3-2　指数分布(ボルツマン分布)

させる．これこそがケインズの「有効需要の原理」の背後にあるミクロの姿である．

　もっとも，以上で説明したように統計物理学的方法をストレートに適用した場合には，(3.15)式にあるとおり労働生産性の分布はボルツマン分布すなわち指数分布になる．しかし労働生産性に関する実証研究の結果は，これとは異なる．その点を説明し先に進む前に，標準的なマクロ経済学の1つの柱ともいえる「労働市場のサーチ理論」を批判的に検討することにしよう．

3. サーチ理論の限界

　ケインズの「有効需要の原理」を考える以上，われわれはワルラスの「一般均衡理論」(Arrow and Debreu 1954)に別れを告げなければならない．第1章で述べたように，ワルラスの一般均衡モデルは現実の経済を描写するマクロモデルとしてもともと失格なのだから，それに別れを告げることには本来何の問題もないはずだ．しかし経済学の世界では，未だに一般均衡理論が標準的な物差しになっている．

　スタンダードな一般均衡モデルで無視されている「不確実性」や「マッチング・コスト」を明示的に考慮に入れ，本章のテーマである労働市場を分析し

たものが「サーチ理論」である．サーチ理論は膨大な文献を生み出し，それについてはノーベル賞を受賞したこの理論のパイオニアたちによるものも含めて，すでに総括的なサーベイが行われている．ここでは代表的なサーベイ論文として Rogerson, Shimer, and Wright (2005)，Diamond (2011)，Mortensen (2011)，Pissarides (2000, 11) を挙げておくことにしたい．学界に大きな影響を与え，今や確立した研究分野に成長した「サーチ理論」だが，以下詳しく説明するとおり，この理論は労働市場のダイナミクスを描くことに成功していない．そこにある「ミクロ的基礎づけ」は，正しいミクロ的基礎づけではない．

サーチ理論は，現実の市場，とりわけ労働市場では情報が不完全であり，職探しなど経済行動には「マッチング・コスト」が伴うことを強調した．たしかに現実の経済においては，労働者はその人に合った最良の職を瞬時にして見つけ出すことはできない．このことは人を雇う企業にとっても同じである．この結果「均衡」においても，潜在的に同質の労働者／企業が異なる状態にある，ということになる．たとえば学歴，性別，年齢などが同じ労働者でも，ある人は雇用されているのに，ある人は失業しているということが起こりうる．サーチ理論のゴールは，こうしたワルラス的な一般均衡とは異なる「均衡」状態を，労働者や企業の合理的な行動と矛盾しない形で説明することである．

サーチ・モデルの「均衡」は，たしかに教科書的なワルラス均衡よりは現実に一歩近づいている．しかしスタンダードなサーチ理論には，2つの根本的な問題がある．

第一は，サーチ理論の貢献であるはずの「ミクロ的基礎づけ」である．現代のマクロ経済学は，家計／企業などミクロの経済主体の合理的行動がモデルの中で明示的に分析されていることを求める．このことについてはすでに繰り返し述べてきた．サーチ理論も例外ではない．サーチ・モデルは確率的であり，理論の性格からして企業／労働者の「異質性」が強調すらされている．しかしモデルの中で最適化を行う企業／労働者が直面する確率的な経済環境，すなわち賃金などの経済変数の確率分布は1つであり，この1つの確率分布をすべての経済主体が最適化する際の制約条件として共有している．具体的には，労働市場のサーチ・モデルでは，職の見つかる確率(job arrival rate)，失職する確率(job separation rate)，賃金の分布などがすべての労働者に共通している．

この共通の確率分布を制約条件として労働者は同じ最適化をすることになっているのである．つまりモデルは，「代表的労働者」の最適化を考えている（第1章の図1-2(b)）．

しかし現実には，産業，年齢，地域，学歴などによりこうした確率分布は全く異なる．企業についても，たとえば求人がどれほどの確率で埋まるか (hires per vacancy)は企業ごとにまったく違う (Davis, Feberman, and Haltiwanger 2013)．サーチ・モデルではこの確率がすべての企業で同じという仮定を設け最適化を考えるのだが，この仮定は現実にはまったく満たされていない．企業をとりまく「代表的制約条件」など存在しないからである．「代表的制約条件」の仮定に基づき「代表的企業」の最適化をどれだけ精緻に考察しても意味はない．

もちろんわれわれは，経済全体の平均的な失業率や賃金の分布のデータを持っている．そうした統計データは存在する．しかしこれらは厚生労働省や，マクロの労働市場を分析する経済学者が関心をもつべきデータであり，個々の労働者や企業が最適化する際に，こうした1つの分布を共通の制約条件とすることはない．個々の労働者／企業が自らの制約条件として認識するのは，すべて異なる「ミクロの確率的情報」なのである．

それ以下の賃金では働かないという「留保賃金」(reservation wage)も，現実にはすべての労働者で違うのだが，それが共通という非現実的な仮定の下でサーチ・モデルの分析は行われる．「均衡」では次の式が成り立つ．

$$fu = s(1-u) \quad (3.16)$$

ここでuは失業率，sは失職確率，fは職探しに成功する確率である．(3.16)式は，失業プールへの流入と，失業プールからの流出が，市場全体でバランスする式である．

労働者が企業から職を提示される確率をλ，賃金の累積分布を$F(w)$とすると，(3.16)式のfは次の(3.17)式で表わされる．企業が提示する賃金がRより低ければ就職成功には至らないからである．

$$f = \lambda(1 - F(R)) \quad (3.17)$$

(3.16), (3.17)の2つの式から均衡における失業率は次の式で表わされる．

$$u = \frac{s}{s + \lambda(1 - F(R))} \quad (3.18)$$

(3.16), (3.17), (3.18)式は, マクロ経済の状態を描写する式としてみるかぎり間違っているわけではない. 問題はこれらを労働者や企業の最適化における制約条件とする所にある. それは労働者が採用を提示される確率 λ, 賃金の分布 $F(w)$, 留保賃金 R はすべての労働者で共通と仮定することにほかならない. しかしすでに述べたとおり現実の経済では, すべての労働者で λ, $F(w)$, R はまったく異なる(第1章の図1-2(a)).

さらに大きな問題がある. 賃金はたしかに労働者にとって, ある職につくか否かを決める際に最も重視する変数の1つではあるが, それがすべてではない. 労働者は, 賃金以外の変数, たとえば企業イメージ, 職場の雰囲気, 有期/無期, 勤務場所など賃金以外にもさまざまな要因を考慮に入れる. こうしたすべての要因を制約条件として, 労働者は最適化を行うのである. Rogerson, Shimer, and Wright (2005, p.962)は, スタンダードなサーチ・モデルの賃金 w はモデルの中で「賃金」とよんでいるが, 実はいま挙げたような労働者が関心をもつすべての要因を代表するものとして解釈できる, といっている. しかしもしそのように解釈すれば, その分布 $F(w)$ がすべての労働者に共通ということはますますありえない. たとえば子供の生まれた若い女性は, 賃金よりも, 「家の近く」という要件を第一に職探しをするかもしれない. 要するに労働者も企業も, それぞれ全く異なる「ミクロの確率的制約条件」の下で最適化を行っているのである. したがって, 「代表的」労働者／企業にとっての「代表的制約条件」を仮定するスタンダードなサーチ理論は, 正しい「ミクロ的基礎」を与えてはいない.

スタンダードなサーチ・モデルには, 「代表的」労働者／企業の仮定に加えてもう1つ大きな問題がある. それは企業行動に関する「完全競争」の仮定である. 労働市場については情報の不完全性やマッチング・コストを大いに強調するサーチ理論なのに, 企業の供給する財・サービス市場については, 何ともあっさりと完全競争の仮定が設けられている. すなわち企業の直面する個別需要曲線は水平, つまり与えられた価格の下で, 企業はいくらでも財・サービスを供給することができる.

この点はモデルが確率的(ポアソン過程)であるためについ見逃しやすく盲点になっている．たとえば典型的なサーチ・モデルである Burdett and Mortensen (1998)では，1人の労働者が生み出す利潤は$p-w$である．pは「生産性」とよばれることも多いが，いずれにせよ物理的な生産性と価格の積であるpは一定で与えられている．企業はpを与えられた制約条件として賃金wと雇用量lを決める．雇用量がlであるときの利潤は$(p-w)l$である．サーチ・モデルでは賃金wの決定については複雑な議論がなされるにもかかわらず，このように，企業が供給するモノ／サービスについては単純にpは一定，つまり本質的に「完全競争」の仮定が設けられている．奇妙というべきほどにバランスを失した仮定が設けられているのである．

一定のpの下で企業が賃金w($w<p$)を決めると，$p-w>0$だから，この賃金水準で働きたいという労働者が求職に訪れれば企業としてはいつでも喜んで雇うことになる．ただしwを提示された労働者が，よりよい雇用機会があると思えばこの企業には就職しない．それどころか今この企業で働いている労働者の中にも，wを不満に思って離職する人もある．こうしたことを考慮に入れて企業はwを決める．

労働者側に「選択権」のあるこのモデルでは，「生産性が高い企業ほど雇用されている労働者の数は少ない」というよく知られている事実をうまく説明できない．生産性すなわちpが高ければwは高くなり，そうした企業を労働者は優先して選ぶはずだからである．Postel-Vinay and Robin (2002)では，生産性の高い企業ほど求人の際に採用募集の努力をしないからだ，という議論をしているが，こうした仮定はモデルのつじつま合わせに過ぎず，まったく説得力を欠いている．一流といわれる学会誌 *Econometrica* のレフェリー以外(?)誰もが「支持すべくもない無理な仮定」だと思うに違いない．生産性の高い企業で働く労働者が限られている理由は，そうした企業の供給する財・サービスへの需要は制約されている——つまり「不完全競争」状態にあり，生産性の高い企業のモノやサービスに対する需要は限られているからである．

財・サービス市場が完全競争，すなわち企業は与えられた価格の下でいくらでも自らの作るモノを売れる，という仮定があるため，「不況のときになぜ失業率は上がるのか」というマクロ経済学にとって最も基本的な問題についてす

らサーチ・モデルは回りくどい説明を繰り返すだけでまっとうな答えを出せない．まさにマクロ経済学の混迷を象徴している．

　本章で説明するわれわれのモデルにおいては，財・サービスの市場は「不完全競争」の状態にある．もちろん不完全競争ないし独占的競争のモデルは，今日経済学の世界で珍しくない．しかしほとんどすべて「対称的均衡」(symmetric equilibrium)を仮定したモデルである．これは1つの産業を対象とした産業組織論のモデルでは現実的な仮定となる場合もあるだろう．しかしマクロ経済を考えるときには全く不適当だ．この点についてはのちに再度詳しく説明する．

　個々の労働者・企業を取り巻く「ミクロの制約条件」は，文字通りミクロであり，第三者である分析者にはまったく観察不可能である．実はこの事実は，サーチ理論の理論家にとっても気づかれている．「マッチング関数」(matching function)という枠組みをサーチ理論に導入した Pissarides (2011)は次のように述べている．

　　　サーチの摩擦がある市場における賃金の均衡分布を導出しようという多くの試みがなされてきた．しかし私は労働市場の均衡を「マッチング」という言葉で表現する別の途を選んだ．失業して職探しをしている労働者は，単によりよい賃金を求めているのではなく，よい職を探しているからだ．企業の方も，職探しをしている労働者がやって来ればただ受動的に雇い入れるのではなく，よい人との出会いを求めている．

　　　労働者は，それぞれ異なる仕事に向く，向かないといったさまざまの特性を持っている．他方企業の方も1つの仕事に要求することはさまざまであるし，賃金とは別に，どのような人を雇いたいか考えている．労働者の希望と求人側の要求が一致(マッチ)するプロセスは，賃金がどれだけであろうと，いずれにしても時間を要する．労働者と企業が互いに相手を探し，マッチがうまくいく／いかない，というプロセス，これが現実に近い，と考えたわけである．……受け入れうる賃金を探すサーチの理論から，労働者と企業のマッチがうまくいくまでつづくサーチに関する理論への転換は，小さいようでいて実は労働市場のモデル化にきわめて大きな違

いをもたらすものなのである．その理由は，うまくいく出会いをサーチするモデルでは，労働者が直面する選択肢を描写するために，マッチング関数を導入する必要があるからだ．マッチング関数は，明示的には分析できない労働市場における多様な摩擦を表現する．それは生産関数が技術のブラックボックスであるのと同じ意味でブラックボックスである（Pissarides 2011, pp.1093-1094）．

ピサリデスがいっているのはこういうことだ．もし労働者が探しているのがただ高い賃金であるなら，それは1つの数字であり話は簡単だが，現実には労働者はそれぞれまったく違う複雑な「自分に合った仕事」を探している．企業も求人において提示している賃金を受け入れる人なら誰でもよいというわけではない．「仕事に合ったよい人」を探しているのだ．労働者・企業，それぞれが求めているミクロの事情（「よい」仕事，「よい」人）は複雑で，それは第三者である分析者には知りようがない．したがってミクロの主体の最適化を考えようとしても，それは本来的に不可能なのだ．そこで必要になるのがブラックボックスとしてのマクロの「マッチング関数」である．

　マッチング関数とは，職探しをしている労働者と求人している企業の出会いがうまくいく確率を失業率と求人率の関数として表わしたものだ．それはミクロの最適化から導かれたものではない．マクロ変数の関数という意味でピサリデスがいうようにブラックボックスに他ならない．マクロの分析を進める上で，ミクロの異質性を真剣に考えれば考えるほど，結局のところ，個々の経済主体の最適化を明示的に考察するという道を放棄せざるをえないのである．ブラックボックスとしての「マクロの関数」が必要となる．こうしたことを認識した点で確かにマッチング関数は一歩前進といえる．しかし，まだ十分ではない．

　マッチング関数は，出会いの成功確率は求職している労働者の数と企業による求人数が増えれば高まる，という常識に立脚したものだ．しかしこれはあくまでも「数」だけを問題にしており，ピサリデス自身が強調する職の「質」をまったく考慮に入れていない．この点について Okun (1973) は次のように述べている．

好況期(high-pressure economy)には，不況期(slack economy)と比べ，単により多くの職が生み出されるだけではなく，違ったタイプの雇用が生み出される．不況のときには，無職よりはましといった程度の仕事が，見つけられる中ではベストの職となる．好況になると，人々は，よりよい職へと階段を上るチャンスを手にするのである．
　異なるセクター・産業への移動は，よりよい職へのシフトの一面にすぎない．同じ企業，同じ産業の内部でも，人々はよりよい職へシフトするし，停滞した地域から平均所得の高い地域への移動も活発になる(Okun 1973, pp.234-235)．

　このように失業のダイナミクスは，単に「数」だけの問題ではなく，労働者が手にする職の「質」と切り離すことができない．したがって本章の分析がフォーカスする「労働生産性の分布」を分析する必要がある．その際にはただ「数」にだけ注目する「マッチング関数」は役に立たない．「マッチング関数」は，この意味で中途半端なブラックボックスなのである．個々の労働者や企業を取りまくミクロ制約の異質性を真剣に考えると，われわれは，はるかに「大きなブラックボックス」を必要としていることに気づかざるをえない．しかもこの「大きなマッチング関数」は，通常考えられているように構造的ないし外生的に与えられたものではなく，総需要の水準に依存するモノなのである．このことが以下の分析で明らかになる．

4. 不完全競争——屈折個別需要曲線

　労働市場に関するわれわれのビジョンは，基本的にスタンダードなサーチ・モデルと共通するところが大きい．とりわけブラックボックスとしての「マッチング関数」の必要性を説くピサリデスの考え方に近い．しかし先に指摘したとおりスタンダードなサーチ理論では，ポアソン過程の陰にかくれて，財・サービスの市場について「完全競争」という自らの出発点と矛盾する奇妙ともいえる仮定が設けられている．ワルラスの一般均衡理論，アロー=デブリューの世界から離れる以上——これこそがサーチ理論の出発点であったはずだ——われわれは「不完全競争」の世界に移らなければならない．すなわち限界費

用ではなく需要が生産の水準を決める(Solow 1986). このことは, 現実の企業行動に関する実証分析が古くから繰り返し見出してきたことでもある(Lester 1946).

不完全競争に関するエレガントな一般均衡理論のモデルとしては Negishi (1960-61) がある. 不完全競争の下では, 個別需要曲線は与えられた価格の下で水平(完全競争)ではなく, 右下がりになる.

Sweezy (1939), Negishi (1979) はさらに進んで, 独占的競争下では企業が直面する個別需要曲線は, 単に右下がりであるだけではなく, 現時点の価格／数量のところで屈折している, ということを説得的に示した. ライバル企業と買い手のリアクションは, 価格を上げたときと, 下げたときで非対称的だからである. すなわち価格を上げると多くの買い手を失う一方, 下げても多くの買い手を獲得できるわけではない.

また Drèze (1979) は, 企業がリスク回避的だとすると, 需要の価格弾力性が確実に知られていない以上, 企業が直面する個別需要曲線は現行の価格／数量のところで屈折したものになる, ということを示した. したがってサーチ理論が強調するような不確実性と摩擦が存在する経済において, 個別需要曲線は, 単に右下がりではなく, 屈折したものになる.

個別需要曲線が単に右下がりであるだけでなく, 現時点の価格／数量のところで屈折していると, 限界収入は図 3-3 にあるように不連続になる.

具体的に次のようなモデルを考える. 企業 $j (j=1,\ldots,K)$ は, 利潤

$$p_j(y_j, \bar{p}_j, \bar{y}_j)y_j - wn_j \qquad (3.19)$$

を労働投入量 n_j について最大化する. y_j と p_j は企業 j の生産量と価格, w は賃金である. 価格 p_j は生産(販売)数量 y_j だけではなく, 現時点での価格と数量 $\bar{p}_j, \bar{y}_j$ にも依存する. すでに述べた通り, 企業は価格を現行の $\bar{p}_j$ 以上に上げると顧客を失う一方, 下げてもあまり売り上げの増加を期待できない, ということを認識している. したがって企業が直面する需要曲線は, 以下のような条件を満たす.

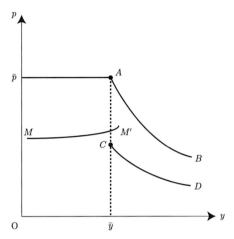

図 3-3 独占的競争をする企業の屈折個別需要曲線
出典）Negishi (1979).
注）$\bar{p}AB =$ 個別需要曲線，$\bar{p}ACD =$ 限界収入，$MM' =$ 限界費用.

$$\bar{p}_j = p_j(\bar{y}_j, \bar{p}_j, \bar{y}_j) \tag{3.20}$$

$$y_j \leq \bar{y}_j \quad \text{ならば} \quad p_j = \bar{p}_j \tag{3.21}$$

$$y_j \geq \bar{y}_j \quad \text{ならば} \quad \frac{\partial p_j}{\partial y_j} < 0 \tag{3.22}$$

5. 限界費用

　生産において逓増する限界費用，すなわち右上がりの供給曲線は，新古典派経済学を支える基本的な仮定である．スタンダードな新古典派理論，とりわけ完全競争においては限界費用が逓増的でないと均衡は存在しない．このことはマーシャルの時代からケンブリッジで大きな問題となった．

　新古典派の仮定とは異なり，現実の経済では限界費用はほぼ一定だと考えられる．これは多くの実証研究の結果が示していることだが，たとえば次のようなことからも分かる．

　もし限界費用が逓増的であれば，財の生産の季節変動は出荷の変動より小さくなるはずである．なぜなら需要が季節的に大きく変動するとき，生産の

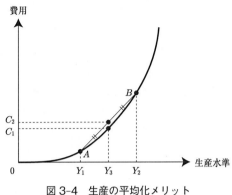

図 3-4 生産の平準化メリット

方は在庫を通して平準化する方が有利になるからだ．図 3-4 には逓増的な費用関数が描いてある．簡単のために需要が半年ごとに Y_1 と Y_2 の水準になるような季節変動を考えよう．出荷は半年ごとに Y_1, Y_2 となる．もし出荷にあわせて生産も Y_1 と Y_2 になるなら，平均費用は A, B の 2 点を結んだ直線の中点 C_2 となる．一方，年間を通した平均的な出荷量 $Y_3 = (Y_1 + Y_2)/2$ の水準で生産量を平準化したときの平均費用は，C_1 である．限界費用が逓増的，すなわち費用関数が下に凸 (convex) であるときには，図 3-4 にあるとおり $C_2 > C_1$ である．したがって，生産水準を平準化する誘因が存在する．

しかし現実に季節変動を調べると，そうした生産の平準化はまったく行われていない (吉川 1992, 第 7 章)．景気変動と違い季節変動は規則的であり，企業にとって予測しやすいものである．それにもかかわらず生産の平準化が行われていないということは，限界費用がほぼ一定 (図 3-4 の費用曲線がほぼ直線) であることを示唆している．

Shea (1993) は，産業別データを用いた推定を行い，供給曲線が有意に右上がりである (限界費用が逓増) という結論を導いているが，価格のアウトプットの変化に対する弾力性は 0.18 と小さい．問題は，供給曲線の勾配が有意にゼロと異なるかということではなく，それがどれほど急勾配かというところにある．限界費用は，新古典派理論が仮定するように逓増的ではなく，ほぼ一定だ

と考えられる[19]．ここでは線形の生産関数，すなわち限界費用は一定だと仮定する．

$$y_j = c_j n_j \quad (c_j > 0) \tag{3.23}$$

労働生産性 c_j は一定である．

6. 企業の最適行動

さて，企業の需要に関する期待が裏切られないとき，すなわち $y_j = \bar{y}_j$，$p_j = \bar{p}_j$ が満たされるときには，$(\bar{p}_j, \bar{y}_j)$ において以下の2式が成り立っている．

$$p_j(1-\eta_j)c_j \leq w \tag{3.24}$$
$$p_j c_j \geq w \tag{3.25}$$

(3.24)式における η_j は，$\bar{y}_j$ における右側の価格弾力性である．

条件(3.24)，(3.25)式によれば，生産がどのような水準に決まるにせよ，限界費用 w/c_j が価格 p_j よりは低く，限界収益 $p_j(1-\eta_j)$ よりは高くなる．こうした条件が利潤最大化のために成立しなければならない．その結果，需要の変化は完全に「生産数量」y_j の変化に吸収され，「価格」p_j は変わらない．

こうした結果は，個別需要曲線がただ右下がりという不完全競争の定義ともいえるスタンダードな仮定だけからはえられない．もし個別需要曲線が屈折していなければ，需要曲線が右方シフト(需要の増加)しても，価格だけが上昇し，生産と雇用の水準はほとんど変わらない，ということもありうるからである．個別需要曲線が屈折していると，図3-3にあるように限界収入は不連続になり，需要の増加は，生産量と雇用(数量)の変化に吸収され，価格は変わらないことになる．

利潤最大化の条件(3.24)，(3.25)式の下では，賃金 w が変化し限界費用が

---

19) 神取(2014，113頁「事例2.2」)は，東北電力の費用曲線を例として限界費用が逓増的であることを示している．典型的な装置産業としての電力の限界費用が逓増的であることはよく知られている．その結果，ピークロード・プライシングも行われている．しかし，マクロ経済全体を見たとき，電力は典型というよりはむしろ例外である．ほとんどのモノやサービスの生産においては，現実に問題となる生産量の変化の範囲内で限界費用はほぼ一定である．

変わっても生産や雇用の水準は変わらない,ということにも注意したい.これも現実の企業行動に関する実証分析が古くから見出してきたこと(たとえばLester 1946)だが,スタンダードなサーチ・モデルと正反対の結果である.サーチ・モデルでは,企業内の労使交渉などによって決まる賃金は,雇用(job creation rate)に大きな影響を与え,それが生産水準を変える.

繰り返し述べたとおり,サーチ・モデルでは財・サービスの市場における完全競争の仮定が設けられている.「どれだけ売れるか」という需要制約はない.雇用と生産の水準は,企業の戦略的な求人行動によって決まる.賃金は収益率への影響を介してこの求人行動に影響を与えるのである.スタンダードなサーチ理論では,このように戦略的に決まる賃金が雇用／失業の変動を説明する(Pissarides 2009).しかしリーマン・ショック後に米国の失業率が4.6%から9.8%まで上昇したことを,賃金の動きによって説明するのはまったくの的外れだ.サーチ理論が失業という最も重要な問題についてすらまっとうな答えを出せないのは,財市場で完全競争の仮定を設けているからである.

屈折需要曲線のモデルでは,賃金は生産や雇用の決定について二義的な役割しか果たさない.一定の範囲内では,賃金 w が変わっても条件(3.24),(3.25)式は影響を受けないからである.生産と雇用は需要によって決まる.Tobin (1993)がいうように,「数量が数量を決める」(quantities determine quantities).

さて Negishi (1979, ch.6),Dreze and Herings (2008)は,屈折需要曲線の下での独占的競争の一般均衡モデルにおいて均衡解の存在を示した.しかし均衡が存在しても,現時点における生産と価格 $\bar{y}_j, \bar{p}_j$(図3-3 の A 点)は外生的に与えられているから,そもそもそれがどのように決まるのかについてモデルは黙して語らない.つまり個々の企業がどのような個別需要曲線に直面しているのかは別途考えなければならない.以下で説明するわれわれのモデルは,まさにこの問いに答えるものである.

われわれは,先に説明した統計物理学の方法に基づき,経済全体の総需要 D が独占的競争をする個々の企業の生産 $\bar{y}_j$ にどのように配分されるかを考える.

$$D = \sum_{j=1}^{K} \bar{y}_j \tag{3.26}$$

Negishi (1979)のモデルでは，労働市場における不確実性や摩擦はまったく考慮されていない．しかし現実の労働市場では，サーチ理論が強調するようにさまざまな摩擦があり情報も不完全である．しかもピサリデスがいうように，そうしたミクロの不確実性や摩擦は個々の企業ですべて異なり，第三者である分析者には観察不可能である．そこで統計物理学の出番となる．

　高い生産性をもつ企業は，労働者に対してより「魅力的な」職を提供しうると仮定しよう．これはもっともらしい仮定である．もちろん企業が提供する職が，誰に対して，どのような意味で魅力的なのかはわからない．しかし，ともかく魅力的な職だから，労働者は可能な限り生産性の高い企業へ移ろうとする．それだけを仮定するのである．労働者が移動する理由は問わない，というか，本人以外の第三者にはわからない．

　もちろん労働者が移るためには，移動する人を受け入れるべく求人がなされていなければならない．当たり前のことだが企業が求人をするのは，人を雇ってつくったモノやサービスに対する需要が十分にあるからである．

　労働者はさまざまな生産性をもつ企業にどのように分布するだろうか．それがわれわれがこれから考える問題である．繰り返し述べているように，自分に合った職が見つかる確率，賃金の分布，離職率などは，個々の労働者／企業ごとにすべて異なる．したがって通常のサーチ・モデルのように代表的個人／企業を前提にミクロ最適化を分析しても意味はない．ミクロの行動の詳細はわからない．繰り返し述べているように，これが統計物理学の出発点である．

　ミクロの経済主体の異質性を認めすぎると，結局何も分からないという不毛な結果に終わるのではないか．そう思う人もいるだろう．ところがそうしたナイーブな考えとは全く反対に，統計物理学的な方法により，われわれは単に定性的のみならず，定量的な結果すらえることができるのである．

　モデルにおいて最も重要な役割を果たす外生変数は，総需要 D である．このモデルでは総需要は与えられている．個々の企業にとっても需要が最も重要な制約条件である．問題は，総需要 D が，どのように個々の企業のミクロの需要制約すなわち $\bar{y}_j$ に配分されるかである．

この問いに答えるのが統計物理学的方法だ．最も重要なことだから，スタンダードなサーチ理論に対する批判，根岸隆の屈折需要曲線のモデルを踏まえて，統計物理学の方法についてもう一度復習しておくことにしよう．そのために「失業」は後で考えることにして，まずは労働生産性の分布に焦点を当てる．

生産性が c_k の企業で，n_k の労働者が働いているとする（$k' < k$ なら $c_{k'} < c_k$）．経済全体には K の生産性のレベルがある（$k = 1, 2, \ldots, K$）．労働者の総数 N は所与である．

$$\sum_{k=1}^{K} n_k = N \tag{3.27}$$

ベクトル $n = (n_1, n_2, \ldots, n_K)$ は異なる生産性のレベルをもつ K の企業にどのように労働者が配分されているかを表わす．n という1つの配分が得られる組み合わせの数 W_n は，N 個の球を K 個の異なる箱に n のように配分する場合の数に等しいから，次の(3.28)式で与えられるのだった．

$$W_n = \frac{N!}{\prod_{k=1}^{K} n_k!} \tag{3.28}$$

一方 N 個の球を K 個の箱に配分する場合，すべての可能性は K^N だけあるから，特定の配分の仕方 n が得られる確率 P_n は，(3.28)式で与えられる W_n を K^N で割り次のようになる．

$$P_n = \frac{W_n}{K^N} = \frac{1}{K^N} \frac{N!}{\prod_{k=1}^{K} n_k!} \tag{3.29}$$

(3.29)式で与えられる n の確率が，マクロの制約条件の下で最大になるような配分 n が実現される．これが統計物理学の原理といってもよい基本的な考え方であることは繰り返し説明してきたとおりだ[20]．

P_n を最大化することは，その対数値 $\ln P_n$ を最大化するのと同値である．階乗の対数値についての近似値「スターリングの公式」

---

20) 正確に言えば，「期待値」の意味で実現する．物理学においては，分散は通常期待値と比べ非常に小さいから，ほぼ「確実」に実現する．

$$\ln x! \cong x \ln x - x \tag{3.30}$$

を使うと，$\ln P_n$ の最大化は次の(3.31)式にある S の最大化と同値であることがわかる．

$$S = -\sum_{k=1}^{K} p_k \ln p_k \qquad \left(p_k = \frac{n_k}{N}\right) \tag{3.31}$$

(3.31)式の S はすでに説明したとおり「シャノンのエントロピー」とよばれ，われわれの問題の組み合わせ論的な側面を表現している．経済学では組み合わせ論的な問題(エントロピー)を考慮することがないが，それこそがスタンダードなマクロ理論の致命的な欠陥なのである．

組み合わせ論について簡単な例で説明しよう．2つのサイコロを振って出た目の和を考える．和は2から12までの可能性があるが，誰もが知るように12よりは6が出る確率の方がはるかに高い．その理由は，12が出る場合の数は1通り(2つのサイコロともに6)であるのに対して，6の場合は5通りあるからだ．シャノンのエントロピー S は，まさにこうした組み合わせ論的な側面を表わしているが，もちろんどのような「マクロの制約条件」の下で S を最大化するか，が問題である．それを次に考える．

第1のマクロの制約条件は，労働者の総数 N は所与という(3.27)式である．第2の制約条件は，総供給は外生的に与えられた総需要 D に等しくなければならないという「有効需要の原理」である．すなわち

$$D = \sum_{k=1}^{K} y_k = \sum_{k=1}^{K} c_k n_k \tag{3.32}$$

が成り立たなければならない．

以下われわれは，労働の配分 $n = (n_1, n_2, \ldots, n_K)$ を分析するが，n は総需要 D が独占的競争をしている企業にどのように配分されるかに依存して決まる．もちろん需要は各企業にとって外生的な制約条件であるのに対して，n_k は各企業の求人活動の結果として決まるものである．

2つのマクロの制約条件(3.27)式と(3.32)式の下で S を最大化するために，次のようなラグランジアン L を考える．

$$L = -\sum_{k=1}^{K}\left(\frac{n_k}{N}\right)\ln\left(\frac{n_k}{N}\right) + \alpha\left[N - \sum_{k=1}^{K} n_k\right] + \beta\left[D - \sum_{k=1}^{K} c_k n_k\right] \quad (3.33)$$

ここで α, β は2つの制約条件に関わるラグランジュ乗数である．L を n_k について最大化すると，次のような1階の条件がえられる．

$$\ln\left(\frac{n_k}{N}\right) = -1 - \alpha N - \beta N c_k \quad (3.34)$$

(3.34)式は次の(3.35)式と同値である．

$$\frac{n_k}{N} = \exp[-1 - \alpha N - \beta N c_k] \quad (3.35)$$

(3.27)式より n_k/N を足し合わせると1になるから(3.35)式の両辺をすべての k について足し合わせることで次式がえられる．

$$\frac{n_k}{N} = \frac{e^{-\beta N c_k}}{\sum_{k=1}^{K} e^{-\beta N c_k}} \quad (3.36)$$

生産性が c_k である企業で働く労働者の比率は「指数分布」であることが分かった．(3.36)式にある指数分布は，物理学では，統計力学の完成者の1人であるボルツマンの名をとり「ボルツマン分布」と呼んでいる．

ただし物理学と経済学では本質的な違いがある．物理学では c_k はエネルギー準位であり，粒子はできる限り低いエネルギーの水準をとろうとする．一方，経済では，逆に労働者はできるだけ高い生産性 c_k の（したがって魅力的な）職を得ようとする．もし可能ならすべての労働者は生産性が最も高い c_K の職につくはずである．実際これこそが不確実性や摩擦などを考慮に入れない教科書にある「パレート最適」の状態にほかならない（図3-5）．

しかし単純なパレート最適の状態は，総需要の状態が $D_{\max} = c_K N$ という現実にはあり得ないほど高い水準にないかぎり起こりえない．総需要が $c_K N$ に等しいときのみ，c_K の企業は需要に応えて熱心に求人を行い，その結果労働者の方も c_K の職に巡り合うことができる．

$D_{\max}$ は現実にはあり得ない．総需要 D は常に $D_{\max}$ に遠く及ばない低い水準にある．このとき労働者は c_K より低い生産性の職につかざるを得ないが，どのような生産性の職に分布することになるのだろうか．総需要が極端

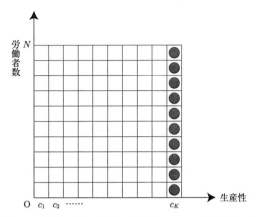

図 3-5 極端に高い水準の総需要 $D_{\max}$ の下では,すべての労働者が最大の生産性をもつ職につく

に小さくなり最低の水準 $D_{\min}$ に達すると,労働者は c_1 から c_K まですべての生産性の職に均等に分配される(図 3-6).すなわち $n_k = N/K$, $D_{\min} = N(c_1 + c_2 + \cdots + c_K)/K$ である.総供給は与えられた総需要の水準 D に等しくなければならないというマクロの制約条件(3.32)式(有効需要の原理)の下で,D が低ければ低いほど実現される配分 $n = (n_1, n_2, \ldots, n_K)$ の場合の数 W_n が大きくなることは容易に確かめることができる.

すでに説明したように,ある分布 $(n_1, n_2, \ldots, n_K)$ の組み合わせの数 W_n は,(3.31)式で定義されたシャノンのエントロピーに対応する.したがって総需要 D が小さくなるほどエントロピー S は大きくなる.逆に D が大きいほどエントロピー S は小さい.

D が考え得る最大値 $D_{\max}$ に等しい時には,すべての労働者は最高の生産性 c_K をもつ職についているから,$n_K/N = 1$, $n_k/N = 0$ $(k \neq K)$ となり(図 3-5),したがってエントロピー S はゼロとなる.逆の極端として $D_{\min}$ の場合にはすべての k について $n_k = N/K$ (図 3-6)であるからエントロピーは最大値である $\ln K$ になる.

したがって総需要の水準 D とエントロピー S の関係は図 3-7 にあるように右下がりの関係になる.エントロピーは,労働市場における職の質のばらつき

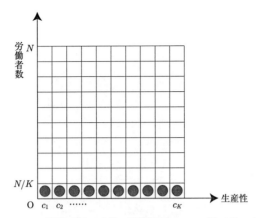

図 3-6 極端に低い水準の総需要 $D_{\min}$ の下では,すべての労働者が異なる生産性の職すべてに均等に分配される

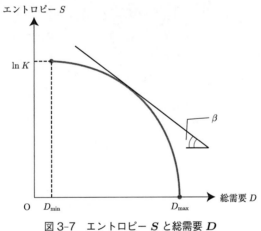

図 3-7 エントロピー S と総需要 D

に対応しているが,これは財・サービス市場におけるミクロ需要のばらつきに起因する.このばらつきを決める究極の要因は,総需要 D である.総需要のレベルが低いと,労働者はより大きな不確実性と摩擦に直面する.つまり生産性の高い企業における質のよい職を見つけるのが難しくなる.その結果,生産性の低い職に甘んじなければならない.

第 3 章 ケインズ経済学のミクロ的基礎づけ 105

表 3-1 負の β と総需要

β	-0	……	$-\infty$
総需要 D	低	……	高

　ここで(3.33)式における総需要の制約式に関するラグランジュ乗数 β は，次の(3.37)式で表わされることを思い出す必要がある．

$$\beta = \frac{\partial L}{\partial D} = \frac{\partial S}{\partial D} \qquad (3.37)$$

すなわち β は，図 3-7 にある曲線の接線の勾配にほかならない．図から分かるように β は負である．

　物理学においては，通常 β は正である．この違いは先にも述べたように，物理では粒子はできるだけエネルギーの低い状態を目指すのに対して，経済では労働者はできるだけ生産性の高い職につこうとするところから生じる．物理学では β の逆数は「温度」(tempreture $=T$)である．正確に言えば温度 T は，$\partial S/\partial D$ の逆数として定義されるのである(D はエネルギー)．なお $TdS = dS/\beta$ に等しい「熱」(heat)は，(3.37)式から分かるとおり dD すなわち総需要 D の増減に当たる．

　さて物理学との類推で言えば負の β は「負の温度」を意味することになる (Iyetomi 2012)．これは一見はなはだ奇妙に聞こえるが，実は物理学でも負の温度は決して不可能ではないのである．負の温度が意味を持つ本質的な要件は，可能なエネルギー準位に上限があることである(物理学における通常の系ではそれは無限大であり上限はない)．われわれのモデルにおいては，「生産性」はもちろん有限である．関心のある読者には Kittel and Kroemer (1980) の Appendix を参照してもらいたい．表 3-1 に負の β と総需要の対応を示しておく．

　β が負であるから(3.36)式の指数分布は図 3-8 のように右上がりになる．労働者はできるだけ高い生産性をもつ魅力的な職につこうとするが，すでに述べたように総需要は $D_{\max}$ より低いため，そうした希望は実現しえない．実際には図 3-8 のように指数分布することになる．

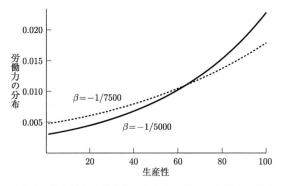

図 3-8 異なる生産性をもつセクター間での労働力の分布

　総需要の制約 (3.32) 式の下でのエントロピー最大化は，結局のところ 2 つの力，すなわち (1) 労働者と企業による合目的的な経済活動，と (2) 場合の数 (エントロピー) のバランスをとっていることを意味する．

　一方では労働者は，常に高い生産性をもつ「よい」職を求めている．労働者によるこうした求職活動と企業の求人活動がうまくマッチすれば，労働者は実際高い生産性をもつ職につくことになる．総需要 D の水準が高い時には，こうして労働者と企業による合目的的な経済活動が主要な力となる．しかし総需要の水準が低くなるにつれて，D と両立する労働者の配分 $(n_1, n_2, \ldots, n_K)$ の場合の数は次第に大きくなっていく．言い換えれば，エントロピーが増大する．繰り返し述べているように，われわれは，だれがどのような職を求めているかを知ることはできないから，最も場合の数が大きい配分が実現すると考えなければならない．

　このように考えてくると，総需要の制約の下でのエントロピー最大化は，スタンダードなサーチ・モデルにおける「マッチング関数」と同じような役割を果たしていることが分かるだろう．スタンダードなマッチング関数は，前に書いたとおり人や職種の「数」しか問題にしていないが，われわれの分析では職の「質」につき，あらゆる異質性——もちろんそれを観察できない——の存在を前提にしている．そうした世界でのマッチングを条件づける究極的な要因は総需要 D である．

　サーチ理論は，かつての Friedman (1968) の「自然失業率」(natural rate of

unemployment)の定義と同じように,労働市場における不確実性や摩擦を「構造的」ないし「技術的」に与えられるものだと仮定している.しかしそれは正しくない.もしそうなら失業は情報未開時代の産物であり,情報技術の発達とともにどんどん低下していくはずである.もちろん現実には今も昔と変わらず失業は存在する.求人と求職のマッチングは,何よりも総需要の水準に依存するからである.ゴールドラッシュに沸く町では誰もがすぐによい職を見つけることができる.逆に閉山となった炭鉱の町でよい職を見つけることはほとんど不可能だ.こうしたことは素直に理解できるだろう.

さまざまな生産性をもつ職へ労働者がどのように分布するかを表わすのが,図3-8にある右上がりの指数分布である.図には2つの曲線が描かれているが,実線が高い総需要の水準($\beta=-1/5000$),破線が低い総需要($\beta=-1/7500$)に対応している.総需要の水準が高くなると,図にある通り分布の傾きは急勾配になる.Okun (1973) が「階段を上る」と形容したように多くの労働者がよりよい職につくことができるようになるからである.

エントロピーを最大化するわれわれの分析では「ランダムネス」が本質的な役割を果たしている.しかしこのことは,企業や労働者による求人・求職活動がランダムになされていることを意味しているわけではない.企業も労働者もそれぞれ与えられたミクロの制約の下で利潤や効用を最大化しているに違いない.実際労働者は,可能な限り高い生産性をもつ企業で「よい」職につこうとしている――あたかも個々の粒子が少しでもエネルギー準位の低い状態を目ざしているかのように! これがわれわれの仮定なのである.

エントロピー最大化の基礎にあるランダムネスは,個々の企業や労働者の目的関数および「ミクロ」の制約条件は限りなく異質であり,しかも文字通りランダムに変動している――たとえば1人の若い女性は今日妊娠していることが分かった――から,第三者である分析者にとっては,それをランダムととらえるしか他に方法はないということである.

このようにいうと後向きに聞こえるかもしれないが,マクロを構成するミクロの主体の数が大きい場合には,こうした方法こそが実り豊かな結果を生むのである.日本経済において労働者の数は10^7,企業の数は10^6のオーダーである.これは統計物理学の方法を適用するのに十分なほどに大きい数であ

る．われわれは，マクロの制約の下で確率 P_n を最大化するようなミクロの配分 $n=(n_1, n_2, \ldots, n_K)$ が実現すると考えるべきである．

こうした方法は，物理学，化学，生態学など自然科学の諸分野で大きな成功を収めてきた．しかし経済学者の間ではいまだに懐疑的な人が多い．最大の理由は，物理におけるミクロは，分子や原子など非有機的な物質であるのに対して，経済学におけるミクロは利潤や効用を最大化する経済主体だから，物理学で成功を収めたといってもそうした方法を経済学に適用することはできない，というものだ．

マクロ経済学を学んだ人であれば大学院の学生でも，ラムゼー流の消費者は効用を動学的に最大化しており最適な消費経路は変分法の「オイラー方程式」を満たしている，ということを知っている．一見すると，変分法の解として表わされる動学的な消費行動は，単にニュートンの運動方程式を満たすだけの無機的な物質の動きとは似ても似つかないものだ，と考えられるかもしれない．しかし第2章で説明したように，実はニュートンの運動方程式は，ある変分問題の解を与えるオイラー方程式にほかならないのである．つまり意思を持たない無機的な粒子は，明確な目的をもった人間と同じように，ハミルトニアンを最小化する問題，すなわち変分法の問題を解いているのである（「変分原理」ないし「最小作用の原理」）．したがって，変分問題の解としてオイラー方程式を満たすという意味では，無機的な粒子の動きも，ラムゼー流の消費者など経済主体の行動も違いはない．統計物理学の方法が豊かな結果をもたらす理由は，粒子の動きが「無機的」，「機械的」だからではなく，マクロを構成するミクロの数が大きく，そうしたミクロの構成要素の動きをわれわれはまったく知りようがないからである．

7．労働生産性の分布

以上，マクロの制約条件の下でのエントロピー最大化という統計物理学の基本的方法を理解してもらうことを目的として，できるだけ簡単なモデルを考えた．しかし現実の労働生産性の分布を説明するには，もう少し複雑なモデルを考える必要がある．

図3-9(a)，(b)，(c)は，日本経済(2007年)における労働生産性の分布を示

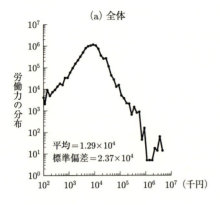
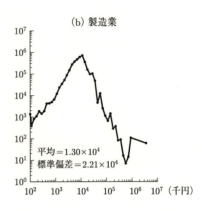
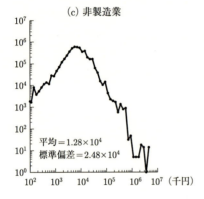

図 3-9 労働生産性の分布（2007 年）
出所）Yoshikawa（2015）.
注）計測は家富洋による.

したものである（(a)マクロ，(b)製造業，(c)非製造業）．データは，日経 NEEDS (http://www.nikkei.co.jp/needs/) と，クレジット・リスク・データベース (CRD; http://www.crd-office.net/CRD/en/index.html) である．CRD は，100万を超える中小企業をカバーしている．

ここでは「労働生産性」として，個々の企業の「付加価値」を雇用者数で割った平均生産性を考える．理論的には，平均生産性ではなく「限界生産」を見る必要があるし，労働のインプットとしては労働者の頭数ではなく労働時間，もっといえば労働の実質的強度をも考慮に入れた効率単位（work efficiency unit）で測るべきである．したがって図 3-9 にある平均生産性は粗いものだが，Aoyama et al.（2010, pp.38-41）によれば，観察できない限界生産と測定誤差が

独立であれば,平均生産性の分布は限界生産の分布と同じ指数を持つ「ベキ分布」(power distribution)になる.

図 3-9 から次のことが分かる.

 (1) 労働生産性の分布は1つのピークを持つ山形である.
 (2) 低い生産性の範囲(左半分)では,右上がりの指数分布である.
 (3) 高い生産性の範囲(右半分)では右下がりの「ベキ分布」となる.

Ikeda and Souma (2009) は,米国についても同様の分布が見出せることを報告している.また Delli Gatti et al. (2008) によると,フランスとイタリアについても高生産性の裾野(分布の右はじ)はベキ分布になる.以下われわれは,(1),(2),(3)という労働生産性の分布を説明する理論モデルを考える.単純化した説明では,捨象した「失業」もモデルの中で考える.

8. 職(job)の創造と破壊

単純なモデルでも生産性が低い範囲における右上がりの指数分布は説明できる.これはエントロピー最大化の直接的な帰結だ.問題は右下がりのベキ分布となる高生産性の領域である.そもそも労働者は可能な限り高い生産性の職につこうとするのだから生産性の分布は右上がりになるのが自然である.それこそが低生産性の領域における右上がりの指数分布なのだが,高生産性の領域では分布が右下がりになる.その理由は,生産性が高くなればなるほどそうした職の数が少なくなる,ということであるに違いない.

労働者がつく職は,企業が生み出す.資本装備率,技術,つくりだすモノやサービスに対する需要によりこうした職の生産性は決まるが,高い生産性の職が生まれる一方で,シュンペーターのいわゆる「創造的破壊」(creative destruction)により姿を消していく職もある.一定の生産性をもつ職の数は時々刻々変動しているが,われわれはそうしたミクロのダイナミクスの詳細を知ることはできない.なお職が存在しても,実際にそこで労働者が働いているか否かは別の問題である.それは企業による求人と労働者の求職活動のマッチングの結果として決まる.ただし一定の生産性をもつ職の数は,当然のことながらそこで働く労働者の数の「上限」を与える.

労働生産性の分布がどのようなものになるのか,それを分析する前段階とし

て，分布の上限を与える「職」(job)の創造と破壊のダイナミクスを考えることにしよう．繰り返し述べているように，ミクロの詳細を知ることはできないから，採用すべきモデルは確率過程である．具体的にはマルコフ・モデルを考える．代表的な例としては，所得分配に関するChampernowne (1953)，企業の規模に関するIjiri and Simon (1979)などがある(本書最後の補論を参照)．ここではMarsil and Zhang (1998)を若干変えたモデルを考えよう．最終的な目的は，右下がりのベキ分布を導出することである．

生産性が c_j ($j' < j$ であれば $c_{j'} < c_j$)である職の数が f_j あるとしよう．短い時間 dt の間に生産性 c は $w_+(c)dt$ の確率で1増える(十分に短い時間なのでその間に2以上増える可能性は無視してよい)．確率 w_+ は c に依存する．同じくこの間に生産性 c が1減る確率は $w_-(c)dt$ である．$w_+(c)$, $w_-(c)$ は，飛躍型マルコフ過程においてそれぞれ $c \to c+1$, $c \to c-1$ の遷移確率にほかならない．生産性 c が下がる理由としては，需要の低下がある(Fay and Medoff 1985)．企業を取りまくミクロの需要／供給両面の変化を $w_+(c)$, $w_-(c)$ は表わしている．

このほかに生産性1(最低の生産性)をもつ新しい職が pdt の確率で生まれると仮定しよう．他方，生産性1の職で生産性が1低下すればこの職は消滅することになるから，モデルの中で「退出」確率は $w_-(c=1)dt$ である．

こうした遷移確率で定義されるマルコフ・モデルにおいて，生産性 c をもつ職の数(期待値)に関するダイナミクスを表わす「発展方程式」ないしマスター方程式は次のようになる．

$$\frac{\partial f(c,t)}{\partial t} = w_+(c-1)f(c-1,t) + w_-(c+1)f(c+1,t) - w_+(c)f(c,t)$$
$$- w_-(c)f(c,t) + p\delta_{c,1} \qquad (3.38)$$

(3.38)式で $\delta_{c,1}$ は，$c=1$ のときのみ1という値をとり，そのほかでは0となるデルタ関数である．$f(c,t)$ の変化(左辺)は状態 c からの流出入の差(右辺)にほかならない．

以下(3.38)式の「定常状態」(左辺がゼロ)を考える．定常解 $f(c)$ は，境界条件 $w_-(1)f(1) = p$ の下で次のようになる．

$$f(c) = f(1) \prod_{k=1}^{c-1} \frac{w_+(c-k)}{w_-(c-k+1)} \qquad (3.39)$$

ここで遷移確率 w_+ と w_- は,現在の生産性の水準 c が高ければ高いほど高くなる,と仮定しよう.すなわち,$w_+(c) = a_+ c^\alpha$, $w_-(c) = a_- c^\alpha$ と仮定する.a_+, a_- は正の定数,α は 1 より大きい.この仮定の下で,定常解(3.39)式は次の(3.40)式で表わされる.

$$f(c) = \frac{f(1)}{1 - f(1)/C_\alpha} \frac{(1 - f(1)/C_\alpha)^c}{c^\alpha} \cong c^{-\alpha} e^{-c/c^*} \qquad (3.40)$$

ここで

$$c^* \equiv (f(1)/C_\alpha)^{-1}, \qquad C_\alpha \equiv \sum_{c=1}^\infty c^\alpha f(c)$$

である.ここでは $a_+/a_- = 1 - (f(1)/C_\alpha)$ という関係を用いた.(3.40)式右辺の近似式は,$f(1)/C_\alpha \ll 1$ からえられる.c^* は大きいから,$f(c) \propto c^{-\alpha}$ という「ベキ分布」がかなり広い範囲でえられたことになる.

このモデルの意味は,都市サイズを決めるモデルとのアナロジーで考えると容易に理解できる.$f(c,t)$ は,t 時点で人口が c である都市の数だとする.$w_+(c)$ は,人口 c の都市の人口が 1 人増える確率である.同じく $w_-(c)$ は,人口 c の都市の人口が 1 人減る確率である.1 人の人が生まれたり,死ぬ確率だと考えれば,当然それは現時点での人口 c の増加関数になる.もし出生率,死亡率が人口から独立であれば a_+, a_- は定数だから $w_+(c)$, $w_-(c)$ は共に c の線形関数,すなわち $a_+ c$, $a_- c$ となる.しかし人口のモデルでも,他の都市からの移住の場合には,移入率は人口の増加関数になるかもしれない.「大きな都市ほど魅力的」という場合には,a_+, a_- は c の増加関数になる.われわれのモデルでは生産性が高い職ほど遷移確率は高くなる,と仮定した.したがって $w_+(c)$ は,$a_+ c$ に c を乗じ $a_+ c^2$,同じく $w_-(c)$ は $a_- c^2$ である.これはいわゆるジプフ法則が成立する場合である(Ijiri and Simon 1975).こうした仮定の下で高い生産性をもつ職の分布は右下がりのベキ分布になる.

なお 1 つの職の生産性は,広く誤解されているように供給サイドの要因だけで決まるわけではない.企業の生産物に対する需要が変動したとき,雇用は直ちに調整されるわけではない.労働は多かれ少なかれ「退蔵」されるから,それに伴い生産性は変動する(Fay and Medoff 1985).実際 Davis et al. (1996)によれば,新たな職の創造は全要素生産性(TFP)の高い産業で高くなる傾向が

あるが，職の消滅の方は，必ずしも TFP の低い産業で大きいわけではない．Davis et al. (1996, p.52, Table3.7)によれば，職の消滅は，なんと TFP の伸びが最も高い産業で一番高くなっているのである．TFP の伸びが高くても，需要が減れば職は消滅する．こうした結果からも需要の変動が労働市場の動態にいかに大きな影響を与えているかが分かる．

9. 生産性の分布を説明する理論モデル

生産性の高い職については，生産性が高くなればなるほどその数は減っていく．それは右下がりのベキ分布で表わされる．しかし存在する職の数は，雇用の上限を決めるにすぎない．実際の雇用は，空いた職を埋めるべく求人を行う企業と，よりよい職を求めて求職活動を行う労働者のマッチングの結果として決まる．さまざまな生産性をもつ職に労働者はどのように分布するであろうか．この問いに答えるために，われわれはすでに単純なモデルを用いてエントロピーの最大化を行った．以下では，Yoshikawa(2015)で提示したより一般的なモデルを用いて，再度この問題を考察することにする(Aoyama et al. 2015 をも参照)．

生産性が c_j である職を得て働いている労働者の数 n_j は，次の条件を満たさなければならない．

$$n_j \in \{0, 1, \ldots, f_j\} \quad (j = 1, 2, \ldots, K) \quad (3.41)$$

ここで f_j は，生産性 c_j をもつ職の数であり，n_j がとりうる上限にほかならない．生産性が低い職については，f_j が十分に大きく，実際上 n_j は f_j によって頭を抑えられることがない，と仮定することにしよう．一方，生産性が高い職については，f_j が実際に n_j を制約する[21]．

雇用者の総数 N は n_j を足し合わせたものである．

---

21) 生産性の高い職が限られているときには，経済主体の行動は必然的に「相互作用」をもつ．よい職がすでにある労働者によって占められていると，他の労働者にとっては同じ職を得ることがより難しくなるからである．Garibaldi and Scalas (2010)は，そうした制約条件を考慮したマルコフ・モデルを提唱している．Aoyama et al. (2015)は，そうしたモデルである．

$$N = \sum_{j=1}^{K} n_j \tag{3.42}$$

先に考えた単純なモデルでは，職をえて働いている労働者の総数 N は一定であると仮定した((3.27)式)．これに対して，ここで考える一般的なモデルでは，N は変数である．外生的に与えられるのは，労働力人口 L である $(N<L)$．したがって L と N の差が失業者の数 U になる．

$$U = L - N \tag{3.43}$$

基本モデルと同じく，企業は右下がりの屈折需要曲線に直面している．企業の行動を制約するのはもちろん個別のミクロの需要だが，そうした個別の需要を最終的に制約するのは総需要 D である((3.32)式)．

基本モデルでは D ないし総生産量 Y は一定と仮定したが，これから分析する一般的なモデルでは，D は確率的に変動しているものとしよう．すなわち

$$D = Y = \sum_{k=1}^{K} y_k = \sum_{k=1}^{K} c_k n_k \tag{3.44}$$

は，今や確率変数である．Y の期待値 $\langle Y \rangle$ が外生的に与えられている D に等しい．

$$\langle Y \rangle = D \tag{3.45}$$

総需要は確率的に変動しており，期待値 D が所与という意味で Y を制約する．

この仮定の下で，Y の確率分布は指数分布になる．すなわち Y の確率密度関数は次のようになる[22]．

---

22) 指数分布(3.46)式は，統計力学の完成者の1人ギブスの正準集団(canonical ensemble)の考え方を用いて導かれる．ギブスはわれわれのモデルにおける Y のようにマクロの状態の集合を正準集団とよんだ．いま Y について $Y_1, \ldots, Y_K$ まで K 個の水準があるとしよう．ここで n_k を Y が $Y_k (k=1, \ldots, K)$ という値をとる回数としてみる．n_k の和 N は与えられている．n_k は(3.27)式を満たす．ここで Y の平均は定数 D に等しいとする．すなわち $\sum_{k=1}^{K} Y_k(n_k/N) = D$ である．本文におけるわれわれのモデルの c_k を Y_k/N に置き換えると，この式は(3.32)式に等しい．したがって本文の基本モデルにおけるエントロピー最大化により(3.46)式が導かれる．

$$g(Y) = \frac{e^{-\beta Y_i}}{\sum_i e^{-\beta Y_i}} \tag{3.46}$$

 総需要 D によって決まる Y は,生産性の異なる職に労働者がどのように配分されるかに影響を与える((3.44)式).ただし今考えているモデルでは,単純なモデルとは違い雇用者数 N は一定ではなく変動する.その結果,労働力人口 L と N の差である失業者数 U も変動する.このほかに c_k の生産性をもつ職の数には上限 f_k が存在する.こうした制約条件の下で,われわれは (3.29) 式で表わされる確率 P_n を最大化する.

 分析を進める前に,ここで「分配関数」(partition function)について説明する必要がある.確率変数 Y が指数分布しているときには,分配関数 Z は次の式で定義される.

$$Z = \sum_i e^{-\beta Y_i} \tag{3.47}$$

 分配関数は,確率分布のモーメントを求めるための母関数としてきわめて有用である.たとえば Y の 1 次のモーメントすなわち平均は,$\ln Z$ を指数の肩にある β で微分することによって次のように求めることができる.

$$-\frac{d \ln Z}{d\beta} = -\frac{d}{d\beta} \ln \left(\sum_i e^{-\beta Y_i} \right) = -\frac{\sum_i (-Y_i) e^{-\beta Y_i}}{\sum_i e^{-\beta Y_i}}$$
$$= \sum_i Y_i \left(\frac{e^{-\beta Y_i}}{\sum_i e^{-\beta Y_i}} \right) = \sum_i Y_i g(Y_i) = \langle Y \rangle \tag{3.48}$$

 われわれの分析でも,この分配関数がいかに大きな役割を果たすかは以下にみるとおりである.

 単純なモデルと同じく,マクロの制約条件 (3.42), (3.44) 式の下で確率 P_n すなわち (3.29) 式を最大化する.ただし単純なモデルとは異なり,もはや雇用者数 N は一定ではない.総生産量 Y も一定ではなく,(3.46) 式の密度関数に従う指数分布をしている.

 総生産量 Y は雇用者数 N に依存するから,Y_j を $Y_j(N)$ と書くことにしよ

う. すると分配関数 Z_N は次のように表わされる.

$$Z_N = \sum_i e^{-\beta Y_i(N)} \tag{3.49}$$

(3.44)式を使うと, 分配関数(3.49)式は次のように書き換えることができる.

$$Z_N = \sum_{\{n_i\}} \exp\left(-\beta \sum_{i=1}^{K} c_i n_i\right) \tag{3.50}$$

(3.50)式の右辺の和を, $N = \sum n_i$ という制約の下でとることは一般的には困難である. そこで N を所与とせず, むしろモデルで仮定しているように変数と見立てて, Z_N を次のように入れこみ拡張した分配関数 Φ を考える.

$$\Phi = \sum_{N=0}^{\infty} z^N Z_N \tag{3.51}$$

Φ は, 統計力学で粒子の数を可変としたときに用いられる「大分配関数」と呼ばれるものにほかならない. 便宜上(3.51)式右辺の総和で N は ∞ までとってあるが, 実際には N は有限であり L の上限をもつ.

(3.51)式の z は次式で定義される.

$$z = e^{\beta\mu} \tag{3.52}$$

(3.52)式の μ は, 雇用者数 N のラグランジュ乗数であり, 雇用者数が限界的に1人増えたときにエントロピーがどれだけ増大するかを表わすパラメータである[23].

図3-7でみたとおり, エントロピーと総需要 D, すなわち Y は1対1に対応している. したがって μ は, 失業プールを離れて新たに職についた労働者の「限界生産」を表わしている. μ はスタンダードなサーチ・モデルにおける「留保賃金」(それ以下の賃金では働かないというクリティカルな賃金水準)と同じ役割を果たす変数なのである (μ が高い時には, 雇用と失業の間に高い障壁がある). とはいえ, 以下説明するように, このモデルの μ と, 標準的な留保賃金の間に

---

[23] 物理学では, μ は「化学ポテンシャル」と呼ばれ, 系に粒子が1個流入したときエネルギーがどれだけ増大するかを表わす.

は本質的な違いがある.

スタンダードなサーチ・モデルでは,「代表的労働者」を仮定しているから,賃金が留保賃金 R 以下であれば,文字どおり誰も職につかず失業を選択することになっている.モデルの中では R が一意的に決まることになっているが,それは「代表的労働者」を仮定しているからにすぎない.しかし現実には,留保賃金はすべての労働者で異なる.そもそも労働者がある職につくか,それとも失業プールにとどまるかは,賃金のみによって決まるものではない.乳幼児を育てている主婦にとっては,自宅からの距離の方が賃金よりはるかに重要だから,失業プールにとどまっているのは,賃金が低いからではなく,自宅に近い職が見つからないからかもしれない.ピサリデスがいうように労働者は,単に高い賃金ではなく,自分にとって「よい職」を探しているのである.

「よい職」とは何を意味するか.それは5000万人いる労働者一人一人異なり,第三者である分析者にはわからない.われわれのモデルにおける μ は,こうしたミクロの事情をふまえたうえで,雇用と失業の間に存在するマクロ的な障壁の高さを表わしている.それは各労働者が就業するための留保条件の「平均」である.したがってスタンダードなサーチ・モデルにおいては留保賃金 R が絶対的なカットオフの役割を果たすのと違い,このモデルでは,生産性が μ より低い職を受け入れる労働者もいるのである.ただし μ が高くなると,低い生産性,したがって賃金も含めてあまり魅力的ではない職を受け入れる労働者の数は減っていく.

さて(3.50)式を(3.51)式に代入すると,大分配関数は次のように書き換えられる.

$$\Phi = \sum_{N=0}^{\infty} z^N \sum_{n_j} \exp\left\{-\beta \sum_j n_j c_j\right\} \quad , z = e^{\beta\mu} \tag{3.53}$$

z の定義式(3.52)と N の定義式(3.42)を使うと,次の(3.54)式がえられる.

$$\Phi = \sum_{N=0}^{\infty} e^{\beta\mu(n_1+\cdots+n_K)} \sum_{n_j} \exp\left\{-\beta \sum_j n_j c_j\right\} = \prod_{j=1}^{K} \sum_{n_j} \exp[\beta(\mu-c_j)n_j] \tag{3.54}$$

生産性 c_j をもつ職につく労働者の数 n_j には f_j という上限が存在するから,

そのことに注意すると(3.54)式は，次の(3.55)式に書き換えることができる．

$$\Phi = \prod_{j=1}^{K}[1+e^{\beta(\mu-c_j)}+\cdots+e^{f_j\beta(\mu-c_j)}] \quad (3.55)$$

大分配関数 Φ が(3.51)式のように与えられると，$\ln\Phi$ を μ で微分することにより，雇用者数 N の期待値 $\langle N \rangle$ が得られる．

$$\frac{1}{\beta}\left[\frac{\partial}{\partial\mu}\ln\Phi\right] = \frac{1}{\beta}\left[\frac{\partial}{\partial\mu}\ln\sum_{N=0}^{\infty}e^{\beta\mu N}Z_N\right] = \frac{1}{\beta}\left[\frac{\beta\sum_{N=0}^{\infty}Ne^{\beta\mu N}Z_N}{\sum_{N=0}^{\infty}e^{\beta\mu N}Z_N}\right]$$

$$= \langle N \rangle \quad (3.56)$$

Φ は今の場合，具体的に(3.55)式だから，この $\ln\Phi$ を μ で微分すると $\langle N \rangle$ が得られる．

$$\langle N \rangle = \frac{1}{\beta}\left[\frac{\partial}{\partial\mu}\ln\Phi\right]$$
$$= \frac{1}{\beta}\sum_{j=1}^{K}\frac{\partial}{\partial\mu}\left\{\ln(1+e^{\beta(\mu-c_j)}+\cdots+e^{f_j\beta(\mu-c_j)})\right\}$$
$$= \sum_{j=1}^{K}\left[\frac{e^{-(f_j-1)\beta(\mu-c_j)}+2e^{-(f_j-2)\beta(\mu-c_j)}+\cdots+f_j}{e^{-f_j\beta(\mu-c_j)}+e^{-(f_j-1)\beta(\mu-c_j)}+\cdots+1}\right] \quad (3.57)$$

$\langle N \rangle$ は雇用者の総数 N の期待値である．生産性 c_j をもつ職についている労働者の数 n_j の期待値 $\langle n_j \rangle$ は，(3.57)式の右辺の各項にほかならない．

$$\langle n_j \rangle = \left[\frac{e^{-(f_j-1)\beta(\mu-c_j)}+2e^{-(f_j-2)\beta(\mu-c_j)}+\cdots+f_j}{e^{-f_j\beta(\mu-c_j)}+e^{-(f_j-1)\beta(\mu-c_j)}+\cdots+1}\right] \quad (3.58)$$

生産性 c_j をもつ職に労働者がどのように分布しているかは，この(3.58)式によって与えられる[24]．

得られた結果を説明する前に，ここでもう一度このモデルの概要を振り返っ

---

24) 量子統計力学におけるフェルミ＝ディラック統計は，上限の無いすべての j につき $f_j=1$ のケースである．(3.58)と同じ分布を異なる方法(マルコフ・モデル)で導出したものに Aoyama et al. (2015) がある．

(a) 潜在的な仕事(job)の創出と破壊

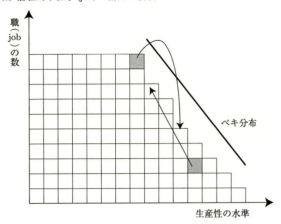

(b) 確率的マクロ均衡

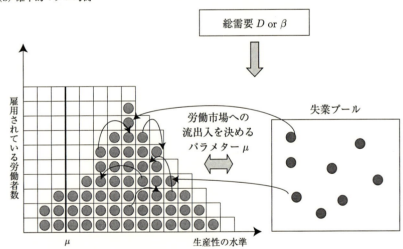

図 3-10 確率的マクロ均衡モデル
注) 図のマス目はそれぞれの生産性をもつ職(job), 丸は労働者を表わす.

てみることにしよう．図3-10(a)にあるとおり，さまざまな生産性をもつ職が確率的に生まれ，他方で消滅している．高い生産性をもつ職は，生産性が高くなるほど少なくなっていく(右下がりのベキ分布になる)．こうなるような「創造と破壊」のマルコフ・モデルを先に説明した．

低い生産性の職(いわゆる odd jobs)はいくらでもあるが，高い生産性の職は数が限られている．こうした中で，少しでも生産性の高い「よい職」を求める労働者と，「よい人」を求める企業のマッチングが行われる．新たな職につく人は，失業プールから流出した人だけではなく，これまでほかの職場で働いていた人が転職してくることもある(図3-10(b))．その結果，失業者の数と，生産性の異なる職にどのように労働者が分布するかが決まる((3.58)式)．

最初に，生産性 c_j をもつ職につく労働者の数 n_j の分布についてみよう．この分布を決める最も重要なファクターは，総需要 D ((3.58)式における β)である．総需要 D が増大すると，高い生産性をもつ職につく労働者が増える．Okun(1973)が生き生き描写したように，「好況になると，人々は，よりよい職へと階段を上るチャンスを手にする」のである．実際人々は階段を上り，よりよい職につく．

極端に D が大きいとき，逆に極端に低いときに(3.58)式で決まる $\langle n_j \rangle$ がどのようになるかをみてみよう．これによって雇用と失業の間の「障壁」の高さを表わすパラメター μ の意味も明らかになる．

まず総需要 D が極端に大きいときを考える．これは $\beta = -\infty$ に対応する(表3-1)．(3.58)式によると，このとき $c_j > \mu$ については $\langle n_j \rangle$ は上限 f_j に等しくなり，他方 $c_j < \mu$ については $\langle n_j \rangle$ はゼロになる．すなわち総需要 D が極端に大きい「大好況」のときには，生産性が μ より低い職につく労働者は1人もいなくなる．一方で，μ より高い生産性をもつ職につく労働者の数は，そうした生産性の高い職の存在数(上限)に等しくなる．総需要 D が極端に大きいケースでは，μ はスタンダードなサーチ・モデルにおける留保賃金と同等の役割を果たしていることが分かる．逆にいうと，スタンダードなモデルは，暗黙の裡に D が極端に大きいケースを想定しているのである．なお $c_j = \mu$ では，$\langle n_j \rangle$ は $f_j/2$ になる．

一方，総需要 D が極端に低いとき($\beta = -0$，表3-1参照)には，すべての c_j で

第3章 ケインズ経済学のミクロ的基礎づけ **121**

$\langle n_j \rangle$ は $f_j/2$ となる．μ より低い c_j でも $\langle n_j \rangle$ はゼロではなく $f_j/2$ になることに注意したい．ここに標準的な留保賃金との本質的な違いがある．スタンダードなモデルでは，μ が留保賃金なら，それより低い賃金(= 生産性)の下では誰も働かない．このモデルでは，生産性が低い職の数 f_j は高い生産性の職の数よりはるかに大きいから，$\langle n_j \rangle = f_j/2$ ということは，大多数の労働者が μ より低い生産性の職につくということを意味する．理由は，総需要 D の水準が低いことである．極端に高くもなく低くもない，より現実的な総需要 D の水準については後に詳しく説明する．

10. 失業

(3.58)式は，さまざまな生産性をもつ職に労働者がどのように分布するか $\langle n_j \rangle$ を決めるのと同時に，失業者の数(期待値) U も決める．なぜなら U は，一定の労働力人口 L から $\langle n_j \rangle$ の和である雇用者総数 $\langle N \rangle$ を引いたものにほかならないからである[25]．

総需要 D が大きくなると，より多くの労働者が生産性の高い職につくだけでなく，失業者の数も減少する．労働力人口 L は一定だから，失業者の数が減少すれば「失業率」も低下する．

総需要 D とは別に，もう1つのパラメター μ が上昇すると一般に失業者の数は増大する．とりわけ総需要 D の水準が高いときにこの効果は顕著である．つまり総需要 D の水準が高い好況のときには，μ の上昇は，定性的にはスタンダードなモデルにおける留保賃金の上昇と似た役割を果たす．具体的には，μ より低い生産性の職につく労働者はいなくなる．一方総需要の水準が低くなると，前にも述べた通り大多数の労働者が μ より低い生産性の職につくことになる．以下数値例で説明するとおり，μ が労働市場に与える影響は総需要 D の水準に依存するのである．

Friedman (1968)の「自然失業」以来サーチ理論まで，失業の原因として労働市場における情報の不完全性，さまざまな摩擦の重要性が強調されてきた．

---

25) このモデルでは分析を単純化するために労働力人口 L は一定である，と仮定している．現実の経済では，職につかないまま職探しをあきらめ非労働力化する人(discouraged workers)も多い．現実の経済で一定なのは，15歳以上人口であり，労働力人口 L も変動している．

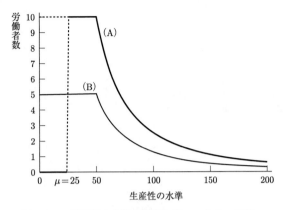

図 3-11 総需要の水準が極端に高い,あるいは低いときの生産性(職の質)の分布

注)(A)総需要の水準が極端に高い時($\beta \cong -\infty$).
(B)総需要の水準が極端に低い時($\beta \cong 0$).

これはある意味では正しい.すべての失業は,そうした要因に起因するといえるからである.しかし今日の正統派の経済学では,そうした要因を「構造的」,「技術的」など供給サイドの問題であると考えている.これは間違っている.企業と労働者のマッチングを決める最も重要な要因は,総需要の水準だからである.その意味で「自然」ないし「摩擦的」失業と,「需要不足」による失業の区別は,限りなくあいまいなのである.

11. シミュレーションによる説明

シミュレーションにより,われわれのモデルでえられた結果を再度説明することにしよう.

生産性の水準は1から200まで200段階あるものとする.すなわち $c_1 = 1, \ldots, c_{200} = 200$ である.μ は25とし,労働力人口 L を630とする.c_j が上昇するにつれて f_j は小さくなる.具体的には f_j は $1/c_j^2$ というベキ分布に従う($j = 50, \ldots, 200$).ただし,$j < 50$ では $f_j = 10$ で一定とする.先に述べたように,生産性の低い職はたくさんあるが,生産性の高い職は,生産性の水準が高くなればなるほど少なくなる.以下で説明する図の中で,職の数 f_j は破線で示してある.

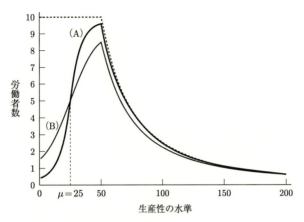

図 3-12 生産性分布と総需要
注）(A)総需要の水準が高い時($\beta=-0.05$),
(B)総需要の水準が低い時($\beta=-0.02$).

図 3-11 は，(A)総需要 D が極端に大きい場合($\beta=-\infty$)と，(B)極端に低い場合($\beta=-0$)，2つのケースについて，(3.58)式で決まる労働者の分布 $\langle n_j \rangle$ を示したものである．

総需要 D の水準が極端に高い場合(ケース(A))には，既に説明したとおり生産性の高い職($c_j > \mu = 25$)につく労働者の数は上限に等しくなる($\langle n_j \rangle = f_j$)一方で，生産性の低い職($c_j < \mu = 25$)につく労働者は皆無である．

対照的に，D が極端に低いとき(ケース(B))には，すべての生産性について $\langle n_j \rangle = f_j / 2$ となる．その結果，大多数の労働者は，生産性の低い職につくことになる．生産性の高い職は存在しているにもかかわらず，そこで働く労働者の数は上限にはるかに及ばない($\langle n_j \rangle < f_j$)．経済全体で，生産性の高い職については労働者と企業のマッチングが進まない．

以上は現実にはあり得ない両極端だが，図 3-12 は，より現実的な2つのケースについてのシミュレーション結果である．図中(A)が，総需要 D の水準が高いケース($\beta=-0.05$)，(B)が低いケース($\beta=-0.02$)である．いずれのケースでも $j=50$ まで $\langle n_j \rangle$ が増大し，$j=50$ でピークを付けた後 $j=200$ まで減少していく．生産性の低い領域で分布が右上がりになっているのは，労働者は可能な限り少しでも生産性の高い「よい職」を求めて移動していくからであ

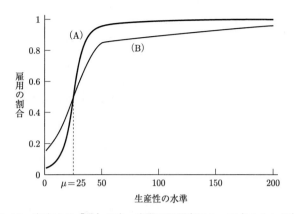

図 3-13 存在する「職」の内,実際に雇用者によって占められる割合
注) (A)総需要の水準が高い時 ($\beta = -0.05$).
    (B)総需要の水準が低い時 ($\beta = -0.02$).

る.その結果,生産性の低い ($c_j < 50$) 職の数は一定であるにもかかわらず,分布は天井である10より下で右上がりになる.

一方,生産性の高い ($c_j > 50$) 領域では,職の数 f_j が右下がりになっているために,分布 $\langle n_j \rangle$ も右下がりになる.ただし雇用 $\langle n_j \rangle$ が単純に f_j で決まっているのではない,すなわち $\langle n_j \rangle < f_j$ であることに注意する必要がある.いずれにせよ図 3-12 にある山形の分布は,図 3-9 で見た現実の生産性の分布の基本的な型をとらえている.

総需要 D が増大すると,より多くの労働者が高い生産性をもつ職につくが,図 3-13 は,$\langle n_j \rangle / f_j$ が D の変化に対応してどのように変わるかをみたものである.先に図 3-11 で両極端の D についてみたことが基本的に成り立っている.すなわち総需要が高くなると,高い生産性をもつ職につく労働者の割合は上限に近づく.

さて,総需要 D が増大すると,職についている労働者の生産性分布が変わるだけでなく,雇用者の総数 N も増大する (N は労働者の分布の下の領域の面積にほかならない).ケース(A)では,$N = 618$ となるのに対して,ケース(B)では $N = 582$ である.労働力人口は $L = 630$ だから,失業率 $U/L = (L-N)/L$ は,ケース(A)で 1.9%,(B)では 7.6% となる.

表 3-2 総需要, 職の「質」と失業

総需要 β		←低			高→	
	−0.001	−0.01	−0.02	−0.03	−0.05	−0.1
(a) 失業率 $(L-N)/L$%	29.2	15.9	7.6	4.1	1.9	0.9
(b) μ 以上の生産性をもつ職についている労働者の比率(%)	74	83	88	91	94	97
(c) μ 以下の生産性をもつ職についている労働者の比率(%)	26	17	12	9	6	3

注) $\mu=$ 限界就業障壁

表 3-3 労働者に失業プールから出て就職することを促すパラメター μ が失業率に与える影響

総需要 β		←低		高→	
	−0.001	−0.005	−0.01	−0.02	−0.05
(1) $\mu=25$ の時の雇用者数	446	487	530	582	618
(2) $\mu=28$ の時の雇用者数	444	477	513	557	590
(3) μ が 25 から 28 に増えた時の雇用者数の変化 $\Delta N\,(2)-(1)$	−2	−10	−17	−25	−28
(4) 失業率の変化 $-\Delta N=(3)/L\,(=630)$	0.3	1.6	2.7	4.0	4.4

　表 3-2 は, さまざまな総需要の水準 β に対応した (a) 失業率, (b) μ より生産性の高い職につく労働者の比率, (c) μ より低い生産性の職につく労働者の比率を示したものである. 総需要 D が増えるにつれ, 失業率が下がるのと並行して, 高い生産性の職につく労働者の割合も上がっていく.

　失業プールと雇用の間の障壁の高さを表わすパラメター μ の変化についてもみてみよう. 基本モデルでは $\mu=25$ と仮定したが, 表 3-3 では $\mu=28$ に上げたときの結果をさまざまな総需要の水準の下で比較している. μ が 28 へ上がると, 全体として雇用者の総数 N は減り, 失業率は上昇する. これは, μ が標準的なモデルの留保賃金に対応するパラメターであることを思い出せば, 容易に理解できるだろう.

　重要なのは, 失業率上昇の程度は, 総需要の水準 (表では β) によって全く異なる, ということだ. 好況のときは, μ が上がると失業率は上がる. しかし総

需要が低下し深刻な不況($\beta=-0.001$)になると，μ が上がっても失業率はほとんど変わらない．サーチ理論は，失業保険が μ を上げることによって失業の長期化を促す，といった議論をし，現実の政策にも大きな影響を与えてきたが，実はそうした効果は，好況のときと不況のときでまったく異なるのである．需要の制約を考慮しないスタンダードなサーチ理論は，暗黙裡に現実にはありえないほどの「大好況」を仮定しているのである．

12. まとめ——有効需要の原理

1国経済全体の活動水準，すなわち実質 GDP は何によって決まるのか．マクロ経済学にとり第一の問題とも言えるこの問題に対して，新古典派経済学は「技術」を与えられたものとして，労働，資本などがどれだけ存在するか，つまり生産要素の賦与量によって決まると考える．

歴史を振り返ると，現実に生産要素の賦与量が GDP の水準を決めた例がまったくないわけではない．たとえば，1945年，敗戦直後の日本において，GDP が戦前のピークに比べ53%とほぼ半分まで下落したのは，海外からの原材料輸入が途絶したからである．当時は，潜在的な需要，船舶を除く資本ストック，労働力は十分にあったにもかかわらず，原材料の不足がボトルネックとなり，実質 GDP は極端に落ち込み，数年の間回復もはかどらなかった(岡崎・吉川 1993)．しかしこれは例外である．

技術，生産要素の賦与量がある時点で GDP の上限を定めることは，自明のことである．新古典派経済学は，この「上限」に現実のマクロ経済があると考える．しかし経済は一体どのようにして生産要素がフル稼働する「水準」，すなわち「均衡」に行きつくのだろうか．

ワルラスは，自らが築いた一般均衡理論の中で，実際の取引は行われないままに価格が需給のギャップに応じて調整され「均衡価格」に到達する，いわゆる「模索過程」を考えた．しかしこれは単なるフィクションにすぎない．第1章で説明したように，ワルラスは一般均衡理論をパリの取引所をモデルに構想したが，価格を調整する競売人(auctioneer)は取引所にはいたとしても，現実の経済にはそんなものは存在しない．つとに指摘されてきたように，ワルラスの模索過程は非現実的なフィクションであり，これを新古典派の均衡を保証す

るモデルとみなすことはできない.

ひとたび均衡を離れると,経済主体が価格を所与として行動する「完全競争」の仮定も論理的に破綻する.このことは,古く1959年にアローによって指摘された.

> 製品が同質的という意味でも,また企業の数が多いという意味でも,すべての側面で通常の完全競争の仮定に合致しているが,'市場'価格の下で総供給が総需要を上回っているような状態を考えてみよう.この場合には個々の企業は,所与の価格の下で売りたいと思うだけ売ることはできない.すなわち需給が一致していないときには,客観的な条件が競争的な市場においてすら,個々の企業は,その製品に対する需要が有限な価格弾性力をもつという意味で,独占者の立場にあることになるのである(Arrow 1959, p.46).

ワルラス的な意味での「完全競争」,プライス・テーカーの仮定は,需要と供給が常に等しいと考えないかぎり論理的に成立しないのである.したがってわれわれは,経済主体,とりわけ企業の行動について「不完全競争」の世界を考えなければならない.さきに,労働市場における「不完全性」を強調してやまないサーチ理論が,財市場について完全競争を暗黙裡に仮定していることを指摘したが,これは実に驚くべきことである.

もちろん,不完全競争という仮定自体は,今日のマクロ経済学で決して目新しいものではない.しかし,すべての企業を同じようなものだと見立てて「対称均衡」(symmetric equilibrium)を考えることがルーティンになっているのは,第1章で説明したように間違ったミクロ的基礎づけである(第1章の図1-1参照).こうしたモデルは,1産業を対象とする産業組織論では妥当な仮定となることがあるにしても,マクロ経済学ではありえない.マクロ経済には,「企業」といっても商店街の小さな八百屋から巨大な自動車会社まで,ありとあらゆる種類の会社が存在する.そこで「対称均衡」を考えることの無意味さは,改めて論じるまでもないことであろう.

さて,不完全競争下の企業行動を考えると,Sweezy (1939), Negishi (1979)

が指摘したとおり，企業が直面する個別需要曲線は，単に右下がりなだけではなく，現在の価格と生産数量において屈折したものになる．その場合，需要の変化は価格を変えず，生産数量の変化に吸収される．「数量(生産)」は「数量(需要)」によって決まるのである．

　このような経済では，価格が伸縮的に変化しさえすれば経済は新古典派の均衡に到達する，という命題は意味を失う．にもかかわらず，DSGE(動学的確率的一般均衡)に代表されるように今日でも，価格が「非伸縮的」であることが新古典派の均衡からの乖離をもたらすという考えが，多くの経済学者に共有されている．彼らの頭はワルラスの一般均衡理論からいまだに脱していないからである．生産数量を決めるのは，価格ではなく，需要の数量制約，すなわち個別需要曲線の位置である．

　需要の変化に伴う生産数量の調整は，当然，生産要素投入量の変化を伴う．資本／労働，いずれも短期的には稼動率の変化で調整されるが，労働については早晩雇用量の変化をもたらす．労働の需給調整は，均一の質をもった素材／原材料とはまったく異なり，企業による求人と労働者による求職の複雑なマッチングのプロセスとなる．このことはサーチ理論が強調したとおりだ．しかし本章で説明したように，既存のサーチ理論は正しいミクロ的基礎づけに成功していない．ミクロの経済主体の異質性を強調するにもかかわらず，「代表的制約条件」を通して暗黙裡に仮定しているのは，「代表的労働者」，「代表的企業」だからである．これこそがルーカスに始まる「ミクロ的に基礎づけられたマクロ経済学」(Micro-founded Macroeconomics)に共通する問題であることは，第1章で詳しく説明したとおりである．

　個別の企業，労働者の最適行動は，われわれ第三者には観察不能だが，労働者はよりよい職を求めて職探し——失業を通してであれ，職につきながらであれ——を行っている．「よい」職は高い生産性と相関していると考えるなら，労働者は少しでも高い生産性をもつ職を求めて移動することになるだろう．そうした動きがどれだけ実現するか，それを決めるのが総需要の水準である．本章で説明したように，総需要の水準が「よい」職を求める労働者と「よい」人を求める企業のマッチングを決めるのである．

　技術と生産要素の賦与量はGDPの上限を決めるものでしかない．一般に，

上限より低い水準にある現実の実質 GDP を決めるのは，実質総需要である．これがケインズの「有効需要の原理」にほかならない．ケインズは，新古典派の経済学は「完全雇用」の経済にしか当てはまらない特殊な理論であるのに対して，自らの理論は「不完全雇用」の場合をも分析できる「一般理論」であると考え，それを主著のタイトルとした．

　実際，本章で説明したモデルでは，すべての労働者が最も高い生産性をもつ職に従事する「パレート最適」の状態は，総需要が非現実的に高い場合のみである(図 3-5)．新古典派の「均衡」とは，総需要が現実にはありえないほど高い「大好況」状態を仮定した虚構にほかならない．一般には労働生産性は図 3-9 にあるような分布をもつ．こうした生産性の分布を決定する最も重要な要因は，総需要の水準である．労働市場におけるマッチングは，「構造的」「技術的」なものではなく，総需要に依存する．

　統計物理学の方法に基づく本章の理論モデルが明らかにしたように，生産性の分布は総需要 D が変わればシフトする．現実にそうしたシフトが観察される．2008 年 9 月リーマン・ブラザーズが破綻した後の世界同時不況のときには，比較的動きの小さい日本でも，失業率は 3.6%(2007 年 7 月)から 5.5%(09 年 7 月)まで上昇した．同じ期間にアメリカでは，失業率は 4.6% から 9.8% まで上昇した．

　図 3-14(a), (b), (c)は，生産性の分布が，リーマン・ショックをはさんで 07 年から 09 年へどのように変化したかを見たものである．深刻な不況の下で，生産性の分布は理論通りに左へシフトしている．ちなみに左方へのシフトが非製造業に比べ製造業で顕著なのは，日本ではリーマン・ショックによる不況が何よりも輸出の落ち込みによるものであり，輸出の落ち込みの影響を受けたのは製造業だったからである(第 4 章の図 4-7 参照)．

　サーチ理論が強調するように，失業は労働市場における労働者と企業の求職／求人活動の結果として決まる．標準的なモデルでは，労働者と企業のマッチングを左右する「摩擦」「情報」などは「技術的」「構造的」に与えられたものだと暗黙の裡に前提している．しかし，それは誤りである．ここで有名なフリードマンによる「自然失業率」の定義を引用しよう．

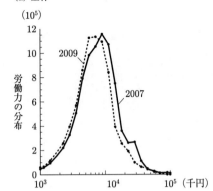
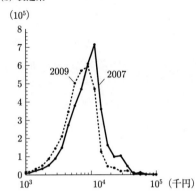
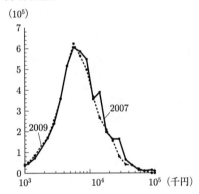

図 3-14 リーマン・ショック(2008 年)前後における生産性のシフト
出所) Yoshikawa (2015).
注) 計測は家富洋による.

「自然」失業率とは，ワルラスの一般均衡理論の中に，市場の不完全性，需給の確率的変動，求人求職のための情報収集コスト，さらに労働者の移動コストなど現実の労働／財市場における構造的な特性を織り込んだときに生み出される失業率のことである(Friedman 1968, p.8).

　多くの経済学者は，ワルラスの一般均衡理論の「権威」を信じている．だから，フリードマンの巧みなレトリックを受け入れたのである[26]．ワルラスの一般均衡理論そのものの問題は，第1章で説明したからここでは繰り返さない．

　しかし，フリードマンがここで「構造的特性」と呼ぶさまざまな問題は，総需要から独立に与えられるものではない．繰り返し述べたとおり，マッチングの成功確率を決定する最も重要なファクターは，財・サービス市場における総需要の水準なのである．さらに，労働の「マクロ的稼動率」を決めるのは決して「失業率」だけではない．失業は，海上に頭を出した氷山の一角にすぎない[27]．より一般的には，失業率と並行して，労働生産性の分布が総需要の水準に合わせてシフトする．これこそが，ケインズの「有効需要の原理」の背後にある労働市場のメカニズムであり，ケインズ経済学の正しいミクロ的基礎づけにほかならない．

　当然のことながら次の問題は，総需要はどのように決まるのか，である．これこそがケインズ経済学にほかならないが，それは景気循環の解明というマクロ経済学最大のテーマでもある．第4章でわれわれはこの問題を考えることにしよう．

---

26) *Journal of Economic Perspectives*, Vol.32, No.1 (2018)は，フリードマンの会長講演(1967年12月) 50年を記念して開かれたシンポジウムの論文を掲載している．かつて自らをニュー・ケインジアンと呼んだマンキューですら，フリードマンの議論を基本的に受け入れていることは，学界の現状を象徴するものだといえるだろう(Mankiw and Reis 2018)．

27) Weitzman (1982)は，「非自発的」失業が存在するためには「収穫逓増」が必要である，ということを簡単なモデルを使い示した．収穫一定の下では，大企業を解雇された労働者はたった1人で元の企業の生産物の何万分の1かのレプリカをつくれば生産性は変わらず何も困らない，というわけである．しかし収穫逓増は，ある範囲内で産業／セクター／企業間生産性格差を生み出す1つの「十分条件」であるにすぎず，生産性格差自体はありとあらゆる理由で生じるものである．

第4章
景気循環——有効需要の役割

　景気循環は,マクロ経済学にとりアルファであり,オメガである.マクロ経済学という言葉が生まれるはるか以前,19世紀から景気循環の研究は始まり,やがて20世紀に入ると1930年代の深刻な不況がケインズの『一般理論』を生み,それを母体にして戦後マクロ経済学という学問分野が確立した.1960年代から始まったマクロ経済学の変貌,すなわちケインズ経済学から新古典派理論への大転換のプロセスにおいても,ルーカスの合理的期待モデル,RBCなどいずれも景気循環をどのように説明するか,この問題を中心的課題としてきた.

　前章では,ケインズの有効需要の理論が供給サイドにおいてしっかりとしたミクロ的基礎づけをもっていることを示した.本章でみるとおり,景気循環は,ケインズがいうとおり総需要の変動によって起きるマクロの現象である.

1. マクロ経済学の誕生

　「マクロ経済学」という言葉が生まれたのは戦後のことだが,もちろん今日われわれがマクロ経済学とよぶ学問は昔からあった.ここで改めてマクロ経済学の歴史をたどってみることにしたい.

　マクロ経済学は1国経済全体の動きを大まかにとらえることを目的としている.そうした意味で18世紀後半のアダム・スミス,ロバート・マルサス(Thomas Robert Malthus, 1766-1834)から19世紀初頭のデイビッド・リカード(David Ricardo, 1772-1823)まで古典派の経済学は,まさにマクロ経済学だった.ミクロの経済主体の行動について簡単な考察はあるものの,古典派経済学がマクロ経済学とよばれるにふさわしい理論体系であったことは明らか

である．同じ意味でフランスの重農主義の代表フランソワ・ケネー(François Quesnay, 1694-1774)の『経済表』もマクロ経済学だ(Quesnay 1758)．

経済学の流れが大きく変わったのは，よく知られているとおり，19世紀後半「限界革命」を経て新古典派経済学が誕生してからである．カール・メンガー，レオン・ワルラス，スタンレー・ジェボンズ(William Stanley Jevons, 1835-82)，アルフレッド・マーシャルは，ほぼ同一時期に，諸々のモノやサービスの価格について，古典派の「労働価値説」に代わる新しい「需要と供給の理論」を見出した．そこで中心的な役割を果たしたのが，リカードの地代論で限られた役割を果たしていたにすぎない「限界原理」である．

第1章で説明したように，同じ限界革命の担い手といっても，実はワルラス，メンガー，マーシャルの経済学には，大きな違いがある．とはいえ，ワルラスの一般均衡が象徴するように，限界原理に基づく新古典派経済学はいずれも数多くのモノやサービスの「相対価格」に関心を持つミクロの経済学だった．

もちろん，大学で教えられる経済学，すなわちアカデミズムの主流が新古典派のミクロの理論になった時代にも，マクロ経済学が消滅したわけではない．いつの時代にも現実の世界で大きな問題となるのは，マクロの経済問題，とりわけ「景気」だからである．マクロ経済学という言葉が生まれる以前，この時代にマクロ経済学の役割をはたしたのも，ほかならぬ景気循環の分析だった．

新古典派経済学は，「パレート最適」という概念からもわかるとおり，ばらばらに行われる市場の取引の結果が一定の秩序をもつことを明らかにした．「明らかにした」といっても，もちろんそれは理論の上の話であり，現実の資本主義経済には「不都合な真実」があった．第3章で詳しく説明したように，新古典派の経済学は，実は現実にはありえないほど高い総需要の水準を暗黙裡に仮定した虚構の理論であるにすぎない．そうした「理論」の興隆とは別に，現実の経済でとりわけ大きな問題だったのは，深刻な不況，失業，金融市場の混乱(恐慌)など誰の目にも明らかなマクロの現象だった．マクロ経済の変動，すなわち景気循環は，19世紀以来，経済学にその解明を迫る大問題であった．

大学で講じられる「経済学」が新古典派のミクロ理論になっても，経済学が景気循環を無視するわけにはいかない．マルクス(Karl Marx, 1818-83)が景気

循環(恐慌)の解明を自らの経済学の中心テーマとしたことは，改めて言うまでもない．マルクス経済学の伝統の中では，イギリスの景気循環の分析に大きな貢献をしたツガン・バラノフスキー(Tugan-Baranowsky 1901)を挙げることができる．そのほかに実証分析を担ったのは，主として実務家だった．フランスのジュグラーはそうした流れを代表するエコノミストである．

ワルラスの後継者パレート，ウィーンのメンガーの後継者たちが「理論の世界」に深く沈潜して，景気循環の問題に関心を払わなかった[28]のとは対照的に，イギリスのケンブリッジの経済学者たちは，景気循環の分析に大きな貢献をした．イギリス経済は，19世紀末の1873年から96年まで同時代に「大不況」(Great Depression)とよばれる長期停滞を経験した．当然現実の世界ではこの不況が大きな経済問題となったが，マーシャルも政府の公聴会などを通して積極的に自らの考えを開陳した．マーシャルの関心を引き継いだデニス・ロバートソンの『景気循環の研究』(Robertson 1915)，アーサー・ピグーの『景気変動論』(Pigou 1929)などは，20世紀初頭のケンブリッジ学派による景気循環の研究を代表するものである．この点，1936年に刊行された『一般理論』においてケインズが，マーシャルやピグーなどを「古典派」と呼び，彼らは「セイ法則」により「完全雇用」を仮定した，と決めつけたのはフェアとはいえない．もっともマーシャル，ピグー，ロバートソンなどいずれも景気循環へ強い関心をもち，分析を行ったにもかかわらず，理論になると「完全雇用」を前提とした新古典派の理論に固執したことは事実である．

さて，1918年に第1次世界大戦が終結すると，先進各国では深刻な不況が慢性化し，ついに1929年，ウォール街で株価が暴落したことを契機に，世界経済は大不況に陥った．当然のことながら，この時代，景気循環の実証研究が活発に進められた．

米国では，ニューヨークのコロンビア大学のミッチェルが，景気循環の実証研究を行う研究所として全米経済研究所(National Bureau of Economic Research: NBER)を設立し，ハーバードでも景気の山谷の判定に使われる「景気

---

28) ただし1920年代以降「第3世代」になると，ウィーンでも現実の世界不況を前にハイエク(Friedrich August von Hayek, 1899-1992)，シュンペーターらによって活発な景気循環の研究が始まる．

動向指数」(Diffusion Index, 当時はハーバード・インデックスとも呼ばれた)が開発された．イギリスのオックスフォードにも同様の研究所がつくられ，ベルリンの景気研究所ではワーゲマンという経済学者が活躍した．さらにジュネーヴにあった国際連盟(League of Nations)でも世界不況を解明すべく研究が行われたが，そこで中心的な役割を果たしたのが，2人のオランダの物理学者ヤン・ティンバーゲン(1969年ノーベル経済学賞)とチャリング・クープマンス(1975年ノーベル経済学賞)だった．マクロの実証分析を進める上で，クープマンスは経済統計データの特性を考慮に入れた新しい統計分析手法の開発にも力を注いだ．これが計量経済学(econometrics)の始まりとなったのである．そのほかスターリン時代の社会主義国家ソ連でも，モスクワに景気研究所が設立されたが，50年周期の景気循環にその名を残しているコンドラチェフ(Nikolai D. Kondratiev, 1892-1938)はこの研究所の所長だったのである．

　1920-30年代に生み出された景気循環に関する膨大な研究は，Haberler (1964)にまとめられている．この本を読めば分かるとおり，今なお論争が続いている問題の多くは，ほとんどすべてこの時代にすでに論じられていた，といっても過言ではない．たとえば景気循環の主因は実物的(real)な要因か，それとも貨幣的(monetary)なものなのか，不況の原因は，過少な消費なのか，それとも過大な投資なのか，金融市場の混乱，恐慌は景気循環にどのような影響を与えるのか，といった問題である．

　このように1920年代から30年代にかけては，深刻な不況という現実を背景にして世界的に景気循環に関する理論的，実証的研究が活発に進められた．すでに述べたとおり，計量経済学もそのための分析用具として誕生したのである．マクロの経済現象としての景気循環に関する研究は，マクロ経済学という言葉が生まれる以前のマクロ経済学にほかならなかった．

　こうした時代背景の下で書かれたのが，ケインズによる『雇用・利子および貨幣の一般理論』(Keynes 1936)である．ケインズの『一般理論』は刊行とともに若く優秀な経済学者の心をとらえ，新しい経済学としての「ケインズ経済学」が誕生した(Samuelson 1946)．戦後，「価格理論」ともいわれた新古典派の理論が「ミクロ経済学」と呼ばれるようになったのと並行して，ケインズ経済学は「マクロ経済学」とよばれるようになる．マクロ経済学は，ケインズ経

済学の別名だったのである．第1章のはじめに書いたとおり，こうして経済学はミクロとマクロ「二刀流」になった．しかし今やマクロ経済学は新古典派理論へ大転換した．その舞台となったのは，ルーカスの「合理的期待モデル」や実物的景気循環(RBC)理論に代表されるように景気循環である．

2. 景気循環の原因——RBCへの批判

　景気循環はなぜ起きるのか．1920-30年代に経済学者が挑戦したこの問題は，今なおマクロ経済学の中心的な問題である．

　ケインズ経済学によれば，景気循環は実物的な需要(real demand)の変動によって起きる．これがケインズ経済学の主柱である「有効需要の原理」にほかならない．第3章でわれわれは，有効需要の原理の背後にあるミクロの世界——労働市場における労働者や企業の行動——を統計力学の方法論により描いた．しかし現在，世界の経済学界の主流となっている新古典派の経済学者は，まったく異なる考え方をする．もっとも新古典派といってもいくつか異なる流れがある．

　1960年代，当時マネタリストとよばれたシカゴ大学のミルトン・フリードマンは，マネーストックの変動が生み出す「予期されない」一般物価水準の変動が労働者や企業の行動を攪乱し，それが実体経済のアップダウン，すなわち景気循環を引き起こす，と主張した．したがって景気循環の波を小さくする上で中央銀行がなすべきことは，裁量的な金融政策ではなく，あらかじめアナウンスした一定の率でマネーストックを増加させていくことである(k%ルール)．これがフリードマンの主張だった．財政政策についても，不況の時に政府の支出を増やしたり減税したりするといった景気安定化のための裁量的な政策運営はすべきでない，と説いた．

　フリードマンの議論はアメリカ経済学会の会長講演(Friedman 1968)はじめ，いずれも言葉によって表現されたものだったが，それを数学的なモデルに仕上げたのがルーカスの「合期的期待モデル」にほかならない(Lucas 1972, 73)．フリードマンとルーカスの理論は，景気循環は予期されないマネーストックの変動によって起きるとする「貨幣的景気循環論」である．この理論に基づきルーカスはアメリカ経済学会の会長講演で次のように述べた．

第4章　景気循環　137

マクロ経済学は，大不況への知的なリアクションとして 1940 年代に生まれた．それは，大不況という大災害を 2 度と起こさないようにするために必要な知識の体系を意味していた．この講演で私がいいたいことは，誕生した当初マクロ経済学が目ざしたことはすでに成し遂げられた，大不況を起こさないようにするという問題はすでに解決された，ということである (Lucas 2003, p.11)．

　もちろんルーカスがここで自信を持って述べているのは，フリードマンの理論と，それを数式で表現した自らの「合理的期待モデル」である．しかしこの「理論」が，1 国経済を「対称均衡」としてとらえるまったく無意味なミクロ的基礎づけに基づく妄想でしかないことは，第 1 章で詳しく説明したとおりだ．ルーカスにとって不幸なことに，この講演がなされてわずか数年後の 2008 年 9 月にリーマン・ブラザーズが破綻し，世界経済は Great Depression (大不況) の再来かといわれるほどに深刻な不況，Great Recession (世界同時不況) に見舞われることになった．

　今日，マネーストックをあらかじめアナウンスした一定の率で成長させていれば実体経済は安定する，と信じている経済学者・エコノミストは 1 人もいない．あれだけ経済学界に大きな影響を与え，ノーベル賞の授賞対象ともなったルーカス＝サージェントの合理的期待理論とは一体何だったのだろうか．

　フリードマン＝ルーカスの「貨幣的景気循環論」が影響力を失う中で，代わって登場したのが，実物的景気循環 (RBC) 理論である (Kydland and Prescott 1982)．景気循環とわれわれが呼ぶマクロ経済の変動は，新古典派の一般均衡が供給サイドの「技術」(Total Factor Productivity: TFP) のアップダウンによって変動しているにすぎない．RBC はこう主張する．RBC は姿形を少しずつ変えながらも，いまだに学界で大きな影響力をもっている．

　フリードマンやルーカスの理論では，景気の変動はパレート最適 (natural) な「均衡」からの乖離だから，変動は平準化されるべきものだった．言い換えれば，「景気安定化」には意味があった．そのためにマネーストックを一定の率で成長させるべきだ，と主張したのである．

　これに対して RBC によれば，景気はそもそも安定化されるべきものではな

い．なぜならそれは，パレート最適な均衡そのものの変動にほかならないからである．景気を無理に平準化すれば，かえってパレート最適から遠ざかってしまう．景気安定化は，マクロ経済を悪化させてしまうのである．まさに新古典派理論の終着駅(断末魔？)としかいいようがない．景気変動の原因についても，フリードマン，ルーカスとは違い，供給サイドの「技術」(TFP)にある，と考える．

　実物的景気循環(RBC)理論は実証的にどのようにテストされるのだろうか．RBCのテストはもっぱらシミュレーションによる．すなわち生産関数／効用関数などを特定化した上で外からTFPショックを加え，生産量(GDP)，消費，投資，労働供給量，実質賃金など内生変数の動きをシミュレーションによって生み出す．それを現実の値と比較して適合度をみるのである．もっとも適合度をみるといっても，カリブレーション(calibration)と称する彼らの分析では標準的な統計的検定がなされることはなく，「現実」との比較は直観的な基準でなされることが多い(たとえばPlosser 1989)．

　RBCの実証分析の詳細にはここでは立ち入らないが，最大の論点はRBCが景気循環の主因とするTFPである．計測されたTFPははたして本当に「技術進歩」「生産性ショック」を体現しているのであろうか．ミクロの個別技術の変化と違い，マクロの技術進歩をわれわれは直接観察することができない．われわれはSolow (1957)に従い，資本や労働というインプットの増大によっては説明できないアウトプットの増加を「技術進歩」とみなす．これはごく自然な「技術進歩」の定義といえるだろう．問題は，こうしてえられる「ソロー残差」が，われわれの意図したとおり意味のある「技術進歩」を与えてくれるか否かというところにある．プレスコットらは，2008年の金融危機ですら「生産性ショック」あるいは「技術退歩」と呼んでいるが，これはもはや言葉の誤用である．こうした議論から意味のある経済学が生まれるはずはない．

　全要素生産性(TFP)は，国，産業，計測期間にかかわらず，アウトプット(マクロ経済学の場合GDP)と高い相関をもつ．つまり，TFPとアウトプットはともに上昇し下落する傾向がある．図4-1はアメリカについての計測例だが，このことは一目瞭然だろう．日本については吉岡(1989)に豊富な計測例があるが，TFPとアウトプットの高い相関は同じようにみられる．

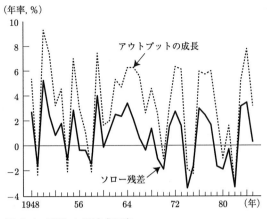

図 4-1 TFP と経済成長率
出所) Mankiw (1989).

　この事実をわれわれはどのように解釈するべきか．RBC 理論を支持する人たちは，TFP が正しく「技術進歩」をとらえていると考え，技術進歩のアップダウンが生産の変動を生み出すのだから，両者の間に相関が生まれるのは当然だと主張する．

　一方，サマーズ(Summers 1986)，マンキュー(Mankiw 1989)，トービン(James Tobin, 1918-2002) (Tobin 1993)はじめ RBC 理論に批判的な人たちは，生産のアップダウンは技術進歩とは別の要因——有効需要の変動——によって生み出されるが，それに伴って生じる資本や労働などインプットの「真の」変動，つまり真の「稼動率」の動きをわれわれは正確にとらえることができないために，ソロー残差(TFP)はアウトプットと高い相関をもつと考える．TFP とアウトプットの高い相関は，TFP が「技術進歩」をうまくとらえていない何よりの証左だと考えるのである．この批判の意味は次のような簡単な例を通して理解できるだろう．

　デパートやスーパーマーケットの駐車場の出入口で車の整理をしている人の「生産性」を考える．この例では「全要素」(Total)生産性ではなく，労働という 1 つのインプットの生産性を考えるが，問題は TFP の場合と同じである．「労働生産性」は，この人が 1 時間に処理した車の台数で測るしかない．「労

働生産性」は時間とともにアップダウンするが，そのときわれわれは一体何を計測しているのであろうか．いうまでもなく，それは1時間に出入りする車の台数そのものにほかならない．直接観察可能な1時間の労働時間との相対において，それは紛れもなく「労働生産性」に違いないが，能率のよい新型機械や優れたノウハウの導入といった「技術進歩」とはまったく無関係であることは明らかだろう．「労働生産性」の変動は駐車場の「技術」条件とはまったく関係なく，出入りする車の多寡を反映して変動しているにすぎない．当然「労働生産性」はアウトプット(駐車場を利用した車の数)の動きと同じように変動する(この場合，両者の相関は1!)．

この例では「労働生産性」の変動は，駐車場に出入りする車の数に応じて変わる係員の「労働強度」(work intensity)，つまり「真の稼動率」の変動によってもたらされる．もしわれわれがこの係員の「労働強度」＝「真の稼動率」を正確に計測できたとすれば，この稼動率で修正した「真の」労働インプットとの相対で測った「労働生産性」は，駐車場に出入りする車の数が変わっても変わらないはずである．そうすれば「労働生産性」とアウトプットとの相関はゼロになる．しかし実際には，「稼動率」の計測は必然的に不正確(駐車場の例では不可能)にならざるをえない．その結果，計測可能な1労働時間当たりの「労働生産性」とアウトプット(車の台数)の間には，強い正の相関が生まれる．TFPの計測の場合も事情はまったく同じである．

そもそも1970年代に2回生じたオイルショック[29]を別にすれば，現代経済で「技術退歩」(TFPのマイナス成長)が頻繁に生じるというのも妙な話だ(図4-1では7ないし8回生じている)．常識的にはマクロの「技術退歩」など，そもそもありえない．

図4-1にあるような生産とTFPの高い相関は，こうした「疑惑」を生むのに十分である．たとえば，当時の連銀議長ポール・ボルカーのリーダーシップにより1979年10月から始まった「新しい金融政策」は，15％のTB(短期

---

[29] 原油の実質価格が上昇したケースは，資本Kと労働Lをインプットとする付加価値(GDP)の生産関数$Y=AF(K, L)$において，「技術退歩」(Aの下落)が生じたケースとして分析できる．この点については，Bruno and Sachs (1985)が詳しく分析した．ただし少なくとも日本経済については，こうした供給サイドの分析だけでは1970年代のマクロ経済の動きを十分に説明できない．吉川(1992, 第2章, 88-94頁)，詳しくはYoshikawa (1995, ch.4)を参照されたい．

国債)レート(実質金利でみても4.5％)という未曽有の高金利によりアメリカ経済を，2008年のリーマン・ショック以前，戦後最悪といわれた不況(1980-82年)に陥れた．1982年の不況が金融引き締めによって生み出されたことは疑問の余地がない——たとえば，「技術革新」とは関係ない住宅投資の落ち込みが大きな役割を果たした．しかし，図4-1をみると，GDPのマイナス成長と並行してTFPも大幅なマイナス成長となっている．TFPは，「真の」技術進歩ではなく，需要の変動によって生まれる生産水準のアップダウンを反映したにすぎない「不純物」を大量に含んでいるのである．

ここで，近年学界で注目されているGabaix(2011)の「粒状(granular)仮説」にコメントしておこう．ガベは，マクロの変動を生み出す主因は，「マクロ」のショックではなく，大企業への「ミクロ」のショックだと主張する．ルーカスの合理的期待モデルでは，第1章でみたように，マネーストックの予期されない変動というマクロのショックが景気循環を生み出すことになっていた．プレスコットらのRBCも，マクロのTFPショックを景気循環の主因とみなす．個々の企業へのミクロのショックは互いに打ち消し合うものと仮定し，マクロの変動はマクロのショックによって生み出される，と考えるのである．これに対して，ガベは企業の大きさに注目し，大企業へのミクロのショックは小さな企業へのショックと打ち消し合うようなものではなくマクロ的なインパクトをもち，それこそがマクロの変動を生み出すと主張した．彼はこの仮説に「粒状」という少々奇妙な名前をつけた．

粒状仮説は，大企業とはいえ「ミクロ」のショックをマクロの変動の主因とみなす点で，スタンダードなRBCと異なる．とはいっても，このミクロのショックはTFPショックである．経済全体と大企業という違いはあるにせよ，所詮供給サイドのTFPショックを考えている点で，粒状仮説はRBCの1変種にすぎない．したがって，スタンダードなRBCに対する批判，すなわちTFPのマイナス成長＝「技術退歩」などそもそも考えられない，という批判は，粒状仮説にも当てはまる．マクロの需要ショックにより生まれるGDPの変動を事後的に分解すれば，大企業の変動が大きなシェアを占めるというだけのことだ．ガベの主張するように，GDPの変動が大企業へのミクロのTFPショックで生まれるわけではない．

TFPはRBCのいうように「技術ショック」を表わしているのではない．こういう問題意識に基づき，Costello (1993)はアメリカ，イギリス，日本，ドイツ，カナダ，イタリア6カ国の5産業についてTFPを計測した(計測期間は1960-85年)．結果は，それぞれの産業のTFPについてのクロス・カントリー(cross-country)の相関よりも，1国内でのクロス・インダストリー(cross-industry)の相関のほうが高いというものだった．つまり，TFPの変化をみると，同一産業でも国ごとに違った動きをしているが，同じ国の中ではさまざまな産業のTFPが同一方向に動く傾向が強い，というわけである．純粋な「技術進歩」は，国ごとに特有(country-specific)というよりむしろ産業に特有(industry-specific)だと考えるのが自然だろう．ところがコステロの計測では，異なる産業が1国内で変動を共有する傾向のほうが強い．つまり，ソロー残差によって計測したTFPは，純粋な「技術」の進歩ではなく，むしろ国ごとに特有な要素，つまり1国の「景気循環」を反映しているものと考えられる．

　こうしたことが生じるのは，先に駐車場の例を用いて説明したように，資本／労働などインプットの稼動率の変動に関する正確なデータがないからである．Fay and Medoff (1985)は，製品に対する需要が減退したとき企業がどのように反応するか，170の企業に聞き取り調査をした．聞き取り調査の結果，景気循環のプロセスで生じる労働生産性の変化の大半は，企業が労働を退蔵(hoard)することから生じるということがわかった．これが，第3章の図3-14でみたような労働生産性の分布のシフトを生み出すのである．要するに，先に説明した駐車場の例と同じように，稼動率の変動が「生産性」の変化を生み出す主因というわけである．再三述べているとおり，こうした生産性の変化は「技術」の変化——実物的景気循環(RBC)理論が仮定している生産関数のシフト——とはまったく関係がない．

　Basu (1996)は，資本や労働については稼動率を正確に計測することが不可能であるのに対して，生産過程で使われる原材料には「稼動率」の変動という問題が存在しないことに着目し，原材料の変動が直接には観察できない資本や労働の稼動率の代理変数になるだろうというアイデアに基づき，TFPを従来とは異なる新しい方法で推計した．バスの推計によると，TFPと生産の相関はほとんどみられなくなる．

もうこの辺でいいだろう．ソロー残差(TFP)を「技術進歩」とみなして行うRBCのカリブレーションは無意味な知的遊戯である．

3. 産業部門別データを用いた分析

　景気循環の分析では，従来マクロの経済データを用いることが多かった．景気循環はマクロの現象だから，これはある意味では自然なことかもしれない．しかし，マクロのデータを用いた分析には限界がある．RBCのカリブレーションが典型的に示しているとおり，どんな議論でも辻褄を合わせる解釈ができてしまうからである．

　高度成長期，その後1970年代については，Yoshikawa and Ohtake (1987)，吉川(1992)が産業別データを用いた分析を行い，「有効需要」が戦後の日本の景気循環を説明するキーワードであるという結論を導いた．ここではバブル期以降の産業部門別のデータを用いたわれわれの分析を紹介することにしたい(Iyetomi et al. 2011)．

　景気循環分析のパイオニアであったコロンビア大学のミッチェルは，景気循環を「さまざまな産業部門の同時的な変動(conformity)」として定義した．今も景気の山谷を判定する際に用いられている景気動向指数は，まさに景気の「経済全体への広がり」(diffusion)をとらえることを目的に開発された指標である．こうした観点からは，多くの部門に共通の変動を生み出す「隠れた要因」こそが「景気の正体」だということになる．先に言及したCostello (1993)の研究でも，すべての産業に影響を与えるこうした「マクロの要因」——その実体は明らかにされないものの——の存在が示唆されていた．

　こうした「隠れた要因」を見つけ出す手法が，主成分分析(Factor Analysis)である．実際，主成分分析は，これまでも多くのマクロ経済学者が用いてきた(Sargent and Sims 1977; Stock and Watson 1998, 2002)．われわれも，何が景気循環の主因であるかを解明するために，この主成分分析を用いる．ただし，これまで用いられてきた主成分分析には，有意な主成分を選び出すシステマティックな「検定法」がない，という大きな弱点があった．ここでは，この問題を解決するランダム行列の理論を用いたIyetomi et al. (2011)の分析を紹介しよう．

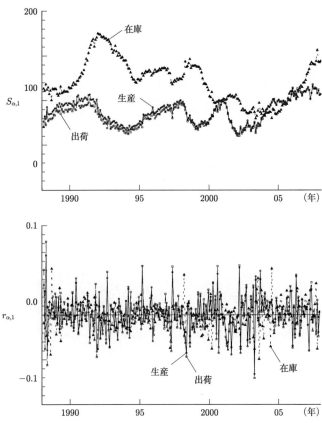

図 4-2 工作機械産業 ($g=1$) のデータ
出所) Iyetomi et al. (2011).

用いたデータは経済産業省の生産指数,出荷指数,製品在庫指数(月次)である.サンプル期間は,1988年1月からリーマン・ショック前の2007年12月まで240か月.生産,出荷,在庫いずれも21の財ごとのデータがある(詳細はIyetomi et al. (2011)参照).これを $S_{\alpha,g}(t)$ で表わす.$\alpha=1, 2, 3$ はそれぞれ生産(付加価値),出荷,在庫を表わす.また $g=1,\ldots,21$ は21の財のカテゴリー,$t=1,\ldots,T=240$ は時点である.

各変数につき対数の階差をとることにより前月比の変化率 r を定義する.

第4章 景気循環 **145**

$$r_{\alpha,g}(t_j) \equiv \log_{10} \frac{S_{\alpha,g}(t_{j+1})}{S_{\alpha,g}(t_j)} \quad (4.1)$$

工作機械産業 $(g=1)$ について，S と r をプロットしたのが図 4-2 である．

ランダム行列の理論を用いた分析を行うために，変化率 r を次のように正規化する．

$$w_{\alpha,g}(t_j) \equiv \frac{r_{\alpha,g}(t_j) - \langle r_{\alpha,g} \rangle_t}{\sigma_{\alpha,g}} \quad (4.2)$$

ここで $\langle r_{\alpha,g} \rangle_t$ は 240 か月の平均，σ は標準偏差である．正規化された変化率 w の平均は 0，標準偏差は 1 になる．

景気循環に関する実証研究においては，(1) 周期と (2) 各部門の似通った動き (comovements) を生み出す共通の要因を見つ出すことが課題になる．周期については，そもそも安定した周期などは存在しない，と考えるエコノミストもいないわけではない (Diebold and Rudebusch 1990)．たしかにどのような確率過程でも，変数の「標本路」(sample path) を考えると，1 つの「周期」を明確に定義することはできなくなる．しかし，だからといって景気循環の周期を分析することが無意味なわけではない．標準的なスペクトル分析 (Granger 1966) を用いると次のような結果がえられた．

まず月次の生産，出荷，在庫データは明確な季節性をもっている．実際，季節調整を施していない原データのパワースペクトラムは，12 か月，6 か月，4 か月，3 か月に明瞭なピークを持っていることが容易に確認できる．一方米国センサス局の X-12ARIMA で季節調整した季調済みデータには季節性はみられない．以下の分析では季調済みデータを用いた．詳細は Iyetomi et al. (2011) に譲ることにしたいが，スペクトル分析の結果，生産，出荷，在庫には 40 か月と 60 か月の 2 つの有意な周期があることが確認できた．内閣府 (2000 年までは経済企画庁) が決定する景気日付に基づく 12 の循環の長さは，最長 83 か月，最短 31 か月，平均 50.3 か月である (表 4-1)．40 か月と 60 か月という 2 つの周期は，公式の基準日付に基づく景気の周期と平仄が合っている．

このデータを用いて，21 あるセクターの生産，出荷，在庫を動かしている共通の要因は一体何なのかを調べる．すでに述べたように，用いる方法は「主成分分析」である．そのためにまず w に関する相関行列を計算する．

表 4-1　景気の基準日付

	谷	山	谷	期　間		
				拡張	後退	全循環
第 1 循環		1951 年 6 月	1951 年 10 月		4 か月	
第 2 循環	1951 年 10 月	1954 年 1 月	1954 年 11 月	27 か月	10 か月	37 か月
第 3 循環	1954 年 11 月	1957 年 6 月	1958 年 6 月	31 か月	12 か月	43 か月
第 4 循環	1958 年 6 月	1961 年 12 月	1962 年 10 月	42 か月	10 か月	52 か月
第 5 循環	1962 年 10 月	1964 年 10 月	1965 年 10 月	24 か月	12 か月	36 か月
第 6 循環	1965 年 10 月	1970 年 7 月	1971 年 12 月	57 か月	17 か月	74 か月
第 7 循環	1971 年 12 月	1973 年 11 月	1975 年 3 月	23 か月	16 か月	39 か月
第 8 循環	1975 年 3 月	1977 年 1 月	1977 年 10 月	22 か月	9 か月	31 か月
第 9 循環	1977 年 10 月	1980 年 2 月	1983 年 2 月	28 か月	36 か月	64 か月
第 10 循環	1983 年 2 月	1985 年 6 月	1986 年 11 月	28 か月	17 か月	45 か月
第 11 循環	1986 年 11 月	1991 年 2 月	1993 年 10 月	51 か月	32 か月	83 か月
第 12 循環	1993 年 10 月	1997 年 5 月	1999 年 1 月	43 か月	20 か月	63 か月
第 13 循環	1999 年 1 月	2000 年 11 月	2002 年 1 月	22 か月	14 か月	36 か月
第 14 循環	2002 年 1 月	2008 年 2 月	2009 年 3 月	73 か月	13 か月	86 か月
第 15 循環	2009 年 3 月	2012 年 3 月	2012 年 11 月	36 か月	8 か月	44 か月

データ）内閣府「景気動向指数」．

$$C_{\alpha,g} := \langle w_{\alpha,g} w_{\alpha,g} \rangle_t \tag{4.3}$$

生産，出荷，在庫という3つの変数があり，それぞれ21の財の種類があるので，行列 C は $3 \times 21 = 63$ 次元である．$63 = M$ の変数を動かす「隠された」要因を見つけ出すために，行列 C の固有値 $\lambda^{(n)}$ と対応する固有ベクトル $V^{(n)}$ を求める．

$$CV^{(n)} = \lambda^{(n)} V^{(n)} \tag{4.4}$$

なお w は正規化されているので行列 C の対角要素はすべて 1 である．このことから

$$\sum_{n=1}^{M} \lambda^{(n)} = M \tag{4.5}$$

が成立する．

固有値，固有ベクトルを用いると，相関行列 C は次のよう表わされる．

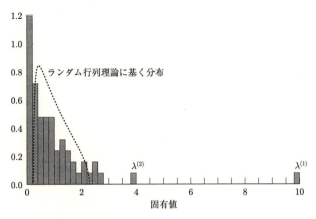

図 4-3 固有値の分布
注）破線はランダム行列理論に基く分布．
出所）Iyetomi et al. (2011)．

$$C = \sum_{n=1}^{M} \lambda^{(n)} V^{(n)} V^{(n)T} \tag{4.6}$$

得られた固有値の分布は，図 4-3 にあるとおりである．

　主成分分析にとって大きな問題は，先にも述べたように，いくつの固有値が有意であるのか，システマティックな検定の方法が従来無かったことである．さまざまなアイデアが提案されてきたが，いずれも十分な説得力を持つものではない．

　そうした中，物理学はじめ自然科学の諸分野で標準的な方法として確立されたのが，「ランダム行列理論」である．基本的な考え方は，変数間にまったく相関が無い場合を帰無仮説とした上で，それと比べてデータからえられた実際の相関行列 C の固有値の内いくつが有意であるか検定するというものである．これは統計学における標準的な検定方法の行列への拡張といえる．具体的な方法は，Iyetomi et al.(2011)の第 4.1 節，およびそこに挙げてある参考文献に譲ることにして，結論を述べれば，図 4-3 にある固有値のうち最大，および 2 番目に大きい 2 つの固有値が有意と判定された．

　21 のセクターの生産，出荷，在庫は，2 つの要因によって駆動されている，ということになる．問題は，この 2 つの要因とは一体何なのか，それを同定

(a) 最大固有ベクトル

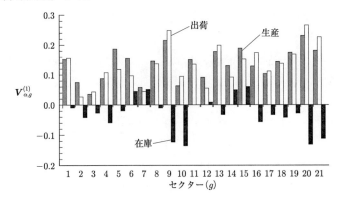

(b) 第2固有ベクトル

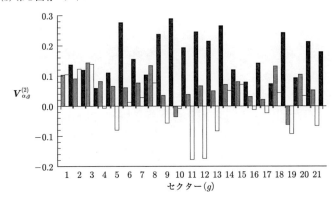

図 4-4　2つの有意な固有ベクトルの財セクター別要素
出所) Iyetomi et al. (2011).

することである．そのために，2つの固有ベクトルの 63 ある要素を，21 のセクターそれぞれ生産，出荷，在庫別に見たのが図 4-4 である．

図 4-4 (a) を見ると最大固有ベクトル $\bm{V}^{(1)}$ は，各セクターの生産と出荷に共通した変動を生み出す要因を表わしていることが分かる．出荷と生産が相関する最大固有値は，需要が生産の動きを決めるケインズの「有効需要の原理」として自然に理解できる．

RBC が景気循環の主因とみなす技術 (TFP) の変化は，生産水準を変えるか

第 4 章　景気循環　149

ら所得も変える．たとえば，あるセクターのTFPが上昇すれば，そのセクターの生産(付加価値)と並行して所得も上昇する．しかし上昇した所得が生み出す需要は，一般に当該セクターが生産する財・サービスに対する需要にはならない．スタンダードなRBCの分析は，マクロのデータを用いたカリブレーションなので，生産増と需要増が同時に生じることになっている．しかしこれは経済全体を見ているからそうなるのであって，セクター別に見たときには，先にも述べたとおり，あるセクターでTFPの上昇により生産(所得)が増大したとき同じセクターの需要(出荷)が一緒に動く必然性はまったくない．しかるに$V^{(1)}$では，すべてのセクターで生産と出荷が強い相関をもっている．需要の変動が生産の変動を生み出す．こう考える有効需要の原理によれば，もちろんセクターごとの生産と出荷は同じように動く．

なお図4-4(a)では，多くのセクターで在庫は生産，出荷と逆相関しているが，バッファーストック，すなわち予期しない需要増に対応することを目的に在庫が保有されているときには，出荷と在庫は逆に動く(Hornstein 1998)．各企業，各セクターで生産を変化させるのは需要である．すべてのセクターで需要の変動を生み出す要因，すなわち景気循環を生み出す要因，これこそが総需要にほかならない．$V^{(1)}$はまさにそうした要因であるから，「総需要」として自然に理解することができる．

総需要Dが変わったとき，どのセクターで需要が大きく変動するのか，一般的に成り立つルールは期待できない．しかし図4-4(a)を見ると，建設財($g=9$)，生産財($g=20, 21$)部門での変動が比較的大きい．なお総需要Dの水準が変わったとき，それに対応して供給サイドで労働者が各企業，より正確には，さまざまな生産性をもつ「職」(job)にどのように配分されるか，という問題に解答を与えるのが，第3章で説明した「確率的マクロ均衡」にほかならない．

次に，$V^{(2)}$は，図4-4(b)に見られるとおり，各セクターにおける生産と在庫の同方向の動きを表わしている．出荷には，セクター11, 12で落ち込みがみられるほかは目立った動きは見られない．

在庫に関するMetzler(1941)の古典的な論文が明らかにしたように，企業は，今期の需要(出荷)を満たすためにだけ生産するのではなく，将来の期待需

要に基づく「望ましい」在庫の水準を維持するという目的のためにも生産する．将来の需要についての期待に基づき在庫をもつ以上，在庫の一部は必然的に投機（speculation）となる．実際，生産の変動は出荷の変動より分散が大きい（Blinder and Maccini 1991）．メッツラーが定式化した在庫の「加速度原理」によるにせよ，最適な在庫管理のためのいわゆる S-s 戦略によるものにせよ，ともかく生産と在庫は同方向に動く．$V^{(2)}$ は明らかにこうしたメカニズムを表わしている．便宜上これを「在庫調整」と呼ぶことにしよう．

RBC が景気循環の主因とする技術（TFP）の変化の場合には，生産，出荷，在庫という3つの変数すべてが同じ方向に動く（Hornstein 1998）．図4-4を見ると，$V^{(1)}$，$V^{(2)}$ いずれも2変数の同方向への変動を表わしており，3変数同方向への動きは見られない．したがって $V^{(1)}$，$V^{(2)}$ を TFP ショックとみなすことはできない．

RBC によって日本の景気循環を説明することはできない．日本の景気循環は，ケインズ経済学がいうとおり，「総需要」の変動を主因として生じる．これが，産業別のデータを用いてわれわれが行った分析からえられる結論である．

4. Great Recession

以上の分析は，1988年1月から2007年12月までのデータを用いて行ったものだが，08年9月にリーマン・ブラザーズが破綻したことから一気に本格化した金融危機，およびそれに続く世界同時不況，いわゆる Great Recession をわれわれのモデルは説明できるだろうか．

図4-5にあるのは工作機械産業（$g=1$）の動きである．生産と出荷はほとんど同じ動きをしており，図中でほぼ重なっている．2008年秋から09年にかけて日本経済はそれまでとは次元の異なるような鋭い生産と出荷の落ちこみを経験した．われわれのモデルは，この事実を説明できるか？　そのことを確認するために，08年1月から09年6月までのデータを用いてサンプル外検定を行った．

図4-6(a)にあるのは，次の

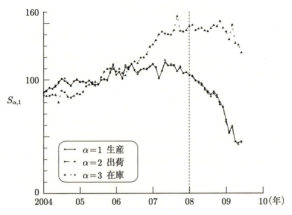

図 4-5 工作機械産業 ($g=1$)
出所) Iyetomi et al. (2011).

$$P(t) := \sum_{\alpha=1}^{3} \sum_{g=1}^{21} |w_{\alpha,g}(t)|^2 \qquad (4.7)$$

で定義される $P(t)$ である．2008年秋以降，経済全体における変動の大きさを表わす $P(t)$ が異常に上昇したことが分かる．

われわれの分析結果によれば，生産，出荷，在庫の変動は，有意な2つの固有値で説明されるが，具体的には，各変数の(正規化された)変化率は，

$$w_{\alpha,g}(t_j) = \sum_{n=1}^{M} a_n(t_j) \mathbf{V}_{\alpha,g}^{(n)} \qquad (4.8)$$

のように固有ベクトル $\mathbf{V}$ の寄与へ分解される．したがってそれぞれの時期，各固有ベクトルがどれだけ変動を生み出したかは，(4.8)式における $\mathbf{V}$ の係数 a で表わされる．すなわち，P は

$$P(t) = \sum_{n=1}^{63} |a_n(t)|^2 \qquad (4.9)$$

と変形することができる．

図 4-6 (b)，(c) は，ランダム行列理論に基づく検定の結果，有意と判定された2つの固有ベクトル $\mathbf{V}^{(1)}$, $\mathbf{V}^{(2)}$ の係数 a_1, a_2 の動きをみたものである．在庫調整を表わす $\mathbf{V}^{(2)}$ の係数 a_2 には，2008年以降も特に異常な動きはみられない．これに対して，有効需要を表わす $\mathbf{V}^{(1)}$ の係数 a_1 は，過去にみられな

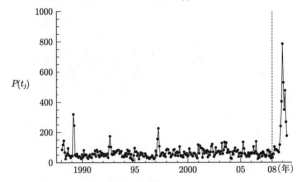
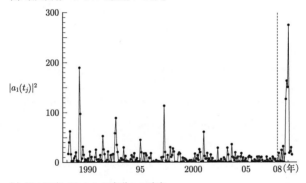
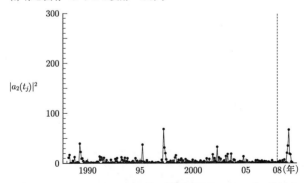

図 4-6　リーマン・ショック後の期間に関するサンプル外検定
注）詳しい説明は本文を参照．
出所）Iyetomi et al. (2011).

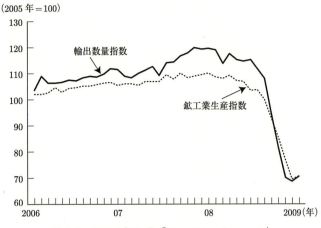

図4-7 2008年9月「リーマン・ショック」前後の鉱工業生産指数と輸出数量指数
注) 2005年の数値を100に基準化.
出典) 内閣府,経済産業省.

いほど上昇している.このことから,2008年秋以降の深刻な不況(Great Recession)は有効需要の急激な落ち込みによって引き起こされたものであった,ということが分かる.

図4-7は,輸出数量指数と生産指数(鉱工業生産指数)の動きをみたものである.一見して,2008年秋からの生産の落ち込みは,輸出の急激な下落によって起きたものであることが分かる.米国ではGreat Recessionは,金融システムの機能不全,金融危機によって引き起こされたが,日本経済の場合には,輸出の急落が主因であった.一口にGreat Recessionといっても,日本と米国ではその原因はまったく異なるものなのである.輸出の落ち込みを「TFPショック」と呼ぶことが無意味であることは自明であろう.それは,日本経済にとって外生的な需要ショックである.このことは,$V^{(1)}$を有効需要と解釈することの正しさを示す傍証でもある.

なお,2008年秋以降,$V^{(1)}$の係数a_1の変動が著しく高まったことはすでに述べたとおりだが,$P(t)$への相対的な貢献度,すなわち

$$\pi_n(t) := \frac{|a_n(t)|^2}{P(t)} \quad (n=1,2) \qquad (4.10)$$

(a) 最大固有値の相対的貢献度

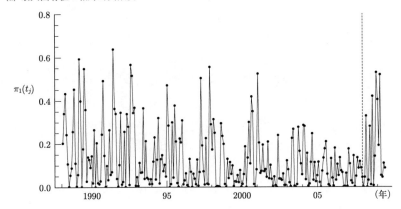

(b) 第2固有値の相対的貢献度

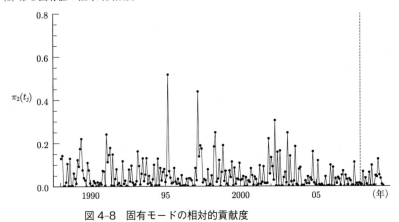

図 4-8　固有モードの相対的貢献度
注)　(a), (b)は，それぞれ図 4-6 の(b), (c)を同(a)で
　　割った「相対的貢献度」である(本文の(4.10)式).
出所) Iyetomi et al. (2011).

をみると，$V^{(1)}$ の「相対的」貢献度は，およそ2分の1であり，Great Recession の前後で変わらない(図 4-8)．つまり，2008 年秋以前のデータに基づいて推計されたわれわれのモデルの最大固有値，すなわち「有効需要の原理」は，「100 年に 1 度」(アラン・グリーンスパン)とまで言われた Great Recession を十分よく説明しているのである．Great Recession は，「100 年に 1 度」ほ

どの大きな有効需要の落ち込みによって引き起こされた．ショックの大きさは「100年に1度」のオーダーだったかもしれないが，不況を生み出すメカニズム自体は同じもの——有効需要の原理——だったのである．

5. 「循環」を生み出すメカニズム——投資の役割

産業別データを用いた分析からえられた結論は，景気循環は総需要の変動 $V^{(1)}$ と在庫調整 $V^{(2)}$ によって生み出される，というものである．ここで改めて，なぜマクロ経済に「循環」が生み出されるのか，そのメカニズムについて復習しておくことにしよう．過去の経済学が積み上げてきた知見は，今やミクロ的基礎づけを標榜する新しい経済学の中で忘れ去られつつあるから，こうした復習にも意味があるだろう(詳しくは新開1967を参照)．

スウェーデンの経済学者ヴィクセル(Johan Gustaf Knut Wicksell, 1851-1926)は，景気循環を子どもの木馬にたとえた．木馬は外部からの「衝撃」(ショック)がなければ動かない．しかし，木馬はたった1回の外的ショックによって振動を繰り返す．つまり木馬は，外からのショックを振動に変換するメカニズムを備えているのである．マクロ経済の変動も外的なショックと，それを循環へと変換する内的なメカニズムによって生み出される．これがヴィクセルの考えであった．

景気循環の主因として古くから経済学者が注目してきたのは「投資」の変動である．ケインズも『一般理論』の中で次のように述べている．

> 景気循環の具体的事例をつぶさに検討してみるとわかるように，景気循環は複雑きわまりない現象であって，それを完全に解き明かすには，われわれの分析で用いられた諸要素を総動員する必要がある．とりわけ消費性向，流動性選好の状態，それに資本の限界効率の変動のことごとくが，一定の役割を演じていることがわかるだろう．とはいえ，景気循環の本質的な特徴，とりわけ景気循環の循環たるゆえんである時系列と持続期間の規則性は，主として資本の限界効率の変動の仕方に起因している，といいたい．景気循環は資本の限界効率の変化によって引き起こされると見るのがいちばんだと私は考えている．経済体系の他の重要な短期的変数がそれに

ともなって変化し，循環を複雑にしたり，あるいはまたしばしば激化させたりするとしても，そうである(Keynes 1936／間宮陽介訳『雇用，利子および貨幣の一般理論』岩波文庫(下)，85頁).

投資を中心にして景気循環を理解する鍵は，Samuelson (1939), Metzler (1941), Hicks (1950)らによってモデル化された「加速度原理」である．加速度原理によれば，資本係数をvとすると設備投資Iは

$$I = v\Delta Y \qquad (4.11)$$

によって決まる．Yは生産量であり，経済全体を考えればGDPになる．Yの変化に1期のラグを入れ

$$\Delta Y = Y_{-1} - Y_{-2} \qquad (4.12)$$

とすれば(Y_{-1}, Y_{-2}はそれぞれ1期前，2期前のYを表わす)，(4.11)式よりIは

$$I = v(Y_{-1} - Y_{-2}) \qquad (4.13)$$

である．投資Iの水準はGDPの増減，すなわち「速度」に依存するから，投資の変化ΔIは，GDPの「加速度」に依存して決まる．GDPが増加していても，増加のペース(加速度)が落ちれば，投資の「水準」は低下する．これが「加速度原理」である．

消費については，次のように最も簡単な消費関数を仮定しよう．

$$C = cY_{-1} \qquad (4.14)$$

消費支出を決める所得にも，1期のラグを導入した．消費C，設備投資I，外生の需要Aからなるマクロ経済を考えれば，YはC, I, Aの和に等しいから(4.13), (4.14)式より次の式が成り立つ．

$$Y = C + I + A = cY_{-1} + v(Y_{-1} - Y_{-2}) + A = (c+v)Y_{-1} - vY_{-2} + A \qquad (4.15)$$

(4.15)式がYの動きを決定する定差方程式である．

表 4-2 乗数／加速度原理による景気循環

期	−2	−1	0	1	2	3	4	5	6	7	8	9	10	11	12	13	14	15
A	100	100	200	100	100	100	100	100	100	100	100	100	100	100	100	100	100	100
Y	500	500	600	680	724	723	677	596	496	397	319	277	280	327	409	509	607	684
C	400	400	400	480	544	579	578	542	477	397	318	255	222	224	262	327	407	486
ΔY	0	0	100	80	44	−1	−46	−81	−100	−99	−78	−42	3	47	82	100	98	77
I	0	0	0	100	80	44	−1	−46	−81	−100	−99	−78	−42	3	47	82	100	98

注 1) $c=0.8, v=1.0, Y=(1.8)Y_{-1}-Y_{-2}+A$.
  2) 現実には粗投資が負になることはないが，ここでは I の相対的な動きのみを問題にしているので I が負になっている．
出典) 吉川(2017)，242 頁．

Y が変動せず一定となる定常状態における Y^* は，定義より

$$Y^* = Y = Y_{-1} = Y_{-2} \tag{4.16}$$

であるから，(4.16)式を(4.15)式に代入することにより

$$Y^* = \frac{A}{1-c} \tag{4.17}$$

である．

さて「定常状態」Y^* において，突然外的なショック(A の増大)が生じたとしよう．過去の Y の値である Y_{-1}, Y_{-2} は，いずれも Y^* のままだが，A が増大すれば Y は Y^* より大きくなる((4.15)式)．その結果次の期になると，加速度原理により投資が増大する((4.13)式)．消費関数を通じて消費も増大するから，これもまた Y の増大に寄与する．こうした乗数／加速度原理の相互作用により，当初 A に加わった単純なショックが，Y の循環へと変換されるのである．どのような Y の変動が生み出されるかは，(4.15)式を決めるパラメーー c と v，すなわち消費性向と資本係数の値に依存する．

表 4-2，図 4-9 は，$c=0.8, v=1.0$ とした数値例である(吉川 2017)．外生的需要 A は 0 期にたった 1 回 100 増大しただけ(一時的なショック)であるのに，Y には「恒久的な循環」が生み出されることがわかる．こうした数値例を通じて，乗数／加速度原理の相互作用を理解できる．

設備投資だけではなく，先にわれわれが産業別のデータを用いて分析した在庫投資についても，同じようなメカニズムを考えることができる．ただし設備

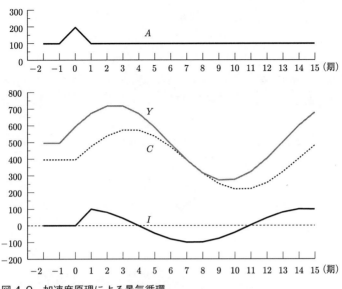

図 4-9 加速度原理による景気循環
注) $c=0.8$, $v=1.0$, $Y=(1.8)Y_{-1}-Y_{-2}+A$.
出典) 吉川(2017), 242 頁.

投資の場合は資本ストック K と生産量 Y の間に

$$K = vY \tag{4.18}$$

が常に成立しているのに対して，K が在庫ストック(inventory stock)の場合には，「最終需要」(GDP から在庫投資を引いたもの) D との間に必ずしも (4.18) 式に対応する $K=vD$ が成立していない．vD に相当するのは，現実の在庫ストック K ではなく，「望ましい」在庫ストック，あるいは適正在庫 K^* である．

$$K^* = vD \tag{4.19}$$

需要の不確実性から生じる「意図しない在庫投資」のために，一般に K は K^* に等しくない．企業が意図する在庫投資 I^* は，K^* と K の乖離を埋めるように行われる．

$$I^* = \alpha(K^* - K) = \alpha(vD - K) \quad (\alpha > 0) \tag{4.20}$$

消費，設備投資，政府支出，輸出などから成る最終需要 D が突然落ちると，望ましい在庫ストック(適正在庫水準) $K^* = vD$ は低下するのに，現実の在庫ストック K は逆に増大する(生産水準はすでに決まっており，突然の需要減により「売れ残り」が生じる)．したがって，当初現実の在庫ストック K が適正水準 vD に等しく $I^* = 0$ であっても，D が突然低下したために $I^* < 0$ となる．(4.20)式からわかるように，たとえ最終需要 D の落ち込みが1期だけであり，次の期から元の水準に戻ったとしても，在庫ストック K が上昇するために I^* の値は長く負の値をとる．このように，ストックの変化が長くフローである(在庫)投資に影響を与えつづけることを「ストック調整」というが，これこそが，産業別データを用いたわれわれの分析で見出された第2固有モードにほかならない．

6. まとめ

資本主義の歴史とともに古くからある景気循環は，今なお大きな経済問題である．戦後日本経済も例外ではない(表4-1)．各種の世論調査で，常に人々が望むことの上位にあるのが「景気の回復」だ．

景気循環はなぜ生まれるのか．われわれの結論は，有効需要のアップダウンが景気変動の主因だというものである．2008年のリーマン・ショックも「有効需要の原理」で十分に説明される．

ケインズが述べたように，需要の中でもとくに投資が循環において果たす役割が大きい．投資には設備投資，在庫投資，住宅投資があるが，人口動態の影響を強く受ける住宅投資は少し異なるものの，設備/在庫投資のダイナミクスは，サミュエルソン，メツラー，ヒックスによる乗数/加速度原理モデルによって解明された．

もちろん現実の経済は，こうしたモデルが生み出す正弦曲線のように機械的な変動をするわけではない．また常に投資が主役なわけでもない．ケインズが指摘したように，消費も金融市場も様々な理由で攪乱要因になる．にもかかわらずヴィクセルが木馬に喩えた経済に内包される循環のメカニズムを理解することは重要である．一方で，木馬に加わる外生的なショックについては，何ら

規則的なルールはない[30]．ヒックスが，マクロ経済の動学は究極的に歴史につながる，と言った意味はここにある．われわれは，経済のマクロの動きを理解するために歴史を学ばなければならない．

なお日本も含めた多くの国では，投資と並んで輸出も景気循環を生み出すマクロのショックとして大きな役割を果たしている．日本経済の場合，2008年秋のリーマン・ショックによって引き起こされた深刻な不況は，まさに過去に例を見ないような輸出の落ち込みによるものだった(図4-7)．

強調すべきことは，乗数／加速度原理においても，輸出においても，「異時間の代替の弾力性」など代表的消費者の特性はまったく関係がないということである．大切なことは，理論的にも実証的にも十分な根拠のある有効需要の原理を分析の柱にすえることである．

[30) ケインズと比らべると，シュンペーターは，景気循環の「周期」につきはるかに強く確信を持っていた．ただし周期といっても1つの周期が存在するわけではなく，キッチン，ジュグラー，コンドラチェフ3人の名前を冠する短・中・長期の波が重なったり打ち消したりしながら複雑な変動が生み出されるというのである．こうした「3サイクル合成理論」がシュンペーターの考えだが，驚いたことに1,000ページを超える大著『景気循環論』(Schumpeter 1939)のどこにも3サイクルの「山」「谷」(日付け)の一覧表が無いのだ．Kuznetz (1940)が言うようにシュンペーターのライフワークは失敗に帰した．吉川(2009a, 第13章)も参照のこと．

第5章
需要の飽和と経済成長
―― ケインズとシュンペーターの出会うところ

　1国経済の成長はどのようにして生まれるのか．経済成長の問題は，景気循環と並び，昔も今もマクロ経済学にとって最も重要な研究課題である．

　2017年，世界一所得水準が高いルクセンブルクの1人当たりGDPは10万ドル，8位の米国は6万ドル弱，19位ドイツ4万5000ドル，日本はフランス，イギリスの4万ドルに続いて25位3万8000ドルであった．逆に，最も貧しい国々についてみると，IMF統計で最下位191番目の南スーダンが228ドル，ブルンジ312ドル，マラウイ324ドル，中央アフリカ387ドル，モザンビーク429ドルなど赤道直下のアフリカ諸国が続く．179位トーゴ，180位アフガニスタンの1人当たりGDPは600ドルほどだが，それは米国の6万ドルの100分の1である．100倍の所得格差を生み出すもの，逆に埋めるもの，それは経済成長を置いて他にない．

　現在，米国の19兆ドルに次ぎ，世界第2位のGDPの大きさ12兆ドルをもつ中国は，今後20年足らずで米国を抜き，世界一のGDP大国となる．1人当たりのGDPでみると，2017年，中国はいまだに75位8600ドルと中進国だが，10年前08年には114位3467ドル，1990年には134位349ドルにすぎなかった．78年の改革開放以来の中国の目覚ましい経済成長がこうした成果をもたらした．

　もっとも長い人類の歴史の中で，経済の規模が拡大していく「成長」というコンセプトが定着したのは，資本主義社会の幕開けした18世紀以来のことである．近代的な経済成長とともに産声をあげた経済学という学問は，当然のことながら成長につき多くを語ることになった．1776年に刊行されたアダム・スミスの『国富論』(An Inquiry into the Nature and Causes of the Wealth of

Nations)は，1国の「富」がそれまで考えられていた金・銀・財宝ではなく，人がつくり出した生産物，すなわち今日われわれがいうGDPであることを明らかにした上で，分業や資本の蓄積を通してそれが拡大，成長していくプロセスを描き出した．続いて，19世紀初頭に活躍したデイビッド・リカードの経済学も，資本の蓄積と収穫逓減を核にした経済成長論を柱とするものだ．古典派経済学は，マクロ経済学として経済成長を最大のテーマとした[31]．

リカードから200年，発展途上国は言うに及ばず，先進国にとっても経済成長は今なお大きな経済問題である．2008年リーマン・ショック後，Great Recessionと呼ばれる世界同時不況からの回復がはかどらない中，長期停滞論(secular stagnation)が唱えられることになった(Summers 2014, 15)．わが国でも，1990年代初頭バブル崩壊後，日本経済の低迷が続く中で，これは一時的な景気の低迷ではなく，「長期停滞」すなわち潜在成長率の下方屈折ではないか，とする議論がなされている(福田 2018)．

本章では，第1節でまずスタンダードな経済成長理論を概観する．過去20年あまり盛んに研究された「内生的成長理論」は，第1章で批判した「ミクロ的に基礎づけられたマクロ経済学」(Micro-founded Macroeconomics)のスピリットにのっとり代表的経済主体に基づくミクロ的基礎づけをもつモデルだが，これらはすべてキーとなるパラメターが1のときにしか成り立たない，頑健性を欠く理論モデルである．成長理論の分野でも，過去20年マクロ経済学は迷走を続けてきた．近代的な経済成長のプロセスを理解する上で意味のある理論は，アーサー・ルイスのモデルだが，第1節ではこのモデルに基づく日本経済の分析も紹介する．

先進国の経済成長を考える場合，最も重要な問題は「需要の飽和」である．第2節では，文字どおり「法則」と呼びうる需要の飽和につき説明する．第3節では，イノベーションにつき考えた上で，需要の飽和という動かすことのできない事実を基にした1つの成長モデルを紹介する．第4節では，部門間シ

---

31) なお，古典派はセイ(Jean-Baptiste Say, 1767-1832)の提唱したセイ法則に基づき「完全雇用」を仮定したから，不況，失業，景気循環の問題を無視した，というケインズの主張はフェアとは言えない．Ricardo (1817, pp.265-266)は，1国内で部門間の資源再配分の必要が生じたときには，一般に労働，資本など生産要素が遊休化することを認めている．しかし古典派は，そうした景気循環の問題は成長に比べ二義的な問題とみなしたのである．

フトと経済成長の関係につき分析する.

第1節　経済成長の理論

　現代成長理論の嚆矢とされるハロッド(Roy Forbes Harrod, 1900-78)の成長モデル(Harrod 1939)は，ケインズの『一般理論』(1936年)が資本ストックや労働力を一定とする「短期」の理論であったのに対して，それを動学化した理論モデルである．投資は，有効需要の理論に基づき今期のGDPの「水準」を決めるだけではなく，来期の資本ストックを増やし生産能力を高める．資本ストックと労働力が決める潜在的な供給能力と，総需要がずっと等しくなるような，調和のとれた経済成長の経路はいかなるものだろうか．総需要と総供給のバランスが保たれる「適正成長率」(the warranted rate of growth)は s/v になる．このことをハロッドは見出した．ここで s は貯蓄率，v は資本係数，すなわち1単位の生産物をつくり出すのに必要な資本ストックの量である．

　ハロッドはまた，この適正成長経路は不安定であること，すなわち鋭い尾根(knife edge)の稜線を行くような危うさをもつことを強調した．政府による安定化政策がない限り，資本主義経済は基本的に不安定であるというビジョンを，ハロッドは自らの師ケインズから引き継いだのである．

　これに対してソローは，資本と労働の代替が可能であるような生産関数を仮定した「新古典派成長モデル」で，ハロッドの適正成長率に対応する定常成長経路が安定になることを示した(Solow 1956)．ハロッドのモデルでは，資本係数 v が一定というように「技術」につき硬直的な仮定を設けたために不安定性が導かれたが，資本と労働が代替可能であるような伸縮的な生産関数を仮定すれば，安定的な定常成長が得られるというわけである．このソローによる新古典派成長モデルは，スタンダードな成長理論として今日広く受け入れられている．

　さて，ソローは自らの成長モデルに基づき実証分析を行い，米国における1人当たりの所得上昇の実に9割以上は「技術進歩」(全要素生産性(Total Factor Productivity: TFP)の上昇)によるものであり，資本装備率(労働者1人当たりの

資本ストック)上昇の貢献は1割にも満たないことを示した(Solow 1957)[32]. この結果は,改めて経済成長のプロセスで技術進歩がいかに大きな役割を果たしているかを示した.

　圧倒的といえるほどに重要な役割を果たしている技術進歩だが,ソローのモデルではこの技術進歩は外生的に生まれるものと仮定されている.それを「内生的」に説明することはできないか,すなわち技術進歩を企業などミクロの経済主体の最適化の結果として説明するような成長モデルをつくることができないか.理論家がそう考えたのは,ある意味では自然なことかもしれない.その結果として生まれたのが,1980年代後半から20年近く学界で大いに流行した「内生的成長理論」(Endogenous Growth Theory),ないし新しい成長理論——Old Growth Theory すなわちソロー・モデルに対する New Growth Theory——である.代表的な内生的成長理論としては,Romer (1986), Lucas (1988), Grossman and Helpman (1991), Aghion and Howitt (1992)などを挙げることができる.

　手を変え品を変えさまざまな仮定が設けられたが,内生的成長モデルはいずれもキーとなるパラメターが1でないと成り立たないという意味で,まったく頑健性を欠いた,理論の名に値しないモデルである(Solow 2000; 吉川 2000). こうしたモデルの中にはイノベーションとの関係でシュンペーターの理論への言及もみられるが,「対称均衡」(symmetric equilibrium)などというコンセプトとシュンペーターは,まさに水と油である.内生的成長理論は,代表的消費者／企業の「最適化」を明示的に考慮することのみを至上の命題としてきた,過去40年の「ミクロ的に基礎づけられたマクロ経済学」の徒花にすぎない.

　ちなみに,何でも代表的経済主体の最適化で説明しないと気が済まないという潮流は,経済成長理論の分野で「内生的出生率」モデルという滑稽な理論も生み出した(Barro and Becker 1989). 通常の成長モデルでは,人口成長率は外生的に一定と仮定されている.バーロとベッカーは,出生率を「内生化」し

---

32) この事実は,19世紀あるいはそれ以前からある「不平等は金持ちによる貯蓄を通して資本蓄積を促し,人々の暮らしを豊かにする」という保守派の主張が根拠の無いドグマにすぎない,ということを明らかにした.19世紀には経済の発展に寄与した「貯蓄」が,もはや積極的な役割を果たさなくなった,という事を主張したのが,若きケインズの世界的ベストセラー『平和の経済的帰結』である(Keynes 1919). シュンペーターは,この本をケインズの最良の作品とした(Schumpeter 1946).

たモデルをつくった．ベッカー(Becker 1981)が説得的に示したように，出産／育児の意思決定は，たしかに経済的要因によって大きな影響を受ける．出産／育児は，それに伴うコストと，子どもをもつことの喜びのバランスによって決まる面があるからである．ベッカーのモデルは，ミクロの「部分均衡」のモデルとしてそれなりの意味をもつ．しかし，それを「マクロ」の成長モデルに組み入れると奇妙なことになる．出産／育児のコストは「現在」生じる一方，子どもをもつ喜び，さらにその子が成人して働くことにより生み出す果実は「将来」に及ぶため，結局，出産／育児の意思決定は，経済学的には一種の「投資」になる．ところで，投資に最も大きな影響を与える変数は利子率だから，バーロ=ベッカーの成長モデルでは，出生率に影響を与える戦略的変数は利子率となる．しかし，出生率を左右する変数が利子率などということをまともに受け取る人がどこにいるだろうか．マーシャルが考えたように，需要／供給／価格によるスタンダードなモデルは，「部分均衡」だからこそ意味をもつのであり，安易にマクロに適用すれば奇怪な代物をつくり出すしかないのである．

　技術進歩を典型的経済主体の最適化を明示的に考慮して「内生化」しようとした「内生的成長理論」は，先に述べたように失敗した．出生率と同じように，技術進歩もそれ自体複雑な現象であり，マクロ・モデルの中で単純にモデル化などできない．そもそも米国，日本，EU いずれの国でも，政府や大学が基礎研究の重要な担い手なのだから，技術進歩を民間企業の利潤動機だけで説明しようということ自体が的外れなのである．この点については，優れた経済史家であったポスタンの論文が今なお参照されるべきである(Postan 1971)．また，イノベーションというと，いかにも供給サイドの問題であるかのように考えられがちだが，実は需要と切り離すことはできない．このことは次節で詳しく説明する．

1. ルイス・モデル

　生産要素の完全雇用を仮定する新古典派理論より，多くの国の経済成長のプロセスをリアリティをもって描き出すことに成功したのは，「ルイス・モデル」である(Lewis 1954)．

アーサー・ルイスは，農業を中心とする「伝統的」セクターと「近代部門」で労働生産性が大きく乖離しているモデルによって経済成長のプロセスを説明した．このモデルは，前近代的な「伝統部門」と「近代的産業部門」から成る2部門モデルである．ルイス・モデルの最大の特徴は，実質賃金が「過剰」な労働を抱える伝統部門における「生存水準」によって決まる，ところにある．「生存水準」といっても，文字どおり生物学的生存水準である必要はない．歴史的・文化的な条件をも考慮に入れた「生存水準」である．多くの人が「滞留」する伝統部門における労働の限界生産は，「生存水準」=実質賃金より低い．

　近代的産業部門は，伝統部門で決まる実質賃金の下でいくらでも労働雇用を拡大することができる(氏原 1966)．近代的産業部門における労働の限界生産は，生存水準で決まる実質賃金よりはるかに高いから，その分近代的産業部門は超過利潤を享受することができる．それはこのセクターで高い投資を生み出し，その結果，近代部門における雇用はさらに拡大する．こうして人々は伝統部門から近代的産業部門へと移動する．

　労働力が移動を続けると，やがて労働力の少なくなった伝統部門では労働の限界生産が上がり始める．伝統部門における労働の限界生産が「生存水準」を超えると，それ以降は，実質賃金は伝統部門の労働の限界生産に等しくなる．したがって，それまで一定だった伝統部門の実質賃金は上昇し始める．近代的産業部門の実質賃金が伝統部門で決まることは以前と同じであるが，賃金が上昇し続けると，最終的に近代的産業部門の限界生産と等しくなるときがくる．すなわち，経済は，2つの部門で労働の限界生産が等しい新古典派的な均衡状態に到達する．

　ルイス・モデルは，新古典派理論が対象とする近代的な資本主義経済に到達する以前の，発展途上にある経済を分析するためのモデルとして考案された．ルイス・モデルによると，経済はやがて近代的経済へと脱皮するときを迎える．したがって発展理論では，この「転換点」をとらえることが重要な課題とされた．欧米の先進諸国は，20世紀には近代的資本主義経済への脱皮を完了していたと考えられる．一方，多くの途上国はいまだに広範な伝統部門を抱える「二重経済」(dual economy)である．日本はルイス・モデルでいう「転換点」

を20世紀に経験した数少ない経済の代表であると考えられてきた.

ルイス・モデルの日本経済への適用は,一橋大学経済研究所の大川一司を中心とするグループによって精力的に行われた.この研究プロジェクトは,第1巻「国民所得」から第14巻「貿易と国際収支」まで全14巻に及ぶ『長期経済統計』(東洋経済新報社刊)という貴重な成果をも生み出した.こうした統計を用いた分析を代表するものとしては,Ohkawa and Rosovsky (1973),大川・ロソフスキー(1973),南(1992)などがある[33].南(1970)は「転換点」に関する代表的な研究である[34].

さてわれわれがルイス・モデルに関心を寄せる理由は,「発展理論」の観点からではない.現代日本経済をも含む先進諸国の経済成長を分析するマクロ経済学の立場からである.われわれの問題意識は,オリジナルなルイス・モデルのもつ2つの問題点を指摘することにより明らかになるであろう.

(1) ルイス・モデルでは,経済はやがて新古典派的な経済に転換することになっているが,現実の経済は,いつまでたっても新古典派的均衡理論が想定するような均衡状態には行きつかないのではないか.つまり,「真の」転換点は永遠に訪れないのではないか.もちろんこのことは,先進国において農業のシェアが著しく低い水準まで低下する,いわゆる「転換点」の意義を否定するものではない.この転換点を越えても,経済は新古典派の描く世界にはならないということである.

(2) ルイス・モデルでは,「生存水準」で決まる低い実質賃金のために近代的産業部門は高い利潤率を享受し,それがこの部門での高成長を生み出すとされる.しかし,この説明は不十分である.具体的には,近代的産業部門でつくり出される財/サービスへの需要はどのように生み出されるのか.「需要」はどこから来るのか.

以上2点をもう少し詳しく説明しよう.まず第1点は,第3章を読んだ読

---

33) このほかに,篠原・藤野(1966),大川(1974),大川・南(1975)などもある.
34) 「過剰労働」の消滅,すなわち「二重経済」から近代的資本主義経済への「転換点」を1960年頃に求める南・小野(1979)は,戦前・戦後の大きなギャップにもかかわらず,労働分配率の低下傾向を戦前から戦後60年頃まで一貫して続いたものとした上で,それを「過剰労働」の縮小という1つのロジックで説明している.しかし,戦争をはさんだ大きなギャップの問題を別としても,戦前における労働分配率の低下が主として自営業部門で生じたのに対し,戦後50年代における低下は法人部門,とりわけ大企業で生じている(吉川1994).したがって,戦前・戦後の労働分配率の低下を共通のロジックで説明することには無理がある.

者にはすでに明らかなはずだ．企業間／産業間での労働生産性の格差は，現代の日本経済においても存在している．その意味での「不完全雇用」すなわち unemployment（失業）ではなく underemployment は，先進国にも常に存在する．なるほど歴史的にみたときには，最も大きな「不完全雇用」は，どこの国でも農業に存在した．農業における「潜在失業者」の数は，失業者の数をはるかに上回っていたに違いない．ルイス・モデルのいう「伝統部門」の中心は農業だったからである．したがって，農業と，工業を中心とする近代的産業部門という2部門に注目するルイス・モデルは，発展モデルとしては十分に意味のあるモデルである．また，ルイス・モデルの意味での「転換点」に関する分析の意義をわれわれは否定しようとも思わない．

にもかかわらず，われわれは大川(1975)が指摘しているように，1960年代末になっても依然，農業／製造業間には労働の価値限界生産の著しい格差（大川の推計では約4:1）が存在したという事実を無視するわけにはいかない．実際，1966年ケンブリッジ大学の教授就任講演「イギリス経済の低成長の原因」において，カルドア(Nicholas Kaldor, 1908-86)は，先進12か国の第1次産業就業者の比率を国際比較し，日本などいくつかの国の経済成長率が著しく高いことの原因を，農業部門のシェアが高いことに求めた．つまり，日本やイタリアの50-60年代の高成長を，カルドアはルイス・モデルのロジックで説明したのである(Kaldor 1966)．

ルイス・モデルが問題にした部門間の生産性格差は，実は農業に限らず至るところに存在する．ルイス・モデルは農業（伝統部門）と工業（近代的産業部門）という2セクター・モデルだが，われわれはこれを拡大した多部門モデルを考える必要がある．第3章で詳しく説明した労働生産性の分布からも分かるように，マクロ経済は長期的にも労働（資本）の限界生産が一番高い部門から低い部門まで「階段状」の構造をもっているのである．これを「多部門ルイス・モデル」と呼ぶことにすれば，われわれの住む経済は，たとえ十分に発達した「先進国経済」であっても，実は「多部門ルイス・モデル」で記述されるような経済なのである．

ルイス・モデルのもつ第2の問題点は，近代的産業部門の成長がもっぱら低賃金からくる高い利潤率によって生み出される，と考えられていることだ．

しかし，近代的産業部門のつくり出す財／サービスに対する需要は一体どこからくるのか？ 近代的産業部門のつくり出す財／サービスの需要の動きを考えなければならない．

需要を考慮に入れると，低賃金は必ずしも経済成長にとって有利な条件ではないかもしれない，ということが分かる．実際，多くの途上国では低賃金であるにもかかわらず，「ルイス的メカニズム」が働いていないかにみえる．なるほど戦前の日本経済のように，近代的産業部門のつくり出す財への需要が輸出によってリードされているときには，低賃金は有利かもしれない（山田1934；篠原1961）．しかし，それが国内需要によってリードされているときには，低賃金は需要にとってはむしろ不利な条件になるに違いない．吉川(1992, 第2章)では，こうした考えに基づき，戦後日本の高度成長を「需要」というファクターによって修正したルイス・モデルで説明した．ここでは，そのあらすじを簡単に紹介することにしたい．

2. 戦後日本の高度成長

1950年代後半から70年代初頭にかけて，日本経済は年率10％という高成長を経験した．「高度成長」を生み出したマクロ的なメカニズムは，どのようなものだったのだろうか．ここで思い出さなければならないことは，この時期の日本経済が農業部門と都市周辺工業部門から成る2部門経済であったという事実である．高度成長の始まる直前50年には，就業者の48.5％は第1次産業に属していた．働く日本人の2人に1人は「農民」だったのである．農業における労働者の価値限界生産は工業に比べてはるかに低かった．まさにルイス・モデルの想定する世界だったといえる．明治以来の日本の経済成長のプロセスをルイス・モデルにより見事に描き出した，一橋大学の大川グループの研究についてはすでに述べた．

やがて高度成長が始まると人口は農村から都市へ流れ，これが成長の主導部門であった工業部門へ労働力を提供した．「比較的安価」でしかも教育水準の高い豊富な労働力の存在が，高度成長，あるいは戦後日本の製造業部門の発展を支えたことはよく知られている．その反面，こうした供給サイドの陰に隠れて，需要面に対して人口移動が与えた役割はしばしば見逃されがちである．

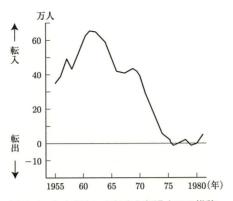

図 5-1　3 大都市への転出入超過人口の推移
注) 総務庁統計局『住民基本台帳人口移動報告年報』
により作製.

　すでに述べたように，ルイス・モデルでは近代的産業部門の需要の動向は外生的に扱われており，利潤によって資本蓄積がなされるという供給サイドを中心に理論が組み立てられている．そして人口(労働力)移動はもっぱら，こうした資本蓄積による近代的産業部門拡大の「結果」としてとらえられているのである．たしかに梅村(1961)，南(1970)，小野(1981)などの分析で明らかにされているように，農村から都市部への人口移動は，とくに短期的な循環局面では経済成長の「結果」といえる．高度成長期に生じた人口移動の結果，日本の農業は根本的に変わった(並木 1960)．しかし，高度成長のプロセス全体を考えるときには，人口移動 → 世帯数増 → 内需の拡大 → 成長 → 人口移動という1つの輪としてとらえる必要がある．ここでは，比較的論じられることの少なかった人口移動 → 内需の拡大という側面を強調しておきたい．

　図5-1 にあるような農村から都市への人口移動は広範な需要を生み出し，これが高度成長を内需中心の成長にした．たとえば1955-75 年の20 年間に，日本の人口は約9000 万人から1億1000 万人へと20％ ほど増加したにすぎないのに対し，世帯数はこの間80％ 近い伸びを記録している．世帯数の増大は都市部における核家族世帯，次いで単身世帯によるものである．農村で3世代同居していれば1つで足りていた洗濯機も冷蔵庫も，都市に新しい世帯が生まれればもう1つ余計にいる．このようにして農村から都市への「民族大

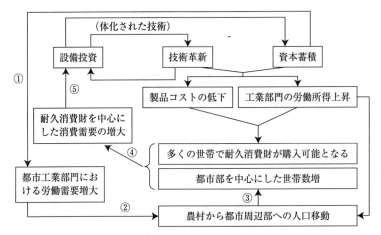

図 5-2 高度成長(1955-70 年頃)のメカニズム
出典) 吉川(1992).

移動」，それに伴う世帯数の増大が広範な内需を生み出した．

さらに，都市工業部門で働く労働者の所得の上昇と，他方における製品価格の低下をテコとして，「三種の神器」(冷蔵庫・洗濯機・白黒テレビ)に代表される耐久消費財がこの間急速に普及していった．「三種の神器」は，高度成長について語る際に必ず触れられるエピソードである．

耐久消費財の普及をリードしたのは都市部であったから，その意味でも人口移動は財／サービスに対する需要に大きな影響を与えた．すなわち，ルイス・モデルで強調される資本蓄積 → 近代的産業部門における労働需要増大 → 人口移動(図 5-2 ①，②)に加えて，人口移動 → 世帯数増 → 耐久消費財を中心にした消費需要の増大 → 資本蓄積(図 5-2 の③，④，⑤)という有効需要に関連した側面も重要であった．

こうした人口移動・世帯増が国内需要を盛り上げるというメカニズムは，高度成長のプロセスでキーとなる財が耐久消費財であったという事実と関係している．この点こそが戦前の経済成長と戦後の高度成長の最大の相違点なのである．すなわち，戦前の日本経済の成長と循環においては，輸出が決定的な役割を果たしていた(篠原 1961; 吉川・塩路 1990 参照)．そこでは人口移動は，輸出主導によってもたらされる近代的産業部門の成長のほぼ一方的な「結果」で

第 5 章 需要の飽和と経済成長　173

あった.これに対して戦後の高度成長においては,すでに述べたように,広範な耐久消費財需要を生み出す要因の1つとして,人口移動・世帯数の増加が,成長と循環の中心にある設備投資・資本蓄積を支える究極的な要因になっていたのである.

　ルイス・モデルは途上国の「発展」(development)を説明するものであり,先進国の「成長」(growth)を説明するモデルではない,と考えられてきた.しかし実際には,Kaldor (1966), Kindleberger (1967), Temin (2017)が指摘したように,先進国にも十分に当てはまるモデルなのである[35].大川(1974)は,同様のアイデアを生産性の「傾斜構造」という言葉で表現した.生産性の企業間格差が存在するという意味での不完全雇用をわれわれは第3章で分析したが,これと経済成長の関係を理論的／実証的に考察する糸口を与えてくれるのが,ルイス・モデルなのである.

第2節　需要の飽和

　経済成長は「長期」の経済現象であり,そこでは「需要」は重要な役割を果たさない.これがスタンダードな経済学の考え方である.しかし,前節で詳しく紹介したルイス・モデルが雄弁に描き出したとおり,先進国の経済においても新古典派が想定する「完全雇用」は,永遠に期待すべくもない空想上の産物にすぎない.「短期」の景気循環については,第4章で詳しく説明したように,ケインズの有効需要の原理がよく説明する.以下では「長期」を考える.「長期」の経済成長における「需要」の問題を考える際,キーとなるのは「需要の飽和」である.

　わたしたちが現在目にしている既存の財やサービスに対する需要は必ず飽和する.はじめは需要,それと並行して生産が高い伸びを示しても,いつしか必ず成長率は鈍化する.極端な場合には,シュンペーターの「創造的破壊」(creative destruction)により淘汰され,消えていくモノやサービスもある.暖房用の炭などは典型的な例であろう.

---

[35]　戦後の日本とイタリアの経済成長をこうした観点から分析したものとして DiMatteo and Yoshikawa (1999)がある.

表 5-1 消費者物価指数(CPI)基準年における主な改廃品目一覧

基準年	主 な 追 加 品 目	主 な 廃 止 品 目
昭和35年	乳酸菌飲料，家賃(公営)，自動炊飯器，トースター，テレビ，冷蔵庫，口紅，テレビ聴視料，カメラ，宿泊料	マッチ，わら半紙，インキ
昭和40年	即席ラーメン，チーズ，レタス，魚肉ソーセージ，マヨネーズ，バナナ，いちご，インスタントコーヒー，電気掃除機，腕時計，プロパンガス，ワイシャツ(混紡)	うずら豆，ごま，化繊地(スフモスリン)，子供げた，駆虫剤，ラジオ聴取料
昭和45年	即席カレー，即席スープ，レモン，メロン，コーラ，テレビ(カラー)，ルームクーラー，石油ストーブ，カーペット，ミシン(ジグザグ)，婦人ウール着物，男子ブリーフ，男子合成皮革ぐつ，航空運賃，乗用車，自動車ガソリン，ボールペン，ゲーム代(ボーリング)，フィルム(カラー)，自動車教習料	かんぴょう，ジャンパー，まき，キャラコ，綿ネル，サージ，学生帽
昭和50年	えび，牛乳(紙容器入り)，冷凍調理食品，グレープフルーツ，ガス湯沸器，ステレオ，テープレコーダー，カセットテープ，ラップ，ブルージーンズ，ビタミンB剤，ガーゼ絆創膏，トイレットペーパー，テニスラケット，学習塾	鯨肉，合成清酒，ミシン(足踏式)
昭和55年	牛肉(輸入品)，ロースハム，オレンジ，ポテトチップ，ウイスキー(輸入品)，電子レンジ，ベッド，ティッシュペーパー，ドリンク剤，小型電卓，ゴルフクラブ，月謝(水泳)	精麦，けずり節，テレビ(白黒)，木炭，婦人こまげた，電報料，フィルム(白黒)
昭和60年	弁当，コーヒー豆，下水道料，ルームエアコン(冷暖房兼用)，スポーツシャツ(半袖)，婦人Tシャツ，漢方薬，マッサージ料金，駐車料金，運送料(宅配便)，ビデオテープレコーダー，ペットフード，月謝(音楽)，ゴルフ練習料金	徳用上米，甘納豆，れん炭，婦人雨コート，婦人ウール着尺地，運送料(鉄道)
平成2年	ブロッコリー，キウイフルーツ，ぶどう酒(輸入品)，ハンバーガー，電気カーペット，ヘルスメーター，モップレンタル料，コンタクトレンズ，小型乗用車(輸入品)，ワードプロセッサー，ビデオカメラ，コンパクトディスク，ビデオソフトレンタル料，電気かみそり(輸入品)，腕時計(輸入品)，たばこ(輸入品)	カリフラワー，かりんとう，間代，砂，石炭，マットレス，ほうき，婦人浴衣，万年筆，レコード
平成7年	外国産米，チーズ(輸入品)，もも缶詰(輸入品)，ウーロン茶，ビール(輸入品)，ピザパイ(配達)，ワイングラス(輸入品)，浄水器，芳香剤，ネクタイ，眼鏡フレーム，普通乗用車(輸入品)，ガソリン(プレミアム)，電話機，私立短期大学授業料，テニスラケット(輸入品)，サッカー観覧料	魚肉ソーセージ，コンビーフ缶詰，キャラメル，ベニヤ板，ちり紙，婦人白足袋，ギター
平成12年	アスパラガス，おにぎり，冷凍調理ピラフ，ミネラルウォーター，発泡酒，牛どん，温水洗浄便座，ルームエアコン取付け料，粗大ごみ処理手数料，人間ドック受診料，レンタカー料金，移動電話通信料，パソコン(デスクトップ型)，パソコン(ノート型)，携帯オーディオ機器，サッカーボール，園芸用土，外国パック旅行，月謝(英会話)，ヘアカラー，ハンドバッグ(輸入品)，通所介護料，振込手数料	プレスハム，サイダー，物置ユニット，電気洗濯機(2槽式)，電球，絹着尺地，テープレコーダー，小型電卓，カセットテープ，月謝(珠算)
平成17年	チューハイ，すし(回転ずし)，システムキッチン，キッチンペーパー，サプリメント，カーナビゲーション，移動電話機，専門学校授業料，テレビ(薄型)，DVDレコーダー，録画用DVD，DVDソフト，プリント用インク，放送受信料(ケーブル)，フィットネスクラブ使用料，温泉・銭湯入浴料，エステティック料金，傷害保険料	指定標準米，ミシン，婦人服地，ビデオテープレコーダー，鉛筆，ビデオテープ，月謝(洋裁)，電気かみそり(輸入品)
平成22年	ドレッシング，焼き魚，フライドチキン，マット，紙おむつ(大人用)，予防接種料，高速バス代，ETC車載器，洗車代，電子辞書，ペット美容院代，園芸用肥料，メモリーカード，演劇観覧料，洗顔料	丸干しいわし，やかん，草履，テレビ修理代，アルバム，フィルム

出典）総務省統計局，消費者物価指数(CPI)の概要より．

総務省統計局の「消費者物価指数」は，消費構造の変化を考慮して5年ごとに行われる基準時の改定に合わせて，対象とする物品のリストを入れ替えている（表5-1）．このリストから消えたモノやサービスは，まさに創造的破壊により「破壊」されたモノやサービスを代表する．逆に新たに追加されたモノやサービスが，基本的にプロダクト・イノベーションの成果であることはいうまでもない．

このように成長率がマイナスとなり市場から消えるモノやサービスも存在するが，多くの場合，モノやサービスの需要，したがって生産量は時間とともに増加する．しかし，その成長率は鈍化し，やがてゼロ成長となり，最終的にある天井へ収束していく．すなわち成長経路は，経済理論がしばしば想定するようにどこまでも一定の成長率で伸びていく「指数関数」的なものではなく，「ロジスティック曲線」(logistic curve)を描く．ロジスティック曲線の成長率は，はじめは加速するが，やがて変曲点を迎え，その後は成長率がゼロに向けて低下していく．したがって曲線全体はS字形のカーブを描く．

現実のモノやサービスの需要=生産については，成長の「ライフサイクル」がどのようなものであるか，以前から数多くの実証研究が行われてきた．技術者であるFisher and Pry (1971-72)は，新しいモノと古いモノの「代替」(substitution)をキー・コンセプトとするモデルを提唱した．このモデルでは，新たに登場するモノの成長は「ロジスティック曲線」に従う．彼らは天然ゴムや合成ゴム等さまざまな製造物にこのモデルを当てはめ，実際に多くのモノの成長がロジスティックであることを示した．図5-3は，天井を1として正規化したロジスティック曲線を，米国で100年弱の間に登場したさまざまなモノに当てはめたものだ．多くのモノの成長がロジスティックであることが一目で分かる．

フィッシャーとプライの研究を日本について検証したものに弘岡(2003)による一連の研究がある．戦後の日本経済におけるさまざまなモノの成長プロセスは，米国と違い1973年から約10年間，2つのオイルショックの時期に大きな停滞という中断を経験する．しかし以前と以降については，いずれも明確なロジスティック曲線に従う．

あるモノの需要の天井をD^*，時点tにおける需要をD_tとする．天井まで

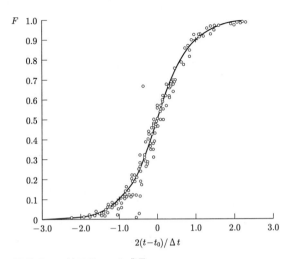

図 5-3 ロジスティック成長
出典) Fisher and Pry (1971-72), p.87, Fig.9 (b) より.
注) 縦軸の F については本文の説明を参照.

どれだけ近づいたか,その比率 F を

$$F_t = \frac{D_t}{D^*} \tag{5.1}$$

とすると,F のロジスティック成長は,

$$\frac{dF}{dt} = aF(1-F) \quad (a>0) \tag{5.2}$$

と表わされる.したがって $F/(1-F)$ の対数値 $\ln F/(1-F)$ と時間 t の関係は,勾配 a の線形関数,すなわち直線になる.

図 5-4 は,弘岡(2003, 41 頁)がエチレンについて描いた図だが,先に述べたようにオイルショック期(1973-85 年)を除くと,その前後で $\ln F/(1-F)$ と時間 t の関係は直線になっている(図の縦軸は対数目盛であることに注意).弘岡は,エチレン以外の化学製品,鉄鋼,自動車,さまざまな家電製品についても同様に直線が当てはまることを見出した(図 5-5,弘岡 2003, 46 頁).このように,多くのモノの成長はロジスティック曲線に従う.すなわち,需要はあるところまでは指数関数的に成長するが,やがて変曲点を迎え,その後は需要の天井に

第 5 章 需要の飽和と経済成長　177

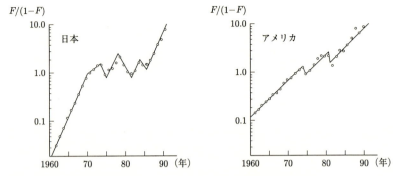

図 5-4　エチレン普及のロジスティック性の検証(縦軸は対数目盛)
資料）通商産業省「化学工業統計」．国連「産業統計」の数値を採用．
出典）弘岡(2003)，41 頁．

近づくにつれて成長率はゼロに向けて低下していく．需要は必ず飽和する．

　Fisher and Pry (1971-72)，弘岡(2003)が見出したのは，主として製造業における需要の飽和だが，実は「需要の飽和」を指摘した文献は古くからある．その中で最も有名なのは，ドイツの統計学者エンゲルがベルギーの家計調査を用いて見出した「エンゲルの法則」であろう．よく知られたとおり，エンゲルの法則とは，豊かな家計ほど支出の中で食費が占める割合(エンゲル係数)が低くなる，という法則である．

　エンゲルの法則は，いつの時代どこの国でもおおむね成立している．もともとエンゲルが見出したように，1時点におけるクロス・セクションのデータについて成立するだけでなく，マクロについても，1人当たりの所得水準の異なる2つの国(たとえば日本と中国)を比較すると，エンゲルが見出した関係が成立している．また，日本について明治時代と現在を比べると，やはりエンゲルの法則が成立している．このようにエンゲルの法則は，真に「法則」の名に値する法則である．ところで，この法則が意味していることは，「食料に対する需要は飽和する」ということにほかならない．その理由は，1人の人間の食料に対する需要には生理的な限界があるという単純な事実であるに違いない．

　エンゲルが食料について見出した「需要の法則」は，実は食料についてだけ成立するものではない．フィッシャー＝プライ，弘岡が見出したように，あらゆるモノの需要は必ず飽和するのである．図 5-6 は，長期のデータが得ら

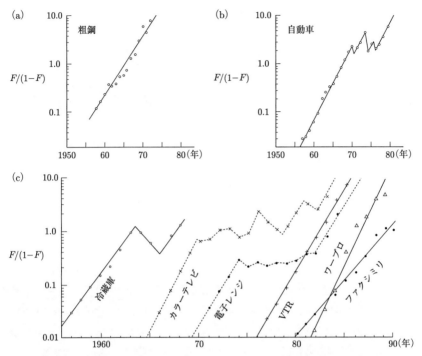

図 5-5 粗鋼,自動車,家電製品のロジスティック性の検証(縦軸は対数目盛)
資料) (a)(b)通商産業省「鉄鋼統計」,「機械統計」の数値を採用. (c)通商産業省「機械統計」の数値を採用.
出所) 弘岡(2003), 46 頁.

れるイギリスについて Rostow (1978) が描いたものだが,鉄道,綿,銑鉄,電気,自動車いずれも成長率は時間とともに減速している(図 5-6 の縦軸は対数値なので,曲線の傾きは成長率を表わす).

ケインズも『一般理論』の中で,「需要の飽和」言い換えれば「限界効用の急激な低下」についてはっきりと述べている.

　　古代エジプトは二重の意味で幸運であった.エジプトの繁栄は,間違いなくピラミッドの建設と貴金属の採掘という 2 つの活動の賜物であった.ピラミッドにしても貴金属にしても消費されることによって人の欲求を満たすものではないために,いくらあっても飽きがこないからだ.中世は

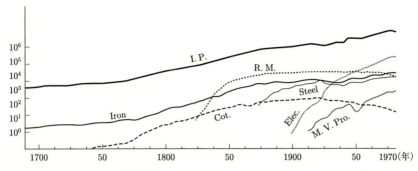

図5-6 ロストウのS字型成長
注) 工業生産(I. P.); 鉄道マイル(R. M.); 綿花消費量(Cot.); 粗鋼(Iron); 鉄鋼(Steel); 電気(Elec.); 自動車(M. V. Pro.).
出典) Rostow (1978), CHART III-2.

教会を建て葬送の歌を歌った.2つのピラミッド,死者のための2つのミサ,これらは1つの場合と比べ2倍の効用をもたらす.しかしロンドンとヨークを結ぶ2本の鉄道となるとそうはいかない.かくしてわれわれ現代に生きる人間には思慮深い銀行家の習性が染みついており,住宅を建設する前に後の世代に負債を残すことがないかどうか慎重に考えるから,その結果として失業という受難から容易に脱け出すことができないことになるのである(Keynes 1936, pp.130-131).

この引用から分かるように,ケインズの「有効需要の原理」すなわち「マクロの経済活動水準を決めるのは総需要だ」とする理論の背後にあるのも,実は「既存のモノやサービスに対する需要は飽和する」という事実なのである.

ちなみにケインズの友人で後年ケンブリッジの教授となるロバートソンも1930年4月,政府の「マクミラン委員会」において,目の前で進行しつつあった「大不況」につき自らの考えを陳述した(Robertson 1931).ロバートソンが「世界不況」の原因として第一に挙げたのは,「需要の飽和」(the gluttability of wants)だった.需要の飽和は「最も根本的であり,最も分析が難しく,そして最も解決が難しい」というロバートソンの考えは,ケインズにも大きな影響を与えたに違いない.

既存のモノやサービスに対する需要が飽和に達するなら，モノやサービスのリストが変わらないかぎり，マクロ経済全体の成長もやがてゼロ成長に向け収束していかざるをえない．こうして多くのモノやサービスが普及した「成熟経済」には，常に成長率低下の圧力がかかっている．そうした先進国経済で成長を生み出す源泉は，当然のことながら高い需要の成長を享受する新しいモノやサービスの誕生，つまり「プロダクト・イノベーション」である．

第3節　プロダクト・イノベーションと経済成長

1. 供給サイドと需要サイド

スタンダードな経済学では，供給サイドと需要サイドは明確に区別できる，と考えられている．経済学を習い始めたときに最初に学ぶ供給曲線と需要曲線は，そのことを象徴するものとして，誰しもの頭の中に明確なイメージとしてあるに違いない．マクロ経済学を分析する場合にも，供給／需要両面を区別することは自明とされている．

短期的な景気の変動は需要で決まるとしても，長期的な成長については供給サイドで決まる．これが学界のコンセンサスである．こうしたことから，日本経済が1990年代以降，低成長に甘んじているのは供給サイドに問題があると考えるのは，スタンダードな考え方だともいえる．たとえば，林(2003)は次のように言う．

> 総需要を強調するケインズ経済学でさえも，需要不足は長期的には価格の調整を通じて解消されるとされる．ケインズ経済学は，景気循環のような短期の経済変動を説明するには有効かもしれないが，90年代の日本のような長期の停滞を説明するには無理がある(林2003, 3頁).

「需要不足は長期的には価格の調整を通じて解消される」というのは，これまで論じてきたように，ワルラスの一般均衡理論というパラダイムに基くドグマにすぎない．しかし，「短期」の「循環」，「長期」の「成長」というのは，今

日，経済学者がごく当たり前のこととして前提にする考え方だ．

しかし，シュンペーターは主著『景気循環』(Schumpeter 1939)の中で，こうした考えを全面的に否定した．シュンペーターによれば，トレンドとしてとらえられる「成長」は，結果として過去を振り返ったときの話であって，資本主義経済において循環を伴わない成長などはない．シュンペーターはいう．

> 本当に存在するのは循環だけだ(Real is only the cycle itself)(Schumpeter 1939, p.207)．

この点では，成長と循環を共に，かつて「最適成長モデル」と呼ばれたラムゼー・モデルで分析するRBCと同じだが，もちろんシュンペーターはRBCとはまったく違う．

周知のとおり，すべてはイノベーションの結果，というのがシュンペーターの考えだが，シュンペーターはイノベーションが単純に「供給サイド」の問題だと考えていたわけではない．まして「マクロ」の全要素生産性(TFP)といった概念をシュンペーターは正面から批判していた．「新結合」——生産要素を新しいやり方で結合する，といった意味で，後に使われるようになった「イノベーション」と基本的に等しい——としてSchumpeter (1934)は次の5つのケースを挙げている．

(1) 新しい商品の創出
(2) 新しい生産方法の開発
(3) 新しい市場の開拓
(4) 原材料の新しい供給源の獲得
(5) 新しい組織の実現

シュンペーターだけでなく，たとえばHicks (1973)も "The Mainspring of Economic Growth" と題するノーベル賞受賞講演の中で，経済成長を生み出す究極の要因は19世紀の鉄道のようなメジャーな技術進歩だといっている．

ところで，「技術進歩」というと，もっぱらそれは供給サイドの現象であるかのように思われがちだが，それは正しくない．シュンペーターが整理したイノベーションの5つの側面をみても，そのうち，(1)新しい商品の創出，(3)

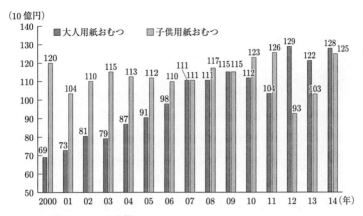

図 5-7 紙おむつの出荷額
出所）経済産業省「工業統計」．

　新しい市場の開拓は，基本的に「需要サイド」の要因である．第2節でみたように，既存のモノやサービスに対する需要は必ず飽和する．その結果，個別の商品の生産・出荷は，はじめのうちは高い成長をしても，やがて成長が鈍化し，需要の天井に向けたゼロ成長へと漸近していく．したがって，先進国の経済成長は，成長性のある新しいモノやサービスの創造が牽引する．

　図 5-7 は，紙おむつの出荷額の推移をみたものである．少子化の下で子供用の紙おむつの生産が伸び悩む中で，成長を牽引してきたのは大人用紙おむつである(2013-14 年に子供用紙おむつの生産が急増したのは，対中国向け輸出の拡大による)．大人用紙おむつの「発明」には，生産面でのイノベーションは見出しえない．それは，まさにそれまで人が思い付かなかった「大人用のおむつ」という新たな「需要の創出」に基づくプロダクト・イノベーションにほかならない．こうしたプロダクト・イノベーションは TFP ではとらえきれない．なぜなら，より多くの大人用おむつをつくるためには，より多くの資本と労働を必要とするであろうからである．つまり，生産関数の上方シフト，TFP の上昇は生じていない．にもかかわらず，成長を生み出すのは，需要の伸びの大きい新製品の登場により生産が牽引されるからである．プロダクト・イノベーションの核心は，このような意味での「需要の創出」にある．

　そこに「供給サイド」の変化もあることを否定するわけではない．しかし，

第 5 章　需要の飽和と経済成長　183

需要の成長という要因がプロダクト・イノベーションの中心的なファクターである以上，それは「供給サイド」のみの問題ではない(Pasinetti 1981, 93)．次に，企業レベルの研究開発がいかに「需要」に影響されるかを示したシュムークラーの研究を紹介することにしよう．

2. 需要と技術革新

Schmookler (1966)は，米国の特許のデータを用いて次のような問題を実証的に分析した．発明は，(1)研究開発のコストや科学や関連技術の発達など供給サイドの要因に支配されるのか，それとも(2)発明が関与する財／サービスの市場における需要の動向によって支配されるのか．発明に関するナイーブな考え方は，それを科学・技術の発達と同一視する上記(1)であろう．実際，これこそ内生的成長理論がモデル化した要因である．これに対してシュムークラーは，300ページを超える書物によって(2)の考え方が正しいと主張した．

シュムークラーは，米国における馬の蹄鉄に関連した特許数の推移という牧歌的な例から議論を始めている．蹄鉄の歴史は紀元前2世紀までさかのぼる．2000年の後，19世紀には改良の余地などなくなっていてもよさそうなものだが，19世紀以降の特許数は図5-8(a)にあるとおり．鉄道が馬車を駆逐するまでは，旺盛な発明が続いたのである．しかし，鉄道の登場により馬力に対する需要が消失すると，発明は一気に減少する．

馬を駆逐した鉄道における発明の推移をみると，図5-8(b)のようになる．図5-8(b)では，線路に関連した発明と，それ以外の車両や機関に関連した発明が区別されている．2つの異なる分野に関連した科学／基礎技術はまったく異なり，研究開発費のコストも異なる．つまり，線路とそれ以外の発明に関する供給サイドの条件はまったく異なる．にもかかわらず，2つの分野の特許数は驚くほど並行して推移している．これは鉄道サービスに対する需要という共通の需要要因が発明への刺激になっているからだ．こうシュムークラーはいうのである．ちなみに，特許数がピークを迎える1910年は，米国における鉄道網が完成した時点と一致している．

いくつかの産業における特許数の時系列データ，およびクロス・インダストリーのデータを用いて実証分析を行い，シュムークラーは次のような結論を導

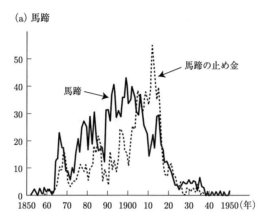

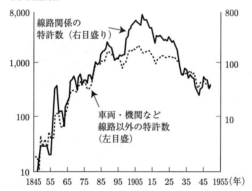

図 5-8 米国における馬蹄／鉄道関係の特許数の推移
出所) Schmookler (1966).

いた.

「特許数」でとらえた発明のペースを決めるものは，研究開発投資のコストや関連分野における科学の発達といった供給サイドの要因ではなく，「需要」の動向によって決まる発明の「価値」である[36]．供給サイドの要因が発明のペースの上限を画することはいうまでもない．しかし，そうした供給サイドの

---

36) 小麦の新品種がどのように普及していくかを分析した Griliches (1957) も，イノベーションがなされるタイミングと場所を決める上で「需要」が重要な役割を果たすことを明らかにした．

制約ではなく,「需要」の条件こそが実際に発明のペースを決める上で有効な制約条件となっている. これがシュムークラーの主張である. なおシュムークラーは, このことから個々の産業の産出量にみられるS字型成長パターンは, 技術進歩の枯渇というよりむしろ第2節で説明した「需要の飽和」によるとしている.

シュムークラーの議論からも, 内生的成長モデルのように供給サイドにおける利潤動機に基づく技術進歩のみを考えることは間違っている, ということが分かる. 内生的成長モデルでは, イノベーションに用いられる生産要素の賦与量が大きければ大きいほど, 研究者の数は多くなるし, 均衡における利子率も低くなるために, 技術進歩率は高くなり, 成長率も高くなる, という結論が一般的に得られる. 結局, イノベーションは要素賦与の問題に還元されてしまう. しかし, そもそも抽象的な「一般的イノベーション」というものは現実には存在しない. 現実に存在するのは, 各産業／セクターの技術進歩である[37]. 各産業／セクターの需要は再三述べたとおり, 必然的にS字型成長をする. そうした需要の動きとイノベーションが密接に関連することを, シュムークラーは明らかにした.

3. プロダクト・イノベーションのモデル化

そこで, 新しいモノやサービスの創出, すなわちプロダクト・イノベーションにつき考察する必要がある. イノベーションと生産性上昇の関係について広範な実証研究を行った Hall (2011) も, プロセス・イノベーションに比べてプロダクト・イノベーションのインパクトの方がはるかに大きいことを示した. 具体的には, 新しいモノやサービスの登場により売り上げが2倍になると, 生産性は約11%上昇する. 10年で売り上げが2倍になると, それは年々の生産性上昇を1%上げる. これに対して, プロセス・イノベーションは生産性の上昇に有意な影響を与えることが確認できない.

---

37) 実際 R&D (Research and Development＝研究開発) は少数の産業に集中している. たとえば, 戦後の米国についてみると, 民間の R&D の 75% は, 航空, 電気機械, 一般機械, 化学, 自動車というわずか5産業でなされている. 近年におけるグーグル, アップルなど GAFA に代表される ITC (情報通信) 産業の技術進歩をみても, このことはすぐに納得できるはずだ.

「プロダクト・イノベーション」と同義に見なされる新しい財・サービスの登場は，「内生的成長理論」を主導した代表的な理論家たちによって形の上ではモデル化されてきた．しかし，そうしたモデルを注意深く検討すると，それらは結局のところ TFP の上昇に還元されるのであり，プロダクト・イノベーションの本質を十分にとらえていないことが分かる．先に紙おむつの例を通して説明したように，標準的な概念として広く受け入れられている TFP は，プロダクト・イノベーションの意義を十分に表現していないのである．

たとえばプロダクト・イノベーションをモデル化した内生的成長理論の代表として，Grossman and Helpman (1991) 等による「財のバラエティ」(Product Variety) モデルがある．モデルは一般均衡モデルだが，ここでの議論のためにはその詳細に立ち入る必要はない．多くのモデルに共通の基本的な仮定である「ディキシット＝スティグリッツ型の生産／効用関数」に注目すれば十分である．ここでは，分かりやすい中間財のバラエティ・モデルを例として取り上げることにする．

このモデルでは生産関数は次のように表わされる．

$$Y = K^\alpha L^\beta \left(\sum_{i=1}^{N} x_i^{1-\alpha-\beta} \right) \tag{5.3}$$

資本 K，労働 L，および中間財 x によって生産物 Y がつくり出される．ただし，中間財 $x_i (i=1,\ldots,N)$ は N 種類ある．K, L, x_i に関して，この生産関数は1次同次である．効率性の観点から，すべての中間財は等しい量投入されなければならないから

$$x_i = x \tag{5.4}$$

である．

中間財 x を1単位つくるためには，「資源」が a 単位必要であるとしよう．外生的に与えられている資源の賦与量を R とすると

$$aNx = R \tag{5.5}$$

が成立していなければならない．この結果，生産関数(5.3)式は次のように書き換えられる．

$$Y = K^\alpha L^\beta N x^{1-\alpha-\beta} = K^\alpha L^\beta \left(\frac{R}{a}\right)^{1-\alpha-\beta} N^{\alpha+\beta}$$

$$= (\text{const}) N^{\alpha+\beta} K^\alpha L^\beta \tag{5.6}$$

この生産関数の下では，K, L のほか，中間財のバラエティの数 N が増えると，Y は増大する．中間財というやや特殊な例ではあるが，このモデルでは新しい財が登場する（N が大きくなる）ことにより，Y は成長する．

　以上説明した財のバラエティ・モデルは中間財という特殊な例であるが，最終財についてのバラエティを考えても基本は変わらない．財のバラエティが増えることにより Y は増大する．この結果は，ディキシット＝スティグリッツ型の生産／効用関数に依存するものだからである．(5.6)式から明らかなように，このモデルでは，プロダクト・イノベーションが成長に与えるインパクトは TFP の上昇と同値である．財のバラエティの数 N は，生産要素の投入，すなわち K, L が変わらなくても Y を成長させるからである．これは「残差」としての TFP の定義にほかならない．

　内生的成長理論の代表的モデルである「財のバラエティ」モデルにより，プロダクト・イノベーションが経済成長に与えるインパクトは十分にとらえられているであろうか．紙おむつの例を通して説明したように，プロダクト・イノベーションと TFP は，概念的に異なるのである．

　また財のバラエティ・モデルでは，新しいモノがつくられたというその事実が1回かぎり TFP を高め，成長を促進することになっており，新たな財がたどるライフサイクル，第2節でみたロジスティック成長がまったく考えられていない．Ｓ字型のロジスティック曲線との関係でいえば，新しい財・サービスの誕生により経済は瞬時にして天井に達するかのようなモデルになっているのである．新しい財やサービスが経済成長に与えるインパクトは，ロジスティックなＳ字成長なのであるから，そこを完全に無視した既存の内生的成長モデルは，プロダクト・イノベーションの本質をとらえていない．

　プロダクト・イノベーションがマクロ経済に与える影響は，まさに需要が大きく伸びる「伸び盛り」にあるメジャーな財・サービスをどれだけ生み出せるかにかかっている．その結果生まれるロジスティック成長，すなわちＳ字曲

線こそが経済成長の本質なのである．単に財・サービスの数が増えれば，それで経済成長が実現するわけではない．そもそも現実には，新たに登場する財・サービスの多くは1国経済の成長に無視しうるほどの貢献しかしないであろう．

こうした新しい財・サービスのダイナミズムは，根本的に「需要」によって決まる．第2節でレビューしたロジスティック成長は，生産効率が落ちるのではなく，需要が天井に向けて飽和することによって生まれるものである．こうした意味で既存の成長モデルは，需要のロジスティック成長をまったくとらえていない．

同様の問題は，ITが経済成長に与える影響についても指摘することができる．TFPに関する研究のリーダーであるJorgenson et al. (2005)の研究では，一般の資本投入 K と区別して「IT資本」が生産に対して特別大きな役割を果たすことが強調されている．IT資本はそれが単に投入されるだけでは生産効率を高めるものではなく，「組織の改変」を伴わなければならないというBrynjolfsson and Hitt (2000)の主張も，ジョルゲンソンの成長会計も，いずれも旅行代理店などオフィスへのパソコンの導入といったイメージでITのインパクトをとらえているといえるだろう．

もちろん，こうした供給サイドにおけるITの役割は否定できない．しかし，ITの経済成長への影響は，決して供給サイドへの影響にとどまるものではない．たとえば，ITは新しい「部品」を通して新たなモノの生産を可能にする．ハイブリッド・カーやEV（電気自動車）は，まさに新しい「IT部品」を満載しているのである．ハイブリッド・カーやEVなど新しいモノの生産は，供給サイドでは必ずしもTFPの高い成長をもたらさないかもしれない．たとえ「付加価値」ベースでのTFPはまったく上昇していなくても，新しい部品により需要の伸びが大きい新しいモノがつくられた，ということが重要なのである．これは先にみた大人用の紙おむつと同じである．こうした新しいモノに対する需要が大きく伸びるかぎり，それは1国の経済成長を促進する．すでに述べたとおり，ロジスティック曲線に基づく生産の鈍化は，生産効率の逓減によるものではなく，既存のモノやサービスに対する「需要の飽和」によって生み出されるものだからである．

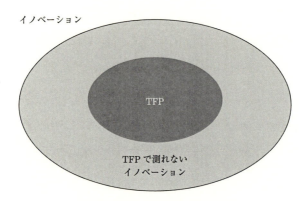

図 5-9　イノベーションと TFP

　要するに重要なことは，プロダクト・イノベーションが経済成長に与えるインパクトは，TFP とは概念的に異なるものだということである(図 5-9)．需要が大きく伸びるモノやサービスは，供給(生産)面において必ずしも TFP の成長が大きい(K, L の投入とは別に生産が大きく成長する)とは限らない．ポイントは，あくまでも需要の成長が大きい財・サービスを生み出すところにある．

4. 青木 = 吉川モデル

　以下で説明する Aoki and Yoshikawa (2002) のモデルは，供給面で TFP の伸びはないと仮定した上で，新しく生み出される財やサービスに対する需要のロジスティック成長によって，マクロの経済成長を説明した理論モデルである．もちろん現実には，新しいモノやサービスの生産が TFP の伸びを伴う場合もあるだろう．しかし，ここでは，新しいモノやサービスの登場そのものが経済成長に与える影響を調べるために，あえて TFP の伸びはゼロと仮定したのである．このモデルのイメージは図 5-10 にあるとおりである．

　ここで考えるモデルでは，需要の飽和と，それを打ち消す新しい「需要の創出」が決定的な役割を果たす．モデルの説明に入る前に，基本的なアイデアを説明しよう．

　各財の生産量は需要によって決定される．これは資本主義経済の基本である．ただし，ケインズの「有効需要の理論」が短期の理論であったのに対して，ここでは「長期」の経済成長を考える．

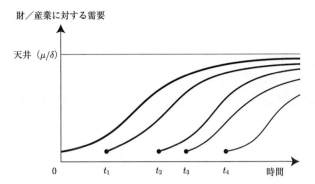

図 5-10　新しい需要と経済成長のパターン
注）$t_1, t_2, t_3, t_4, \ldots$ は新しい財／産業が誕生した時点．
出所）Aoki and Yoshikawa (2002).

以下，「財」は産業ないしセクターと解釈してもよいのだが，ここでは便宜上「財」という言葉を使うことにする．各財の需要ははじめは急成長するが，やがて成長が鈍化する．第 2 節でみたように需要の S 字形成長は「定式化された事実」であり，これがこのモデルの出発点になる．なお理論的分析を進めるために各財の需要の成長については「ロジスティック成長」(logistic growth) を仮定する．財の生産がおこなわれる中で，時おり新たな財が誕生する．そうした新しい財の誕生は確率的であり，ポアソン過程に従うものとする．

生産面については「収穫一定」を仮定する．資本ストックについていわゆる AK 型の生産関数を仮定するのである．したがって資本が蓄積されればそれだけ経済は成長する．しかし生産は需要によって頭を押さえられており，需要の成長はすでに述べたとおり時間とともに鈍化する．既存の財の生産の成長率は次第に低下していく．新しい財の誕生は，何よりも需要の成長率が高い財の誕生を意味する．新しい財が生まれなければ成長率が低下せざるを得なかった経済の成長率は，需要の伸びが大きい新しい財の登場によって低下をしばらくは免れることになる．

生産関数は $Y = AK$ であり，技術ファクター A は一定である．したがって通常の意味における「技術進歩」すなわち「全要素生産性」(TFP)の成長はゼロである．もちろん現実の経済で TFP が大切でないと主張しているのではない．ここではこれまで無視されてきたイノベーションの「需要創出効果」にハ

イライトを当てるために，あえてこうした仮定を設けるのである．

「技術進歩」は需要の伸びが大きい新たな財(産業・セクター)を生み出すことにより成長に貢献する．実際このモデルでは，新たな財を生み出すイノベーションの力が，定常状態において経済成長を生む究極的な要因である．個々の財の需要の成長は，必然的に減速しやがてゼロになるという仮定を考えれば，こうした結論は当然だといえるだろう．このモデルでは，同じだけ生産要素を投入したときに，以前より多くのアウトプット(付加価値)が生み出されることを可能にする供給サイドにおける「技術進歩」ではなく，需要の伸びが大きい新たな財を誕生させるという意味で，技術進歩(ないしイノベーション)の「需要創出」(demand creation)効果が重要な役割を果たす．以下こうしたアイデアに基づく理論モデルを具体的に説明することにしよう．

多数の最終財と，1つの中間財から成る経済を考える．新たな最終財はポアソン過程に従い確率的に誕生するのだが，話を簡単にするためにある時点での最終財の数を N として，説明を始めることにしよう．

最終財の生産関数はすべての財について共通であり，中間財 X に関する線形関数である．

$$y_k = AX_k \qquad (0 < A < 1) \tag{5.7}$$

y_k は最終財である k 財の生産量，X_k はその生産に使われる中間財の量である．

各セクターにおける企業の産出入が「完全」であると仮定すれば利潤はゼロとなるから

$$P_k y_k = P_X X_k \tag{5.8}$$

が成立する．P_k, P_X はそれぞれ k 財および中間財 X の価格である．生産関数(5.7)式はすべての最終財($k=1,\ldots,N$)について共通だから，(5.8)式より

$$P_k A = P_X \tag{5.9}$$

となる．したがって一般性を失うことなく，すべての最終財の価格 P_k を 1 とし，

$$P_k = 1, \qquad P_X = A < 1 \tag{5.10}$$

とすることができる.

それぞれの最終財の生産量 y_k は，需要量 D_k に等しくなる．生産は需要によって抑えられているのである．

$$y_k = D_k \tag{5.11}$$

需要 D_k は，S字形の成長経路(ライフ・サイクル)をもつと仮定する．これがわれわれのモデルの出発点である．

分析を進めるためS字形の成長を表わす代表的モデルである「ロジスティック成長」を仮定する．ロジスティック成長モデルは，次の式で表わされる．

$$D_t = \frac{\mu D_0}{[\delta D_0 + (\mu - \delta D_0)e^{-\mu t}]} \tag{5.12}$$

D_0 が D_t の時点0における値(初期値)であることは容易に確かめることができる．D_t の成長は，はじめは指数関数的に加速していくがやがて減速に転じ，成長率はゼロに漸近する．ロジスティック成長は，先にみた図5-3のように表わすことができる．D_t の「天井」は μ/δ で与えられる．なおロジスティック成長は，「出生率」が μ，「死亡率」が δ であるような「出生／死亡過程」(birth / death process)における個体数 n の期待値の動きを表わしていると解釈することもできる(この点については寺本1990を参照).

需要 D が(5.12)式に従いロジスティック成長するので，生産量 y もロジスティック成長する．したがって個々の最終財の成長率は漸近的にはゼロになる．しかしこのモデルではポアソン過程により新たな最終財が誕生する．そのことを説明する前に，とりあえず最終財の数は N として中間財の生産について説明することにしよう．

中間財の種類は前にも述べたとおり1種類である．同じ中間財 X がすべての最終財の生産に用いられる．中間財は

$$X = K \tag{5.13}$$

という生産関数によってつくられる．X は最終財の生産に使われる中間財の

総量すなわち

$$X = \sum_{k=1}^{N} X_k \qquad (5.14)$$

である．(5.13)式の K は資本ストックである．中間財の生産において資本の弾力性は1だから，資本が蓄積される限り X は K と同じ率でどこまでも成長する．しかし X はあくまでも中間財であるから，X に対する需要は最終財の生産から派生するにすぎない．すでに説明したとおり最終財の需要はロジスティック曲線にそって減速するから，これが X の生産を抑制する．

次に中間財を生産する企業の資本蓄積を考えよう．この企業はキャッシュ・フローの割引現在価値（株式会社であれば株価）を最大にするように投資の決定を行う．利潤は中間財を最終財の生産者に売ることにより発生する．したがって

$$P_X X_t = P_X K_t \qquad (5.15)$$

である．

K を蓄積するための投資には最終財を用いる．Uzawa (1969)他による企業成長に関するスタンダードなモデルと同じく，投資 $\phi(z)K$ には下に凸(convex)な調整費用がかかるものとする($z = \dot{K}/K$)．

$$\phi'(z) > 0, \quad \phi''(z) > 0, \quad \phi(0) = 0, \quad \phi'(0) = 1 \qquad (5.16)$$

簡単のために資本減耗は無視する．なお仮定(5.16)式は「内生的成長理論」の代表ともいえる Romer (1986)モデルでも重要な役割を果たしている．

企業の価値 S は

$$S_t = \int_t^\infty [P_X K_\tau - \phi(z_\tau)K_\tau] \exp\left\{-\int_t^\tau \rho_u du\right\} d\tau \qquad (5.17)$$

である．(5.17)式の S_t が次の裁定式を満たすことはよく知られている．

$$\rho_t = \frac{\dot{S}_t}{S_t} + \frac{(P_X - \phi(z_t))K_t}{S_t} \qquad (5.18)$$

(5.17)，(5.18)式の ρ はこの企業の収益率ないし「利子率」である．

資本ストックの初期値 K_0 を所与として，企業は企業価値(5.17)式を最大化する．このとき最適な資本蓄積経路 z は次式を満たす．

$$\phi'(z_t) = \int_t^\infty [P_X - \phi(z_\tau)] \exp\left\{-\int_t^\tau (\rho_u - z_u) du\right\} d\tau \qquad (5.19)$$

この式を満たす最適投資経路は，存在すれば一意である(Uzawa 1969).

(5.19)式の右辺は，トービンの限界の q と解釈することができる．したがって(5.19)式は，最適経路上では投資の限界調整費用がトービンの限界の q に等しくならなければならないことを表わしている(Tobin 1969; Yoshikawa 1980; Hayashi 1982). 最終財と中間財の生産関数(5.7)，(5.13)式を想起すれば，K が(5.19)式を満たすとき，中間財 X や最終財の総産出量 Y も同じ式を満たさなければならないことがわかる．

さて，はじめに述べたように，既存の最終財が生産されるプロセスで新しい最終財が誕生する．ここでは新しい財を生み出すための R&D は明示的にモデル化しない．Grossman and Helpman (1991)や Aghion and Howitt (1992)など「内生的」成長モデルは，利潤動機に基づく R&D を内生的にモデル化し成長モデルの中に組み入れた．そこに「内生的」成長モデルの「付加価値」があった．しかし第1節で述べたとおり，内生的成長モデルでは例外なくキーとなるパラメータが1でなければならないという特殊な仮定に依存しているから，「理論」と呼ぶことはできない．この点についてはつとにソローによって指摘されていたが，吉川(2000)でも詳しく説明したとおりである．

R&D についてはたしかに利潤動機に基づく企業による R&D も重要である．しかしそれがすべてではない．たとえば利潤動機に基づかない R&D の例として，大学における研究を挙げることができるだろう．わが国の R&D 投資の総額は約 19.5 兆円(対 GDP 比 3.6%，2018 年度)であるが，その内訳は大学における研究費 3.7 兆円，公的な研究機関 1.6 兆円，民間企業の R&D 投資 14.2 兆円となっている．非営利組織の R&D のシェアが 27%，4分の1強を占めている．OECD, *Main Science and Technology Indicators, 2020* を見ても，政府部門の支出が R&D の総額に占める比率はアメリカ 23.1%，日本 15.0%，ドイツ 27.7%，フランス 32.4%(2017 年)と主要国では政府部門の役割がわが国よりも大きい．Postan (1971)が強調したように，歴史上戦争ないし国防がメジャーな技術進歩を促す大きな力であったことも否定できない．

こうしたことを考え合わせると，R&D をすべて利潤動機に基づき民間の企

業が行うものと仮定するのは，行き過ぎである．すべての R&D が利潤動機に基づくかのような非現実的な仮定の下で，それを形だけ「内生化」した一般均衡モデル，しかもキーとなるパラメターが1でないと成り立たないようなモデルをつくってみたところで何の意味もない．こうしたところに現在のマクロ経済学の問題があるのである．いずれにせよここでは，新しい財が利潤最大化を通してどのように生み出されるか，そこには興味はなく，誕生した新しい財が経済成長にどのような経路を通してどのような影響を与えるか，それを調べることに関心がある．

新しい財は，既存の財を生産することによる学習効果を通して確率的に誕生するものとしよう．具体的には最終財が t 時点で N であるとき，新しい財が t と $t+\Delta t$ の間に生み出される確率は，$\lambda N \Delta t\,(\lambda>0)$ であると仮定する．新たな財の誕生は，既存の財の生産を通じた「分岐」にほかならないので「生起率」は N に比例する．N が多ければ多いほどもう1つ新しい財が生まれる確率は高くなる．λ は，既存の財の生産の中から新たな財を生み出すイノベーションの強さを表わすパラメターである．はじめに述べたとおり「財」は新しい「産業」ないし「セクター」と解釈してもよい．

以上の仮定の下では，t 時点に最終財の数が N である確率 $Q(N,t)$ は，次の式を満たす．

$$\frac{dQ}{dt} = -\lambda N Q(N,t) + \lambda(N-1)Q(N-1,t) \qquad (5.20)$$

(5.20)式の解は，次のようになる(Aoki and Yoshikawa 2007)．

$$Q(N,t) = e^{-\lambda t}(1-e^{-\lambda t})^{N-1} \qquad (5.21)$$

ただし時点0における初期値は

$$Q(N,0) = \delta(N-N_0) = \delta(N-1) \qquad (5.22)$$

とした．(5.22)式の右辺は δ 関数，つまり時点0では確率1で $N=1$，$N>1$ となる確率はゼロである．

さて時点 t で N 種類の最終財があり，t と $t+\Delta t$ の間に $N+1$ 番目の新しい財が誕生する確率は，(5.21)式より

$$\lambda NQ(N,t)\Delta t = \lambda N e^{-\lambda t}(1-e^{-\lambda t})^{N-1}\Delta t \tag{5.23}$$

となる.

それぞれの時点 t までに,過去の時点 $\tau\,(\tau<t)$ に誕生した財は,ロジスティック方程式に基づき次のように成長している.

$$y_\tau(t) = \frac{\mu}{\delta + (\mu-\delta)e^{-\mu(t-\tau)}} \tag{5.24}$$

$y_\tau(t)$ は τ に誕生した財の時点 t における生産量である.(5.24)式の初期値,すなわち $y_\tau(\tau)$ は一般性を失うことなく 1 に正規化できる.

以上がモデルの概要であるが,このモデル経済の GDP (総産出量) はどのように成長していくであろうか.総産出量は確率的であるが,以下ではその期待値に注目し,それを Y と表わす.最終財生産部門の利潤は,完全競争の企業の利潤 $P_X X$ に等しい.$P_X = A$, $X = \sum X_k$, $AX_k = y_k$ であることを考慮すると,結局 $P_X X = \sum y_k = Y$ であることがわかる.

図 5-10 にあるように,それぞれの財は,ひとたび誕生するとその後はロジスティック成長する.成長率は初めは加速するがやがて減速に転じ,最終的にゼロになる.時おりポアソン過程に従い新しい財が登場する.時点 t の総産出量 $Y(t)$ は,過去の時点 τ に生まれた財の t における産出量 $y_\tau(t)$ を足し合わせたものである.財の誕生は確率的——ただし生まれた後の成長は決定論的——なので $Y(t)$ も確率変数になる.われわれは GDP の期待値を Y で表わし,その成長を分析する.

(5.23), (5.24) 式より GDP の期待値 Y は,次の式で与えられることがわかる.

$$\begin{aligned} Y(t) &= \sum_{N=1}^{\infty}\int_0^t \lambda N e^{-\lambda\tau}(1-e^{-\lambda\tau})^{N-1} y_\tau(t)d\tau + \frac{\mu}{(\delta+(\mu-\delta)e^{-\mu t})} \\ &= \sum_{N=1}^{\infty}\int_0^t \lambda N e^{-\lambda\tau}(1-e^{-\lambda\tau})^{N-1}\frac{\mu}{[\delta+(\mu-\delta)e^{-\mu(t-\tau)}]}d\tau \\ &\quad + \frac{\mu}{(\delta+(\mu-\delta)e^{-\mu t})} \end{aligned} \tag{5.25}$$

この式の右辺第 2 項は,時点 0 において存在したセクターの t における産出量である.(5.25)式は

$$\lambda N e^{-\lambda \tau}(1-e^{-\lambda \tau})^{N-1} = \frac{d}{d\tau}(1-e^{-\lambda \tau})^N \tag{5.26}$$

および

$$\sum_{N=1}^{\infty}(1-e^{-\lambda \tau})^N = e^{\lambda \tau}-1$$

を用いると，次のように書き換えることができる．

$$\begin{aligned} Y(t) &= \int_0^t \frac{\left[\dfrac{d}{d\tau}(e^{\lambda \tau}-1)\right]\mu}{[\delta+(\mu-\delta)e^{-\mu(t-\tau)}]}d\tau + \frac{\mu}{(\delta+(\mu-\delta)e^{-\mu t})} \\ &= \lambda \int_0^t \frac{e^{\lambda \tau}\mu}{[\delta+(\mu-\delta)e^{-\mu(t-\tau)}]}d\tau + \frac{\mu}{(\delta+(\mu-\delta)e^{-\mu t})} \\ &= \lambda \int_0^t \frac{e^{\lambda(t-u)}\mu}{[\delta+(\mu-\delta)e^{-\mu u}]}du + \frac{\mu}{(\delta+(\mu-\delta)e^{-\mu t})} \end{aligned} \tag{5.27}$$

(5.27)式より GDP の期待値 Y の成長率 g は，次のようになる．

$$g_t = \frac{\dot{Y}(t)}{Y(t)} = \lambda + \left(\frac{f(t)}{Y(t)}\right)\left(\frac{\dot{f}(t)}{f(t)}\right) \tag{5.28}$$

$f(t)$ はロジスティック方程式

$$f(t) = \frac{\mu}{(\delta+(\mu-\delta)e^{-\mu t})} \tag{5.29}$$

である．成長率 g が次式を満たすことは容易にわかる．

$$\dot{g}_t = (g_t-\lambda)[2(\mu-\delta)e^{-\mu t}f(t)-\mu-g_t] \tag{5.30}$$

g の初期値 g_0 は

$$g_0 = \left.\frac{\dot{Y}(t)}{Y(t)}\right|_{t=0} = \lambda+\mu-\delta \tag{5.31}$$

である．

(5.30)式において $e^{-\mu t}f(t)$ は 0 に収束するから，漸近的な成長率は λ である．すなわち

$$\lim_{t\to\infty} g_t = \lim_{t\to\infty}\frac{\dot{Y}(t)}{Y(t)} = \lambda \tag{5.32}$$

である.このモデルでは定常状態における成長率は,新しい財/サービスを創出するイノベーションの力 λ に等しくなることがわかった.

成長率は,当初定常状態における成長率 λ より $\mu-\delta$ だけ高いが,やがて減速し λ まで低下する.$\lambda+\mu-\delta$ から出発した成長率 g がどうのように λ まで低下していくか,g_t の時間経路は μ, δ, λ に依存して決まる.λ は定常状態の成長率だけでなく,そこに至る時間経路にも影響を与える.

モデルの概要についてはすでに説明したとおりだが,主要な結論がえられたところでもう一度確認しておくことにしよう.このモデルでは個々の財/産業/セクターの成長率は,需要が「天井」に近づくにつれ必然的に低下する.それに代わって高い伸びを示す新しい財/産業が誕生する.新しい財/産業の成長率がどれほど高いかは,パラメター μ, δ の大きさによって決まる.いずれにせよ著しく高い需要の成長率を持つ新しい財/産業が,この経済の成長を支えるのである.

こうしたモデルを使えば,経済史家がしばしば経済成長のプロセスで中核的な役割を果たした「リーディング・セクター」ないし「キー・インダストリー」の役割を強調してきたことも容易に理解できる.たとえば Rostow (1960, pp.261-262) は次のように言っている.

> 広く歴史的な事実をも考慮に入れ各国経済の成長パターンを調べてみると,2つの事実が明らかになる.
> (1) それぞれの時期について各セクターの成長率は非常に異なる.
> (2) 経済全体の成長は,各時点で極端に急成長する幾つかのキー・インダストリーに直接的・間接的に強く依存している.

すでに述べたとおりリーディング・セクターの力強さは,このモデルでは μ/δ (ロジスティック成長の天井)によって表わされる.

例として λ, μ, δ をそれぞれ 0.03, 0.12, 0.02 としたシミュレーションの結果を,紹介しよう(詳しい表は Aoki and Yoshikawa 2007 参照).最初の10年,成長率は9%を超える.20年目でもなお成長率は5.7%である.40年目でようやく成長率は,3.2%と定常状態における成長率3%に近づく.各時点 t まで

の平均成長率($\sum_{\tau=1}^{t} g_\tau / t$)は「平均」だから，当然各時点での成長より緩やかなペースで低下する．たとえば30年目の成長率は3.9%まで低下しているが，最初の30年間の平均成長率は7.5%である．

定常状態に達するまでのこうしたダイナミクスをみると，それはスタンダードな新古典派モデル(ソロー・モデル)と定性的には似ている．しかし成長率の単調な低下をもたらすメカニズムは全く異なっている．

よく知られているように Solow (1956) モデルでは，成長率 g_t は

$$g_t = \frac{\dot{Y}(t)}{Y(t)} = n(1-\alpha)[\ln Y^* - \ln Y_t] \tag{5.33}$$

を満たす．Y^* は定常状態における1人当たり GDP，n は自然成長率(労働成長率)，そして α は生産関数の資本弾力性である．Y^* より低い Y_0 から出発した経済の成長率は n に向かって次第に低下していくが，その程度は α によって決まる．つまりソロー・モデルでは資本の限界生産の逓減が成長率の低下をもたらす基本的な要因なのである．これに対してこのモデルでは，需要がどれほど早く天井に達するのか，個々の財／産業／セクターの需要の成長鈍化を表わす μ と δ によって成長率の時間経路は決まる．

以上の分析では，最終財の需要 D がロジスティック成長することは外生的に仮定されていた((5.12)式)．Aoki and Yoshikawa (2002) ではこの仮定がスタンダードなラムゼー・モデルの中でどのように基礎づけられるのかも分析した．ラムゼー・モデルでは家計の異時点間の消費の最適決定(オイラー方程式)と，企業の最適投資決定((5.19)式)が利子率 ρ と成長率 g を同時決定する．こうして決まる g が(5.30)式を満たすように，ラムゼー・モデルでは消費者の異時点間消費に関する選好が内生的に変化していく．

しかしここではラムゼー・モデルの詳細には立ち入らない．ラムゼー・モデルと矛盾しないということは，メイン・ストリームの経済学者には重要なことかもしれない．しかし財・サービスの需要の成長が必然的に鈍化するというわれわれのモデルは，もともとラムゼー・モデルによって正当化されるべきものではない．「代表的消費者」を想定するマクロ経済学はそもそもナンセンスだとする本書の立場から重要なのは，異なる家計間での財の「普及」(diffusion)という視点である．以下，こうした観点から問題を考えてみることにしたい．

テレビでも車でもパソコンでも新しく登場した財は，すべての家計がはじめからそれを等しく保有するというのではない．それを「持つ」家計と「持たない」家計があり，保有率が次第に上昇していくことが需要の成長，そして減速と密接な関係を持っている．わが国の高度成長(1955-70年)でも，「三種の神器」とよばれた耐久消費財の普及が経済成長をリードしたことについてはすでに述べた．こうした事実からも，「代表的」な家計を仮定するラムゼー・モデルは，現実の経済成長を説明する上でまったく役に立たないモデルだということが分かる．われわれは異なる(heterogeneous)家計を仮定しなければならない．以下ではそうしたモデルを考えることにする．

家計の数を M とする．一般性を失うことなく M は μ/δ に等しいと仮定することができる．家計を $i(i=1,2,\ldots,M=\mu/\delta)$ で表わし，次のような関数を定義する．

$f_{iN}(t) = 1$ t 時点で家計 i が第 N 財を購入しているとき

$f_{iN}(t) = 0$ t 時点で家計 i が第 N 財を購入していないとき

第 N 財を購入している家計の数 $m_N(t)$ は「出生率」μ，「死亡率」δm_N の「出生／死亡過程」に従うものとしよう．次の式が成立することに注意したい．

$$\sum_{i=1}^{M} f_{iN}(t) = m_N(t) \tag{5.34}$$

$m_N(t)$ の期待値 $\hat{m}_N(t)$ はロジスティック方程式を満たす．したがって第 N 財が時点 τ に誕生したとすれば $\hat{m}_N(t)$ は次の式を満たす．

$$\hat{m}_N(t) = \frac{\mu}{(\delta+(\mu-\delta)e^{-\mu(t-\tau)})} \tag{5.35}$$

簡単のために家計は各財を購入するときには $1-s$ 単位購入するものとしよう．s は貯蓄性向に等しく，すべての家計で共通かつ利子率 ρ の増加関数である．

時点 t における家計 i の所得の期待値を $I_i(t)$ とすると，次のような「所得制約式」が成立している．

$$I_i(t) = \sum_{N=1}^{\infty} \int_0^t \lambda N e^{-\lambda \tau} (1-e^{-\lambda \tau})^{N-1} (1-s) f_{iN+1}(\tau) d\tau$$
$$+ (1-s) f_{i1}(t) + s I_i(t)$$
$$= \sum_{N=1}^{\infty} \int_0^t \lambda N e^{-\lambda \tau} (1-e^{-\lambda \tau})^{N-1} f_{iN+1}(\tau) d\tau + f_{i1}(t) \qquad (5.36)$$

(5.34), (5.35), (5.36)式よりすべての家計の所得 $I_i(t)$ を足し合わせると $Y(t)$ になっていることは次のようにして確かめることができる((5.27)式の $Y(t)$ と比較).

$$\sum_{i=1}^{M} I_i(t) = \sum_{N=1}^{\infty} \int_0^t \lambda N e^{-\lambda \tau} (1-e^{-\lambda \tau})^{N-1} \sum_{i=1}^{M} f_{iN+1}(\tau) d\tau + \sum_{i=1}^{M} f_{i1}(t)$$
$$= \sum_{N=1}^{\infty} \int_0^t \lambda N e^{-\lambda \tau} (1-e^{-\lambda \tau})^{N-1} \frac{\mu}{(\delta + (\mu-\delta)e^{-\mu(t-\tau)})} d\tau$$
$$+ \frac{\mu}{(\delta + (\mu-\delta)e^{-\mu t})}$$
$$= Y(t) \qquad (5.37)$$

財市場の均衡式は

$$s(\rho_t, \varphi_t) = \phi(g_t) \qquad (5.38)$$

右辺の $\phi(g_t)$ は(5.19)式を満たす投資関数である.左辺の貯蓄関数にある ρ_t は(5.19)式にある利子率,φ_t は時間に依存する貯蓄率のシフト・パラメターである $(\partial s/\partial \varphi > 0)$.

利子率 ρ_t と成長率 g_t は(5.19)式と(5.38)式によって同時決定される.そうして決定される g_t がすでに分析した(5.30)式を満たすように φ_t が変化しなければならない.定常状態では $g=\lambda$ となるから(5.38)式より

$$s(\rho^*, \varphi^*) = \phi(\lambda) \qquad (5.39)$$

が成立している.定常状態における成長率 λ は,資本蓄積の最適条件(5.19)式も満足していなければならない.

このことから定常状態におけるシフト・パラメター φ^* が λ の増加関数になることは容易に確かめることができる.新しい財／産業が誕生する確率が高く

なると，あるいは新たな財／産業を誕生させるようなイノベーションの力が高まれば貯蓄率は高くなるのである．米しか存在しない経済で，人々は貯蓄を続け資本蓄積を行い，1人あたりの米の消費量をどこまでも増加させようとするだろうか．家計が貯蓄するのは，新しい財が次々に登場することにより，「豊かさ」の地平線がいつも遠ざかっていくからにほかならない．

　このモデルでは家計間に財が普及していくことが需要を成長させる．それが投資を促進し，経済全体の成長を生み出す．逆に成長は所得水準を高めることを通して，より多くの家計が財を購入することを可能にする．こうした相互作用により成長が生まれる．明治以降の日本の経済成長もまさにこうしたプロセスだった．

　このような成長を可能にする「所得分配」は，(5.36)式によって定義される．家計が購入する個々の財の量は一定だから，普及率が上昇すると需要は必然的に頭打ちとなる．新たな財／産業を生み出すイノベーションの力 λ が，成長の究極的な要因になるのである．繰り返し述べているようにスタンダードな新古典派成長理論では，経済成長を抑制する基本的な要因は，生産関数における資本の限界生産の逓減である．これに対して本節で説明したモデルでは，需要の「飽和」が成長を抑制する基本的な要因になっている．

　このモデルはまた，技術進歩の性質について新しい見方を提供する．通常の成長モデルでは，技術進歩はもっぱら「全要素生産性」(TFP)の上昇として理解される．しかし本節で説明した青木＝吉川モデルでは，集計的な生産関数は $Y=AK$ で A は一定だから，仮定により TFP の伸びはゼロである．したがって通常の意味での技術進歩は存在しない．イノベーションは需要の伸びの大きい新しい財／産業を生み出すことにより成長に貢献するのである．先に説明したシュンペーターによるイノベーションの分類のうち，(1)新しい商品の創出と，(3)新しい市場の開拓がどのようなメカニズムを通して成長を生み出すか，この点を理解する理論モデルとしては，ここで紹介したわれわれのモデルが最も自然なものである．

　TFP とは異なる，需要の伸びの大きい新しい財／セクターを創造するという意味でのイノベーションは，現実の経済成長を理解する上でも重要な視点を提供する．Young (1995)は，目覚ましい成長をしていた香港，シンガポー

ル，韓国，台湾ではTFPの貢献はそれほど大きくなく，資本と労働の投入がこうした国々の著しい成長の大半を説明することを実証的に示した．この事実は，東アジアの成長の「奇跡」は「神話」であり持続可能ではない，というKrugman (1994)の議論によって，広く世間に知られることになった．

しかし，たとえTFPの伸びが高くなかったとしても，こうした国々における著しい成長(25年もの長きにわたる8-10%成長)がイノベーション無しに実現したとは考えられない．需要の伸びの大きいセクターが次々に誕生した，すなわち本節のモデルで言えばμ/δとλが大きかったのである．こうした国々はいずれも高度成長期以前の日本と同じように，半農業国として出発した．高い成長は，農業国のままで達成されたはずはない．農業からエレクトロニクスへの転換は，仮にTFPの伸びがそれほど大きくなかったとしても，それ自体がイノベーションだ．東アジアの新興工業諸国(NICs)ではたまたま高い需要の伸び(大きいμ/δ)が輸出によって実現されたから，そうした国の成長は「輸出主導」だったのである．

経済成長は「長期」の問題だから供給サイドの要因で決まる，というのが経済学におけるスタンダードな理解だ．しかし本節では既存の財／産業／セクターの需要の鈍化が成長を制約するようなモデルを説明した．需要が伸びれば資本も蓄積され成長が起きる．第2節で説明したように，既存の財／セクターの需要はS字を描きながら減速するから，成長を持続させるのは，高い需要の伸びを持つ新しい財／セクターの創出である．そうした需要を創出するイノベーションの力こそが，経済成長の源泉にほかならない．その意味で「長期」的な経済成長のプロセスでは「需要」の問題は二義的だとするスタンダードな理論では，経済成長の本質を捉えることはできない．

第4節　部門間シフトとマクロの経済成長

新しいモノやサービスの誕生が経済成長を生み出すとすれば，成長に伴い財／セクター／産業の構成は必然的に変化するはずである．実際，経済成長とともに第1次，第2次，第3次産業の構成比率が変わることは，小学校の教科書に載っているほどによく知られている．戦後日本の経験は図5-11にあると

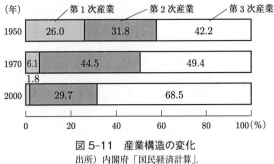

図 5-11　産業構造の変化
出所）内閣府「国民経済計算」.

おりである.

　経済成長に伴い産業構造が変化することは，このように紛れもない事実だが，プロダクト・イノベーションこそが経済成長の源泉であるとするわれわれの立場からは，プロダクトのシェアの変化と経済成長の関係に関心がもたれる．吉川・松本(2001)は，経済活動別(産業別)GDPを用いて分析を行い，1955年から1990年代にかけての産業構造の変化と経済成長との間に正の関係を見出した．ここでは，「産業構造」のベースを「産業レベル」から「プロダクト・レベル」まで落とし，期間も2000年代まで延長して行った分析結果を紹介しよう(吉川・安藤 2019)．分析に用いたデータは，10年ごとに産業部門の分類を揃えた総務省「接続産業連関表」である．計測は，1960-2011年の期間について，5年ごとに期間をずらしながら，10年間の産業構造変化の指標と平均実質成長率の関係を調べた．

　一口にセクター間のシフトといっても，「セクター」にはさまざまなレベルが考えられる．産業連関表では，40程度の「大分類」から最も細かい約500の基本分類(便宜的に「細分類」と呼ぶ)まである．表5-2は大分類の「輸送機械」の例であるが，細分類では乗用車・二輪自動車・鋼船・航空機など，個別のプロダクトになっている．以下，「細分類」レベルでの部門の変化を通して，プロダクトのシェアの変化と経済成長の関係を調べてみる．

　なお，ここでは産業構造の変化を表わす指標として2つ考える．1つは吉川・松本(2001)と同じで，これを σ_1 と呼ぶことにする．各分類の金額シェアを X_i ($i=1,2,\ldots,n$, n はセクター／プロダクトの総数)とすると，

表 5-2　産業連関表の部門分類の例（輸送機械，最新版からの抜粋）

細 分 類	小 分 類	中 分 類	大 分 類
乗用車	乗用車	乗用車	輸送機械
トラック・バス・その他の自動車	トラック・バス・その他の自動車	その他の自動車	
二輪自動車	二輪自動車		
自動車用内燃機関 自動車部品	自動車部品・同附属品	自動車部品・ 同附属品	
鋼船 その他の船舶 船舶用内燃機関 船舶修理	船舶・同修理	船舶・同修理	
鉄道車両 鉄道車両修理	鉄道車両・同修理	その他の輸送機械・ 同修理	
航空機 航空機修理	航空機・同修理		
自転車 産業用運搬車両 他に分類されない輸送機械	その他の輸送機械		

$$\sigma_1 = \text{「各シェアの変化の二乗和} \div 2 \div \text{経過年数」の平方根}$$

$$= \sqrt{\frac{\sum_{i=1}^{n}(\text{経年後 } X_i - \text{経年前 } X_i)^2}{2}} \Big/ \text{経過年数} \quad (5.40)$$

σ_1 は，シェアを表わす「超平面」(simplex)上での移動距離を表わす.

もう1つは，各分類での金額シェアの変化の絶対値に基づく σ_2 である.

$$\sigma_2 = \text{「各シェアの変化の絶対値の和」} \div 2 \div \text{経過年数}$$

$$= \frac{\sum_{i=1}^{n}|\text{経年後 } X_i - \text{経年前 } X_i|}{2} \Big/ \text{経過年数} \quad (5.41)$$

σ_2 は，「個々のセクターの移動距離の絶対値の和」である.

産業連関表を使ったプロダクト・レベルの分析と比較するため，マクロの統計である経済活動別 GDP を使って計測を行った結果が図5-12である．1990-1999/98年については当てはまりが悪い（低成長であるにもかかわらず，シェアの変動は大きい）が，1995-2005年，2000-2010年にはそれ以前の時期と同

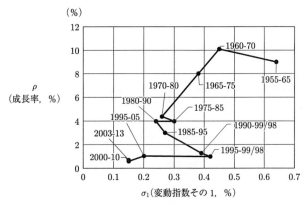

図 5-12　経済活動別 GDP を用いた計測結果
出所）吉川・安藤(2019).

様の傾向に戻っている．バブル崩壊後の「失われた10年」(1990-99/98)という例外的な時期があるものの，近年に至るまで全体としてみれば，吉川・松本(2001)と同じく，経済成長と産業構造の変化の間には正の相関が見出される．

プロダクト・レベルに近い「細分類」での結果について成長率と変動指標との関係を示したのが，図 5-13 (a), (b) である．計測のぶれが小さくなるよう，改善した指標 σ_2 を用いた図 5-13 (b) では，正の関係がより明確に確認される．

マクロの現象である経済成長の背後には，シュンペーターが強調したように，セクター／プロダクトの変遷がある．実際，成長率とセクター／プロダクトのシフトの間には正の相関が確認できるのである．

まとめ——経済成長における需要の役割

短期の景気循環においては需要の役割があるにしても，長期的な経済成長は供給サイドで決まる．これが経済学のコンセンサスである．世界的なベストセラーの教科書『マンキュー マクロ経済学』(Mankiw 2016)でも，最終章「わかっていること，いないこと」において，マクロ経済学の最も大切な「教訓」の第1として，「長期において GDP は，生産要素である資本と労働，およびそ

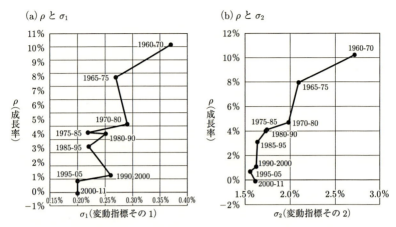

図 5-13 「細分類」を用いた計測結果
出所）吉川・安藤（2019）．

れらを産出に変換するのに使われる技術に依存する」と書いてある．つまり，長期の経済成長は供給サイドで決まるというわけである．

しかし，こうした見方は正しくない．明治以降，今日に至るまで日本の経済成長を振り返ってみても，「需要」——戦前の輸出，戦後の高度成長では消費——がいかに大きな役割を果たしてきたか，需要を抜きにして経済成長のプロセスを理解することはできない（Young 1928; Pasinetti 1981）．かつて人口減少と大不況の関係について論じたアルビン・ハンセンや，2008年のリーマン・ショック以降注目を浴びているサマーズの「長期停滞論」も，経済成長が需要によって大きな影響を受けることを強調したものである（Hansen 1939; Summers 2015）．

本章で詳しくみたとおり，先進国の経済成長を抑制するものは，個々の財・サービスに対する「需要の飽和」である．したがって，成長の源泉はプロダクト・イノベーションにほかならない．2000年代に入り世界経済が陥った長期停滞についても，このことが当てはまるのではないか．長期停滞論の古典といえる Hansen（1939）も，その原因として人口の減少と並んでメジャーな新産業・新技術の誕生が欠落していることをあげている．

欧州では1970年代以降ほとんど半世紀近く10％を超えるような高い失業率

がつづいている．長期にわたる失業を分析した Malinvaud (1994) は，雇用を生み出す企業が，高い収益率(profitability)を見込める投資先を見出しえないことが根本的な原因だとした．第3節のモデルでは，収益率と成長率を究極的に決めるパラメターは新しい需要を創出する力 λ であったことを思い出してもらいたい．19世紀から20世紀半ばまで続いた大きなイノベーションの時代が終わったと主張するのは Gordon (2016) だが，その当否は別として，ここではイノベーションと需要のリンクを改めて強調しておきたい．「大きな」イノベーションとは，結局のところ大きな「需要創出」にほかならない．経済成長においても需要は根本的な役割を果たしているのである．

「需要の飽和」と，それを打破するものとしての「需要創出型のイノベーション」，この2つは，ともすれば水と油と思われがちなケインズとシュンペーターを結びつけるリンクでもある．

第6章
物価と賃金

　本書のテーマはマクロ経済学の「理論」であるが，経済学界の主流である「ミクロ的に基礎づけられたマクロ経済学」(Micro-founded Macroeconomics)はアカデミズムの中での議論に留まらず，現実の経済政策にも大きな影響を与えている．分りやすい例は，ゼロ金利の下での金融政策である．第4章，第5章と景気循環，経済成長など経済の実体面を考察したが，本章では過去20年間，日本経済のキーワードとなってきたデフレに関連する問題，すなわち名目物価と賃金につき考えることにしたい．

　ゼロ金利の下でも有効な金融政策といわれる「量的緩和」(quantitative easing: QE)など「非伝統的金融政策」においては，「期待」(expectations)が重要な役割を果たすことになっている．2016年8月27日，米国ジャクソンホールで黒田東彦日銀総裁が行った講演のタイトルも「「マイナス金利付き量的・質的金融緩和」による予想物価上昇率のリアンカリング」だった．金融政策が効果を発揮するための重要なポイントとして「予想物価上昇率」すなわち物価上昇に関する「期待」が挙げられていた．

　株価や為替レートなど資産価格に期待が大きな影響を与えることはいうまでもない．消費税が近い将来引き上げられるという期待が消費の「駆け込み需要」を生み出すことも，われわれはよく知っている．このように経済活動において，場合により期待は大きな役割を果たす．ここでわれわれが関心をもつ問題は，「ゼロ金利の下でも貨幣数量(マネーストック)が増えれば，将来物価が上がるという「期待」が生まれ，実際に物価が上昇する」という命題は正しいか否かである．そのために本章では，そもそも物価と名目賃金がどのようにして決まるのか，を考える．この問題についても，過去40年間のマクロ経済学の

変容が大きな影響を与えている.

第1節　デフレと日本経済

　本章のテーマである物価と賃金について考える前に，問題の背景として，デフレと日本経済について簡単に振り返ることにしよう．1990年代初頭バブルが崩壊した後，日本経済は長期間停滞を続けてきた．2001年，世紀の変わり目の頃には「失われた10年」という言葉が定着したが，やがて「失われた20年」，さらには「失われた30年」という表現すら使われるようになった．閉塞感は日本国内における自覚にとどまらず，国際的な共通認識にすらなった．たとえば2015年，ギリシャで財政危機が深まると，EU経済（ユーロ圏）は「日本化」するのではないか，と言われたものだ．

　日本経済はなぜ長期停滞に陥ったのか．その原因は何か．長期停滞から脱出するためには，何がなされるべきであったのか．また，現在何がなされるべきであるのか．こうした問いは，日本経済を考えるうえで最も重要な問いである．

　長期停滞の主因は「一般物価水準の持続的な下落」，すなわちデフレーションだという考え方は，1990年代の終わりから海外の著名な経済学者も含めて有力な説であり，実際2012年12月に成立した安倍晋三内閣の下での経済政策，すなわち「アベノミクス」の中心的な考えであった．たとえば，安倍内閣の公式のアドバイザーといえる内閣官房参与である浜田宏一は，こうした立場を代表するものである．

> 　一九九八年に新日本銀行法が施行されて以降，次章でも示すように，日本経済は世界各国のなかでほとんど最悪といっていいマクロ経済のパフォーマンスを続けてきた．
> 　主な原因は，日本銀行の金融政策が，過去一五年あまり，デフレや超円高をもたらすような緊縮政策を続けてきたからだ．（中略）
> 　いま国民生活に多大な苦しみをもたらしているのは，デフレと円高である．デフレは，円という通貨の財に対する相対価格，円高は外国通貨に対

する相対価格——つまり貨幣的な問題なのである.

したがって，それはもっぱら金融政策で解消できるものであり，また金融政策で対処するのが日本銀行の責務である（浜田 2013, 25-27 頁）.

デフレこそが日本経済に長期停滞をもたらした最大の「原因」であるのか．この問題については，経済学者・エコノミストの間でも見解が異なり，多くの議論がなされてきた．2013 年 3 月，白川方明総裁が退任するまで，日銀は「デフレは実体経済の停滞の結果として生まれるものである」という考え方を繰り返し表明してきた．逆に，デフレは経済の停滞の「結果」ではなく「原因」である，というのがアベノミクス，「黒田緩和」の基本的な考え方である．

バブル崩壊後，土地・株など「資産価格デフレ」が巨額の不良債権を生み出し，1997-98 年の金融危機で頂点を迎える「失われた 10 年」をもたらした．この点については大方のコンセンサスがある．もっとも，実物的景気循環(RBC)理論の立場から Hayashi and Prescott (2002)はこのことを認めない．日本の 1990 年代の経済停滞について，RBC に基づき金融の問題はマイナーと強弁していたが，2008 年のリーマン・ショック後に米国経済も金融危機に陥ると，さすがにそうした声は小さくなった．Fisher (1933)が資本主義経済にとって最大の脅威として強調した負債とデフレの悪循環は，不良債権とデフレが絡み合って引き起こす問題だ．実際 1990 年代の日本の資産価格デフレは，まさにこれであった．

一方，本章の主題であるモノやサービスの価格のデフレが，「失われた 20 年」の主因であるのか，日本経済の抱える根本問題は「マネタリー」なものであるのか，というと，すでに述べたとおり，見解は分かれる．私自身は，2000 年代に入ってからの，とりわけ 03 年にりそな銀行に公的資金が投入され 10 年つづいた不良債権問題にピリオドが打たれた後の日本経済の問題は「実物的」(real)なものであり，デフレが日本経済停滞の「原因」ではないと考えている．2003 年以降，日本経済には 1930 年代にフィッシャーやケインズが問題にした不良債権の問題は存在しない．日本経済の根本問題は，企業のプロダクト・イノベーションを生み出す力が衰退したところにある，というのが私の考えだ（詳しくは，吉川 2016）.

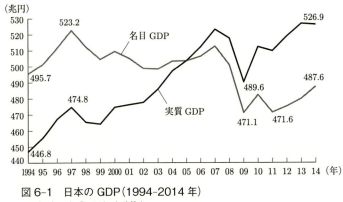

図 6-1　日本の GDP (1994-2014 年)
出所）内閣府「国民経済計算」．

　ちなみに 19 世紀前半はイギリス経済が最も繁栄した時期であり，その結果イギリスは「大英帝国」となった．実質経済成長率で見るかぎり，絶好調であったこの時期にイギリスでは 30 年間今の日本と同じようなダラダラとしたデフレが続いたのである．具体的には，1815-47 年にかけて，工業生産は年率平均 3.5% の上昇を続けたのに，物価は平均 −1.4% のペースで下落し続けた (Rostow 1948, p.8, Table1)．デフレが必ず経済の停滞を生み出すものでないことは，このことからも分かる．

　私のように日本経済の実物面に力点を置かなくても，マネタリーな問題に加えて実物的な問題も存在するというのであれば，かなりの数の経済学者・エコノミストが賛意を表するのではないだろうか．多くの人がその重要性を指摘する「成長戦略」は，マクロ経済の「実物面」に関わるものだからである．

　ちなみに，日本経済の長期停滞の象徴として，名目 GDP の低迷が挙げられることが多いが，そこには重大な誤解がある．図 6-1 は 1994 年から過去 20 年間の実質 GDP と名目 GDP をみたものである．実質 GDP は，2008 年リーマン・ショック後の大きな落ち込みはあるものの，1994 年の 446.8 兆円から 2014 年の 526.9 兆円へ増加した（もちろん成長率は，1975-94 年の 3.5% から 0.8% へと著しく低下したのだが）．

　実質 GDP の成長と対照的に，名目 GDP は，1997 年の 523.2 兆円から 2011 年の 471.6 兆円まで 14 年間で 10% 近く下落した．これこそがデフレの

(a) 日独の交易条件の推移　　　　　(b) 原油価格の推移

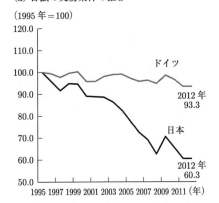 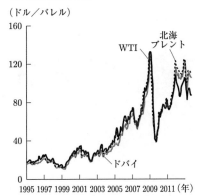

図 6-2　交易条件の日独比較と原油価格の推移
出所）（a）OECD Economic Outlook 2013.
　　　（b）IMF Primary Commodity Database.

問題だ，という指摘もよくなされるが，話はそれほど単純ではない．GDP デフレーターの下落は 100% マネタリーなものではなく，「交易条件」の悪化という「実物的」な要因も反映しているからである（詳しくは，齊藤 2014, 第 5 章参照）．交易条件は「輸出財を 1 単位相手国に渡すと，交換に輸入財を何単位手にすることができるか」を表わす．したがって，これは輸出入財の「相対価格」であり，マネタリーではなく，「実物的」なものである．輸出入のない閉鎖経済では，GDP デフレーターは 100% 純粋に名目の物価指数だが，輸出入が存在する場合には，交易条件という「実物的」な要因の影響を受ける．したがって，オープン・エコノミーにおいては，GDP デフレーターは，実は名目と実質のハイブリッドなのである．

　実際，2000 年代に入ってから日本にとって重要な輸入品である 1 次産品価格は急騰した．たとえば，2000 年代前半には 1 バレル 20-30 ドルであった原油価格は，10 年で 120 ドルを超える水準まで上昇した．図 6-2 は，原油価格の推移と日独の交易条件を示したものである．ドイツも日本と同様，資源輸入国だが，交易条件は 1995 年から 2012 年にかけて 7% 程度しか悪化していない．それに対して，日本の交易条件は同じ期間に 40% も悪化している．ドイツは輸入原材料価格の上昇をかなり輸出価格に転嫁したのに対して，日本企業

第 6 章　物価と賃金　**215**

は輸出価格を上げることができなかった．これが2国の交易条件に著しい違いを生み出した．

この結果 2000 年代初頭には約 20 兆円(GDP の 4.4%)あった「交易利得」は，2007 年度 9 兆円，2011 年度にゼロ，さらにその後 2014 年度には 2.3 兆円のマイナス(損失)へと差引き 22 兆円減少した．こうした交易条件の悪化は GDP デフレーターの低下，すなわち「デフレ」を生み出した．これは，貨幣数量(マネーストック)が関係する「マネタリー」な現象ではなく，交易条件の悪化という「実物的」な要因によって生み出された「デフレ」である．

第2節　金融政策と「期待」

デフレこそが日本経済にとり最大の問題であるか否かについては，第1節で述べたとおり議論の余地がある．しかし，本書のテーマはマクロ経済学の「理論」であるからここではこれ以上立ち入らず，以下，日本銀行が目標とする「2% の消費者物価上昇」を実現する上で，マネーストックを増大させる金融政策が有効であるのかという問題を，特に「期待」との関係で考えることにしたい．

正常な経済状態の下での金融政策は，金利政策である(Yoshikawa 1993; 吉川 1996)．金融引き締めは金利の引き上げ，逆に金融緩和は金利の引き下げを意味する．金利は，企業の行う設備投資，家計の行う住宅投資などに大きな影響を与える変数であるから，「どれだけ影響を与える」という定量的な細部(投資の利子弾力性)には不確実性が残るにしても，金融政策の効果については，疑義はなかった．

ところが 1990 年代の日本を皮切りに，アメリカ，EU でもぞくぞくと名目金利がゼロまで低下したことから，金融政策は深刻な問題に直面することになった．ゼロ金利の下で，金融政策はいかにしてその有効性を確保するのか．

名目金利がゼロまで低下しても，まだ手は残されている．これが世界の中央銀行の立場だ．名目金利には(ゼロないしマイナスの)下限があるにしても，企業・家計の経済行動に影響を与えるのは「実質金利」である．黒田緩和は「実質金利を押し下げることを起点とする」というのが日銀の公式見解でもある．

実質金利は名目金利から「期待インフレ率」を引いたものだから,名目金利が下がらなくても,インフレ期待が上がれば実質金利は下がる.

期待インフレ,あるいは米国ジャクソンホールにおける黒田総裁の講演タイトルにある「予想物価上昇率」は「物価」の変化に関する期待だから,そもそも物価はどのように決まるのかが問題になる.

浜田(2013)に代表されるような「デフレは貨幣的な問題である」という考え方の基礎にあるのは,「貨幣数量説」(quantity theory of money)だ. 貨幣数量説の基本式は,マーシャルによる「ケンブリッジ方程式」

$$M = kPy \qquad (6.1)$$

あるいはフィッシャーの「数量方程式」

$$MV = PQ \qquad (6.2)$$

である. M は貨幣数量(マネーストック), P は名目の物価水準である. ケンブリッジ方程式の y は,今日の用語を使えば実質GDP,k は「マーシャルの k」と呼ばれる正の係数である. フィッシャー流の数量方程式にある Q は実質の取引量(フロー),V は貨幣の「流通速度」である.

なお,y と Q は似ているが,同じではない. y を実質GDPとすれば,それは「付加価値」の総計である. パンをつくるのに小麦粉が必要であり,小麦粉は小麦からつくられるとき,y は最終生産物であるパンのみの価値を計上する. これに対してフィッシャーの Q は,パン,小麦粉,小麦すべての実質取引量を足したものである. こうしたことから,フィッシャーの数量方程式は恒等式であり,貨幣の流通速度 V を $V = PQ/M$ により定義する式だといわれることもある. これに対して,ケンブリッジ方程式の右辺は貨幣という資産に対する需要を表わし,この式は左辺の貨幣の供給量 M と相まって貨幣の「需給均衡式」を表わしている. 貨幣の需要が,名目GDP Py にどれだけ依存するのか,それを表わすのがマーシャルの k と呼ばれる係数にほかならない.

このように,2つの式には微妙な違いもあるのだが,ここでは立ち入らず,とりあえず実質の取引量 Q,実質GDP y はすでに決まっているものとしよう. 実際,スタンダードなマクロ・モデルでは,y はモデルの他の部分で決ま

第6章 物価と賃金　217

るのである．さらにマーシャルの k ないし流通速度 V は，1つの時代，1つの経済では制度上ほぼ一定だとしよう．もっとも通常，こう説明されるのだが，現実には k は決して一定ではない．たとえば，1980年代後半バブルの時代には，物価 P の変化は比較的落ち着く中で M が著しく増大した．当時は，マーシャルの k が上昇したといわれたものだ．GDPに直結しない土地・株の購入を銀行の融資がファイナンスしていたことが理由だが，この点にもここでは深く立ち入らず，k, V 一定と仮定すれば，どちらの式でも P は M に比例する．P を決めるのは貨幣数量 M であり，P は M に比例して変化する．

これこそが貨幣数量説の基本命題であり，「物価は貨幣的現象である」という命題にほかならない．世界的なベストセラー『マンキュー マクロ経済学』(Mankiw 2016)の最終章「わかっていること，いないこと」にも，「マクロ経済学の最も重要な教訓3」として「マネーストックの成長がインフレーションの究極の決定要因である」と書かれている．

貨幣数量説に従うかぎり，デフレ(物価 P の下落)は，マネーストック M の増加が y の増加に追いつかないから，すなわち貨幣が十分に供給されていないから起きる，ということになる．理論上デフレを止めるのは簡単である．貨幣数量 M を十分増やせばよい．実際，貨幣数量説によるかぎり，貨幣数量 M の増加がデフレを止める唯一の方策である．

以上説明した貨幣数量説は古くからあり，とりわけ19世紀はじめ古典派経済学を集大成したデイビッド・リカードは数量説を強く主張した大経済学者である．ただし，ケンブリッジ方程式にしても数量方程式にしても，このかぎりでは貨幣数量 M，物価水準 P などマクロの変数の間の関係式にすぎない．第1章で詳しく述べたとおり，過去30年間でマクロ経済学は「ミクロ的な基礎づけ」をもつ，すなわち「ミクロ的に基礎づけられたマクロ経済学」にすっかり衣替えした．マクロ・モデルの中で消費者の効用最大化や企業の利潤最大化を明示的に考察するモデルこそが，「正しい」マクロ・モデルだとするマクロ経済学に変わった．と同時に，(「短期」はともかく「長期」には)「貨幣数量説」が正しいとするマクロ経済学になった．つまり，「長期的」には名目物価は貨幣数量 M で決まる，と考えるのである．

さてバブル崩壊後1990年代後半から，日本では名目金利(政策金利であるコ

ール・レート)がゼロとなった．当時は名目金利にとって下げうる下限と考えられていたゼロ金利の下で金融政策には何がなしうるのか．ゼロ金利の制約(これは「流動性の罠」(liquidity trap)とも呼ばれる)の下での金融政策を「ミクロ的に基礎づけられた」(micro-founded)マクロ・モデルの中で考察したのが Krugman (1998) の論文である．"It's Baaack: Japan's slump and the return of the liquidity trap" と題するクルーグマンの論文は学界に大きな影響を与えた．クルーグマンの論文の概要は吉川 (2013) の第 4 章で詳しく説明したので，ここでは必要なかぎりのことを簡潔に述べることにしたい．

　第一に明確にしておくべきことは，クルーグマン・モデルで中心的な役割を果たすのはケンブリッジ方程式だということである．ただし，ゼロ金利の制約，あるいは流動性の罠の下では，本来，物価 P を決めるはずの貨幣数量説の基本式が等式でなく不等式となってしまい，M を増やしてもストレートに P を上げる力を失ってしまう．これが問題なのだが，クルーグマン・モデルは，「今期」(つまり現在ないし今)だけでなく「将来」をもつ 2 期間モデルで，将来においてはケンブリッジ方程式が正常な形で成立している．したがって，将来の物価 P^* は将来の貨幣数量 M^* に比例して決まる．

　ここにおいて登場するキーワードが「期待」である．中央銀行が現在 M を異常に増やし，人々に将来の M^* も同じく異常に増えるという「期待」をもたせることに成功すれば，名目金利が下がるといったノーマルなメカニズムが作動しなくても，期待インフレないし予想物価上昇率が高まることにより実質金利が低下し，それが需要を喚起し経済は不況から脱出できるというわけである．クルーグマン・モデルでは，今期の M を増やす意味は，それが将来のマネーストック M^* の増加への期待を生み出すところにある．

　ところで，そもそも物価が上昇するという「期待」をもつのはいったい誰なのか．クルーグマン・モデルは現代の主流派マクロ経済学，「ミクロ的に基礎づけられたマクロ経済学」なので，モデルの中で「代表的消費者」(representative consumer)を想定し，これが「現在」のみならず「将来」にわたり動学的に効用最大化している．この代表的消費者がもつ将来の物価についての期待が，モデルで中心的な役割を演じるのである．すなわち，彼が物価は上がるという期待をもてば，金融政策は成功する．金融政策のポイントは，そうした期

待をいかに生み出すかである．

　幸い（？）モデルの中に存在する経済主体は日銀と代表的個人だけだ．代表的個人は日銀のやることをすべて理解している．また両者は1つのマクロ・モデルを共有している．言い換えれば，日銀も代表的個人も日本経済全体がどのように動くか，動いているのか，完全に理解しているのである．その中の1つが，先に説明した貨幣数量方程式あるいはケンブリッジ方程式である．モデルの中の代表的個人は貨幣数量説の信奉者なのである！　こうしたモデルの中では，貨幣数量 M が大きくなれば物価 P が上昇することになっている．マネーストック M が増えれば，合理的な消費者は物価 P が上がると期待することになっているのである（モデルの中では，すでに述べたとおり「将来」のマネーストック M^*，「将来」の物価 P^*）．

　これこそが世界中の中央銀行，そして浜田（2013）に代表されるいわゆる「リフレ派」の経済学者が，ゼロ金利の下でも中央銀行が十分にマネーストック M を増やせば必ず期待インフレは高まる，それが「グローバルスタンダードに適った」マクロ経済学が「証明した」ことだ，という根拠である．

　問題は以上説明したマクロ・モデルが現実の経済を適切にモデル化しているか否かである．第1章で詳しく述べたように，主流の「ミクロ的に基礎づけられた」マクロ・モデルはまったく非現実的な仮定に基くものであり，現実を正しく描写したマクロ・モデルにはなっていない．

　根本的な問題は以下のとおりである．もう一度第1章の図1-2を見てもらいたい．図1-2(b)にあるように，クルーグマン・モデルを含め，すべての「ミクロ的に基礎づけられた」モデルでは，モデルの中で最適化している（合理的に行動している）ミクロの主体は1つのマクロ・モデルを共有している．これは非現実的な仮定である．現実には図1-2(a)にあるように，すべての主体はそれぞれ異なる個別の「小宇宙」の中で，すなわちまったく異なる制約条件の下で最適化を行っているのである．家計も企業もすべて何らかの制約条件の下で効用ないし利潤を最大化している．しかし，それぞれの制約条件はすべて異なり，第三者には観察できない．それを第1章では便宜上「小宇宙」と呼んだ．1つの共有された「日本経済」を制約条件として最適化しているミクロの経済主体は，1つとして存在しない．とくに，貨幣数量方程式，ケンブリッ

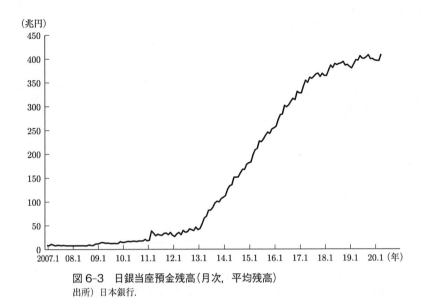

図6-3 日銀当座預金残高(月次,平均残高)
出所) 日本銀行.

ジ方程式を自らの意思決定を左右する制約条件としている家計や企業など，1つとして存在しない．この点が，金融政策にしっかりとした理論的基礎づけを与えるといわれる「ミクロ的に基礎づけられた」モデルと現実との根本的な違いなのである．

しかも中央銀行が貨幣数量 M を増やすといっても，現実に中央銀行が自らのイニシアティブで増やせるのはマネタリーベースと呼ばれる狭義のマネーだ．市中に流通する日銀券(現金)を別にすると，マネタリーベースは民間の金融機関が日銀に保有する当座預金である．2013年4月4日，日銀はこの当座預金残高(以下 H と書く)を「2年で2倍」にするとアナウンスした．図6-3にあるとおり，公約どおり H は過去に見られなかったペースで増大した．

こうした H の増加は人々のもつ期待インフレに影響を与えるだろうか．クルーグマン・モデルは抽象的なモデルなので，M と H は区別せず，したがって，$M=H$ だが，モデルの中の「代表的消費者」はもちろん M の増大を認識し，しかも P は M で決まると信じている．その結果，M の増大により期待インフレ率は高まる．

第6章 物価と賃金 221

しかし，すでに述べたように，現実の経済では家計も企業もそれぞれまったく異なる「小宇宙」の中で最適化行動を行っている．日銀当座預金残高(マネタリーベース)の増大は，こうした圧倒的多数のミクロの主体の「小宇宙」に直接的にはまったく影響を与えない．なぜなら，ほとんどの経済主体は，そもそも日銀当座預金がいかなるものであるかを知らないからである．自分が知らないものが変化したからといって，自らの行動が影響を受けるなどということはありえないではないか！　知らないものに関する「期待」などということは意味をなさない．

　この点を理解するためには，消費税の引き上げについて考えてみるのがよい．日銀当座預金と違い，すべての消費者は消費税についてよく知っており，ほとんどすべての消費者の「小宇宙」あるいは制約条件に消費税は入っている．だから税率の引き上げを前に駆け込み需要が生まれるのである．クルーグマン・モデルをはじめ主流の「ミクロ的に基礎づけられた」モデルでは，日銀当座預金と消費税の本質的な違いを全く顧慮していない．日銀当座預金の増大が期待インフレ率を高めるという命題は，初めからありえない命題なのである．

　もっとも，2013年4月の「異次元の金融緩和」以来，物価連動債のプレミアムで測ると「期待インフレ」が高まった，という指摘もなされてきた．日銀自身，「期待インフレ」の「統計」に機会あるごとに言及してきた．しかし，こうした統計は，意味のある「期待インフレ」をとらえたものではない．なぜなら，金融政策の目標に照らして問題となるのは，あくまでも投資や消費を行う企業や家計のもつ将来の物価変化率に関する期待だからである．物価連動債と普通の国債のリターンの差，プレミアムは，あくまでも物価連動債という1つの資産市場の参加者がお互いに合意した「期待」である．それは第7章で説明するように，ケインズの「美人投票」の所産だから，これをもって企業や家計の「期待インフレ率」とみなすことはできない．

第3節　価格の決定

　一般物価水準は貨幣数量によって決まるという単純な貨幣数量説の考え方を

退けるとすれば，物価はいったいどのように決まるのか，改めて考えてみなければならない．言うまでもなく日銀が目標としている消費者物価も含め「一般物価」は，個別の財・サービス価格を加重平均した「指数」である．もとにあるのは個別の財・サービスの価格だ．

鉄壁の理論であるかにみえる貨幣数量説の最大の弱点は，「貨幣の需給均衡式」ないし「貨幣数量方程式」に依拠し，「均衡」では価格は貨幣数量に比例する，というだけで，現実の価格がどのようにしてそうした水準に到達するのか，そのプロセスが完全な「ブラックボックス」になっていることである．

ちなみに「長期的」，あるいはハイパー・インフレーションにおいて事後的にマネーと物価の間に高い相関がみられるとしても，因果関係として「マネーが物価を決める」とは必ずしもいえない．(6.1), (6.2)式において，物価 P の変化に対応してマネーストック M が内生的に変化しているかもしれないからである．実際，これは単なる可能性ではなく，これこそが現実に起きていることなのである（ここでは立ち入らないが，吉川(1996)を参照）．マーシャルはこの問題に気づいていた．だからこそ彼は，自らが直面した19世紀末大不況期(1873-96年)のデフレに貨幣数量説を当てはめることに躊躇，というよりほとんど反対したのである[38]．

価格の動きを理解するためには，われわれは「ブラックボックス」の内部に分け入らなければならない．つまり，個別のモノやサービスの価格がどのように決まるのかを調べなければならない．ボールはこうしたアプローチを「会計理論」(accounting theory)と呼び，相対価格と絶対価格を混同した経済学を知らない人が犯す初歩的なミスだとした(Ball 2006)．しかし，以下に説明するとおり，「初歩的」なミスを犯しているのは，実はボールのような生兵法を振り回す経済学者のほうなのである．

今，A財の「相対価格」が(「潜在的」に)上昇するような変化，すなわちA財に対する需要の増加，あるいはA財の生産コストの上昇などが生じたとしよう．「潜在的」に上昇するといったのは，資産価格や1次産品とは異なり，

---

[38] たとえば，1899年3月6日付ボナー宛ての手紙(Pigou ed.(1925), *Memorials of Alfred Marshall*, London: MacMillan, p.375)．そこには次のようにある．「私が声を大にして言いたいことは，通貨について唯一重要なことは，見た目ほどにそれは重要でない，ということだ」．

大多数のモノやサービスの価格の場合，実際にA財の相対価格がどれだけ上昇するかは，A財の供給者と「関係する経済主体」の(明示的あるいは暗黙の)「交渉」によるから，「交渉」次第で価格が実際に上がるかどうかは分からないからである．

　後に詳しくみるとおり，A財の供給者と「関係者」によるA財の価格決定，そこで大きな役割を演ずるのが，ヒックスやオーカンが力説した「公正」(fairness)という概念である(Hicks 1974a; Okun 1981)．安易にパンの価格を上げたパン屋は，もしそれがフェアだとみなされなければ，多くの顧客を永遠に失うだろう．個別の価格が決められる市場，公正がかかわる市場は，いずれもローカルな市場である(ミクロの経済主体が行動する「小宇宙」)．ローカルに価格／賃金の決定に携わる経済主体にとって，マネタリーベースは言うに及ばずマネーストックは，自分たちが意思決定する上で考慮に入れなければならない経済変数ではない．すでに述べたように，ミクロの価格決定のプロセスでは貨幣数量説の出番は始めからないのである．

　さて，そもそも個別の財・サービスの価格を決める際に問題となる「公正」とは，「他の財・サービスの価格」は与えられたものとして，それとの相対における「公正」である．他の財・サービスの価格は与えられているという仮定がなければ，個別の財・サービスを決める土俵そのものが失われてしまう．これは，貨幣経済そのものの基盤が失われるといい換えてもよい．ボールのような経済学者以外の人には改めて言うまでもないことなのだが，われわれの住む現実の貨幣経済において，個別の財・サービスの「相対価格」を変えるもの，それこそが実は「絶対価格」の変化なのである．

　したがって，現実の経済においては，ボールの議論とは逆に，A財の需要が増大すればA財の(絶対)価格が上がり，需要が落ちれば価格が下る，という「常識」的な変化が，マネーストックとは独立に起きる．一般物価水準は，こうしてローカルに決まる個別の財・サービス価格を加重平均した「結果」にすぎない．一般物価指数はつくり出された統計であり，存在するのはあくまでも個別の財・サービスの価格なのである．このことは後に再度詳しく説明しよう．

　モノやサービスの価格はどのようにして決まるのか．この問題について明確

なフレームワークを提示したのはカレツキー(Michał Kalecki, 1899-1970)である(Kalecki 1954)．カレツキーはマクロ経済を分析する際には，「生産費用によって決まる価格」と「需要によって決まる価格」を明確に区別する必要があることを指摘し，「2部門アプローチ」を提唱した．

　　短期的な価格の変化は，2つのグループに分けて考えなければならない．主として生産費用の変化によるものと，需要の変化を反映したものである．一般に，完成財の価格の変化は生産費用の動向によって決まる．他方，食料を含む原材料の価格は，需要によって決まる．もちろん完成財の価格も，需要の変化を反映した原材料価格の影響を受けるが，あくまでもそれは生産費用を通してである．
　　2つの価格形成は，供給の条件が異なることから生じる．完成財の供給は，生産能力が許すかぎり弾力的になされる．需要の増大には主として生産量の増加が対応し，価格はあまり変わらない．価格は生産費用が変わったときに変わるのである．
　　原材料をめぐる状況はこれとは違う．農産物の供給を増やすには時間がかかる．農産物ほどではないにしても，鉱産物についても同じことがいえる．短期的に供給が一定であれば，需要の増加は在庫ストックの減少をもたらし価格を上昇させる．こうした価格の動きは投機によって強められるだろう(Kalecki 1954)．

もちろんここでカレツキーが「生産費用」に基づいて決まるという「つくられたモノやサービス」の価格も，マークアップ率の変動など需要の動向を反映して変わる部分もある．しかしカレツキーの「2部門アプローチ」は，その後1970年代までケインズ派が物価，したがってインフレ／デフレを理解するうえで共有してきた基本的フレームワークである．実際 Hall and Hitch (1939) による古典的な実証研究以来，生産費用に基づくマークアップ・プライシングは繰り返し確認されてきた(Godley and Nordhaus 1972; Coutts, Godley, and Nordhaus 1978)．
　残念なことに，今ではすっかり忘れられてしまった感もあるが，デフレがこ

れほど問題にされる中で，これは驚くべきことだとも言える．現代のエコノミストは，価格がどのように決まるのかについての「正しい理論」を持たずに，価格の変化を分析しようとしているのだから！

さて，農産物や石油をはじめとする鉱産物など1次産品の価格は，教科書にあるとおり需要と供給を一致させるように市場で決まる．先物市場が存在するものも多く，そこでは投機，したがって「期待」が大きな役割を果たす．ただし前にも述べたとおり，たとえば原油の先物市場における「期待」は，日本の家計・企業がもつ将来の物価に関する「期待」とは何のかかわりもない．

一方，製造されたモノやサービスの価格決定は，こうした1次産品の価格決定とはまったく異なる．価格は(市場でなく)生産者が決めるものであり，その際生産者が最も重視するのは「生産費用」である[39]．需要の変動は，マークアップ率に影響を与えることはあっても，基本的に価格ではなく「生産数量」の変化によって吸収される．第3章で説明した「屈折需要曲線」の理論は，こうした事実のミクロ的基礎づけにほかならない．これがケインズの「有効需要の原理」の背後にあるメカニズムである．

イギリスの代表的ケインジアンであったカルドアは次のように述べている[40]．

　　生産者が以前より多くのモノをつくる，逆に生産を縮小する，あるいは前とは異なるモノを生産するという場合，こうした変化を生み出すシグナルは常に数量の変化であり価格の変化ではない，という重要な結論が導かれる．価格は，正常(normal)な生産費用(すなわち正常な稼動率に基づき算出される費用)に，通常の利潤マージンを加えて生産者が決める．需要が増減

---

[39] 価格が基本的に生産費用に基づき決まることは，個別の物価の変化を少し注意深く観察すればすぐに分かることである．たとえば，2018年11月，塩事業センターは19年4月から食塩の価格を6-25％値上げすることを公表した．その理由として，同センターが挙げたのは，製造に必要な燃料である石炭の価格上昇，天日塩の輸入価格の上昇，さらに包装材料の価格や物流関連の料金の上昇であり，こうしたコストの上昇をもはや「自助努力」で吸収することが不可能になった，と述べている．これは，個別の価格を上げるときに生産者／企業が挙げる典型的な理由である．彼らは，マネタリーベース，マネーストックの定義を知らないのだから，もちろんそれに言及するはずもない．

[40] なお，最近のミクロの価格(POSデータなど)の分析では「特売」が重視されているが，これはスーパーの経営戦略にとっては重要であっても，マクロ経済学にとってはマイナーな問題である．

しても，それが一定の範囲内であるかぎり生産者は価格を変えない．需要の増加があまりに大きく，元の価格のままでは顧客のニーズを満たせないような場合には，価格を一時的に上げることがあるかもしれない．逆に需要の落ち込みが激しく，元の価格のままでは生産を異常に縮小しなければならないときには，一時的に価格を下げるかもしれない．そうした例外はあるにせよ，現実の需要と供給の調整のプロセスで，価格は非常にマイナーな役割しか果たしていない(Kaldor 1985, pp.24-25)．

1次産品を除く「つくられた」モノやサービスについては，生産費用で決まる価格の下で，「数量」が「数量」を決める「有効需要の原理」が当てはまる．

> ケインズ経済学の中心的理論は，名目価格の硬直性ではなく，有効需要の原理である(Keynes 1936, Ch.3)．瞬時かつ完全な市場均衡が達成されないところでは，生産と雇用はおおむね総需要によって決まる．こうした超過供給の状態では，ミクロの経済主体の需要は，彼らが現在の価格の下で売りたいと思うだけ売ることができない，ということによって制約される．価格が市場を均衡させることができなければ，ケインズの乗数分析で実質国民所得が消費需要を決めるように，数量が数量を決めることになる．(中略)
> ケインズ経済学の景気循環論では，景気の変動を生み出す主因はモノやサービスに対する「実質」需要——とりわけ投資の変動である．ケインズ理論では，「生産の変動は名目需要の変動によって生み出される」(Ball, Mankiw, and Romer 1988, p.2)ことになっている，と聞いたら，ケインズはびっくりするに違いない．(実質と名目の)違いは，きわめて重要である(Tobin 1993)．

トービンが強調するように，生産「数量」決定の理論としての「有効需要の原理」は「実質」の理論である．この点もデフレと実体経済の関係について考えるとき押さえておくべき重要なポイントである．第4章でみたように，有効需要の理論は現実の経済(生産数量)の動き，すなわち景気循環を今日でもよ

く説明している．「数量」の変化は有効需要の原理で説明できるが，「つくられた」モノやサービスの価格はどう決まるのか．それがここでの問題だ．

すでに述べたように，カレツキーによれば，「つくられた」モノやサービスの価格 P は，「生産費用」に利潤マージンを足して生産者が決める．マークアップの若干の変動はあるにしても，つくられたモノやサービスの価格の決定において最も重要な要因は生産費用である．これを式で表わせば次のようになる．すなわち，価格 P は

$$P = 「マークアップ」 \times 「製品(サービス)1単位当たりの生産費用」 \quad (6.3)$$

マークアップは，需要の価格弾力性等を考慮に入れて生産者が戦略的に決めるもので，マークアップの水準は業種，地域，企業によって異なる．しかしカルドアのいうように，ひとたびある水準に決まれば短期的にはあまり変動しない．したがって価格の変動を生み出す主因は「製品1単位当たりの生産費用」である．

生産費用は「人件費」と「原材料費(エネルギーおよび完成品の場合には「素材」を含む)」から成る．賃金を W，労働投入量を L，原材料価格を P_R (完成品の場合には「素材」価格を含む)，原材料(同じく素材)投入量を R とし，L と R を用いて Y だけの製品(財・サービス)が生み出されたとすれば「製品1単位当たりの生産費用」$COST$ は

$$COST = \frac{WL + P_R R}{Y} \quad (6.4)$$

と表わすことができる．

わが国の場合原材料(エネルギー源としての石油も含む)はほとんどすべて輸入しているので，原材料の円建て価格 P_R は，ドル建ての国際価格 P_R^* と為替レート e (1ドル=e 円)によって決まる．

$$P_R = eP_R^* \quad (6.5)$$

原材料，すなわち原油をはじめ1次産品のドル価格 P_R^* は，前に書いたとおり国際的な市場で需要と供給の力により決まる．なお完成品については，R の中に国内で生産される素材(たとえばH型鋼やポリプロピレンなど)も含まれる．

次節でみるように，このことが「川上」から「川下」に向けた個別物価のダイナミクスを生み出す．いずれにせよ素材の多くは市況性が強く，1次産品と同じように市場の需給を敏感に反映して決まる．

以上より製品1単位当たりの生産費用 $COST$ は

$$COST = \frac{WL + eP_R^* R}{Y} = \left(\frac{W}{l}\right) + \left(\frac{eR_R^*}{r}\right) \quad (6.6)$$

となる．式の右辺にある l は

$$l = \frac{Y}{L} \quad (6.7)$$

であり，1単位の労働投入量が生み出す製品の数量，すなわち l は「労働生産性」を表わす．同様にして

$$r = \frac{Y}{R} \quad (6.8)$$

で定義される r は「原材料生産性」(製品1単位をつくるのに必要とする「原材料・エネルギー原単位」の逆数)を表わす．

結局，価格を左右する生産費用は，5つの要因に依存する．まず名目賃金 W の上昇は労働コスト(人件費)の上昇を通して価格を上昇させる要因である．ただし賃金上昇の圧力は，労働生産性 l の上昇によって緩和される．賃金が上昇しても労働生産性 l が同じだけ上昇していれば価格に上昇圧力は生じない．同じことを別の形で表現すれば，名目賃金が労働生産性の上昇ほど上がらなければ，それは価格を低下させる要因となる．1990年代末からの日本のデフレではこの要因が大きかった(吉川 2013)．

労働コストと並んで，もう1つ原材料コストも価格を変える．日本は小麦など農産物の一部や，原材料のほとんどすべてを輸入している．したがって，原材料の円建て価格 P_R は，国際的な1次産品価格 P_R^* (ドル建て)と為替レート e によって変わる．

もっとも，長期的には内外の物価水準が名目の為替レートを決める，というのが「購買力平価」(purchasing power parity: PPP)の理論である(Cassel 1922; Keynes 1923)．実際，1971年に変動相場制に移行して以来，戦後長く続いた1ドル＝360円から1985年秋のプラザ合意後の1ドル＝120円台までの長期的

な円高トレンドは，基本的に日本の労働生産性，原材料生産性の上昇(l, r の上昇)の結果，貿易財の価格である卸売価格(現在の企業物価)が他の国々より急速に低下したからである(Yoshikawa 1990).

しかし，物価が為替レートを決めるという長期的な因果関係とは逆に，短期的には為替レートが輸入原材料価格の変化を通して国内の物価水準に大きな影響を与える．具体的には，円安になる(すなわち，e が大きくなる)と原材料の国内価格は上昇するし，逆に円高になる(e が小さくなる)と国内価格は下落する．たとえば，2008 年と 11 年，いずれの年も原油価格は年平均で 1 バレル 95 ドルを超える水準まで値上がりした．しかし，為替レートが 08 年には 1 ドル = 103 円だったのに対し，11 年には 1 ドル = 79 円という円高となった．その結果，原油の円建て価格は，08 年の 1 バレル = 10,293 円(前年比 21% 上昇)に対して，11 年は 7,585 円(同 8.8% 上昇)にとどまった．エネルギーも含む CPI(総合)の変化率は，08 年プラス 1.4%，11 年はマイナス 0.3% である．コスト増がどれだけ製品価格に転嫁されるかは一義的ではないが，こうしたメカニズムが日本経済において健在であることは，08 年，11 年の経験からも明らかである．

価格 P の「水準」がどのように決まるかを表わす式から，価格 P の「変化率」π がどのように決まるかを表わす式を導くことができる．いうまでもなく価格の変化率 π

$$\pi = \frac{\Delta P}{P} \tag{6.9}$$

こそが，インフレーション(π が正)，ないしデフレーション(π が負)にほかならない．ここでは式を導出するステップは省略し，結論のみを記すことにしよう．

$$\pi = \alpha(w - g_l) + (1 - \alpha)(\hat{e} + \pi_R^* - g_r) \tag{6.10}$$

α は生産費に占める労働コストのシェアである(したがって $1-\alpha$ は原材料費が生産費に占めるシェア)．w は名目賃金 W の変化率(正なら上昇，負なら下落)，π_R^* は 1 次産品のドル建て国際価格 P_R^* の変化率である．労働生産性 l，原材料生産性 r の変化率をそれぞれ g_l, g_r で表わす．$\hat{e}$ は為替レート e の変化率である

($\hat{e}$が正であれば円安,負であれば円高).

2016年9月21日の日銀による3年半にわたる金融政策の「総括的な検証」では,物価が当初(2013年4月)予期したように上がらなかった理由として,「原油価格の下落」が挙げられている.(6.10)式からも分かるようにこのこと自体は正しい.しかし,それは日銀自らが依拠した経済学——マネタリズムでは否定されていることだ.すなわち,現代における「貨幣数量説」のリーダーであったミルトン・フリードマンは,原油価格の上昇がインフレを起こした(あるいは悪化させた)という議論を否定し,次のようにいった.

> 相対価格の変化と絶対価格(物価のこと)の変化とを区別することが重要である.石油や食料品の価格が上がれば,それらに対する支出額は増えるから,企業や人々はその他のモノに対する支出を減らすだろう.これは,石油や食料価格以外のモノの価格を引き下げたり,その上昇率を押さえたりする圧力になるはずである.だから,平均的な価格である物価が,相対価格の変化によって影響を受ける理由はない(Friedman 1975, 岩田 2001, 123頁の引用を再掲).

一般物価の動向は原油価格によって影響を受けるものではなく,あくまでも貨幣数量(マネーストック)で決まる,というわけである.ちなみに,このフリードマンの言説は後に日銀副総裁を務めたリフレ派の論客,岩田(2001)自らによって引用されているものである.フリードマンによるかぎり原油価格の下落はデフレの原因にはならない.したがって,「異次元の金融緩和」を自信満々に進めた日銀が,「原油価格の下落」を言い訳にするのはフェアなことではない[41].

さて,原材料価格が国内物価に大きな影響を与えることは事実だが,多くの原材料価格は国際市場で競争的に決まるのだから,そのアップダウンは為替レートの動きを別にすれば,基本的にすべての国々にほぼ共通の影響を与えるは

---

41) 石油価格の下落だけでなく,日銀は,2014年4月に5%から8%へ消費税率が引き上げられたことによる「景気の落ち込み」が2%の物価上昇達成の障害となったと主張した.しかし,税がインフレに影響を与えるなどということは,フリードマンはじめマネタリストが強く否定したことである.

第6章 物価と賃金　231

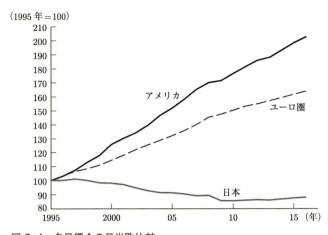

図 6-4 名目賃金の日米欧比較
出所）OECD, *Global Economic Outlook*, November, 2016.

ずである．したがって，20 年近く「日本だけ」がなぜデフレに陥っているのか，という問いに対する答えは，ほかに求められなければならない．

　私が日本のデフレを説明する上で鍵を握る変数として注目するのは，名目賃金の動向である(牛嶋 2004；吉川 2013)．すでに説明したとおり，名目賃金の動向は名目価格の動きを決める重要な変数である．図 6-4 から分かるように，日本の名目賃金の下落は国際的にきわめて特異なものである．つまり，生産費用を決める上で大きな役割を果たす名目賃金が日本だけで下がってきた．戦後，先進国がデフレを経験しなかったのは，戦前と違い戦後は名目賃金が下がらなかったからだ．つまり，名目賃金の「下方硬直性」がデフレ・ストッパーだった．ところが，日本では 1990 年代末から 2000 年代にかけて，このデフレ・ストッパーが外れてしまったのである．そこで，第 5 節で賃金について考えるのだが，その前に個別のモノやサービスの価格と一般物価の関係につきもう少し詳しく考えてみることにしよう．

第 4 節　個別の価格と一般物価

　大半のモノやサービスの価格はコストにマークアップをかけた形で決まるこ

とを説明した．コストの中心は労働コストと原材料費である．ところで，素材産業では原材料は 1 次産品かもしれないが，多くのモノやサービスをつくる上で使われる素材・材料は，実はそれ自体がつくられたモノである．このことは，加工製造業における「部品」を考えれば直ちに理解できるだろう．その結果，A の価格が B の生産コストの一部となり，したがって B の価格に影響を与えるといったモノの価格相互のダイナミクスが生まれる．こうしたモノの価格の相互作用は必然的に多くの個別物価の平均である一般物価指数の動きに「粘着性」を生み出す(詳しくは Aoki and Yoshikawa 2007, Ch.5)．

かつてレオンチェフによる産業連関分析の研究が盛んだった時代には，個別物価の連関が生み出すダイナミクスが分析された(金子・二木 1964)．本節では，消費者物価指数の動きは個別物価の相互作用から生み出されることを明らかにしたわれわれの研究を紹介することにしたい(Kichikawa et al. 2020)．

インフレーション／デフレーションは，一般物価水準の持続的な上昇ないし下落である．一般物価の水準を測る物価指数には消費者物価指数(総務省)，企業物価指数(日銀)，GDP デフレーター(内閣府)があるが，いずれも個別物価の加重平均である．したがって物価指数の動きが個別物価の変動を反映するものであることはいうまでもない．

過去十数年，スーパーマーケットの価格データなどミクロの物価の大規模データが利用可能になってきたこともあり，個別物価の実証分析が国際的に行われてきた(Klenow and Malin 2011)．こうした研究は，個々の財・サービスの価格がどれほどの頻度で変えられているか，など興味深い事実を明らかにしてきた．たとえば米国のデータで 350 種類の個別物価の動きを分析した Bils and Klenow (2004)によると，およそ半数の財・サービスでは 5.5 か月以内に価格の変更が行われている．年に 2 回程度で価格が変わっていることになる．ただし財・サービスによりこの頻度には大きなばらつきがある．実際 1985 年 1 月から 2016 年 12 月にかけての日本のデータについて調べてみると，原油や食料など原材料を中心にした輸入物価では価格変更の平均月数は 1 か月ほどであるのに対して，企業物価では平均 4 か月(ただし非鉄金属の 1.5 か月から輸送機械の 9 か月までのばらつきがある)，消費者物価では 3 か月(ただし食料や家具の 1 か月から交通・通信の 19 か月までのばらつきがある)というように米国と同じよう

なばらつきが存在する．

こうした個別物価の動きについては，利潤最大化をめざす企業の合理的行動を通していかに説明するか，が課題とされてきた．Calvo (1983)による「非同期時間差価格変更」(desynchronized staggered price change)モデル，あるいはMankiw (1985)による「メニュー・コスト」モデルなどが代表的なものだ．その後も理論家によりさまざまなモデルがつくられている(Golosov and Lucas 2007; Midrigan 2011 など)．

しかし「ミクロ的に基礎づけられた」マクロ経済学の常として，こうしたモデルは「代表的企業」の最適化行動を考えた上で，全企業は「対称的」(symmetric)と仮定し，マクロの動きをミクロの相似拡大として把えるフレームワークとなっている．このような理論は，個別価格のクロスセクショナルなパターンについての分析に留まり，「一般物価」がどのように変動するかという問題に対しては十分な解答を与えていない．インフレ／デフレは一般物価の変動なのだから，結局個別物価の変動に関するスタンダードな理論モデルは，インフレ／デフレについて有効な分析を行うことができないのである．「頭でかっちな理論」を性急に考える前に，われわれはまず物価の動きをもっとよく理解する必要がある．

現実の物価の動きを知る第一歩として，消費者物価指数とそれを構成する個別物価の関係を調べてみる．消費者物価指数の変化率 $\pi(t)$ と個別物価の変化率 $\pi_\alpha(t)$ の間には次のような関係がある．

$$\pi(t) = \sum_{\alpha=1}^{n} g_\alpha \pi_\alpha(t) \tag{6.11}$$

g_α は消費者物価指数の中で財・サービス $\alpha\,(\alpha=1,\ldots,n)$ が占める比率である．したがって，消費者物価の変化率の自己相関は次のように表わすことができる．

$$\langle \pi(t_0)\pi(t_0+t)\rangle_{t_0} = \sum_\alpha g_\alpha^2 \langle \pi_\alpha(t_0)\pi_\alpha(t_0+t)\rangle_{t_0} + \sum_{\alpha\neq\beta} g_\alpha g_\beta \langle \pi_\alpha(t_0)\pi_\beta(t_0+t)\rangle_{t_0} \tag{6.12}$$

すなわち消費者物価の変化率の自己相関は，(1)個別物価の自己相関((6.12)式の右辺第1項)と，(2)異なる個別物価の間の相互作用(同右辺第2項)の和にな

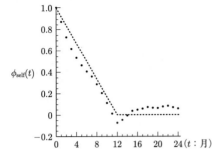
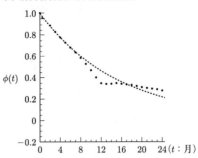

図 6-5　物価の自己相関係数
出所) Kichikawa et al. (2020).

る.

　Mankiw (1985) のメニュー・コストのモデルに典型的にみられるように，多くの理論モデルは，一般物価の動きを「代表的」なミクロの物価の動きでとらえようとする．一般物価が「硬直的」なのは，企業が決める個別物価の動きが「硬直的」だからだ，というわけだ．これがメニュー・コストの考えだが，しかし以下にみるとおり，一般物価の自己相関は，個別の物価の自己相関とはまったく異なる．

　消費者物価指数を構成する 47 の財・サービスの価格の変化率の自己相関係数は，図 6-5(a) にあるとおりである．財ごとに自己相関係数は異なるものの，いずれも 12 か月まで単調に低下した後，それ以降は 0 に近い小さな値で水平的に推移するパターンを示している．図 6-5(a) はこうした 47 の個別物価の変化率の自己相関の加重平均である．

　図 6-5(a) にあるパターンは次のように説明できる．個別の物価 $p_\alpha(t)$ の「対前月」の変化が

$$\ln p_\alpha(t) - \ln p_\alpha(t-1) = \epsilon_t \tag{6.13}$$

のようにランダム・ウォークであれば，「対前年同月」の変化率は次の (6.14) 式で表わされる．

$$\pi_\alpha(t) = \ln p_\alpha(t) - \ln p_\alpha(t-12) = \epsilon_t + \epsilon_{t-1} + \cdots + \epsilon_{t-11} \quad (6.14)$$

その自己相関は

$$\phi_\alpha(t) = 1 - \frac{t}{12} \quad (0 \leq t \leq 12) \quad (6.15)$$

となる．すなわち図 6-5 (a) にみられるように 12 か月まで単調に低下した後，ほぼゼロとなるのである．ちなみに個別物価の動きが (6.13) 式のようにランダム・ウォークということは，ミクロのショックが「恒久的」ということを示している．

さて，消費者物価の対前年変化率の自己相関は，図 6-5 (b) にあるとおり個別物価の自己相関とはまったく異なり，指数関数で近似できる．

$$\phi(t) = \exp(-t/\tau) \quad (6.16)$$

個別物価の変化は 12 か月以内という比較的短期の記憶しか持たないのに対して，それらの加重平均である消費者物価の変化率は，はるかに長い記憶を持つ．すなわち「非伸縮的」(inflexible) である．

両者の違い[42] は，(6.12) 式の右辺の第 2 項，つまり異なる個別物価の「相互作用」(interactions) から生ずる．したがって，消費者物価のような一般物価指数の変化にみられる「非伸縮性」を理解するためには，個別物価の価格づけよりむしろ数多くの個別物価の相互作用の実態を知る必要がある．

Kichikawa et al. (2020) では，この個別物価の相互作用を「複素ヒルベルト主成分分析」という手法を用いて調べた．これは，数多くの時系列データ間にみられる相関を生み出す「隠れた共通因子」を探す「主成分分析」を，複素数に拡張したものである．通常の主成分分析は多くの分野で使われる標準的な手法であり，われわれも第 4 章で景気循環の分析に用いた．その「複素化」の必要性と言われても最初は惑うかもしれないが，ポイントは，時系列の相関にみられる先行・遅行関係である．2 つの時系列については，この問題は時差相関関数をいくつもの時差について計算することにより処理されてきた．しかし

---

[42] 図 6-5 (a) (b) にある 2 つの自己相関関数が統計的に有意に異なることの検定は，Kichikawa et al. (2020) にある．

われわれのデータは以下に説明するとおり80を越える時系列データなので，時差相関関数を2変数のペアごとに計算していくことは実質上不可能である．複素主成分分析では，多数の時系列間の相関の先行・遅行関係を1回の計算で処理できる．詳しい説明はAoyama et al.(2017)に譲り，以下分析結果を紹介しよう．

用いるデータは，1985年1月から2016年12月までの輸入物価10(変数のID=1-10)，企業物価23(ID=11-33)，消費者物価47(ID=34-80)，計80の個別物価の変化率と，円／ドル為替レート(ID=81)，景気の先行・一致・遅行指標(内閣府，ID=82,83,84)，マネーストック(ID=85)，マネタリーベース(ID=86)，名目賃金(製造業，「決まって支払らわれる現金給与」，厚生労働省，ID=87)，という7つのマクロ変数から成る87の月次データ(ID=1-87)である．

これら87の月次データ(いずれも正規化された対前年同月変化率)を「複素ヒルベルト変換」により複素化した上で，87の変数間の相関行列を計算し，固有値を求める．検定の結果2つの固有値が有意となった．87次元の複数ベクトルを固有ベクトルにもつ2つの固有値が，87の時系列間の相関を生み出す「隠れた主因」を表わしている．消費者物価はじめ一般物価の動きは，それを構成する個別物価の「集団運動」，すなわち個々ばらばらなランダムな動きではなく，全体としてのシステマティックな動きから生じる．そうした個別物価全体のシステマティックな動きは，「マクロ変数」の動きが生み出す．80の個別物価と7つのマクロ変数を合わせた87変数の複素相関行列からえられた2つの複素固有ベクトルを分析することにより，どの個別物価とどのマクロ変数が，どれほど強く，またどのような先行・遅行を伴って個別物価の「集団運動」を生み出しているのかを明らかにすることができるのである．

図6-6にあるのは，2つの固有ベクトルを構成する87の要素である．図中の番号は先に説明した各変数のIDである．各変数ともヒルベルト変換により複素数となっているので，「絶対値」と，偏角ないし「相」(phase)がある．図6-6の縦軸の絶対値は，ID番号に対応する各変数が物価の集団運動にどれだけ大きな影響(インパクト)を与えているかを表わし，横軸の相は，各変数の先行・遅行関係を表わす(図中左側0が先行，右側2πが遅行)．図中にある水平破線は，有意性検定の結果絶対値がこの線より小さければ，その変数の集団運動

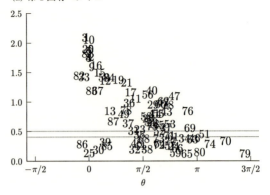

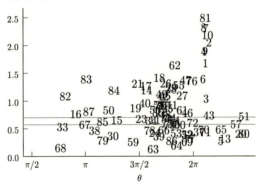

図 6-6　固有ベクトルを構成する 87 の要素（複素数）の絶対値と相
注）説明は本文参照．
出所）Kichikawa et al.（2020）．

への寄与は有意にゼロから異ならない，ということを表わしている．

　第 1 固有ベクトル（図 6-6 (a)）では，為替レート（ID＝81）の絶対値が大きく，他の変数へ先行している．個別物価の動きについては，輸入物価と企業物価の素材の絶対値が大きく，先行性を示している．その後，企業物価の完成品から消費者物価に向けて絶対値が小さくなり，遅れを伴いながら全体として左から右へ減衰していくことがわかる．第 1 固有ベクトルは，このように為替レートの変化を主要なインパルスとし，その影響が輸入価格から企業物価，さらに

消費者物価へと遅れと減衰を伴いながら波及していく動きをとらえている．

これに対して第2固有ベクトル(図6-6(b))は，国内の景気動向(ID＝82,83,84)をインパルスとした国内物価(企業／消費者物価)の動きをとらえている[43]．この2つの固有ベクトルが，個別物価のシステマティックな「集団運動」，したがってそれらの加重平均である一般物価の動きをとらえている．

物価の動きに大きな影響を与えているマクロ変数は，為替レートと景気動向指数であるが，このほか名目賃金(ID＝87)が先行的に有意な影響を与えている．一方，標準的な理論モデルで中心的な役割を果たすことになっている貨幣数量は，マネーストック，マネタリーベース，いずれも有意な影響を与えていない(ID＝85,86の絶対値は水平破線より下にある)．

2つの固有ベクトルはそれぞれ異なる物価の動きをとらえているが，にもかかわらず国内物価の動きだけについてみると，個別物価の相，すなわち先行・遅行関係は基本的に同じである．このことは，国内物価の「相互作用」には，物価変動を生み出すマクロショックがどのような性質か(為替レートの変化か，国内の景気動向か)にかかわらず，共通のメカニズムが存在することを示している．

実際，国内物価の波及は個々の物価がランダムに変化するのではない．個別物価は一定のクラスター(集団)を形成し，クラスターを通して物価の動きは波及していく．Kichikawa et al. (2020)は，このクラスターを同定した(パーコレーション・モデルを用いたクラスター同定の方法については同論文参照)．分析結果は図6-7にみられるとおりである．ここでは短期間に物価の大きな変化が生じた1985年秋の「プラザ合意」後と，2008年9月リーマン・ブラザーズの破綻を機に生じた世界同時不況の時期に注目しよう．

1985年秋にニューヨークのプラザホテルでまとまった「プラザ合意」を機に，年初1ドル＝240円であったのが2年足らずで1ドル＝120円まで史上例を見ない速度で円高が進んだ．この円高により，輸入物価と企業物価の素材価格は急速に下落した(図6-7(b)の左上隅)．ただし物価の下落は消費者物価ま

---

43) 図6-6(b)では，為替レート(ID＝81)および輸入物価(ID＝1-10)は著しく遅行している(相は2πより大きい)ものの絶対値は大きい．2変数モデルではこのようなことが数学的に必然的に生じる．したがってこの事実は無視してもよいことはKichikawa et al. (2020)のAppendixで説明している．

(a) 物価上昇のクラスター

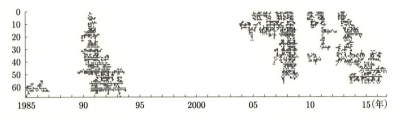

(b) 物価下落のクラスター

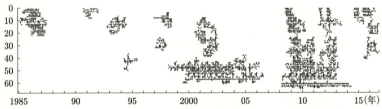

注) 縦軸は，p.237 にある個別物価の ID 番号．1-10 が輸入物価，11-33 が企業物価，34-80 が消費者物価である．したがって図(a)，(b)では，上が「川上」，下が「川下」になっている．

(c) 景気の一致指数

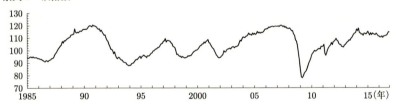

(d) 円／ドル レート

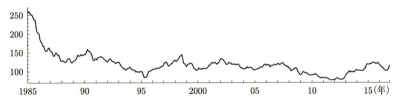

図 6-7 物価クラスターとマクロ変数の動き
出所) Kichikawa et al. (2020).

では波及していない．これは第1固有ベクトルで説明される動きである．

　急速な円高による一時的な不況を克服した日本経済は，その後内需主導の「バブル景気」を経験した．物価の下落は止まり，1987年から輸入素材価格は上昇に転じた．物価上昇は，90-93年には消費者物価にまで波及した．バブルが崩壊し不況の始まる91年からは素材価格は下落に転じているが，その中でも消費者物価は上昇していた(図6-7(a))．

　1990年代末から日本経済はデフレに陥ったが，2007年には長期的な景気拡張に加えて原油，小麦などの国際価格の上昇もあり，多くの物価が上昇し，波及は素材から消費者物価にまで及んだ(図6-7(a))．こうして08年なかばには「デフレ脱却間近」といわれたが，9月米国のリーマン・ブラザーズが破綻したことを機に世界経済が「100年に1度」と呼ばれる深刻な不況に陥ると，流れは一気に変わり，素材から最終消費財までほとんどの価格が突然上昇から下落へ転じた(図6-7(b))．

　図6-7にあるこうした個別物価の変化を見ると，個別物価は「川上」(原材料・素材)から「川下」(完成消費財)へと，クラスターを通して変化していくことがわかる．これは，多くのつくられたモノやサービスの価格は，カレツキーが指摘したように生産費用をベースに決まるため，産業連関表にある投入・産出の連鎖を反映するからである．なお，図6-7に明瞭に見られるクラスターの動きは，「期待」が物価の動きに大きな役割を果たすものではない，ということをも示唆している．いくら期待という要素に訴えても，なぜ図6-7のような川上から川下へというクラスターの遷移を生み出すかは合理的に説明することはできない．マネーストックは，川上・川下に共通したマクロ変数だからである．

第5節　賃金

　多くのモノ・サービスの価格は基本的に「生産費用」に基づき決まる．費用の中でもとりわけ大きな影響を与えるのは名目賃金である．実際，1990年代末から生じたわが国のデフレについては，「多くの先進国の中でなぜ日本だけがデフレに陥ったのか」という問いが発せられてきた．第3節で指摘したと

おり,「日本だけで他の国々にみられないような名目賃金の下落が生じた」というのが答えである(図6-4).

ケインズ経済学について論じたヒックスの『ケインズ経済学の危機』(Hicks 1974a, p.59)には,次のような興味深い指摘がある.ケインズの『一般理論』を読む人誰もが奇妙に思う(はずの)ことは,ケインズが所得,消費,投資,さらには貨幣数量まですべての量を「賃金単位」(wage units)すなわち名目賃金でデフレートした量で表わしていることである.ヒックスによれば,これはケインズが「賃金定理」(the wage-theorem)とでも呼ぶべき考えを持っていたからだ.「賃金定理」は,名目賃金が上昇すれば,すべての名目価格はほぼ比例的に上昇することを主張する.この「定理」が成り立つように,名目貨幣数量も名目賃金と比例して変わる――貨幣数量(マネーストック)は受動的に決まる内生変数! もちろんこれがすべての国,いつの時代にも「定理」として成り立つわけではない.しかしケインズは,1930年代のイギリスにおいてこれがほぼ成り立つものと考えていた.戦後の先進国経済についてみても,賃金は物価に大きな影響を与えている.したがって,問題は,賃金はどのように決まるのか,である.以下この問題を考えることにしよう.

新古典派の経済学は,(実質)賃金といえども基本的には,他のモノやサービスの価格と同じように決まる,と考える.すなわち,賃金は労働の需要と供給を一致させるような均衡水準に決まる.何らかの理由で賃金がこの均衡水準より高ければ(低ければ),労働の超過供給(需要)が生まれる.実際,新古典派経済学の総師であり,ケインズが『一般理論』で最大の論敵としたピグーは,こうした正統派の立場から1920-30年代のイギリス経済を分析していた.

1914年に第1次世界大戦が始まるまでの30年,イギリスで失業率が10%を超えたのは1886年の1年だけだった(2番目に高かったのは1908年の8%).ところが大戦が終わると,1921-39年にかけて20年間の長きにわたり失業率が9.5%より低くなったことは1年もなかったのである.当然のことながら異常に高い失業率をどのように説明するのかが,経済学者にとって大きな課題となった.

Pigou (1927)は,大戦後の実質賃金が均衡水準に比べて高過ぎることが異常に高い失業率の主因であるとした.しかしピグーの分析は,クレーによって直

ちに批判された(Clay 1928). クレーはイギリス経済全体ではなく,セクターごとに名目賃金と失業率の関係を調べ,名目賃金が高いセクターでは失業率は低く,逆に名目賃金が低いセクターで失業率が高い,ということを見出した.この事実は,一意的に定義された「労働」の対価としての賃金について語ることはできないということを明確に示している.

　ちなみに1973/74年のオイルショック後にヨーロッパで失業率が高まったときにも,ピグーと同様の考え,すなわち「均衡水準に比べて実質賃金が高過ぎる」という説明がさかんになされ,「古典派的失業」という言葉も使われた(Malinvaud 1982; Bruno sad Sachs 1985). 新古典派の理論によるかぎり,(実質)賃金が伸縮的に変動すれば失業など実体経済のパフォーマンスは良好になる,という結論にならざるをえない. 1970-80年代には,日本の実質賃金の伸縮性が海外からも注目され,だから日本の失業率は低いのだ,といった議論もなされた(Gordon 1982). Freeman and Weitzman (1987)は,日本特有の「ボーナス」に注目した. 一方 Taylor (1989)は,「春闘」を通した全産業・セクターでの統一的な賃金決定方式が賃金の伸縮性に貢献している,とした. しかしそもそも賃金が伸縮的であれば実体経済のパフォーマンスが良好になるというのは,ワルラスの一般均衡理論に代表される新古典派理論の土俵の内の話であるにすぎない. ケインズ的な世界では,賃金の伸縮性と実体経済の関係はまったく別の話である(吉川 1989;吉川・竹内 1988).

　改めてわれわれは,賃金についてどのように考えればよいのであろうか. 賃金はどのように決まるのか. それは経済社会の中でどのような役割を果たしているのか.

　賃金はもちろん労働に対する対価だ. しかし,その「労働」には2種類ある. まず,このことを確認するところから始めなければならない. 子細に見れば労働の「種類」すなわち「質」は2種類に限られず文字どおり多種多様であることは,第3章で企業と労働者のマッチングに関連して述べたとおりだ. ここで述べているのは,マクロ経済学の立場から労働市場を鳥瞰するときにも,労働を少なくとも2種類に分けて考えなければならない,ということである. このことを強調したのはヒックスに限られないが,ここでは再びヒックスを引用することにしよう. ヒックスは1932年に書いた処女作『賃金の理

論』について，そこに書いたことは今では考えの変わったことも多いが，次の一点は今でも正しいと思っている，と書いた．

　それは非正規の雇用，すなわち長期的な雇用関係を想定しない仕事と，そこで働く人々が共に長期間働きつづけるような正規の雇用の区別である(Hicks 1974a, p.64)．

長期の関係を前提とする正規の雇用に関してヒックスは言う．

　正規の雇用においては，効率性の観点からも，雇い手である企業，雇われる労働者双方とも雇用が継続するよう期待できることが必要である．しかし労働者は自由に退職し他の企業に移ることができるのだから，そうした信頼が生まれるためには，満足できる労働条件が実現していなければならない．したがって効率性のためにも，賃金は企業・労働者双方，とりわけ労働者に公正(fair)だと思われるようなものでなければならないのである(Hicks 1974a, p.64)．

　賃金は，リンゴの価格と同じように労働の需要と供給を等しくするような均衡水準に決まる，というのはせいぜい非正規の労働にしか当てはまらない．「リンゴは何にもいわないけれど……」という歌があるが，リンゴと人は本質的に異なる．「正規」労働の賃金の決定において重要な役割を果たすのは，「公正」である．つまり正規の労働者の労働市場は，通常の意味での「市場」ではない．ソローは「労働市場」を「社会制度」(social institution)と呼んだ(Solow 1990)．
　内生的成長モデルでも RBC でも，マクロの理論モデルはどれも「(実質)賃金は，労働 L が完全雇用されるように決まる」という形の一般均衡モデルだが，こうしたフレームワークはまったく現実をとらえていない．第 1 章でも引用したヒックスの言うとおり「ワルラスのモデルは，現代の経済学者，とりわけ数理経済学者には広く受け入れられているが，それは現実には存在しない市場を仮定している」(Hicks 1989, p.2)のである．

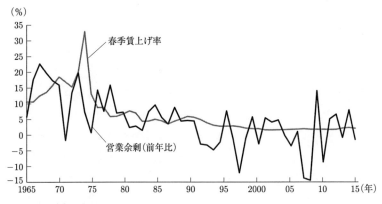

図 6-8 賃金と利潤
出所）厚生労働省「賃金事情」の「民間主要企業春季賃上げ率」，内閣府「国民経済計算」の「営業余剰」．

表 6-1 賃金と利潤

	1965-2016 年		1995-2016 年	
	平均(%)	標準偏差(%)	平均(%)	標準偏差(%)
名目賃金	6.4	6.1	2.1	0.4
利潤	4.5	8.2	0.0	7.2
賃金と利潤の相関係数	0.50		−0.11	

出所）厚生労働省「賃金事情」の「民間主要企業春季賃上げ率」，内閣府「国民経済計算」の「営業余剰」．

賃金が，ワルラス・モデルが想定するようなオープンマーケットではなく，雇い手である企業と雇用される労働者双方の交渉で決まる，という考えは，もちろんこれまでの経済学の中にもある．たとえば第 3 章で詳しく検討したスタンダードなサーチ・モデルでは，賃金は企業と労働者の間で利潤をどのように分配するかという「ゲーム」におけるナッシュ均衡として決まるとされる．たしかにそれは，市場において需給が均衡するように賃金が決まる，というモデルとは異なる．しかし労使交渉による現実の賃金決定は，ゲームのナッシュ均衡を考えれば事足れりというほど単純ではない．

図 6-8 は戦後半世紀，企業の利潤（国民経済計算の「営業余剰」）の変化と賃金

第 6 章 物価と賃金　245

の変化率(春闘の賃上げ)がどのように関係しているかをみたものである．賃金と利潤の変化の過去50年間の動きを大まかにみれば，たしかに正の関係がある．つまり，高度成長の時代から2015年まで両者はともに低下してきている．表6-1にあるとおり，賃金より利潤のほうが変動が激しいものの両者の相関は0.5である．しかし，これは50年間，高度成長が終わり日本経済の成長率が低下してきたことを反映した長期的な趨勢にすぎない．賃金がどのように決まるのかというのは年々の問題だから，われわれは短期的な動きをみなければならない．そこで過去20年間(1995-2016年)の動きをみると，両者の相関は -0.11 である．すなわち，ほとんど関係はない．この事実は，サーチ理論はじめ理論モデルがルーティン的に仮定する「ナッシュ均衡」による賃金決定モデルは不適切であることを示している．

単純なナッシュ均衡を考えてみよう．労働者1人が生み出す(名目)付加価値を Y, 名目賃金を W, 利潤を Π とする．企業と労働者(労働組合)は，それぞれ利潤 $\Pi\,(=Y-W)$, 名目賃金 W ができるだけ大きくなるよう交渉する．ナッシュ均衡は

$$(Y-W)^\alpha W^{1-\alpha} \tag{6.17}$$

を最大にする W である．したがって，

$$W = \left(\frac{1-\alpha}{\alpha}\right)\Pi \tag{6.18}$$

が成り立つ．(6.18)式が成り立てば，賃金と利潤の変化率は等しくなる．しかし，表6-1から分かるように，両者の(短期的)相関はほぼゼロである(1995-2016年)．

同じ問題を別の角度から眺めることもできる．(6.18)式が成り立てば，労働分配率は $1-\alpha$ と一定になるが，現実には労働分配率は変動している(吉川 1994)．つまり，(6.17)式のような単純なナッシュ交渉モデルでは，現実はうまく説明できない．

そこで，企業と労働組合のナッシュ交渉を次のように書き換えてみる．

$$(Y-W)^\alpha (W-W^*)^{1-\alpha} \tag{6.19}$$

企業が関心をもつのは前と同じように利潤 $\Pi = Y - W$ だが，労働者は賃金そのものではなく，「基準」となる賃金水準 W^* を実際に受け取る賃金 W がどれだけ上回るか，$W - W^*$ に関心をもつと考える．この場合，ナッシュ均衡で決まる賃金は

$$W = \alpha W^* + (1-\alpha)Y \qquad (6.20)$$

となる．

　名目賃金は，単に今期生み出された付加価値 Y に対する分配だけではなく，交渉にあたって「基準」となる賃金水準 W^* に大きく依存する．すなわち賃金は，単に1企業内の労使の交渉によって決まるのではなく，むしろ「基準」となる賃金 W^* が「社会的」にどのように決まるのか，ということのほうが問題になるのである．そして，W^* の決定において本質的な役割を果たすのが，ヒックスのいうように公正にほかならない．

　「公正」という概念には，単純に一般的な定義を与えることはできない．明らかにそれは，歴史的・社会的な文脈(context)に依存する．ヒックスは，第1次世界大戦後のイギリスの賃金について次のような事実を指摘している．

>　第1次世界大戦の勃発により，名目賃金(1914年=100)は1920年までに280まで上昇した．しかし，1923年までにそれは194まで下落したのである．ほとんど3分の2まで下落したが，革命は起きなかった！そしてその後は著しい硬直性が回復したのである(Hicks 1974a, p.67)．

　ヒックスがいうように，1920-23年に3割以上の賃金下落が可能になったのは，それ以前，大戦中の賃金上昇は「異常」だったと労働者が考えていたからである．つまり，下落することにより賃金は「ノーマル」な水準に戻った．正常に戻った後，賃金は再び硬直性を示すようになったのである．

　ここで「ノーマル」なと呼ぶ賃金は，公正に適う賃金である．重要なことは，これは歴史的に形成されるものであり，「過去」にアンカーをもつものだ，ということである．将来にかかわる「期待」が公正において果たす余地はない．

第6節　まとめ

　物価は経済学にとって最も重要な変数である．にもかかわらず，物価をめぐり経済学は混迷を深めているといわざるをえない．

　インフレ／デフレは一般物価水準の持続的な上昇／下落である．一般物価水準は貨幣数量（マネーストック）で決まると考える貨幣数量説は，18世紀（あるいはそれ以前）からあった．しかしケインズとシュンペーターは，貨幣数量説を真正面から否定したし，戦後も1960年代までは有力な経済学者の中に貨幣数量説の支持者はいなかった．例外はシカゴ大学のミルトン・フリードマンであり，彼の唱える貨幣数量説は「マネタリズム」と呼ばれたが，イギリスではKaldor (1970, 82)はじめマネタリズムを厳しく批判する経済学者が多かった．アメリカでもサミュエルソン，トービン，ソローなどいずれもマネタリズムの強力な批判者だった．

　金融政策についていえば，それはいつの時代も——近年における「ゼロ金利」の時期を除き——基本的に「金利政策」であった（Yoshikawa 1993; 吉川 1996）．フリードマンの考えとは逆に，金利を裁量的に変えるのが金融政策なのである．マクロ経済を安定化するために必要な裁量的金融政策は，「テーラー・ルール」という言葉が生まれるはるか以前から，インフレや失業率に応じて金利を上げ下げするフィードバック・ポリシーだった（Yoshikawa 1981）．

　しかし過去50年間のマクロ経済学の変遷に伴って，今では貨幣数量説が学界の主流になった．たしかに，「貨幣数量説」を正面から声高に唱える経済学者はいない．しかしそれは理論モデルの中に鎮座している．貨幣数量説は，「代表的消費者」を仮定する「ミクロ的に基礎づけられたマクロ経済学」のフレームワークの中で復活し，そうしたモデルの中で，物価について「期待」の役割が異様な形で強調されることになった．

　景気循環は「予期されない」(unanticipated)貨幣数量／マネーストックの変動によって引き起こされる，というフリードマン＝ルーカスの理論を信じている経済学者／エコノミストは今やいない．しかし，「長期的」(in the long run)には物価はマネーで決まるという考え方は，今でも学界の中心的なドグマであ

る．それはほとんどのマクロ・モデルに組み込まれている．マネーと「期待」で物価は決まる，というドグマが2013-18年のわが国の金融政策にいかに大きな影響を与えたかは，本章の第2節に述べたとおりである．

　マクロ経済学において貨幣数量説と並んで健在なもう1つのドグマは，第1章で詳しく説明した「合理的期待」である．これが貨幣数量説と結びつくと，クルーグマン・モデルのような珍奇な理論が生まれる．価格／賃金の決定についても期待の役割が強調されるのが今日の習わしだが，原油や一部の素材を別にして，大多数のモノやサービスの価格について期待が役割を果たす余地はない．

　個々の価格は，さまざまなモノやサービスの需要と供給を一致させるように変わる．価格は市場経済において効率的な資源配分を実現するために「手旗信号」の役割を果たす．これがワルラスの一般均衡理論のメッセージだが，再三述べているとおり，ワルラスのモデルは現実の経済のモデルになっていない．原材料／素材以外の，つくられたモノやサービスの市場，ヒックスのいう「固定価格の市場」——労働市場はもちろんそこに含まれる——において決まる価格／賃金は，まったく違った役割を果たしているからである．

　　　価格は資源配分の機能（allocative function）とともに，社会的機能（social function）も併せもっている（Hicks 1974a, p.85）．

　価格が「社会的機能」を果たす上で鍵となるのは「公正」であるが，とりわけ賃金の決定においては，公正が中心的な役割を果たす．

　公正が大きな役割を果たすということになると，賃金の決定につき，かつて高田保馬が唱えた「勢力説」を，われわれは真剣に再考してみる必要があるのではないだろうか．高田(1947)は限界生産力理論の意義を認めながらも，とりわけ賃金についてはそれだけでは不十分であり，社会的な「勢力」の影響を無視することができない，と主張した．ここでは，高田の愛弟子であり勢力説を高く評価した森嶋(1994)を引用することにしたい．

　　　彼は通説に幅広い理解を持ち，かつそれらを尊敬していた．彼は経済理

論を勢力論で置き換えようとしたのではなく，経済理論に勢力論を接合しようとしたのである．それゆえ，それは前章のヒックスの『貨幣の市場理論』の労働市場観と完全に両立可能である．

　さらにこの点に関連して，高田が勢力の作用がなければ，ケインズのいわゆる「賃金の下方硬直性による非自発的失業」は成り立たないと主張したことは注目に値する．労働者が効用分析だけで行動するならば，非自発的失業がある限り，賃金の切り崩しがあって，失業は吸収されるはずである．にもかかわらず，ケインズはなぜ切り崩しがないか，賃金はなぜ下方に硬直的であるかについて説明していない．……勢力による抵抗は，賃金下落に歯止めをかけ，下限を設定し，その結果その下限に貼り付いた状態で，労働市場の不均衡が起きる．セイ法則が満たされていても，このことは真である．すなわち反セイ法則だけでなく，勢力もまた非自発的失業の原因となる．高田はワルラスの一般均衡を「労働市場の不均衡を含む均衡」で置き換えることを主張していたのである．……戦後日本の企業集団や，下請け制，二重構造等を説明するためには，金だけが力だと考えずに，金以外にも経済に影響する力を持つものがあることを認め，それが何かを明らかにし，その分析を行うべきである．ここに勢力経済学の新分野があるであろう（森嶋 1994, 84-85 頁）．

　名目賃金の下方硬直性をケインズはまったく説明していない，と高田は主張した．しかし，それは正しくない．ケインズは，名目賃金は個々の企業，セクターでばらばらに決まるものだから，インフレによる実質賃金の切り下げとは違い，経済全体での同時一律の切り下げはありえない，という事実に注意を促す．その上で，労働者や組合は，他の職業・企業・セクターの賃金と比べた自らの「相対賃金」に強い関心をもっているために名目賃金の切り下げに抵抗する，その結果名目賃金は下方に硬直的になる，という説明をしたのである．

　「相対賃金」は「名目」ではなく「実質」(real)だから，相対賃金に関心をもつことは「貨幣錯覚」(money illusion)ではない．ところでさまざまな職業・企業・セクター間の相対賃金は，言うまでもなく社会的なものだから，労働者がこだわる相対賃金は，何らかの意味で「公正」なものでなければならないはず

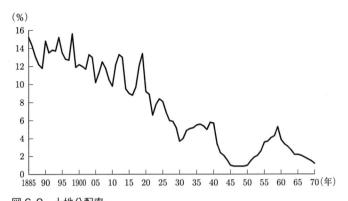

図 6-9 土地分配率
出所）深尾・中村・中林編(2017a)巻末付録付表 2，同編(2017b)
巻末付録付表 2，同編(2018)巻末付録付表 1．

である．そうした「公正」な相対賃金(あるいは賃金体系)を実現させるものは，社会的な「勢力」をおいて他に何があるであろうか．このように考えると，ケインズが名目賃金の下方硬直性の説明として挙げた「相対賃金」へのこだわりは，ヒックス等が強調した「公正」，さらに高田のいう「勢力」とほぼ同義といえるのである．

とはいえ，「勢力」というような概念を経済理論に導入することに対して，多くの経済学者は拒否反応を示すにちがいない．しかし，「勢力」という名称の当否はともかく，いずれにせよ需要と供給を価格の調整により一致させるワルラス的なパラダイムは，賃金をはじめとする生産要素の市場には適用できない．賃金をはじめとする生産要素の価格の決定には，「勢力」と呼ぶにせよ，「公正」と呼ぶにせよ，ともかく社会的な要因が大きな役割を果たしていることは否定できないからである．

たとえばここで少し目を転じて，労働，資本と並び「本源的な生産要素」の1つである土地の対価，すなわち「地代」のシェアの長期的推移をみてみよう(図6-9)．1885年から1970年まで地代のシェアは15.2%から1.2%まで低下した．全体としての低下傾向は明らかだが，年々のシェアはかなり不規則な変動をしているので，ここでは5年移動平均をみることにする．1887年から第1次世界大戦中の1917年まで地代のシェアは14%から10%へと30年間で約4%ポイント低下した．その後1917年から27年まで10年間で10%か

ら5％を下回る水準まで低下した．このように第1次世界大戦中に低下傾向は加速した．さらに，日中戦争が始まった1937年から第2次世界大戦が終わる1945年まで，わずか7年間に地代シェアは5％から1％まで下落している．

新古典派の均衡理論によれば，生産要素の所得シェアを決めるものは，3つの生産要素の賦与量と，代替の弾力性である．しかし，2つの大戦期に，生産関数ないし「技術」(代替の弾力性)，あるいは労働，資本，土地の賦与量が急激に変化した，と考えるのには無理がある．

そうではなく，「総力戦」を戦う上では戦前期大きな「不労所得」を得ていた地主階級の所得，すなわち地代を抑制することが必要だと考えた国によって，それは意図的・政策的に行われたのである．地代のシェアは，限界生産量理論ではなく，まさに「勢力」によって決められたわけだ．

賃金は地代とは異なる．しかしケインズが「相対賃金」を通して指摘し，ヒックスが「公正」という概念により強調したように，われわれは，賃金の決定は「社会的」な力によるものだと考えなければならない．

20世紀が終わる頃からにわかに世界的に注目を集めるようになった「格差の拡大」も，狭い経済の論理だけでは十分に理解できない．ベストセラーとなったPiketty(2014)は，資本主義の下では資本所得が雪だるまのように増大して格差が広がると主張した．しかし最も格差の大きい米国では，資本所得もさることながら，むしろ労働所得の内部で格差が拡大してきた．Temin (2017) は，第5章で紹介したアーサー・ルイスの「二重経済」モデルで米国の格差を解明しようとしている．「二重経済」の上層を代表する経営者の所得の異常な上昇をスティグリッツらは「レント・シーキング」(rent-seeking)と呼んでいるが，それだけでは十分な説明とはいえない．何がそうしたレント・シーキングを許したのか．シカゴ学派ら新自由主義の高まりなど国と時代に制約されたイデオロギーが大きな役割を果たした．それは，結局のところ高田のいう「勢力」と同じようなものではないだろうか．

もちろん賃金は「勢力」だけで決まるものではない．勢力が大きな役割を果たすとしても，先に見たように賃金が企業の業績に連動している以上それはマクロ経済の動向に左右される．春闘における賃金決定は，まさにそうした場にほかならない(Shinkai 1980; 佐野 1981；翁ほか 1989)．大企業の正規労働者以外

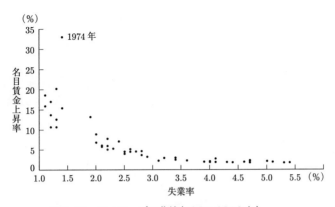

図 6-10 フィリップス曲線(1965-2016 年)
注) 名目賃金上昇率は春季賃上げ率(従業員 1000 人以上の民間企業の「春闘」における賃金上昇率).

の非正規労働の賃金はもちろん実体経済，とりわけ労働市場における需給から大きな影響を受ける．

こうした関係を表わすのがフィリップス曲線にほかならない(Phillips 1958)．たしかに，日本経済についても長期的に失業率と名目賃金の変化率の間に右下がりの関係が観察される(図 6-10)．ちなみに2つの変数の間にみられる関係は，あくまでも失業率から賃金へという因果関係を表わす．フリードマン，フェルプスやルーカスがいうように，賃金から失業率へという因果関係ではない．失業率が財／サービス市場における総需要によって決まるメカニズムについては，第3章で詳しく説明した．

ところで，図 6-10 にあるフィリップス曲線から分かるように，1970 年代初頭には「異常」といっていいような賃金上昇が生じた．われわれはこれをただ「異常値」として説明を放棄してはならない．むしろ異常値の中にこそ賃金の決定メカニズムを解明する鍵が隠されているからである．

そこで，1970 年代初頭における名目・実質賃金の動きを詳しくみることにしよう(表 6-2)．名目賃金は，1973-74 年にそれぞれ 23％，26％ 上昇した．実質賃金は，卸売物価・消費者物価いずれの物価指数でデフレートしたものでみるかで，その動きはかなり異なる．とりわけ 1974-75 年における相違は顕著である．ここでは「国内総合卸売物価指数」でデフレートした実質賃金

表 6-2　70 年代初頭における実質賃金の動きと労働争議件数

	(1) 名目賃金	(2) 卸売物価 (WPI)	(3) 消費者物価 (CPI)	(4) 実質賃金 (WPI)	(5) 実質賃金 (CPI)	(6) 労働損失 日　数
1967-69 平　均	14.8	1.7	4.8	13.1	10.1	2,768
1970	17.5	3.5	7.7	14.0	9.8	3,915
71	14.0	−1.0	6.3	15.0	7.7	6,029
72	15.7	1.6	4.9	14.1	10.8	5,147
73	23.4	15.8	11.7	7.6	11.7	4,604
74	26.2	27.6	23.2	−1.4	3.0	9,663
75	11.5	2.7	11.7	8.8	−0.2	8,016
76	12.3	5.5	9.4	6.8	2.9	3,254

注)　「名目賃金」は労働省『毎月勤労統計調査』の「現金給与総額」(製造業).「卸売物価」は「国内総合」.(4)=(1)−(2), (5)=(1)−(3), (6)以外は年変化率 %.「労働損失日数」は，労働省『労働争議総計調査』の「半日以上同盟罷業及び作業所閉鎖」による「労働損失日数」(単位：日).

(表 6-2 の(4))を用いることにしたい．実質賃金は 1973-75 年にかけて平均年率 7.4% ほど上昇している．

　1974 年以降の実質賃金の成長率は，表 6-2 から分かるとおり，いざなぎ景気時代の平均的な伸び率 13% と比べればはるかに低い．こうした変化は経済成長率の急速な変化に対応したものであるが，70 年代初頭の時点では，労働者は高度成長の終焉という「構造的変化」を十分に理解し，その結果をただちに受け入れる用意がなかった．「狂乱物価」といわれた激しいインフレーションの中で，名目賃金の高い上昇率にもかかわらず(消費者物価でみた)実質賃金の上昇率は，高度成長期の水準に比べれば著しく低かった．しかし，戦後最悪の不況(当時)の中で労働生産性は大きく低下していたわけだから，(生産者価格でみた)実質賃金の上昇は，そのまま労働分配率の上昇に転嫁された．

　1974-75 年にかけて労使関係が極端に悪化したことは，こうした事実に対応している[44]．実際，「労働損失日数」の動きをみると，1974-75 年のピークが

---

44) イギリスの労働分配率の長期的な動きを説明する上でも，「労働組合の力」はそれなりの説明力をもつといわれる(Phelps Brown, and Hart 1952)．コストに対するマークアップ率」が労働分配率を決定すると考える Kalecki(1954) の理論でも，「マークアップ率」は労使間の力関係で影響されるとしている．

254

際立っている．これは戦争直後，労使関係が険悪であった頃のピーク 6995 日 (1948 年) よりも多い．しかし，「損失日数」は 77 年以降急速に低下し，1980 年代前半には約 500 日，80 年代後半には年平均 200 日となった．74-75 年を境に「労使間の対立」は終焉したといえる．これはまた 90 年代から始まる「低インフレ時代」の幕開けとなった．

　低インフレは，ほどなくして「デフレ」に変わった．1998 年から 2012 年まで，わが国の消費者物価は累積で 4% 弱下落，平均すれば年率 0.3% ほどのデフレーションが生じた．こうした中，第 1 節で述べたように，デフレこそが日本経済低迷の主因であり，そのデフレはマネーを増やせば止まると主張する「リフレ」派が登場したのである．しかし，日本のデフレの原因は，マネーではなく名目賃金の下落だ．

　なぜ賃金は下落したのか．ずばり『人手不足なのになぜ賃金が上がらないのか』と題する本 (玄田 2017) の中で 22 人の経済学者が論じているように，原因は複合的だ．しかし，賃金デフレの背景に，以上みたような労使関係の変化があったことは明らかである．

　1990 年代初頭のバブル崩壊以来，日本経済は長期停滞に陥った (吉川・小原 1997；吉川 1999)．「過剰な負債」，「過剰な設備」，「過剰な雇用」を抱えると言われた企業は，正規雇用から非正規雇用への転換，「リストラ」など新たな動きを始めたが，そうした中，「雇用」と「賃金」どちらを取るのかと迫られた労働組合は，賃金につき譲歩せざるをえない弱い立場に立つことになった．すでに述べたとおり，戦後先進国が経験しなかった名目賃金の下落まで日本では生じたのである．

　賃金の決定は，ケインズ＝高田＝ヒックスがいったように社会的／歴史的なものである．歴史に条件づけられた「勢力」が大きな影響を与える．こうしたことから名目賃金は，狭い経済分析によっては十分に説明しきれない変数なのである．

第7章
金融市場／資産価格と実体経済

　整備された資産／金融市場は，効率的な資源配分を通して経済の発展に貢献する(Goldsmith 1969). その一方で，急激な資産価格の変動がマクロ経済に破壊的なダメージを与えることもある. 1980年代後半のわが国のバブル, 90年代初頭におけるバブル崩壊が日本経済に大きな負の遺産を残したことは改めて指摘するまでもない. 2000年代の米国のサブプライム・ローン, 証券化ブーム, 2008年9月のリーマン・ブラザーズ破綻後の世界同時不況(Great Recession)はもう1つの例である.

　株価・地価など資産価格は，普通の財やサービスの価格と違い激しく変動する. ケインズは，『一般理論』の中で株式市場における「バブル」の危険性に警告を発した.

　　　投機は，資産が将来どれだけの収益を生むか(ファンダメンタルに基づく)長期的な観点からなされる評価に悪影響を与えないこともあるだろう. しかし，もし投資の収益についての長期的な評価が投機の混乱のなかでバブルとなれば深刻な状況に陥る. 1国の資本の蓄積が賭博の副産物になるとき，その結末はひどいものにならざるをえない(Keynes 1936, p.159).

　本章では資産価格，金融市場と実体経済について考えることにしたい. まず正統である新古典派経済学の分野でこの問題がどのように議論されてきたのか簡単に振り返り，続いて資産価格の大きな変動を生み出す数理について「ベキ分布」を中心に説明し，そうした準備の上に「バブル」, さらにAoki and Yoshikawa (2007, ch.10)のモデルに基づき, 金融市場と実体経済の本質的な違

いについて説明することにしたい．

第1節　新古典派的アプローチ

　新古典派経済学，その中でも今日経済学の中核を担うワルラスの一般均衡理論において，資産市場を理解する上で基本的なフレームワークを提供しているのは，Debreu (1959)，Arrow (1963)による「完全市場」(complete market，「完備」市場と訳されることもある)のモデルである．彼らは，数多く(数十万？　数百万？)存在するモノやサービスについて現在のみならず将来すべての時点における需要／供給を考え，さらに将来それぞれの時点における「偶然事象」(contingency)によっても区別された財・サービスの需要／供給を一気に調節する市場を考えた．たとえば「2050年9月1日が雨だったときのカサ」が今日取引され，その需給が一致するように価格が決まるのである．もしこうした市場があらゆる財，あらゆる将来時点，あらゆる偶然事象について存在し，すべての市場が均衡しているなら，それはパレート最適な資源配分をもたらす．資産価格を考える際，一般均衡のフレームワークの中でベンチマークとなるのは，こうしたアロー＝デブリュー的な「完全市場」の均衡価格である．

　もちろんアロー＝デブリューの意味での「完全市場」は現実には存在しない[45]．しかし，アロー＝デブリューの完全市場における「パレート最適」よりは限定的な意味になるが，株式市場や保険など資産市場は，資源やリスクの配分上ある種の「効率性」をもたらすことが明らかにされてきた(Arrow 1963; Diamond 1967)．いずれにせよ資産市場は効率的な資源配分をもたらす．これが新古典派経済理論の基本的なメッセージである．それはファイナンスの分野における「効率的市場理論」(efficient market theory; Fama 1970)に対応する．

　こうした理論とは裏腹に，資産価格の極端な変動は現実の経済に壊滅的な影響を与えてきた．このことは歴史を振り返ればすぐに分かることである．たとえば株価が暴落したとき，振り返ってみると，暴落する以前の株価はファン

---

45) King (2016)のChapter 2はアロー＝デブリューの完全市場を，現実の経済で大きな役割を果たしている「根本的不確実性」(radical uncertainty)を無視している，という見地から批判している．

ダメンタル・バリューから乖離した「バブル」であった，といわれることが多い．しかしバブルに関する理論に定説はない．経済学のいう「バブル」は，あくまで暴落前の「事前」(*ex ante*)の価格がファンダメンタルズに基づき「合理的」に決まっていたか，を問題にするからである．

　「バブル」に関する本格的な実証分析に先鞭をつけたのは Shiller (1981)である．シラーは，現実の株価が将来の利潤の割引現在価値(ファンダメンタル・バリュー)として「合理的」に決まっているか否かを調べるため，「合理的期待」(条件つき期待値)の定義に基づく巧妙なテスト(分散制約検定：variance bound test)を考案した．シラーのテストは独創性に富む分析だが，データの定常性などテクニカルな問題を別にしても，最大の問題は，将来の利潤を割り引く際の割引率が一定という仮定を設けたことだった．株価のファンダメンタル・バリューを求める際に用いられる割引率は，一定である必要はない．シラーのテストが明らかにしたことは，株価は利潤の変動のみによっては「合理的」に説明できないほど激しく変動している，つまり割引率が大きく変動している，ということだったとも言える．

　株価のファンダメンタル・バリューの基礎となる割引率はどのように決まるのであろうか．RBCなど「ミクロ的に基礎づけられたマクロ経済学」(Micro-founded Macroeconomics)は，代表的消費者の効用最大化を通して決まる，と考える．これがいわゆる「消費に基づく資産価格モデル」(consumption-based capital asset pricing model：消費に基づくCAPM)である(Grossman and Shiller 1981 ほか)が，それは基本的にワルラス的一般均衡のマクロ版にほかならない．

　「消費に基づく資産価格モデル」によれば，株(資本)の収益率 r と消費 C の変化率の間に次のような関係が成り立たなければならない．

$$-\left[\frac{u''(C)C}{u'(C)}\right]\left(\frac{\dot{C}}{C}\right) = \frac{1}{\eta(C)}\left(\frac{\dot{C}}{C}\right) = r - \delta \qquad (7.1)$$

ここで異時点間の代替の弾力性 η は次の式で定義される．

$$\frac{1}{\eta(C)} = -\frac{u''(C)C}{u'(C)} > 0 \qquad (7.2)$$

　一般に η は消費 C の水準に依存する．(7.1)式によれば消費の変化率は，株

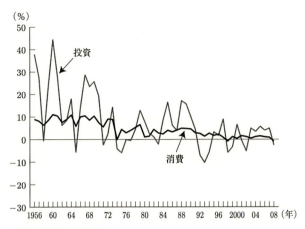

図 7-1　消費と投資の変化率
データ）内閣府「国民経済計算年報」．1995 年以降は 93SNA，平成 12 年基準(新系列)，1981-94 年は 93SNA，平成 7 年基準(旧系列)，80 年以前は 68SNA，平成 2 年基準(旧系列)による．
注）実質暦年(前年比)．

(資本)の収益率 r と消費者の主観的割引率 δ の差，および異時点間の代替の弾力性 η によって決まる．(7.1)式は，第 2 章で説明した効用の割引現在価値を最大化するラムゼー型消費者の行動から求まる 1 階の条件，すなわちオイラー方程式にほかならない．

　新古典派の「ミクロ的に基礎づけられたマクロ経済学」によれば，株の収益率 r (これは配当とキャピタル・ゲインから成る)と消費 C の間には(7.1)式が成り立っていなければならない．したがって株の収益率 r が不安定(volatile)であるとすれば，裏側で消費 C も不安定でなければならない．しかし設備投資などと比べて消費の変化率($\dot{C}/C$)の変動がはるかに小さいことはよく知られている(図 7-1)．だとすれば残された道は，(7.1)式の左辺にある代替の弾力性 η が不安定だと考えることである．そうすれば消費の変化率($\dot{C}/C$)の変動が小さくても，右辺の r の変動は大きくなりうる．

　こうして「消費に基づく資産価格モデル」の研究者は，代替の弾力性 η，言い換えれば代表的消費者の「効用関数の形」に注目した(Grossman and Shiller 1981)．スタンダードな「ミクロ的に基礎づけられたマクロ経済学」は，この

ようにマクロの現象――今の場合，資産価格の変動――を代表的消費者の行動によって説明するしかないのである．しかし「消費に基づく資産価格モデル」により新たな展望を開くことは必ずしも容易ではない．代替の弾力性 η は消費 C に依存するが，消費の変動が小さくても η の変動は大きくなければならないからである．

そこで考え出された1つのアイデアは，消費者の効用は今期の消費 C そのものではなく，過去に形成された習慣(habit) $\hat{C}$ と C の乖離に依存する，という仮説である．そうすると問題の異時点間の代替の弾力性 η は

$$\frac{1}{\eta} = -\frac{u''(C-\hat{C})(C-\hat{C})}{u'(C-\hat{C})} > 0 \tag{7.3}$$

となる．$\hat{C}$ は「習慣」なので定義により動きは緩慢である．消費 C そのものよりはるかに変動が小さくなる．すなわちそれぞれの時点で，$\hat{C}$ はほとんど一定である．したがって消費 C がゼロになることはないが，習慣との乖離 $C-\hat{C}$ がゼロに近づくことは十分にありうる．スタンダードな仮定の下で限界効用 u' はゼロの近傍で無限大に近づくから，こうした「トリック」により代替の弾力性 η の不安定性が生まれるというわけである(Campbell and Cochrane 1999)．

巧妙なアイデアだが，習慣的な消費のレベルがどれほど高くても，消費が習慣的な水準に等しくなると効用は最低になってしまうというのは本当か？「消費に基づく資産価格モデル」の枠を離れて虚心坦懐に考え直してみると，「習慣仮説」というものも単なる思いつきの域を出ないアド・ホックな仮説にすぎない．誰しもがそう思うのではないだろうか．

株価の変動という「マクロ」の現象を，代表的消費者の効用関数の形という「ミクロ」の論理で説明しようとする方法論，つまりはスタンダードな「ミクロ的基礎づけ」に根本的な無理があるのである．こうしたフレームワークに基づき研究を続けていく限り，説明がソフィスティケートになればなるほど無理が露呈することにならざるをえない．

Mehra and Prescott (1985)が「発見」した「エクイティ・プレミアム・パズル」(equity premium puzzle)も同じ問題を抱えている．メーラとプレスコッ

トは，確率的な攪乱を伴ったアロー＝デブリュー・モデルの中で安全資産と，確率的な収益を生み出す株，という2つの資産を考えた．先にみた「消費に基づく資産価格モデル」の場合と同様，このモデルでも2つの資産の収益率は，消費 C の不安定性と代表的消費者の代替の弾力性 η に依存して決まる(ただし，こうしたモデルでは η は「相対的危険回避度」と解釈される)．

さてもっともらしいと考えられる η の値と米国における過去の消費の変動を基にして，株のリスク・プレミアム(株の収益率と安全資産の収益率の差)を理論的に求めると，わずか0.4％となった．現実には米国の株(S&P, 1889-1978年)とTBの収益率の差は6％である．スタンダードな理論モデルでは，6％というリスク・プレミアムをまったく説明できないことが明らかとなった．メーラとプレスコットは，これを「エクイティ・プレミアム・パズル」と呼んだのである．

リスク・プレミアムを説明できないモデルは，当然のことながらどこかに根本的な欠陥があると考えなければならない．第一に考えられるのは，代表的消費者の仮定である．Deaton (1992) もこの点を指摘している．

> このモデルには根本的な問題がある．問題はきわめて深刻だから代表的経済主体を仮定するモデルから消費者の異時点間の代替について何か推論することはきわめて危険である……．
> パズルは，代表的経済主体に基づくモデルが実証結果を説明できないということではなく，そうしたモデルの集計に関するバカバカしい仮定からすれば，そんなモデルで実証分析の結果をうまく説明できるかもしれないと考える人間がいるということだ(Deaton 1992, pp.67, 70)．

辛辣なコメントだが，まさにディートンの言うとおりなのだ．しかしここでは代表的消費者という「バカバカしい仮定」に加えて，もう1つ重大な問題点を指摘しておかなければならない．それは，「消費に基づく資産価格モデル」のオイラー方程式(7.1)にせよメーラとプレスコットの「エクイティ・プレミアム・パズル」にせよ，従来の経済学はいずれも株の収益率の低次のモーメント(平均，分散)のみに注目していることである．平均・分散分析(mean-variance analysis)に象徴されるように,資産の収益率を分析する際にはモーメント,とりわけ平均収益率を表わす1次のモーメントと,リスクを表わす2次のモーメントに注目することが疑問の余地のない前提とされてきた(Cecchetti, Lam, and Mark 2000). しかし次節で説明するとおり,資産価格(収益率)の変動は,モーメントによって必ずしも十分にとらえることはできない可能性すらあるのである. こうしたことを理解するために,第2節では資産価格の大きな変動の背後にある「数理」をまとめておくことにしよう.

第2節　資産価格変動の数理

資産価格は時に大きく変動する. 本節では,大きな価格変動,一般に大きな変化を生む確率的メカニズムの数理を概観することにしたい[46].

1. ベキ分布

確率的な動きをする変数を分析する際には,正規分布(normal distribution, ガウス分布とも言う)を仮定することが最も標準的なアプローチである. 後に詳しく説明するとおり「中心極限定理」がその根拠となる. しかし1960年代の初め,フラクタル幾何学の生みの親として有名な数学者マンデルブローは,資産価格の変動が正規分布を仮定したモデルではうまく説明できないことを見出した(Mandelbrot 1963a)[47].

資産価格(具体的にはニューヨーク市場における綿花の価格)の変動につきマンデルブローが見出した分布は,19世紀の終わりに高額所得者の所得分布について Pareto (1896)が見出した「ベキ分布」(power distribution)であった. ベキ分布とは,確率変数 x の確率密度関数 $f(x)$ が

$$f(x) = \frac{\alpha}{x^{\alpha+1}} \quad (\alpha > 0, \ x \geq 1) \tag{7.4}$$

---

[46] 日本語の文献としては増川ほか(2011),高安(2012)などがある.
[47] この発見をめぐる興味深いエピソードは Mandelbrot and Hudson (2004)に述べられている. マンデルブローの経済学,ファイナンスの分野における主要な貢献は論文集 Mandelbrot (1997)にまとめられている.

という x のベキ関数であるような分布(次数は α)である[48]．

ベキ分布の下でも，x が大きい「異常な」事象の起きる確率は小さくなる．しかし，大きな x が出現する確率の小さくなり方は，正規分布 $\exp(-\alpha x^2)$，指数分布 $\exp(-\alpha x)$ と比べ，ベキ分布の場合はるかに緩慢である．言い換えれば，ベキ分布の下で大きな x が生じる確率は，正規分布の場合よりもはるかに大きい．身長の分布は正規分布だから5メートルの身長の人はいないのだが，仮にベキ分布だと，身長5メートルの人が現れるかもしれないわけである．大きな x に対応する確率分布の裾が厚くなるという意味で，ベキ分布を特徴づけるこの事実は「ファット・テイル」(fat tail(s))といい表わされることもある．

ベキ分布の下で，m 次のモーメントは

$$\int_1^\infty x^m \alpha \left(\frac{1}{x^{\alpha+1}}\right) dx \tag{7.5}$$

だから $m \geq \alpha$ 以上の次数のモーメントは存在しないことがわかる．たとえば $\alpha=1$ であれば1次のモーメントすなわち平均すら存在しない．$\alpha=2$ なら平均は存在するが，2次のモーメントすなわち分散は存在しない．以下にみるように $\alpha=2$ というのは決して非現実的な仮定ではない．要するにベキ分布に従う確率変数は，正規分布のそれよりはるかに激しい「暴れ馬」なのである．場合によっては分散すら存在しない．

さて現実の資産価格の動きはどうか．Mandelbrot (1963a)は半世紀前にベキ分布を発見したのだが，彼の味わったのは先駆者の悲哀だった．もっとも株価，株の収益率の変動が単純な(対数)正規分布によってはとらえられないことは今では共通の認識といってもよく，ファイナンスの世界では分散が時間とともに変化する時系列モデル(ARCH あるいはそれを一般化した GARCH)などが用いられるようになった．そうした中で「ベキ分布」を復活させたのは，経済物理学者(econophysicists)を自称する物理学者，そして実務家たちだった．多くの実証分析が，株価や為替レートの変動がベキ分布に従うことを示したので

---

[48] 確率密度関数が意味をもつためには $x \neq 0$ でなければならないので，ここでは $x \geq 1$ とした．1以上というのは説明の便宜上のことで本質的な仮定ではない．$f(x)$ は確率密度関数であるが，ベキを α ではなく $\alpha+1$ とした．これを積分した確率分布関数の次数は α となる．「分布関数」の次数 α を「ベキ分布の次数」と呼ぶことが多い．

ある(Mantegna and Stanley 2000; Stanley, Gopikrishnan, and Plerou 2006)[49]．2次のモーメント(分散)が存在するか否か，すなわち $\alpha>2$ であるか否かは微妙なところである．Mandelbrot (1963a, b)は資産価格の変動の分布には分散が存在しないことを強調した．一方，Mantegna and Stanley (2000, Ch.9)は，分散は存在する，と結論づけている．

さまざまな議論があるにせよ，今や30年の時を経てMandelbrot (1963a)の発見がよみがえった．ベキ分布の含意の1つは，たとえ1次・2次のモーメントが存在する場合でも，低次のモーメントのみによって確率分布の特性を論じても意味がない，ということである．第1節に紹介した「消費に基づく資産価格モデル」，メーラとプレスコットによる「エクイティ・プレミアム・パズル」などは1次・2次のモーメントに注目した理論的分析であるから，そもそも出発点からして大して意味がない．

問われるべきは，どのようなメカニズムがベキ分布に従う資産価格の変動を生み出すのか，この点を解明することである．以下，ベキ分布を生み出す「数理」について考える．

マンデルブローが見出した資産価格の変動にみられるベキ分布以外にも，ベキ分布は数多くの自然現象，企業や都市のサイズなどさまざまな社会経済現象に広範に見出される．第3章では，労働生産性の分布もある水準を超えた高い生産性の範囲ではベキ分布に従うことを報告した．

このほか「スケールフリー・ネットワーク」の次数分布がベキ分布になることも近年注目されており，「ネットワーク科学」と呼ばれる研究分野が生まれた(青山ほか2008；増田・今野2010；Barabási 2016)．とりわけ企業間取引のネットワークに関する実証分析は興味深い結果を生み出しつつある(青山ほか

---

49) ただしファイナンスの分野では異論もある．マンデルブローが2010年10月に亡くなったとき，*Financial Times* 紙に "Mandelbrot's inconvenient truth" という記事が掲載された(2010年10月19日の The Lex Column 欄)．この記事はマンデルブローのベキ分布の発見を紹介した上で，これはファイナンスの「効率市場理論」を否定するものであるとし，今回(2008-09年)の金融危機を踏まえればマンデルブローこそがノーベル経済学賞を受賞すべきだったと結んでいる．これに対して2010年10月21日の *Financial Times* 紙には "How Mandelbrot caused confusion" と題する投書が掲載され，そこでは，確かに株のリターンの分散は一定ではないが(このことは今や誰でも知っている)，変動する分散で適当に正規化すればリターンは正規分布で近似できるのであり，マンデルブローのファイナンスの理論に対するクレームは不必要な混乱を招いただけだ，と主張している．これが「正統的」なファイナンスの立場であろう．

表 7-1 ベキ分布の例

データの種類	最小値	ベキ指数
単語の出現頻度	1	2.20 (1)
論文の引用回数	100	3.04 (2)
ウェブの閲覧回数	1	2.40 (1)
米国ベストセラー本の売上冊数	2000000	3.51 (16)
電話の受信回数	10	2.22 (1)
地震の大きさ	3.8	3.04 (4)
月のクレータの直径	0.01	3.14 (5)
太陽フレアのガンマ線強度	200	1.83 (2)
戦争の激しさ	3	1.80 (9)
米国人の純資産	600万ドル	2.09 (4)
姓の出現頻度	10000	1.94 (1)
米国都市の人口	40000	2.30 (5)

出典) Newman (2005), p.330, Table 1.
注) それぞれの分布の詳細については同論文に説明がある.

2007;Aoyama et al. 2010).

表 7-1 は Newman (2005)が集めた有名な研究の一覧表である.一番上にある「単語の出現頻度」の分布は米国の作家・メルヴィルの『白鯨』について調べたものだそうだが,もとよりベキ分布は『白鯨』についてのみ見出されるわけではない(関心のある読者は Zipf 1949 を参照されたし).そこで問題になるのは,なぜベキ分布がこのように普遍的(universal)にみられるのか,ベキ分布生成の数理である.この分野の研究は日進月歩で進行中のようだが,ここでは知りえた限りのことを整理することにしたい.

2. 独立な確率変数の和の極限分布

独立な確率変数の和の分布を考える.確率分布の「女王」は正規分布であるといわれている.正規分布を「正規」(normal)たらしめているその根拠は,よく知られているとおり「中心極限定理」(central limit theorem)である[50].

---

[50] ベルヌーイにはじまりド・モアブル,ラプラス,ガウス,チェビシェフなどによる「中心極限定理」の歴史については Gnedenko (1997)の Appendix "History of Probability Theory" および池田ほか(2006)の第 1 章が参考になる.

中心極限定理

$X_1, X_2, \ldots, X_n$ は「独立かつ同一の分布」($i.i.d.$)の確率変数列であり，期待値 $m = \mathrm{E}(X_i)$，分散 $\sigma = V(X_i)$ および3次のモーメント $\mathrm{E}[|X_i|^3]$ が存在する．このとき

$$S_n = \frac{(X_1 + X_2 + \cdots + X_n) - nm}{\sqrt{n\sigma}}$$

の確率分布は $n \to \infty$ で標準正規分布 $N(0, 1)$ に収束する．

　中心極限定理は，独立同一分布の確率変数の和が，もともとの分布に低次のモーメントが存在するという条件の下で正規分布に収束することを言っている．この定理のパワーは，和を構成する確率変数 X_i のもともとの分布がどのような分布であっても成立するところにある．自然や社会の中で生起する確率的な事象は無数といってもよいほどの数多くの攪乱が積み重なって生じているものと考えられる．ただしこうした攪乱を生み出している確率分布がどのようなものかは必ずしも明らかではない．こうした現実的な想定を踏まえると，「独立かつ同一の分布」という仮定は気になるにしても，中心極限定理がいかに大きな意味合いを持つか明らかであろう．実際，自然や社会の中には身長など正規分布で特徴づけられる現象が数多く見出される．こうして正規分布は，確率分布の「女王」として分野を問わず多くの実証研究で用いられてきた．統計学や計量経済学における検定や多くの定理が，正規分布を仮定していることは改めて言うまでもない．

　なお独立同一分布に従う確率変数列 X_i の和ではなく積（乗算確率過程：multiplicative process）で表わされる確率変数 Y_n

$$Y_n = X_1 X_2 \cdots X_n \tag{7.6}$$

についても，対数をとると $\ln Y_n$ は

$$\ln Y_n \equiv S_n \equiv \ln X_1 + \cdots + \ln X_n \tag{7.7}$$

と $\ln X_i$ の和になるから適当な仮定の下で $\ln Y_n$ について中心極限定理が成立する．すなわち Y_n は「対数正規分布」に収束する．

中心極限定理を理論的な根拠として，正規分布(対数正規分布も含む)は普遍的に妥当するまさにノーマルな(normal)分布であると考えられてきた．実際ほとんどすべての実証分析で正規分布が用いられてきた，といってもよい．その根拠は知るよしもないが，わが国では正規分布に基づく「偏差値」が日夜受験生を悩ましているのである．

　しかしその一方で，正規分布ではなく「ベキ分布」が当てはまる現象が存在することは，マンデルブロー以前，古くから知られていた．Pareto(1896)による高所得層の所得分配に関するベキ分布の発見は，最古の経験的ベキ分布発見として今日認定されている．そのほか地震など自然災害等についても正規分布ではなくベキ分布が当てはまることは，それぞれの分野の専門家によりつとに認識されてきた．

　ベキ分布はなぜ普遍的に見出されるのか．実はベキ分布と前述した中心極限定理，そして確率過程との関係は，数学の世界ではすでに戦前から戦後初期にかけてレヴィ，ヒンチン，グネデンコ，コルモゴロフ，伊藤清など数学者によりかなり解明されていた．Gnedenko and Kolmogorov(1954)は「極限定理」(limit theorems)に関する成果をまとめたモノグラフであるが，そうした知見は経済学も含め応用分野では必ずしも共有されてこなかった．

　問題は中心極限定理と同じく，確率変数 $X_1, X_2, \ldots, X_n$ の(適当に正規化した)和 $S_n = X_1 + X_2 + \cdots + X_n$ が $n \to \infty$ で，どのような確率分布に収束するかである．X_i が独立同一分布に従い2次(および3次)のモーメントが存在すれば中心極限定理により正規分布に収束する．しかしこれが唯一の可能性ではない．当然のことながら定理の要請する仮定が成立しなければ中心極限定理は成立しない．そこで中心極限定理とは異なる条件の下で成立する「極限定理」がいろいろと解明されてきた．

　たとえば株価の変化率の時系列を取ると，異なる時点のそれはほぼ独立であるが，分散は時間に関して不均一である．これは確率変数 X_i が互いに独立であっても同一の分布に従わないケースに対応する．このように確率変数列 X_i が「独立だが同一ではない分布」に従うとき，和 $S_n = X_1 + X_2 + \cdots + X_n$ は一定の条件の下で「無限分解可能」(infinitely divisible)な確率分布に収束する(ヒ

ンチンの極限定理)[51].

　ヒンチンの極限定理に登場する「無限分解可能」な分布は次のように定義される．すなわち任意の自然数 n に対して分布 μ_n が存在し，μ_n の n 個のたたみこみ μ_n^n によって分布 μ が

$$\mu = \mu_n^n \tag{7.8}$$

と表わされるとき μ は「無限分解可能」という[52]．

　確率分布 μ の特性関数(フーリエ変換)を $\hat{\mu}$ とすれば，たたみこみは特性関数の掛け算に対応するので，μ が無限分解可能であれば $\hat{\mu}$ の n 乗根に等しい特性関数が存在する．無限分解可能な分布については，その特性関数の一般形がレヴィ，ヒンチンにより求められている(Gnedenko and Kolmogorov 1954, p.76, Theorem1)．教科書でなじみ深い正規分布，コーシー分布，ポアソン分布，負の二項分布，指数分布，Γ 分布などは，いずれも無限分解可能な分布である(一様分布，二項分布は無限分解可能ではない)．ヒンチンの極限定理からすると，われわれにとって最も重要な確率分布の族が無限分解可能な分布であることは明らかであろう．

　ベキ分布も無限分解可能な分布の族に含まれる．無限分解可能な分布の族にはモーメント，とりわけ2次のモーメントが存在する分布と並んで，それが存在しない分布も含まれることに注意する必要がある．ベキ分布の場合，次数によって2次のモーメントが存在しないことはすでに見た．同じく無限分解可能であるコーシー分布にも分散が存在しないことはよく知られている．

　さてここでもう一度独立かつ「同一」な分布($i.i.d.$)に従う確率変数 X_i の和 $S_n = X_1 + X_2 + \cdots + X_n$ を考えよう．すなわち再びヒンチンの極限定理よりは狭い範囲を考える．ただし，元の分布に低次のモーメントが存在することは仮定しないので，中心極限定理が成り立つとは限らない．

---

51) この定理が成立するためには，部分和 S_n に対して独立な確率変数 X_i の1つが支配的(dominant)な影響を与えることはない，言い換えれば，n が大きくなるにつれて個々の X_i の影響はすべて無視できるほど「小さくなる」(infinitesimal)ことが必要である．Gnedenko and Kolmogorov (1954)の第4章が一般的な極限定理を説明している．

52) μ は1次元である必要はなく一般に多次元でよいが，ここでは特に必要ないので μ の次元については明示しない．無限分解可能な分布については Feller (1971)，佐藤(1990)を参照．

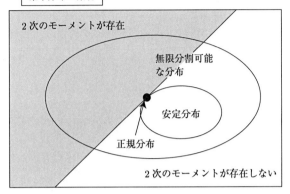

図 7-2 無限分割可能分布と安定分布
出所) Mantegna and Stanley (2000).

ここで任意の自然数 n に対して S_n の確率分布 $\mu(S_n)$ が X_i の分布 $\mu(X_i)$ と同一であるとき,この分布を「安定分布」(stable distribution)とよぶ.安定分布についてもレヴィ,ヒンチンにより特性関数の一般形が明らかにされているが,分布の具体的な形の全容は必ずしも明らかではない.とはいえ安定分布に関していくつか重要なことが分かっている.正規分布とコーシー分布は安定分布である.また平均の両側で対称である正規分布以外の安定分布 $P(x)$ については,x の絶対値が大きい範囲で

$$P(x) \sim \frac{1}{|x|^{\alpha+1}} \qquad (0<\alpha<2) \qquad \text{ただし} \quad |x| \gg 1 \qquad (7.9)$$

という近似が成立する.すなわち x (の絶対値)が大きくなると次数 α ($0<\alpha<2$) のベキ分布に漸近するのである.ここで α は安定分布を特徴づけるパラメター($0<\alpha\leq 2$)であり,$\alpha=2$ が正規分布に対応する.(7.9)式において,α は 2 未満であるから 2 次のモーメントは存在しない.実は安定分布の中で 2 次のモーメントが存在するのは正規分布($\alpha=2$ のケース)だけなのである(Samorodnitsky and Taqqu 1994, p.18).安定分布の族は無限分解可能分布の部分集合である.したがって両者の関係は図 7-2 のように表わすことができる(Mantegna and Stanley 2000).

分析対象としている何らかの現象が数多くの確率変数 X_i の和 S_n の結果として現出しているものとすれば，X_i の分布が同一でないかぎりヒンチンの極限定理からして，われわれが期待すべき分布は無限分割可能分布である．ベキ分布

$$f(x) = \frac{\alpha}{x^{\alpha+1}} \qquad (\alpha > 0) \tag{7.10}$$

は確かに無限分割可能な分布の族に含まれる．しかし無限分割可能な分布はベキ分布のほかにいくらでも存在する．

一方，X_i と和 S_n の分布に大きな違いがなければ，無限分割可能な分布の族の部分集合である安定分布の族が期待される分布の集合となり，この場合には2次のモーメントの存在が重要なメルクマールとなる．すなわち2次のモーメント(分散)が存在すれば正規分布，それが存在しなければ次数が2未満のベキ分布(とくに大きな x について)である．なお安定分布を特徴づけるパラメター α $(0<\alpha\leq 2)$ の実数空間上では，正規分布は $\alpha=2$ のケースであるからルベーグ測度ゼロとなる．一方ベキ分布の指数は $0<\alpha<2$ であるから測度2である．

独立な確率変数の和の極限定理から，われわれは自然・社会現象の中にどのような分布を期待するべきであろうか．スタンダードな中心極限定理に基づき正規分布のみを特別視することは明らかに正当化されない．和を構成するもともとの確率変数の分布が「同一」であるという仮定を取り除いたヒンチンの極限定理からすると，「無限分割可能」な分布が有力候補の集合となる．その中で正規分布が1つの重要な分布であることはいうまでもない．だから，実際多くの自然・社会現象に正規分布が見出されるのである．しかし分布の全体ではなくても，その一部(たとえば確率変数 x の絶対値 $|x|$ が大きい，分布の裾野の部分)でベキ分布が見出されることについては，それがごく自然なことであることを一般化された極限定理は示唆しているように思われる．

3. エントロピー最大化

次に「エントロピー最大化」の観点から問題を整理してみることにしたい．エントロピー最大化(第2章の(2.13)式)は統計物理学において最も基本的な考

え方である．第3章ではそれがケインズ経済学のミクロ的基礎づけにどのように応用されるかを説明した．以下ではエントロピー最大化と，そこから得られる確率分布の関係につき考える．

連続的な変数 x について，エントロピー H

$$H = -\int P(x) \ln P(x) dx \tag{7.11}$$

を異なる制約条件の下で最大化する．

(1) x の範囲を $(0, \infty)$ とし，平均(1次のモーメント)が与えられているものとする．

$$\langle x \rangle \equiv \int_0^\infty x P(x) dx = \bar{\mu} \tag{7.12}$$

制約条件(7.12)式の下でエントロピー H を最大にする分布 $P(x)$ は指数分布すなわちボルツマン分布となる．言うまでもなく第3章で考えたのはこのケースである．第3章のモデルでは，有効需要の制約(3.32)式が「平均が一定」という条件にあたる．

(2) 次に x は $(-\infty, \infty)$ とし，2次のモーメントが与えられているものとする．

$$\langle x^2 \rangle \equiv \int_{-\infty}^\infty x^2 P(x) dx = \bar{\sigma}^2 \tag{7.13}$$

制約条件(7.13)式の下でエントロピー H を最大にする分布 $P(x)$ は正規分布となる．

$$P(x) = \frac{1}{\sqrt{2\pi}\bar{\sigma}} \exp\left(-\frac{x^2}{2\bar{\sigma}^2}\right) \tag{7.14}$$

ちなみにこのときエントロピー H は次式で与えられる．

$$H = \ln \bar{\sigma}(2\pi e)^{\frac{1}{2}} \tag{7.15}$$

正規分布は「2次のモーメント一定」という制約の下でのエントロピー最大化から得られる．

(3) 最後に確率変数 X (ただし $X \in (0, \infty)$) の対数 $x = \ln X$ の平均

$$\langle \ln X \rangle = \langle x \rangle = \int_0^\infty xP(x)dx = \bar{\mu} \qquad (7.16)$$

が与えられているときのエントロピー H の最大化を考える．$P(x)$ は $x = \ln X$ の分布である．エントロピー H も X ではなく対数値 $x = \ln X$ に関して定義されている(したがって記号の上では(7.11)式そのままでよい)．(7.11)式を(7.16)の制約式の下で最大化する問題は(1)と同じであるから x の分布 $P(x)$ は指数分布(ボルツマン分布)になる．これを

$$P(x) = Ce^{-\alpha x} \qquad (\alpha > 0, \ C \text{は正の定数}) \qquad (7.17)$$

と書こう．このとき元の確率変数 X の分布 $\hat{P}(X)$ は，$X = e^x$ に注意すると

$$\hat{P}(X) = e^{-x}P(x) = e^{-x}Ce^{-\alpha x} = C(e^x)^{-(\alpha+1)} = CX^{-(\alpha+1)} \qquad (7.18)$$

すなわち「ベキ分布」となる．ベキ分布は確率変数 X の対数値の平均一定という条件の下でエントロピー最大化から導かれるのである[53]．

以上われわれは，異なる制約条件(1次，2次のモーメントが一定という条件)の下でエントロピー H を最大化し，制約条件に応じてそれぞれ指数分布(ボルツマン分布)，正規分布，ベキ分布が得られることを見た．ここで最大化した(7.11)式で表わされるエントロピー H はシャノンのエントロピーである．

シャノンのエントロピーはボルツマン，ギブスはじめスタンダードな統計物理学の基礎にあるエントロピーであるが，近年シャノンのエントロピーを一般化したツァリス(Tsallis)・エントロピー

$$T(q) = \frac{1 - \sum_{i=1}^{k} P_i^q}{q-1} \qquad (7.19)$$

と「ベキ法則」の関係が注目されている．ツァリス・エントロピー(7.19)式はパラメーター q に依存しており，$q \to 1$ としたときにシャノン・エントロピー H となる．ツァリス・エントロピーとベキ分布の関係については須鎗(2010)を参照されたい．このほかフィッシャー情報量の最小化から非定常状態も含め

---

[53] このことを Lévy and Solomon (1996)は別の方法で示している．彼らの論文のタイトルにあるとおり「ベキ分布」は「ボルツマン分布の対数版」なのである．

さまざまな関係式が導かれることも知られている(Honig 2009).

乗算確率過程(Multiplicative Process)

ファット・テイルを持つ歪んだ分布の中でも特に有名なのが対数正規分布である. 先に見たとおり対数正規分布は, 独立同一分布に従う確率変数 X_i の「積」で表わされる確率変数について(対数をとり)中心極限定理を適用することによって得られる. ところで乗算確率過程については, それを一般化した確率過程について Kesten (1973) と Goldie (1991) による次の定理が知られている.

そのために一般化した乗算確率過程を定義する. 確率変数 Y_t が

$$Y_t = M_t Y_{t-1} + Q_t \qquad (t=1,2,\dots) \tag{7.20}$$

という確率定差方程式を満足するとき乗算確率過程という. ここで M_t, Q_t は独立同一分布に従う1対の確率変数である. Y_t につき次の定理が成り立つ.

定理(ケステン゠ゴルディ)

乗算確率過程(7.20)式について

$$\mathrm{E}(\ln|M_t|) < 0 \qquad (t=1,2,\dots) \tag{7.21}$$

という条件が満たされれば Y_t の分布は1つの確率分布に収束する. 上記の条件に加えて $Q/(1-M_t)$ が $(1-M_t)$ の定数倍ではなく(nondegenerate), さらに

$$0 < \mathrm{E}(|Q_t|^\alpha) < \infty \qquad (\alpha > 0) \tag{7.22}$$

$$\mathrm{E}(|M_t|^\alpha) = 1 \tag{7.23}$$

$$\mathrm{E}(|M_t|^\alpha \ln+|M_t|) < \infty \qquad (\ln+x = \max(0, \ln x)) \tag{7.24}$$

を満たす正数 α が存在するならば, Y_t の極限分布$(t\to\infty)$の裾野はベキ分布に従う. すなわち

$$P(|Y_t| > x) \sim x^{-\alpha} \tag{7.25}$$

が成立する.

この定理からベキ分布と乗算確率過程が密接な関係にあることが分かる．少し正確さを犠牲にして標語的に言うならば，乗算確率過程が一定の条件を満たすとき，そこにベキ分布が生まれるということになる．乗算確率過程はベキ分布の温床といってもよい．なおベキ分布の次数 α は「成長ファクター」M_t の α 次のモーメントが1になる，という(7.23)式の条件から求められる．

対数正規分布

なお乗算確率過程については，対数をとったうえで中心極限定理を適用することにより極限分布として対数正規分布が得られる．したがって乗算確率過程は加算確率過程と本質的に異なるところはない，とする見解がいまだにみられる．しかしこうした見方は正しくない．Redner (1990)は，二項分布を用いてこのことを明快に解説している．

二項分布に基づく次のような乗算確率過程を考える．初期値1から出発し確率 p で Z_1, q で Z_2 ($Z_1 > Z_2 > 0$) の乗数を掛けるプロセスを N 回続けた結果を P で表わす．このとき P の平均を $\langle P \rangle$，最も起こりやすい(すなわち確率の最大となる) P の値を $\hat{P}$ とする．

平均 $\langle P \rangle$ は

$$\langle P \rangle = \sum_{n=0}^{N} {}_N C_n p^n q^{N-n} Z_1^n Z_2^{N-n} = \sum_{n=0}^{N} {}_N C_n (pZ_1)^n (qZ_2)^{N-n} = (pZ_1 + qZ_2)^N \tag{7.26}$$

となる．一方 $\hat{P}$ は ${}_N C_n p^n q^{N-n}$ を n について最大化することによって得られる P の値だから

$$\hat{P} = (Z_1^p Z_2^q)^N \tag{7.27}$$

である．

現実にはわれわれは有限のサンプルしか持ちえないから，われわれが手にするのは $\hat{P}$ に近い値であると考えられる．加算確率過程については $\langle P \rangle$ と $\hat{P}$ の乖離は大きくない．しかし乗算確率過程では両者は大きく乖離する．Redner (1990)の示したように二項分布の場合，$1/3 < p < 1/2$ のとき $N \to \infty$ で $\langle P \rangle$ は無限大に発散するのに対して，$\hat{P}$ は 0 に収束する．

乗算確率過程では，確率は小さくても極端な事象(extreme event)が平均(より一般的にモーメント)に大きな影響を与えるのである．Nが大きいとき$\langle P \rangle$の計算に中心極限定理を根拠として対数正規分布を適用すると，われわれは一般に$\hat{P}$により$\langle P \rangle$を推計するのと同じような誤りを犯してしまう．二項分布に基づく乗算確率過程の場合には，Z_1, Z_2が起きる確率に大きな違いがない場合($p \cong q$)，あるいはZ_1とZ_2がほぼ等しい場合($Z_1 \cong Z_2$)にのみ，対数正規分布がモーメントに関する正しい近似を与えてくれるのである[54]．要するに，一般的には対数正規分布によって，乗算確率過程の確率的性質を正確に知ることはできない．

他のメカニズム

以上説明した他にもベキ分布を生み出すメカニズムにはさまざまなものがある(Newman 2005の第4節，pp.336-348を参照)．

(1) ユール過程：1922年ウィリスは生物の分類を調べ，1つの「属」(genus)の中に含まれる「種」(species)の数の分布がベキ分布に従うことを見出した．横軸に1つの属に含まれる種の数の対数値，縦軸に属の数(累積)の対数値をとったグラフは美しい直線を描いた．この直線グラフは，ベキ分布を両対数軸上の直線グラフで表現した嚆矢といわれる．

ユールは，ウィリスの発見を説明するために次のような確率過程を提唱した．それぞれ異なる数の種を含む属がnあるとする．時折，確率的に新しい属が誕生する．一方新たな属が誕生するまでの間にmだけの新しい種が既存の属に加わるが，どの属に加わるかはそれぞれの属がすでにどれだけの数の種をもっているかに依存し，種の数が多いほどその属に新たな種が加わる確率は大きくなるものとする．このモデルでは，時間とともに属の数nも大きくなるが，種の数がkである属の割合p_kの漸近的($n \to \infty$)な分布は，ベータ分布になる(詳しくはNewman 2005, pp.340-341参照)．

---

54) 対数正規分布の適用は，モーメントの積分計算において「ラプラスの方法」の誤用に基づくことをRedner (1990), p.270は指摘している．

$$p_k = \left(1 + \frac{1}{m}\right) B\left(k,\ 2 + \frac{1}{m}\right) \tag{7.28}$$

ベータ分布 $B(a,b)$ の裾野(tail)は

$$B(a,b) \sim a^{-b} \tag{7.29}$$

というベキ分布に従うので，p_k の裾野は(7.28)，(7.29)式より

$$p_k \sim k^{-\alpha}, \qquad \alpha = 2 + \frac{1}{m} \tag{7.30}$$

というベキ分布に従うことが分かる．

ユール過程は生物の種の分化のモデルであるが，たとえば属を都市，種の数をそれぞれの都市の人口と解釈すれば分かるとおり，きわめて応用範囲の広い一般的なモデルである．なお 2 パラメターのポアソン=ディリクレ分布も，ユール過程と同じようなメカニズムをモデル化したものである．

(2) レヴィ・フライト(Lévy Flight)：ランダム・ウォークがきわめて広い応用を持つ重要な確率過程であり，その極限が正規分布となることはよく知られている．しかし各期の飛躍の飛び幅が一定である，という標準的なランダム・ウォークの仮定はきわめて制約的である．これは，たとえば野原で跳躍するバッタを考えるだけでも直ちに納得されるはずである．

スタンダードなランダム・ウォークに代わる次のようなモデルをレヴィは考えた．簡単のために次元は 1 次元とする．1 次元の線上をバッタは左右に跳躍するが，その飛び幅は一定ではなく次のような分布に従うものとする．

$$\begin{aligned}
&\text{飛び幅が} \pm a \text{となる確率：} &&\text{それぞれ } c/2 \\
&\text{飛び幅が} \pm \lambda a \text{となる確率：} &&\text{それぞれ } c(1-c)/2 \\
&\qquad\vdots &&\qquad\vdots \\
&\text{飛び幅が} \pm \lambda^j a \text{となる確率：} &&\text{それぞれ } c(1-c)^j/2 \\
&\qquad\vdots
\end{aligned} \tag{7.31}$$

ここで

$$a > 0, \quad 1 > c > 0, \quad \lambda > 1$$

つまりバッタは a を最小単位として左右無限の遠くまでさまざまな飛び幅の跳躍をする．ただし飛び幅が大きくなればなるほど，そうした跳躍がなされる確率は小さくなる．この一般化されたランダム・ウォークは「レヴィ・フライト」と呼ばれることもある．ちなみに (7.31) 式で $c=1$ がスタンダードなランダム・ウォークに対応する．容易に想像できるようにレヴィ・フライトは，飛び幅が一定であるスタンダードなランダム・ウォークより「暴れ馬」である．スタンダードなランダム・ウォークからは正規分布が得られるのに対して，レヴィ・フライトからはベキ分布が得られる．

もっともいくら確率が小さいとはいえ，バッタが地球の反対側まで一飛びするというのは，あまりに非現実的である．そこで1回の飛躍 x の絶対値 $|x|$ がある一定の値 $m>0$ を超える場合は確率がゼロであるとし，$|x| \leq m$ の範囲内で (7.31) 式のような分布を考える．これが「切断レヴィ・フライト」(truncated Lévy Flight) である．切断レヴィ・フライトは2次のモーメントを持つから，n 個の x の和 S_n の確率分布 $P(S_n)$ は，中心極限定理により正規分布に収束する ($n \to \infty$)．一方で n が小さいときには (7.31) 式より明らかなように $P(S_n)$ は切断されたベキ分布となる．したがって現実の応用においては，S_n の分布はサンプル数に依存する．こうした難しさはあるが，いずれにせよ飛び幅を一定値に限定しないレヴィ・フライトはベキ分布を生み出す．

(3) 自己組織化臨界現象 (Self-organized Criticality)：統計物理学では，「相転移」(phase transition, 固体，液体，気体の変化，あるいは磁性の有無など物質のもつ性質が定性的に変化する現象) に伴いベキ分布が観察されることがよく知られている[55]．しかし相転移を起こす「臨界現象」(critical phenomena) は，系をコントロールするパラメーターが特定の値をとる (たとえば水の変化の場合，温度が摂氏0度ないし100度となる) 場合にかぎって発生するのであるから，そのままでは自然・経済社会現象の中にベキ分布が普遍的 (generic) に観察されることの説明

---

[55] 相転移・臨界現象については宮下 (2002) を参照．

としては苦しい．すなわちコントロール・パラメターがなぜ特定の値をとるのか，それを説明できないかぎりベキ分布を説明する論理としては弱い[56]．

こうした問題を解消すべく考え出された自己組織化臨界現象とは，初期状態の如何にかかわらずベキ分布に従う臨界現象に導かれるようなダイナミクスにほかならない．提唱者であるバックには *How Nature Works: The Science of self-organized Criticality* という大げさなタイトルの著作もある．

Bak, Chen, Scheinkman, and Woodford (1993) は，インプット・アウトプットの連鎖で結ばれた多数の企業からなる経済において，最終財に対する確率的な需要の変動が在庫の変動を通して自己組織化臨界現象のメカニズムをつくり出し，マクロの生産のベキ分布が生まれることを示した．このモデルはケインズ的な「乗数」(multiplier) を分析したものと解釈できる．教科書的な乗数分析では，需要の増加は同じだけの生産を誘発するという仮定が設けられている．しかし企業が当初保有する在庫の水準によっては，こうした仮定は必ずしも満たされない (Hicks 1974a, Ch.1)．バクらのモデルは在庫の水準に応じた生産の動きを明示的に分析し，そこからマクロの変動が生み出されることを示した．

中心極限定理に基づき，正規分布を唯一の「ノーマル」な分布と考えることは正当化されない．もとより正規分布は最も重要な分布である．しかし，ベキ分布が多くの自然・経済社会現象に見出されるのは，決して不思議なことではない．むしろベキ分布を生み出す数理を概観すれば，それは十分に期待されるべきことなのだ，ということをわれわれは認識しなければならない．

第3節 「バブル」について

資産価格の大きな変動の背後にある数理について概観した．ここで改めて「バブル」について考えてみることにしよう．バブルは，金融市場が資本主義経済で果たす役割を考えるときわめて重要な問題である．

---

[56] たとえばミクロのショックの集積がマクロの変動を生み出すことを説明しようとする Javanovic (1987) のモデルは，こうした意味で頑健性に乏しい．

第1節でみたように,Shiller (1981)に始まるバブルのテストは,結局のところ失敗に終わった.そこから始まった「消費に基づく資産価格モデル」は,代表的消費者の仮定に基づく「ミクロ的に基礎づけられたマクロ経済学」の均衡論であるが,これまた失敗すべくして失敗に終わった.残る事実は,資産価格は普通の価格と違い大きく変動し,とりわけ暴落はマクロ経済に計り知れないダメージを与えるということである.かつてそれは「恐慌」あるいは「危機」(crisis)と呼ばれた.

「バブル」は,資産価格のファンダメンタル・バリューからの乖離として定義される.株価でいえば,将来の収益(配当)の割引現在価格がファンダメンタル・バリューだ.最大の問題は,ファンダメンタル・バリューはあくまでも「事前的」(*ex ante*)な概念だということである.事後的(*ex post*)にみて資産価格にどれほど異常な動きがみられても,事前的にみれば「バブル」でない,ということはもちろんありうる.むしろこれが新古典派の経済学者,ファイナンスの専門家の一般的な見方かもしれない.「効率的市場仮説」(efficient market theory)に関する研究で2013年にノーベル経済学賞を受賞したユージン・ファーマは,米国の雑誌 *New Yorker* のインタビュー(2010年)で次のように答えている.

> 私には「バブル」という言葉が一体何を意味しているのかまったく分からない.この言葉はよく使われるが,私は無意味な言葉だと思う(Cassidy 2010).

ファーマにとり,「バブル」は現実の資産価格の動きを分析する上でまったく無意味な概念というわけである.ほとんど無定義の言葉にすぎないといいたいのだろう.

バブルを明確に定義するべく「合理的バブル」のモデルも考え出された.ここでは Blanchard (1979),Blanchard and Watson (1982)の「合理的バブル」のモデルを例にとり説明することにしたい.

このモデルでは,資産価格のバブル B_t は毎期確率 π ($0<\pi<1$) で発散経路をたどる一方,確率 $1-\pi$ でバブルが破裂し B_t の価値はゼロとなる.バブル

が崩壊してもまた再燃する可能性を持たせるために，B_t には加法的な独立同一分布の攪乱 ε_t を加える．すなわち B_t は

$$B_t = a_t B_{t-1} + \varepsilon_t \tag{7.32}$$

を満たす．ここで a_t は

$$a_t = a > 1 \text{ となる確率：} \quad \pi$$
$$a_t = 0 \text{ となる確率：} \quad 1-\pi \tag{7.33}$$

(7.33)式で定義される a_t も独立同一分布なので，$\{a_t, B_t\}$ は独立同一分布の確率変数のペアとなり，B_t は第2節で説明した乗算確率過程である．

さて B_t が「合理的」バブルであるためには，よく知られているとおり

$$B_t = \beta \mathrm{E}(B_{t+1}|\Omega_t) \quad (0 < \beta < 1) \tag{7.34}$$

が成り立っていなければならない．Ω_t は t 期の情報集合，β は割引ファクターである．(7.32)，(7.34)式より

$$a = \frac{1}{\pi\beta} > 1 \tag{7.35}$$

が成立している．すなわち「合理的」バブルの進行率 a は $\pi\beta$ の逆数に等しくなければならない．

このモデルに第2節で説明したケステン＝ゴルディの定理を適用する．定理の条件は満たされているので，B_t の極限分布の裾野(tail)はベキ分布となる．すなわち x が大きいとき

$$P(B_t > x) \sim x^{-\alpha} \tag{7.36}$$

である．ベキ分布(7.36)式の次数は，定理の(7.23)式の条件から求めることができる．このモデルの変数を(7.23)式に代入すると

$$\mathrm{E}(a_t^\alpha) = \pi a^\alpha = 1 \tag{7.37}$$

が得られる．(7.35)式を使い a を消去し，対数をとると

$$\alpha = \frac{\ln(1/\pi)}{\ln(1/\pi)+\ln(1/\beta)} < 1 \tag{7.38}$$

となる．すなわちブランシャール=ワトソンの「合理的」バブルのモデルでは，バブルを含む株価のベキ分布の次数は1より小さくなる．

しかし多くの実証研究によれば，株価の変化率の次数は約3である．したがって株価に関する「合理的」バブルのモデルは棄却される(Lux and Sornette 2002)．従来の経済学は，こうしたモデルをつくり，(7.35)式といった条件を導くことで満足していた．しかしこうした「理論モデル」は，実は「理論」ではなく，思弁にすぎないのである．ケステン=ゴルディの定理を使うことにより，われわれはこのモデルを実証的に棄却することができた．われわれは同様の手順により，スタンダードな株価のモデルも同じ問題に逢着することを示すことができる(Sornette 2003)．こうしてみると，「合理的バブル」のモデルは，あれこれ考えてもあまり大きな進歩は期待できないということが分かる．

結局，従来の経済学における根本的な問題は，「事前」(*ex ante*)の「合理性」へあまりに拘泥しすぎているところにある．というのも，マクロ経済が甚大な被害を受けるのは，資産価格の大変動，とりわけ価格の暴落によるのであり，大暴落が起きる前の価格形成が「合理的」であるか否かは二義的だからである．

図7-3は，正月築地におけるマグロの初値の推移である．2013年，2019年のような価格の動きは，合理的であるか否かを問わず，正月のマグロならよくても，それが株価や地価だとマクロ経済に大きなダメージを与える．

2008年，リーマン・ブラザーズが破綻し金融危機とそれに続く世界同時不況(Great Recession)が発生するまで，米国の連邦準備銀行(Federal Reserve Bank: Fed)は「バブルは事前に予測できないし，バブルが崩壊したら迅速に金利を下げれば問題を解決できる」という立場を取っていた．いわゆるFedビュー(Fed View)である．これに対して，バーゼルの国際決済銀行(Bank for International Settlement: BIS)は，「不完全ではあってもバブルの予兆は観測できるし，バブルが崩壊すれば，たとえ金利を下げても問題の解決は容易ではない」というBISビュー(BIS View)を主張し，米国のサブプライム・ローンへ警鐘を鳴らしていた．金融危機とGreat Recessionを経た今日，Fedビュー

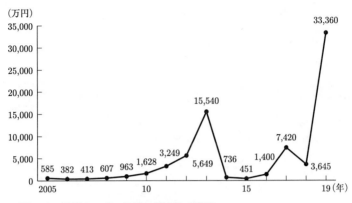

図 7-3　生鮮本マグロ初競り最高値の推移
注 1）2018 年までは築地市場，2019 年は豊洲市場．
　　2）産地：2011 年以外は青森・大間産，2011 年は北海道・戸井産．

は誤りで，BIS ビューが正しかったことは明らかである．アメリカの主流派マクロ経済学者がこぞって Fed ビューを唱えていた背景には，「事前」の期待の「合理性」へのこだわりがあった．

　資産価格が時に大きく変動する理由は何なのか．たしかに資産価格は普通のモノやサービスの価格とはまったく異なる動きをする．前節でみたとおり，1つの切り口は「ベキ分布」である．実体経済の動きに比べて資産価格の変動のほうがはるかに大きいということは，多くの人が直観的に感じていることだ．われわれの賃金・給料が 1 年で 2 倍になることなどはまずない．しかし株価や地価には，しばしばそうしたことが生じるのである．実体経済と資産市場の相違はどこから生まれるのだろうか．

第 4 節　実体経済との違い

　Aoki and Yoshikawa (2007, Ch.10) では，この問題を考察するために切断レヴィ・フライト（第 2 節参照）という分析フレームワークを用い分析した．本節ではこのモデルを簡単に紹介する．そのうえで第 5 節で，資産市場と実体経済それぞれにおける「合理性」「効率性」につき改めて考えてみることにしたい．

実質 GDP や消費など実物変数の変化が指数分布に従う．これに対して，株価など資産価格の変動がベキ分布となるのはなぜなのか，この問題を解明するのが目的である．モデルは Huang and Solomon (2001) に基づく．

実体経済

まず実体経済を考える．この経済には N 人の消費者がいる．以下「消費」という言葉を使うことにするが，「生産」と解釈することも可能である．マクロの消費 $C(t)$ と個々の消費者のミクロの消費 $c_i(t)$ の関係は次式で表わされる．

$$C(t) = c_1(t) + \cdots + c_N(t) \tag{7.39}$$

ここで t は物理的な時間を表わす．t から $t+1$ にかけての1期間は1月，1四半期，あるいは1年でもよい．以下マクロの消費 $C(t)$ の $[t, t+1]$ の成長率，すなわち $(C(t+1)-C(t))/C(t)$ で定義される $r(t)$ の確率分布を導くのが目標である．

マクロの消費の成長率は，N 人のミクロの消費の成長の和である．個別ミクロの消費には，「1期間」のうちに τ 回の変化があるとする．どの消費者の消費が変化するかは確率的に選ばれる．この確率は $1/N$ でもよいし，もともとの消費の大きさに依存していても構わない．いずれにせよ，i 番目の消費者が選ばれたとき，$c_i(t)$ は λ の率で変化するものとしよう．

$$c_i'(t) = \lambda c_i(t) \tag{7.40}$$

ここで $c_i'(t)$ は，$c_i(t)$ の導関数ではなく，ミクロの変化が生じた後の c_i の値とする．簡単のために，ミクロの変化は一定で

$$\lambda = 1 + g \quad (\forall i, t) \tag{7.41}$$

と仮定する．ただし

$$g = \pm \gamma \quad (0 < \gamma < 1) \tag{7.42}$$

である．$c_i(t)$ は，第2節で説明した乗算確率過程であることに注意しよう．

マクロの消費の成長率は，t だけでなく τ にも依存するから，これを $r(t;\tau)$ と書くことにしよう．τ を所与とすると，マクロの消費の成長率は次のように書ける．

$$r(t;\tau) = \sum_{i,k} g_{i,k} \quad (k=1,\ldots,\tau) \tag{7.43}$$

ここで

$$g_{i,k} = \frac{(c'_i(t;k) - c_i(t;k))}{C} = \frac{\pm\gamma c_i(t;k)}{C} \tag{7.44}$$

である．マクロの消費の成長率は，k 番目のミクロの消費の成長 $g_{i,k}$ の和にほかならない．ミクロの消費が1期間に変化する回数は τ である．

このモデルでは，「ミクロ」の消費の変化幅は一定((7.41)式)なので，通常のランダム・ウォークであるが，τ が有限なので，和である「マクロ」の消費は第2節で説明した切断レヴィ・フライトになることに注意したい．

ここでミクロの消費については，次のような「下限」があるという重要な仮定を設ける．すなわち，変化が生じた後の消費 $c'_i(t)$ は $c_{\min}(t)$ より大きくなければならない．ただし

$$c_{\min}(t) = q c_{av}(t) \quad (0 < q < 1) \tag{7.45}$$

$$c_{av}(t) = \frac{C(t)}{N} \tag{7.46}$$

である．この結果，変化の生じた後のミクロの消費は，(7.40)式ではなく

$$c'_i(t) = \max\{\lambda c_i(t), c_{\min}(t)\} = \max\{(1\pm\gamma)c_i(t), q c_{av}(t)\} \tag{7.47}$$

となる．ここで $c_i(t)$ を $c_{av}(t)$ でスケール変化した $y_i(t)$:

$$y_i(t) = \frac{c_i(t)}{c_{av}(t)} \tag{7.48}$$

を定義すると，$y_i(t)$ の和は1になる．さらに変数変換

$$Y_i = \ln y_i \tag{7.49}$$

をすると，Y は下の反射壁

$$Y_i'(t) = Y_i(t) + \ln\lambda \tag{7.50}$$

をもつ切断レヴィ・フライトになる.

Y の確率的な動きについてはマスター方程式を簡単に導出することができる. さらに Lévy and Solomon (1996)により, 漸近的な Y の定常分布 $P(Y)$ が指数分布になることが示されている. この指数を α と呼ぶことにする. われわれは, マクロの消費の成長率が r より小さくなるような累積的な分布関数 $R(r;\tau)$ を求めることもできる(詳細は Aoki and Yoshikawa (2007, Ch.10)参照).

さて, マクロの消費の成長率が r であるといっても, そうなるためにはさまざまなパターンがありうる. すなわち, r は変化幅の大きい少数のミクロの消費の成長, たとえば $r/2$ とか $r/3$ によるかもしれないし, 逆に数多くの小さなミクロの成長の和からなるかもしれない. 実はそれにより r の分布に大きな違いが生じる. 具体的にはミクロの変化の回数 τ があるクリティカルな水準 $\bar{\tau}$ を超えないときに, 分布は指数分布になる. この上限は次式で定義される.

$$\bar{\tau} = \left(\frac{N}{bq}\right)^\alpha \tag{7.51}$$

上限 $\bar{\tau}$ は N, q, α, b に依存する. ここで b は次の式で定義される.

$$r = bk \times \frac{\gamma}{b} \quad (b = 1, 2, \dots) \tag{7.52}$$

bk 回のミクロの変化がそれぞれ γ/b だけの変化幅をもち, r の成長に貢献する一方, 残り $\tau-bk$ の変化はほとんど何の貢献もしないと仮定する. b が大きいということは, 比較的多くのミクロの変化がマクロの成長に貢献しているということである. この場合には, $\tau<\bar{\tau}$ の条件が満足され, r の分布は指数分布になる. 確率密度関数は,

$$f(r,b) \propto \exp\left[-\frac{b}{\gamma}\ln\left(\frac{\bar{\tau}}{\tau}\right)r\right] \tag{7.53}$$

となる. 要するに, 1期間中に生じるミクロの変化の回数 τ が十分に小さいとき, マクロの成長率は指数分布となる.

資産価格

次に，同じモデルを用いて資産価格の変化について考えることにしよう．市場には N 人の投資家，あるいは N 種類の資産がある．それぞれの資産価格を $w_i(t)$ とする．資産価格の総額 W は，次のように定義される．

$$W(t) = w_1(t) + \cdots + w_N(t) \tag{7.54}$$

実体経済のモデルと同じように，N ある株価のうち 1 つが変化する．どの株が選ばれるか，その確率は $1/N$ でもよいし，当初の価格に比例してもよい．1 期内にこうした変化は τ 回起きる．i 番目の株が変化すると，

$$w_i'(t) = (1+g)w_i(t) \tag{7.55}$$

ただし，g は (7.42) 式にあるとおり $\pm\gamma$ である．前に説明したように $w_i'(t)$ はミクロの変化の後の w の値であり，w の時間に関する導関数ではない．

マクロの株価総額の変化率は次のように定義される．

$$r(t) = \frac{W(t+1) - W(t)}{W(t)} \tag{7.56}$$

われわれは，r の確率分布がどのような条件の下でベキ分布になるかに関心がある．

実体経済の場合と同じく τ 回ミクロの変化が生じるときの r を $r(t;\tau)$ と書くことにする．定義により $r(t;\tau)$ は

$$r(t,\tau) = \sum_{i,k} f_{i,k} \tag{7.57}$$

と書ける．ここで

$$f_{i,k} = \frac{\pm\gamma w_i(t;k)}{W(t)} \tag{7.58}$$

である．

実体経済のモデルと同じく r は，τ と γ に依存する．Huang and Solomon (2001) は，パラメターによりベキ分布が生まれることを示した．とりわけ，ベキ指数 α が 3 となるのは，ミクロの変化の頻度 τ が，ある一定の水準より大きくなる場合である (Aoki and Yoshikawa 2007, Ch.10)．

以上まとめると，次のようになる．すなわち，一定の時間内のミクロの変化の「頻度」τ が小さいときには指数分布が生まれるのに対して，頻度が一定水準を超えるとベキ分布が生まれる．直観的には変化の頻度が高いという意味で，「激しい」ミクロの変化がベキ分布を生み出すのである．われわれの生活を取り巻く多くのモノの価格については，明日も今日の価格とほとんど変わらないと考えても大過ない．しかし株価については，こうした想定が許されないことは誰もが知っている．これは「変化の頻度」が資産市場でははるかに大きいことに起因する．

　もう1つここでは Yamada, Takayasu, Ito, and Takayasu (2009) の分析を紹介することにしよう．それは資産価格がベキ分布であることを説明するためのシミュレーション・モデルである．このモデルでは2人のトレーダーを考え，それぞれの「これ以下なら売らない」，「これ以上なら買わない」という価格はランダム・ウォークであるとする．「売り価格」が「買い価格」より低くなると1単位の株が売買される．取引価格は「売り価格」と「買い価格」の中点で決まる．こうした仮定を文字どおりにとれば明らかに単純すぎる．しかしこれは決してモデルの欠点ではない．これほど単純なモデルに少し修正を加えるだけで，価格の変化のベキ分布と取引間隔の分布を見事に説明できるからである（原論文のモデル3）．こうしたアプローチの解説は高安(2012)にある．

　現実に観察されるベキ分布を説明する鍵は，繰り返し述べているように，ミクロの経済主体(トレーダー)の最適行動の詳細にあるのではなく，むしろ統計的な集計にある．実際，Yamada, Takayasu, Ito, and Takayasu (2009) では，経済主体の最適行動は考慮していない．それでよいのである．第2章で説明した「景気循環モデル」の場合と同じように，資産価格の変動というマクロの現象を解明するためには，個々の経済主体の最適化行動を詳細に追うことは無意味だからだ．これこそが，マクロ経済学が「マクロ」の経済学として見習うべき統計物理学のスピリットにほかならない．

第5節　金融市場の「合理性」

　「バブル」について考えるとき，最大の問題となるのは「事前的」(*ex ante*)な

期待の合理性だが，これにこだわりすぎることは資産市場の問題を考える上で決して賢いことではない．2008年，リーマン・ショックが起きるまでの米国のマクロ経済学者たちによる，いわゆるFedビューの誤りを思い出せばよい．

　将棋倒しにより大惨事が起きたときに，個々の歩行者の行動がどれほど「合理的」であったかを詮索しても無意味だ．事故が起きたということが問題なのである．実際，そのような当然ともいえる立場から高速道路における渋滞現象が物理学者によって研究され，かなりの成果があげられてきた(Bando 2009; 西成 2006)．

　ここで，金融市場の「合理性」をもう一度考えることにしたい．そもそも市場参加者は，いわゆるファンダメンタル・バリューに関心をもっていない可能性が高い．この問題を最も明確な形で論じたのが，ケインズの『一般理論』の第12章にほかならない．ケインズが喩え話として挙げた「美人投票」は，「ケインズの美人投票」としてあまりにも有名だ．

　　今日，最も熟練した投資家の個人的目的はというと，現実には，アメリカ人がいみじくも言っているように，「他人を出し抜く」こと，群衆の裏をかき，粗悪な，目減りした半クラウン貨を他の連中につかませることなのだ．
　　長い歳月にわたる投資の期待収益よりは，むしろ数か月先の慣習的評価の基礎を推し量る虚々実々のゲーム――このゲームは，大衆の中に玄人筋の胃袋を養う間抜けなカモがいることさえ要しない．玄人筋は自分たち同士でこのゲームを行うことができるのである．……
　　あるいは喩えを少し換えてみると，玄人筋の投資は新聞紙上の美人コンテスト，参加者は100枚の写真の中から最も美しい顔かたちの6人を選び出すことを要求され，参加者全員の平均的な選考に最も近い選択をした人に賞品が与えられるという趣向のコンテストになぞらえてみることもできよう．このようなコンテストでは，それぞれの参加者は自分がいちばん美しいと思う顔を選ぶのではなく，他の参加者の心を最も捉えそうだと思われる顔を選ばなければならない．全員が問題を同じ観点から見ているのである．ここでは判断のかぎりを尽くして本当に最も美しい顔を選ぶとい

うことは問題ではないし,平均的な意見が最も美しいと本当に考えている顔を選ぶことさえ問題ではない.われわれは,自分たちの知力を挙げて平均的意見だと見なしているものを予測するという,3次の次元まで到達している.中には,4次,5次,そしてもっと高次の次元を実践している者もいる,と私は信じている(ケインズ『一般理論』第12章,間宮陽介訳,岩波文庫版,214-216頁).

要するに,金融市場の「掟」は「付和雷同」なのである.行動経済学の研究で2017年にノーベル経済学賞を受賞したセイラーは,著書 *Misbehaving* (Thaler 2015, Ch.21)の中で,ケインズの「美人投票」を再現すべく *Financial Times* 紙上で行った興味深い「コンテスト」の結果を報告している.ぜひ参照していただきたい.

ケインズの「美人投票」は,決して単なる「頭の体操」ではない.1970年代に米国の金融市場では,ミルトン・フリードマンの「マネタリズム」が大きな影響力をもち,「マネーストック」(当時はマネーサプライ M_1)が最も注目される経済変数だった.毎週,連銀により M_1 の速報値が公表されたが,この週間 M_1 は精度が低く,後に大幅に改定されるのが常だった(そもそも任意加盟の連邦準備制度に当時加盟していた金融機関は半分ほどだった).事後的な改訂の大きさ(標準偏差)も明らかになっていたから,2標準偏差以内の動きは統計的にゼロから有意には異ならない.にもかかわらず,小さな,すなわち2標準偏差以内の動きに対しても TB 市場は敏感に反応した.マネーストックの増大は,インフレを懸念する連銀により政策金利の高め誘導を促す,というストーリーをマーケットは信じている,と市場参加者は信じていたからである.

このように金融市場の「合理性」は,まさにカッコをつけなければならないような「合理性」にすぎない.しかしそのこととは別に,そもそも資産市場における「効率性」と実体経済における「効率性」には根本的な違いがある.前節で説明した青木=吉川のモデルは,このことを示唆している.

資産市場と実体経済の違いは,次のようにいえば容易に理解できるだろう.すなわち,資産市場では1秒が問題であり,市場参加者は「合理的」に行動するために1秒にこだわらなければならない.これに対して,消費者や企業

が消費／投資を行う実体経済では，1秒は問題にならない．消費者がもし1秒を気にかけなければならなかったとしたら，それはむしろ心理的な負担になる，すなわち不効用を生むに違いない．

　要するに，「効率性」を定義する際のそもそもの土俵が，金融市場と実体経済とでは違うのである．金融市場では1秒にかかわる情報が効率性に関係するが，実体経済ではそれは無意味である．また実体経済においては，消費者／企業が行う消費／投資は，「自分のために」行うものだ．これに対して金融市場における売買は，多くの場合「転売」を目的にしている．こうした違いも，金融市場と実体経済における効率性の乖離を生み出す一因になっている．

　たとえば企業にとって，数秒はもちろん1か月で改訂されるかもしれない「一時的」(transitory)な情報に反応することは，設備投資に要する時間を考えると合理的なことではない．ところが，調整費用を伴う企業の投資に関する標準的な理論であるトービンの「q理論」によれば，株価と資本ストックの再生産費用の比率qが投資を決める十分統計量になっている(Tobin 1969; Yoshikawa 1980; Hayashi 1982)．しかし投資関数に関する実証分析では，スタンダードな理論から導出されるqのパフォーマンスは芳しくない．企業の投資はqではなく，売り上げや利潤など実物変数と高い相関をもつことが知られている．qは分子にある株価により大きな影響を受けるが，株価は繰り返しみてきたように，一時的な情報，場合によってはファンダメンタルズに関係のない一時的な情報にも「合理的」に反応する．

　Ueda and Yoshikawa (1986)は，工場，機械，技術，人的資源など実物的な資本ストックは金融資産と異なり瞬時に増やしたり減らしたりすることができないから，投資を決定する際に企業は，一時的な情報を「合理的」に無視する，ということを理論的に示した．その結果，企業の投資は株価，すなわちqではなく，利潤や売り上げなど実物変数と高い相関をもつ．株価は市場で「合理的」に決まり，企業も「合理的」に投資の決定を行っている，と考える限りにおいて，この事実は金融市場における効率性と，実物的な投資の決定に関する効率性が別のものであることを示している．

　このような認識に立ってなされた具体的な政策提言の1つが，有名な「トービン税」である．短期的な視野から行われる金融取引が実体経済を攪乱する

悪例としてつとに知られるのは，短期の国際資本移動だ．これを抑制するべくジェームズ・トービンによって提案されたのが「トービン税」である．トービン税は，国際的な資金移動に対する簡単な定率税である．繰り返し高頻度で行われる取引には重課税，逆に長期的な視野に立って低頻度で行われる取引に対しては無視しうるほどの税率になる，という望ましい特徴をもっている．たとえば，1回の外貨取引(A国通貨→B国通貨→A国通貨というラウンド・トリップ取引)に 0.2% の税率で課税したとしよう．毎日この取引を行う経済主体にとっては，年間 48% の実効税率となる．しかし平均週1回なら 10%，月1回なら 2.4%，そして年1回なら年率 0.2% の税率である．したがって，短期的な視点から行われる高頻度の資本移動に対しては重い課税になる．外貨取引の 80% は1週間以内のラウンド・トリップだと言われるが，多くは短期的な視点で行われる取引である．トービンは次のようなエピソードを紹介している．

　　大学で教えた学生の1人がシカゴの取引所に就職し，かつて大学で経済学を教えていたというトレーダーの部下になった．数週間働いた後，上司に，取引の基になっている長期の収益計算はどうなっているのですかと尋ねたところ，戻ってきた答えは「ソニー，私の長期(my long-run)は次の 10 分だ」(Tobin 2003, p.42)．

　トービン税は，ケインズの「美人投票」の参加者，すなわち市場に付和雷同する投機家の動きを抑制することを目的としたものだ．提言の基にあるのは，実体経済における効率性と金融市場における効率性は別のものだという基本的認識である．
　第1節でみたように新古典派の理論では，消費や投資など実物的な資源配分と，資産価格は同時に決まるものとされている．そこでは以上述べたような実物経済と資産市場の違いはまったく考慮されていない．だから資産市場の「効率性」は消費者の効用を基礎に定義され，ワルラスの一般均衡理論におけるのと同じパレート最適の概念が適用されている．
　しかし，実物経済における「効率性」と，資産市場における「効率性」は本質的に異なるものである．この違いを認識しないと，Scheinkman (2014) のよ

うに，空売りの規制があるから悲観論の存在感が市場で過小になり，それがバブルを生み出す――バブルを防ぐためには空売りの規制を撤廃するべきだ，というような議論が生まれることになる．

まとめ

　金融市場の存在が実体経済の健全な発展に大きな貢献をすることは，疑いの余地がない．しかし，すべてのフィナンシャル・テクノロジー，また市場の動きが常に実体経済にプラスの影響を与えると考えるのは誤りである．繰り返し説明してきたように，金融市場の「効率性」は，実体経済の効率性とはまったく別物である．皮肉なことに，金融にかかわるテクノロジーが未発達である時代には両者の乖離は小さかったが，テクノロジーの発達に伴い乖離は拡大する一方である．スーパーコンピューターを駆使する金融取引は，もはや実体経済の効率性に何の関係ももたない．

　金融市場は時に実体経済を大きく攪乱する．これは争うことの出来ない事実である(Kindleberger 1978)．その場合，バブルが崩壊する前の「事前の」合理性に拘泥することには意味が無い．金融市場の「危険性」についてケインズとシュンペーターは共に力説した．シュンペーターは，金利を上げ下げする通常の金融政策については終生懐疑的で，不況のときの金融緩和は「政治的な儀式(a piece of political liturgy)にすぎない」とまで言った(Schumpeter 1939, p.637)．これは極論だが，その一方でシュンペーターは，通常の不況とは次元の異なる「恐慌」はほとんどすべて金融恐慌であり，それは先立つ好況のときに資産市場で生まれる「バブル」を原因とする，と考えた．「バブル」は人災であり，これを防ぐことこそが金融政策にとって最も重要な課題であるとした．歴史は，ケインズとシュンペーターのこうした見方が正しいことを繰り返し証明している．

第8章
結論——マクロ経済学のあるべき姿

「代表的消費者」／「代表的企業」の最適化に基づく一般均衡理論としてのマクロ経済学，過去40年間学界のメイン・ストリームであったマクロ経済学は，間違ったアプローチである．本書ではこのことをさまざまな問題につき詳しく説明した．

それでは，マクロ経済学にとってどのようなアプローチが有望であるのか，あるべきマクロ経済学とはどのようなものなのか，このことを述べて本書の結びとしたい．「あるべき」マクロ経済学とは，1国の経済成長すなわち，われわれにとっては明治以降150年間の近代的経済成長のプロセスを理解する上で助けとなるフレームワーク，終ることのない景気のアップダウンを理解し，有効な政策の指針となるようなフレームワークを指す．

1. ミクロの問題とマクロの問題

現在主流となっているマクロ経済学は，RBC，サーチ・モデル，DSGEなどいずれもスタンダードな「ミクロ的基礎づけ」をもっている．すなわち，代表的な消費者／企業の最適化を明示的に考え，そのうえでワルラス的な一般均衡を分析するというのが基本的枠組みである．もっとも最近のマクロ経済学では，家計・企業などミクロの経済主体の「異質性」(heterogeneity) が一種の合言葉のようにすらなっている．しかしそれは言葉だけであり，本質的には「代表的」経済主体を措定していることは第1章で詳しく説明したとおりだ．だからこそ詳細な最適化を考える知的遊戯が，マクロ経済学のいかなる論文でも重要な部分を占めているのである．真の異質性を認めることは，ミクロの最適化の詳細を忘れるということだ．

現代のマクロ経済学でルーティン化しているアプローチを，われわれは根本から考え直す必要がある．そのためにはまず，経済学が分析する対象には2種類の異なる問題がある，ということを明確に認識することから始めなければならない．かつてはこうしたことは自明だったが，今では曖昧になり，それがマクロ経済学において混迷を生み出す元になっている．

　中古車の売買市場で価格はどのように決まるのか(Akerlof 1970の「レモン市場」(the Market for "Lemons"，「レモン」は粗悪な中古車を指す俗語))．ある地域，たとえば東京の1つの区内でまったく同じペットボトルの飲料が異なる価格で売られるとき価格の分布はどのように決まるのか．こうした問題を経済学は考えるが，これはいずれも「ミクロ」の問題である．1つの産業における寡占企業の行動の問題など，「産業組織論」の問題も同じくミクロの問題である．

　ミクロの問題では，対象とする市場にかかわる企業／消費者，すなわちミクロの経済主体の「最適行動」を詳しく分析することが柱となる．また多くの場合，市場で需給を調整する変数は価格である——現実には問題はもっと複雑であっても，経済学としては価格を最も重要な変数とみなす，すなわちマーシャルのいう「他の事情は変わらない」($ceteris\ paribus$)がそれなりの意味をもつ——から，価格を戦略変数とする「均衡」を考えることになる．

　マクロではこうした方法論はまったく役に立たない．ここで「マクロ」といったのは，1国経済全体の動きを分析対象とすることを指している．マクロについてもミクロの問題を分析する場合とまったく同じ方法論，すなわち価格を戦略変数とみなして，それが財・サービスの需要と供給を調整し「均衡」させるというビジョンを当てはめたのが，ワルラスの「一般均衡理論」であるが，これは取り返しのつかない誤りである．第1章で説明したとおり，マーシャルもメンガーも，マクロの問題についてはワルラスと基本的に異なる考えをもっていた．

　現代のマクロ経済学は，1国経済を対象としているにもかかわらず，それがあたかも1産業と異ならないかのようにモデル分析を行っている．企業1, …, Nの「対称均衡」(symmetric equilibrium)などということは，産業組織論のモデルならば意味をもつかもしれないが，マクロ経済のモデルとしてはまったく意味をもたない．しかし，「ミクロ的基礎づけ」を合言葉にミクロの経済主体

の最適化を考えるという必要から，現実とかけ離れても分析をやりやすくするため，ルーティン的にこうした仮定が設けられている．こうしたことをいくら繰り返しても，あるべきマクロ経済学は生まれない．マクロ経済学が健全に発展していくためには，以下のことを認識する必要がある．

2. ミクロの最適行動の詳細を追っても意味はない

これが本書を通して説明した統計物理学の方法だが，それを経済学に適用しようとするとき多くの経済学者が抵抗感を持つのは，無機的な粒子や分子の動きと，明確な経済的動機に基づき合目的的あるいは戦略的な行動をする人間の間には本質的な違いがある，と考えるからである．

「ミクロ」の問題を考えるときは，経済主体の戦略的行動を分析する必要がある．「最適化」はミクロの問題を分析するとき鍵となる．問題がミクロであれば，それを第三者として分析する者にとっても，関係するミクロの経済主体の動機，最適化を考えてみる必要がある．しかし「マクロ」では，これは役に立たない．

とはいえ，物理学の方法論で人間の行動が分かるはずがない．これが大多数の経済学者の信念であるに違いない．しかし第2章で詳しく説明したとおり，ラムゼー型の消費者や，動学的に利潤の割引現在価値を最大化する企業のように経済主体の最適化行動が変分問題の解として表わされるなら，第三者としての分析者にとって無機的な物体の動きと特段の違いはない．無機的な物体の動きもまた変分問題の解となっているからである(変分原理)．

問題の本質は，発達した脳により意図的な行動をする人間と無機的な物体との違いにあるのではない．マクロの系を構成するミクロの主体の数と，ミクロの主体の動きに必然的に伴うランダムネス，そしてミクロの主体間の相互作用，こうしたことこそが本質的な問題なのである．マクロの系とは，定義によって多数のミクロの構成主体から成る系である．自然科学では，典型的にはミクロの構成要素の数はアボガドロ数すなわち10^{23}のオーダーである．われわれが関心をもつマクロ経済の場合，家計の数は10^7，企業の数は10^6のオーダーであるから，確かに物理学や化学が対象とする系に比べれば構成要素の数は少ない．補論で述べるように，Kondratiev (1926)はこの違いに注意を払った．

しかし 10^6 というのは統計物理学の方法が有効性を発揮するのに十分大きな数である．統計物理学の方法は，実は N が 10^{23} ほど大きくない，ときには驚くほど小さい場合にも十分に効力を発揮するのである(大沢 2011)．そもそも相互に力を及ぼす物体の運動方程式は，3体問題ですら解析的には解が得られていない，ということを思い起こさなければならない．

ミクロの主体の数が多いということに加えて本質的なのが，ミクロの主体の行動に伴うランダムネスである．ミクロの主体の数が多くとも，もしそれらがすべて同じ行動をするなら代表的消費者・企業すなわち代表的主体のミクロ的行動を調べ，それを「相似拡大」することによりマクロ経済の動きを知ることができるはずである．しかし現実にはミクロの経済主体の動きはランダムである．消費者Aは突然入院することになるかもしれないし，Bは失業するかもしれない．こうしたランダムな攪乱は，消費者の効用関数，所得制約を変え，したがって最適な消費経路を変える．動学的に利潤(株価)最大化をする企業についても同じことがいえる．利子率を下げれば(他の事情が変わらないかぎり)投資が増えることになっているが，利子率を下げても逆に投資を減らす企業があることは誰も否定しないだろう．「他の事情」は一定ではなく，企業ごとにランダムに変化しているからである．

こうしたランダムな攪乱が存在することを多くの経済学者は否定しない．しかしそうしたランダムな攪乱は互いに打ち消し合う性質のものであり，平均的な動きは「代表的」消費者・企業の分析を通してとらえることができる．これがフェルプス，ルーカスに始まるスタンダードな経済学の前提ないし暗黙の了解である．実際ミクロの攪乱(micro shocks)ないし特異な攪乱(idiosyncratic shocks)をモデル化するときには，ルーティン的に正規分布の仮定が設けられる．こうした仮定の下で平均ないしマクロの変数の動きは，代表的消費者・企業の動きによって決まると考えるのである．これこそが実物的景気循環(RBC)理論や内生的成長理論に代表される「ミクロ的に基礎づけられたマクロ経済学」(Micro-founded Macroeconomics)の方法論にほかならない．

しかしこうした方法論が正しくないことは第1章で詳しく説明した．マクロ経済の動きを代表的消費者・企業の行動の「相似拡大」として理解することはできない．

もちろん統計物理学的方法論は，伝統的な経済的行動に関する分析がすべて無意味だということを主張するものではない．すでに述べたように，分析しようとする経済問題が「ミクロ」であれば，そこでは経済主体の経済的動機が重要な役割を果たすことになるのは当然である．たとえばAkerlof(1970)の中古車(いわゆるレモン)の売買に関する分析などは典型だ．売り手と買い手という少数の経済主体が中古車の売買という明確に定義された1つの経済取引に携わっている．そこで中心的な役割を果たすのは，ランダムネスではなくプレイヤーの経済的動機である．ゲーム理論も含めた伝統的なミクロ経済学は，このように「小さな系」(small world)——ここで「小さな」というのはもちろん「重要でない」という意味ではない——の分析において威力を発揮することが期待されるのである．

　なお，ゲーム理論の「2人ゲーム」は，将棋や碁のように文字どおり二者が対峙するような状況(企業対労働組合，寡占市場におけるA社とB社など)を必ずしも想定するものではなく，大規模な母集団からランダムに選ばれたミクロのプレイヤーが相互依存関係にある状況を分析するものとも考えられている．ゲーム理論が進化生物学に適用される場合には後者の解釈に基づき，そこではゲームのナッシュ均衡は生物進化の淘汰プロセスの安定状態を記述する有用な概念(進化的に安定な戦略)として認められている．

　しかしこうした解釈，分析が意味をもつのは，進化生物学においては「ゲーム」が唯一つに明確な定義づけがされているからである．経済学(あるいは社会学)において，大規模な母集団として全世帯を考えるならその数は6000万(6×10^7)だが，そもそもそこでどのような「ゲーム」を考えるのであろうか？たとえばファッションとしてある特徴をもった帽子をかぶるか否か，という問題を考えるとすれば，人と違って目立ちたい，あるいは逆に人と違うことにストレスを感じる，といった感情が存在する以上相互依存性が生まれるから，そこに進化生物学と同じようなゲームを考えることができるかもしれない．しかしそこではそもそも「あるスタイルの帽子をかぶるか否か」というきわめて限定された問題，すなわち「他の事情は変わらない」という条件の下でのミクロの問題("small world")を考えているから，こうしたゲームが意味をもつのである．「協力行動の進化」といった抽象的な表現を用いると，いかにも一般的に

大規模な母集団を対象にしてゲーム理論が適用できるかのように思われるかもしれないが，すでに述べたとおり進化生物学と経済学において事情は本質的に異なる．ファッションの分析のように物理的に大規模な母集団を対象とする場合ですら，ゲーム理論の有効適用範囲は，問題が小さく限定されているという意味で「小さな系」に限られる．

　マーシャルが自らの考案した需要と供給の分析を「他の事情が同じならば」の合言葉の下，「部分均衡」に限定したのは，そこに深い考えがあったからである．マクロ経済においては「他の事情が同じならば」は意味をなさない．需要・供給曲線とは異なるマクロ経済をマーシャルは「生物学的な手法」で分析することを提唱していた(Marshall 1898)．

　繰り返しになるが，ランダムな撹乱のもとに行動している多数のミクロ経済主体から成るマクロ経済を分析する際には，「典型的」な経済主体を想定しその行動を詳しく調べても意味はない．経済行動に関する分析は，経済主体間の相関(correlation)やマルコフ・モデルにおける遷移率などに関して緩やかな示唆を得る[57]程度に留められるべきであり，基本的には統計物理学的な方法が用いられなければならないのである．「マクロのことはマクロで」というのがモットーになるが，それこそがケインズ経済学のスピリットであった．ミクロの詳細を追わないマクロ経済学の柱は何だろうか．重要なポイントを以下幾つか挙げることにしたい．

3. 景気の変動を決めるのは実質総需要の水準である

　改めていうまでもなく，これが Keynes (1936) の「有効需要の原理」にほかならない．過去40年，主流派の経済学は，「ケインズ経済学」を「ミクロ的基礎づけ」を欠いた経済学として否定した．しかし，こうした認識は根本的に誤っている．

　「価格さえ伸縮的であれば，マクロ経済は新古典派の均衡に到達する」というドグマは，今なお健在である．マクロ経済学大転換の起点となったアメリカ

---

[57] その際にもエントロピーを無視することは許されない．たとえば投資関数の利子弾力性などマクロの「弾力性」がいかにエントロピーに依存するかについては，Aoki and Yoshikawa (2007, Ch.4)を参照されたい．

経済学会における会長講演で，ミルトン・フリードマンは自らが提唱する「自然失業率」を，ワルラスの一般均衡理論の中で生まれる失業率である，といった(Friedman 1968). この講演が多くの経済学者にアピールしたことからも分かるとおり，ワルラスの一般均衡理論——伝統的にミクロ経済学の講義で教えられているが，これはマクロのモデルだ——は，今なお経済学者の頭の中でマクロ経済を考えるときの基本的フレームワークとなっている．

しかし，第1章で説明したように，ワルラスの一般均衡理論は，マクロ経済を分析する枠組みとしては妄想としかいうことのできない代物にすぎない．マルクスは，フーリエ，サン・シモン，オーウェンらの社会主義を「空想的社会主義」と罵倒した．ワルラスの一般均衡理論が描き出す世界は，「空想的資本主義」とでも呼ぶしかないものなのである．とりわけ，価格をシグナルとして経済が新古典派的な均衡に到達するというビジョンは，第1, 3, 6章で詳しく説明したように，現実の経済の動きを描き出すものではない．

現実の経済でさまざまなモノ／サービスの生産，すなわち「数量」を決めるのは，モノやサービスに対する実質需要すなわち「数量」である．問題は，それが背後にある労働市場とどのような関係にあるのかである．生産の変化に伴って生じる労働サービスの再分配は，サーチ理論が強調したように，職を求める労働者と人を探している企業の間の「マッチング」で決まる．しかしモルテンセン流のサーチ理論は，そうした市場におけるマッチングを分析する基本的な道具を欠くままに誤った「ミクロ的基礎づけ」を求めて知的遊戯に陥ってしまった．

第3章で示したように，労働市場の均衡を描き出すために必要な基本的フレームワークは，統計物理学の方法である．統計物理学的な「均衡」においては，労働生産性の「分布」が得られる．均衡は，「点」ではなく，「分布」なのである．この分布，したがって均衡を定めるものこそ，マクロの有効需要の水準にほかならない．

労働の「稼動率」の低さを示す指標として，経済学は「失業」に焦点を当ててきた．しかし失業は，フルタイムの職探しという生産性の低い「労働」の一形態にすぎず，それは氷山の一角にすぎない．失業，すなわち職探しよりも，一般的には労働生産性の分布こそが労働サービスの活動水準を示すのである．

この分布は，第3章で説明したように，(負の)エントロピーとしての有効需要の水準が変化すると，それに伴ってシフトする．これこそがケインズの「有効需要の原理」に対する正しい「ミクロ的基礎づけ」である．
　フリードマンが自然失業の定義に関連して述べたような見方，すなわち労働者と企業の職をめぐるマッチングは「技術的／制度的」に与えられているという常識的な見方は，多くの経済学者の頭の中にあるであろうが，誤りである．「マッチング関数」は決して「構造的」に与えられているものではない．それを決めるもの，それこそが(負の)エントロピーとしての有効需要の水準なのである．
　かくして，実質GDPは実質有効需要によって決まる．この有効需要の原理はいつの時代，どこの国でも普遍的に成立している．われわれも第4章で日本の景気循環につき，このことを再確認した．ただし，有効需要がどのような理由で上がったり下がったりするのか，言い換えれば，どの需要項目がその時々の景気のアップダウンを生み出しているのか，これはまさに「歴史的」というべきものであり，一般的な理論はない[58]．
　だから経済学の歴史において，普遍的な「理論」の存在を否定するドイツの「歴史学派」のような考え方が登場したことは，ある意味で当然だった．しかし歴史的なパースペクティブが重要であることは事実だが，それで有効需要の原理の出番が無くなるわけではない．むしろ複雑な現実を前に，どのような需要が主たる役割を果たしているのか，そのことにわれわれの注意を向けるところに，有効需要の原理の有用性があるといえる．実際，GDPの速報値が公表されるときには，あわせて各需要項目の「寄与度」が公表されるが，それを通してわれわれは日本経済のその時々の状況を知ることが出来るのである．いずれにせよ，実質需要こそがマクロ経済の動きを決める最も重要な要因であることを見抜いたところにケインズの慧眼があった．「有効需要の原理」は，1国経済全体の動きを分析するマクロ経済学のコアである．

---

[58] 物理との対比で言えば，マクロ経済という系は巨大な「熱浴」(heat bath)に包まれており，総需要の水準(系の温度)はこの熱浴で決まる．ただし技術進歩の可能性や嗜好の変化をはじめ自然環境も含めた熱浴がどのようにして決まるかは歴史的に与えられるとしか言いようがない．2020年に発生した世界的なコロナウイルス禍一つとればこの事は納得できるだろう．

4. 需要は「長期」の経済成長でも大きな役割を果たす

「短期」の景気循環はともかく「長期」の経済成長は，資本・労働など生産要素の賦与量，技術の水準など供給サイドで決まる．したがって，経済成長を説明する道具は新古典派の理論しかない．これが経済学者のコンセンサスである．

しかし，労働など生産要素が「完全雇用」される新古典派の均衡は，現実の経済が永遠に行き着くことのない世界である．EUは1970年代のオイルショック以降，恒常的に10%ほどの高い失業率に悩まされてきた．事態は40年以上経った今も一向に改善していない．2019年の失業率をみると，ドイツは3.2%だが，フランス8.7%，イタリア10.2%，スペイン14%であり，15-24歳の若年層ではフランス20.1%，イタリア31.4%，スペイン34%となっている．これを単純に「構造的」な失業とみなすことはできない．「構造的」というレッテルをはったところで，何かが解決されるわけではないからである．

繰り返し説明してきたように，需要と切り離された「構造的」な失業というものは存在しない．「長期」の経済成長を理解する上でも，「需要」は核心をなす．

Solow (1957)の計測以来，経済成長の9割以上は「技術進歩」によって生み出されるという認識が共有されてきた．「内生的成長理論」は，成長のエンジンともいえる技術進歩，すなわち生産関数のシフトを「内生的」に説明すべく生まれた理論だ．しかし第5章で説明したように，内生的成長理論は，キーとなるパラメーターが1の場合にしか意味をなさないという意味でまったく頑健性がない．それは，理論の名に値しない「理論」にすぎない．

そもそも「技術進歩」あるいは広くイノベーションを需要と供給というワルラスの一般均衡理論の世界に閉じ込め，結局のところすべてを「生産要素の賦与量」に帰する，というアプローチがまったくの的外れなのである．技術進歩／イノベーションを一般均衡理論のフレームワークで説明することはできない．そもそも多くの国で，技術進歩は利潤動機とは異なるモティベーションをもつ大学や国の予算により支えられている．またシュムークラーが明らかにしたように，イノベーションの方向性は「需要」によって強く条件づけられる

(第5章).

さらに2000年代に入ってからの「長期停滞」を説明する上でも,一時的であるはずの需要の落ち込みが投資の低迷を通して「潜在成長率」の低下を生み出す「履歴効果」(hysteresis)が指摘されている(Summers 2014, 15).「長期的」な経済成長も,需要によって強く条件づけられるものなのである.

5. 物価と賃金

個々の価格は,あたかも手旗信号のように需要と供給に影響を与え,市場の不均衡を調整する.その片鱗をわれわれは日常的に経験するが,それはミクロであり,多くの場合そうした個別の価格の変化はマクロ経済に大きな影響を与えない.マクロで問題になるのは,一般物価水準の動向,すなわちインフレーション／デフレーションである.

一般物価水準はどのようにして決まるのか.それは貨幣数量(マネーストック)で決まる.これが現代のマクロ経済学も継承している「貨幣数量説」である.しかし,貨幣数量説はドグマにすぎない.これが成立しないことを実証したものこそ,ほかならぬ2013-20年の日本銀行による「異次元緩和」の実験だった.一般物価の動向に大きな影響を与えるのは,原油をはじめとする1次産品の価格と,名目賃金である.

一般物価の動向に大きな影響を与える名目賃金は,実質賃金を通して「分配」を決める.人がつくり出したモノをどのように分配するか.これこそは時代の流れを通して人間の社会における最大のテーマ,といっても過言ではない.そこには単純な需要と供給の論理を超えた「公正」の問題が登場する(第6章).この結果,賃金は経済にとり最も重要な変数であるにもかかわらず,経済学が最も苦手とする存在にならざるをえないのである.

思えば18世紀「政治経済学」として産声を上げた経済学は,「政治」「歴史」「社会」などをできるだけ外部に排出し,自らを経済の論理のみによって立つ「経済学」として純化してきた.この傾向が最も強かったのは数学を学問の頂点とするフランスであり,ワルラスがその完成者であった.

しかし賃金・労働は,経済の論理だけでは完結しない(もちろんそれが大事でない,というのではないが).このことは,第1次世界大戦後の1920年代から大

不況のときのイギリス経済が明らかにした．ピグーとの論争の中で生まれたケインズの『一般理論』最大の主張は，異常な失業の原因は実質賃金が高すぎることではない，ということだった．第6章で指摘したように，米国における格差の拡大も，狭い経済の論理だけでは理解できない．

　賃金は結局どのようにして決まるのか．公正の概念が重要であることは繰り返し述べた．いうまでもなく，公正は社会的／歴史的なものである．時代とともに変わる．第6章でふれた高田保馬の「勢力」などといえば，多くの経済学者は嫌な顔をするに違いないが，現実を虚心坦懐にみれば，改めてその重要さに気づかざるをえないのである．

6. 金融市場の役割

　金融市場が実体経済の発展に大きな貢献をすることには，議論の余地がない．たとえば，シカゴに先物市場がなければ，アイオワの農民の小麦づくりは数か月後の価格の不確実性からくる「バクチ」になってしまう．先物市場により，リスクは小麦をつくる農民からシカゴの投機家に移る．これは（農民の「安心」という厚生の上昇も含めて）実体経済の効率性を高めることになろう．小麦の生産が，先物市場のないときに比べて増大する，という目にみえる形での効果もあったに違いない．また，銀行や資本市場が存在しなければ，貯蓄は有望な投資に結びつかないから，先進国で現実のものとなったような経済の発展は起きなかったであろう．

　こうしたことは真実だが，新古典派の経済学はそれを非現実的なところまで強調しすぎたのである．典型は，ワルラスの一般均衡理論に基づくアロー＝デブリューによる「完全(完備)市場」の理論である．代表的消費者の効用とリンクしたCAPMはそのマクロ版にほかならない．

　いずれの理論においても，金融市場の効率性は，実体経済におけるパレート最適な資源配分／効率性に対応している．しかし，第7章で説明したとおり，秒という時間を争う金融市場の「効率性」は，もはや実体経済の効率性と直接的な関係を持っていない．短期的な国際資本移動への課税を提案した「トービン税」は，そうした認識に基づくものである．

　すべての金融取引が実体経済の発展に必ずしも貢献しない，というだけで

はなく，金融は，資産価格の暴騰・暴落などを通して実体経済に測り知れないダメージを与えることすらある．「バブル」はその典型である．このことを明確に指摘したのはケインズ(『一般理論』第12章)だが，その流れはミンスキー，キンドルバーガーに引き継がれた．

　事前的な「合理性」にこだわりすぎれば，ファーマのように「バブルという言葉は無意味だ」というしかない．しかし，資産価格の暴騰／暴落が実体経済に与えるダメージを直視すれば，むしろ事前的な合理性という概念自体が無意味と考えるべきなのである．競技場での将棋倒しの事故を分析するとき，歩行者の「事前的な合理性」を云々することにどれだけの意味があるのか．問題の本質は，マクロの集団現象である．第7章で説明したように，資産価格の暴騰／暴落のメカニズムは，経済物理学的な分析により解明されることが期待される．

7. おわりに

　以上述べたマクロ経済学のあるべきフレームワークは，ここ30年あまりの世界の学界の動向に慣れた経済学者の目には，暴論と映るかもしれない．しかし，過去30年の「ミクロ的に基礎づけられたマクロ経済学」は，経済学の1つのやり方にすぎないのであり，以前は20世紀を代表するといってもよい経済学者，とりわけイギリスの大経済学者たちは，まったく異なるアプローチを考えていたのである．本書で述べたマクロ経済学は基本的に彼らの考えていたフレームワークと同じであるから，その意味では「新しい」ものではない．

　19世紀から第2次世界大戦が終わる1945年まで，経済学の中心はイギリスだった．戦後多くの学問と同じように，中心地がアメリカに移るのと並行して，経済学の理論は数式で表わす「モデルづくり」になった．同時に，Arrow and Debreu (1954) による均衡解の存在証明などを通し，ワルラスの一般均衡理論が経済学の中心に位置するようになった．

　とはいえ，戦後も1960年代までマクロ経済学はケインズ経済学と同義だったから，第1章で書いたように経済学は二刀流だったのである．「ミクロ的基礎づけ」を旗印にマクロ経済学が新古典派経済学に変わるプロセスで大きな役割を果たした経済学者は，フリードマン，ルーカス，サージェント，プレスコ

ットなどである．こうした流れにトービン，ソローなどアメリカのケインジアンは反発した．

　実は，こうしたアメリカ・ケインジアンの批判よりもさらに根源的な立場から，イギリスの経済学者たちは新古典派を批判していたのである．イギリス人ではないが，わが国を代表する理論経済学者として国際的に活躍し，長年ロンドン・スクール・オブ・エコノミクス(London School of Economics and Political Science: LSE)で教鞭を執った森嶋通夫は，自著のはしがきで次のように書いている．

　　本書は入門書であるが，普通の概論や原論の教科書とは，かなり体裁が異なっている．限界効用(無差別曲線)理論については一切ふれなかったし，限界生産力理論についても第Ⅲ章と第Ⅵ章の一部で批判的に論じたにすぎない．これらの理論は経済学に「科学らしい装い」を付加することには貢献したが，経済学を実質的に発展させることには障害となったと思うからである．本書では，現実に即してプライス・メカニズムを分析すると共に，最短距離のコースで経済学の主問題——すなわち「現実の経済はどのように動いているか，その動きを方向転換させるにはどうすればよいか」の分析——に学生を導くことを試みている(森嶋1984, iii頁).

　この本は1984年『無資源国の経済学』というタイトルで刊行されたが，20年後著者自らが編んだ『著作集』に所収されたときには，『ケインズの経済学』というタイトルに改められた．森嶋は，現実を有効に説明するマクロ経済学は「ケインズの経済学」だと考えていたわけである．

　繰り返し述べたとおり，1国経済全体の動きを分析するマクロ経済学の柱はケインズ経済学，とりわけ「有効需要の原理」である．第3章で説明したように，それは統計物理の方法に基づくしっかりした「ミクロ的基礎づけ」をもっている．われわれの住む分権的な資本主義経済における資源配分の「効率性」は，一般均衡理論における「パレート最適」ではなく，「生産性の分布」によって測らなければならない．その測度が負のエントロピーとしての有効需要の水準にほかならない．

往年のイギリスの経済学者は，ワルラスの一般均衡理論の「権威」に臆することなく，ケインズの経済学に基づきマクロ経済の分析を行っていた．若くして『価値と資本』(*Value and Capital*)を著し，イギリスにおける一般均衡理論の第一人者となったヒックスは，後年自らのつくり出した IS/LM モデル (Hicks 1937)を超えた地平で，ケインズの経済学を彫琢した．第1章で引用したヒックスはこの「後期ヒックス」である．このほかに成長理論の生みの親ハロッド，独特の動学理論を追求したカルドア，パシネッティなどの研究もある．

　彼らの仕事はいずれも今の経済学界では忘れ去られた．国際的な学界の中心地アメリカにおいて，フェルプス，ルーカス，サージェント，プレスコットといった経済学者たちが推し進めてきた「ミクロ的に基礎づけられたマクロ経済学」の立場からみると，イギリスの経済学者が書き残した論文は「雑文」にしかみえないということなのだろう．しかし，「科学らしい装い」をもった現代のマクロ経済学はまったくの役立たずである．

　マクロ経済学の再構築を目指す際に確かな土台を提供するものは，ケインズの著作に続きイギリスの経済学者たちが書き残した論稿である．もっともケインズの経済学は，シュンペーターの生み出した「イノベーション」という骨太の概念で補完される必要がある．よく知られているとおり，シュンペーターはワルラスを尊敬し，一般均衡理論を理論経済学の柱だと考えた．しかし彼自身のイノベーションという概念は，一般均衡理論とは所詮水と油なのだ．それはむしろケインズと結ばれるべきものである．たしかにケインズとシュンペーターの経済学には深い溝がある．生前の両者の関係も冷ややかなものだった――シュンペーターによる『一般理論』の書評はかなり「悪意」を含んだものだ(Schumpeter 1936)．にもかかわらず新古典派経済理論＝現代のマクロ経済学を根底から批判し鋭く対峙した2人の天才の経済学には確かな接点がある．両者を結ぶリンクは，「需要の飽和」と「需要創出型のイノベーション」である．

補論　先駆者たち

　本書で説明したマクロ経済学における統計物理学的なアプローチは，経済学においていまだ確固とした地歩を得ていない．と言うより経済学者はまったく関心を払わないというのが実情である．しかし歴史をさかのぼると，経済学の内側，外側そこここに先駆者の足跡が見出される．補論としてここで，そうした足跡を管見のかぎりで紹介することにしたい．

　統計物理学的方法を経済学に適用しようとする際に最大の障害となるのは，無機的な粒子の運動と合目的的な人間の経済活動の間には本質的な違いがある，と考える経済学者が多いことだ．この点については，第2章で説明したとおり，無機的な粒子や分子の運動も変分問題の解となっていること（変分原理）を思い出す必要がある．18世紀に変分原理を見出した人々が，無機的な物体の動きを最適化している「主体」として，そこに「神」を見出したのは決して不思議なことではない．このような事実を踏まえれば，第三者としての観察者にとっては，無機的な粒子や分子の運動と，ラムゼー流に効用の割引現在価値を最大化する消費者との間に本質的な違いはないのである．本質的なのは，あくまでもミクロの主体の数である．すなわちミクロの主体の数が大きくなったときには，ミクロの主体の動きを詳しく調べることは無意味であり，統計物理学的方法が用いられなければならない．

　こうした考え方を今から70年以上も前に明確に述べた先覚者の一人は，物理学者の寺田寅彦である．寺田の念頭にあったのは経済学ではなく生物学であったが，「生物のことが物理学で分かるはずがない」という当時の学界の主流に対して次のように書いた．

　　人間の如き最高等な動物でも，それが多数の群集を成して居る場合に就て統計的の調査をする際には，夫等の人間の個體各個の意志の自由など

は無視して，其の集團を單なる無機的物質の團體であると看做しても，少しも差支のない場合が甚だ多い．例へば街路を歩行する人間の「密度」や「平均速度」に關する統計などには，純粹な物質的の問題例へばコロイド粒子の密度の場合に應用さる、公式を，其の儘使用しても立派に當てはまることが實證的に明らかになつて居る……(中略)……「生物のことは物理では分らぬ」といふ經典的信條のために，斯ういふ研究がいつも、異端視され易いのは誠に遺憾なことである．科學の進歩を妨げるものは素人の無理解ではなくて，いつでも科學者自身の科學其の物の使命と本質とに對する認識の不足である．深く鑑みなければならない次第である(寺田寅彦「物質群として見た動物群」『理學界』1933 年，のちに『物質と言葉』岩波書店，1935 年，134, 138 頁)．

　寺田寅彦が擁護した生物学への物理学の適用については，今や生物物理学 (biophysics) が 1 つの学問分野として確立している．とはいえ，「生物」で成功したといっても，生物と人間は違う．脳の発達した人間は高度の合理的判断をしている，と考える人もいるだろう．大多数の経済学者はそう考えている．
　しかし，統計物理学的方法が人間の行動の分析に有効に適用されている例として，高速道路上における車の渋滞の分析を挙げることができる．車の渋滞の例は経済分析ではないが，対象は無機的な粒子ではなく人間である．車を運転しているドライバーは，事故を起こさないという制約の下でできるだけ早く目的地に到達しようと(自明な範囲ではあるが)最適化行動を行っている．高速道路上を 1 台の車が走っているのであれば，ドライバーのミクロ的行動を分析すれば十分である．しかし車の数が増えていったときに高速道路上で生じるマクロの現象としての交通渋滞は，ミクロの相似拡大では分析できない．統計物理学的方法が有効性を発揮するのである (Montroll 1987; Bando 2009; 西成 2006; 杉山 2012)．このことからも統計物理学的方法の有効性は，ミクロの主体が人間か無機的な粒子かに依存して決まるのではなく，ミクロの主体の数が多くなったとき生じる集団的現象に対してだということが理解できるはずである．

1. チャンパーノウンによる所得分布に関する研究

実際統計的なアプローチは，経済現象に見出される経験則(empirical law ないし regularity)を説明する上で大きな成果をあげてきた．成功例として有名なのは，Champernowne(1953)による所得分配の研究である．

多くの国で所得分配，とりわけ高所得層の分配が「ベキ分布」(power distribution)に従うことは，Pareto(1896)によって見出された．自然現象でもベキ分布が正規分布と並び普遍的に見出されることは今日よく知られているが，パレートによって見出された所得分配に関するベキ分布は，ベキ分布発見の歴史の中でも最古のものといわれている．このため経済物理学(econophysics)やベキ分布に関心を寄せる物理学者の中で，パレートは今日最も広くその名を知られた経済学者である．もっともパレートが有名なのはあくまでも「パレート分布」によるのであり，「パレート最適」という概念を知る物理学者はいない！

チャンパーノウンの研究は，もともと彼がケンブリッジ大学の学生であったとき，チューターであったケインズから，所得分配がパレート分布に従うことを説明する数学的モデルを考えるよう指示されたことから始まったそうである．その後この研究は 1936 年秋，キングス・カレッジ(King's College)のフェローとなるための論文として提出された．研究の一部は，戦後 *Economic Journal* 誌に発表されたが(Champernowne 1953)，オリジナルの論文全体は 30 数年の歳月を経て，1973 年に本の形で公刊された(Champernowne 1973)．

この研究は，所得分配に見出される経験的に安定したパターン(パレート分布)をマルコフ・モデルで分析したものである．分析は理論・実証双方とも一歩をもゆるがせにせず丹念になされているが，パレート分布(高所得層に関するベキ分布)を説明する理論モデルで本質的な役割を果たしているのは，第 7 章で説明した乗算的な確率過程である．

所得 Y は次のような乗算的な確率過程に基づき変化する．

$$Y_{t+1} = r_{t+1} Y_t \tag{A.1}$$

r は成長ファクター(成長率に 1 を足したもの)である．r が 1 より大きければ所得 Y は上昇するし，r が 1 より小さければ Y は下落する．r は同一かつ独立

の分布 (i.i.d.) をもつ確率変数である．密度関数 $f(r)$ $(r \geq 0)$ は Y の水準に依存しない．すなわち所得水準の高低にかかわらず「成長率」は同じ確率分布に従う．この仮定がベキ分布を得るために本質的な役割を果たす．

このモデルで所得 Y の分布を考える．具体的には所得 Y がある水準 x より大きい確率 P

$$G_t(x) = P(Y_t \geq x) \tag{A.2}$$

を考える．分布 G_t は時間とともに変化するが，その発展方程式は次のようになる．

$$\begin{aligned} G_{t+1}(x) &= P(Y_{t+1} \geq x) \\ &= P\left(Y_t \geq \frac{x}{r} \quad \text{かつ} \quad r_{t+1} = r\right) \\ &= \int_0^\infty G_t\left(\frac{x}{r}\right) f(r) dr \end{aligned} \tag{A.3}$$

したがってもし時間に依存しない定常的な分布 G が存在するなら，それは

$$G(x) = \int_0^\infty G\left(\frac{x}{r}\right) f(r) dr \tag{A.4}$$

という式を満足する．ここで $G(x)$ としてベキ分布

$$G(x) = \frac{A}{x^\alpha} \qquad (A > 0) \tag{A.5}$$

を仮定し，上式に代入すると

$$\int_0^\infty r^\alpha f(r) dr = \mathrm{E}(r^\alpha) = 1 \tag{A.6}$$

という式が得られる．

すなわちベキ分布は乗算的な確率過程の定常分布であり，その次数 α は，成長ファクター r の α 乗すなわち r^α の期待値が 1 になるという上記 (A.6) 式の条件を満たすように決まる，ということがわかった．ベキ分布の次数 α を決める (A.6) 式を Gabaix (2008) は「チャンパーノウン方程式」と呼ぶことを提唱している．ちなみにこの式は，第 7 章で紹介した乗算確率過程に関するケステン=ゴルディ定理の (7.23) 式である．

以上がチャンパーノウンの理論モデルだが、そもそも彼はなぜこうした確率的なモデルを考えたのだろうか。個人の所得は、各人が保有する土地その他の実物資産、金融資産、労働所得のもととなる能力など「生産要素」の量と、利潤や賃金など市場で決定される生産要素の対価によって決まる。ちなみにチャンパーノウンは、各人が保有するさまざまな「生産要素」を "qualifications"(能力／適性)と呼んでいる。「労働」という一般的な名称は使わない。「個人」の所得を決定する qualification としては「能力」が重要だというのである。しかしチャンパーノウンが学んだケンブリッジ大学は、マーシャルやピグーに代表される新古典派経済学のメッカであり、生産要素価格の決定に関する「限界生産力理論」は経済学の ABC であった。Champernowne (1973, p.14) 自身が「確率的均衡モデル」(a stochastic-equilibrium-model) と呼ぶ彼の理論は、新古典派の限界生産力理論といったいどのような関係にあるのか。

はたせるかな、こうした質問をチャンパーノウンはキングス・カレッジのフェローシップを得るための口頭試問で受けたようだが、彼の答えは概ね次のようなものだった。限界生産力理論はそれぞれの生産要素の対価が市場でどのように決まるかを説明するが、個人はいくつもの生産要素(チャンパーノウンのいわゆる qualifications)を保有している。「労働」と一口にいっても、実は数量に還元できるような1種類の労働があるわけではない。労働の質は千差万別であり、各人が供給する労働はすべて異なる(だから qualifications)といえる。だからこそ、第3章で説明した労働市場におけるマッチングは、第三者に知ることができないほど複雑なのである。

さらに個人の保有する生産要素の保有量も価格もさまざまな要因で変化する。こうした変化はあまりに複雑だから、そうした個別の変化を生み出す個々の「原因」を「理論的」に突き止め、それらを足し合わせることにより個人の所得の変化を説明しようとしても成功しない。このことは、第3章で説明した労働市場における労働者と企業のサーチとマッチングを取り巻くミクロの環境の複雑さと同じである。個人の所得を決めるミクロの環境の複雑さに鑑みれば、個人の所得は、その人の少し前の所得をベースとしてこの間に生じた確率的な変化によって決まると考える(つまりマルコフ・モデルを当てはめる)方が、「マクロ」の所得分布を説明する上ではるかに生産的だ。これがチャンパーノ

ウンの発想だった.

1国の所得分布(パレート分布)はマクロの現象である. マクロ的には安定している所得分布の背後で, 個々人の所得は絶えず変動している. そうした変動を規定する要因は, すでに述べたとおりあまりに複雑であり, 第三者として分析する者の目にはランダムとしか言いようがない. 有効なモデルとしては確率的なモデルしかない. マクロの現象としての所得分布は, 確率的均衡 (stochastic equilibrium)として説明されるべきだ. こうチャンパーノウンは考えたのである.

なお戦前の確率的なアプローチを代表する研究としてはチャンパーノウンのほかに Gibrat (1931)があるが[59], こうした研究(とりわけマルコフ・モデル)は, 戦後になると多くの分野で観察されるさまざまな変数の経験的分布を説明するために用いられるようになった. とりわけ有名なのは Zipf (1949)の研究である. ジプフは, 都市の人口, アルファベットの使用頻度など経済・社会におけるさまざまな変数が次のようなベキ次数1のベキ分布に従うことを見出した.

$$P(s) = P_r\{S \geq s\} \sim \frac{1}{s} \qquad (A.7)$$

$P(s)$ は確率変数 S (通常はサイズないし頻度)が s より大きくなる確率分布である. ベキ次数1のベキ分布は「ジプフの法則」と呼ばれる.

ジプフから30年後になされた Ijiri and Simon (1979)の研究は, 観察される企業規模の分布(ベキ分布)を確率過程により説明しようとしたものだが, 今日でも広く知られている. チャンパーノウンの研究が明らかにしたように, 実際に観察されるベキ分布を説明する上で本質的な役割を果たすのは, 乗算的な確率過程である. 井尻雄士とサイモン(Herbert Alexander Simon, 1916-2001)も, こうした確率過程に関する研究を行った(たとえば Ijiri and Simon 1975). ベキ分布を生む基となる確率過程に関する最近の研究成果としては Saichev, Malevergne, and Sornette (2010)がある.

井尻とサイモンによる企業規模・分布の研究などはかなり広く知られたも

---

[59] Gibrat (1931)の仕事は1936年のチャンパーノウンの研究に数年先行する. Champernowne (1973, p.5 脚注)には, 40年近く前を回顧して, ジブラの本を知らずに自分の研究をやり遂げた後にその存在を知ったときには少々がっかりした, という正直な告白がある.

のだが，学界の主流を形成するには至らなかった．一連の研究をサーベイした Sutton (1997) は，その理由は，こうした研究は「単に統計的・確率的」にすぎず，「ミクロ的基礎づけ」をもたないからだ，と述べている．サットンのいう「ミクロ的基礎づけ」とは，いうまでもなくミクロの経済主体の最適化を指している．企業規模についていえば，関連分野である産業組織論においてゲーム理論が今日絶大な影響力をもっていることは周知のとおりである．ミクロの最適化をモデルの中で明示的に考えること，これこそが過去30年あまりマクロ経済学のモットーであったことは本書で繰り返し述べてきたとおりだが，こうした学界の潮流はマクロ経済学に限られたことではない．こうして所得分配，企業規模分布などに関する確率的・統計的アプローチは，経済学全体の中で比較的「マイナー」な研究分野とみなされ今日に至っている．

　もっとも所得分配の問題は，「格差」への関心が高まるのと並行して再び注目されることになった．Nirei and Souma (2007) は，高所得のベキ分布，すなわちパレート分布を基礎づける経済モデルを提示し，その中でベキの次数も求めた重要な研究である．いずれにせよチャンパーノウンがやったように，マクロの現象(所得分配や企業規模の分布など)を説明する確率モデル，それこそが正しい「ミクロ的基礎づけ」なのである．マクロ経済は多数のミクロの経済主体から成り，個々のミクロの主体を取り巻く経済環境は，分析する第三者にはランダムとしかとらえようのない複雑なものである．こうした事実を素直に認めて確率的なモデルを考えるのが，すでに見たとおりチャンパーノウンの方法であった．しかし「ミクロの最適化」という誤ったモットーの下，確率的・統計的アプローチの背後にある基本的な考え方は，深く理解されることなく今日に至っている．

2. 1930年代の「ロシア学派」

　さて戦前，経済学において統計的・確率的なアプローチを展開したグループとしてもう1つ，1930年代の「ロシア学派」を挙げることができる．その代表は「スルツキー方程式」で有名なスルツキーと，50年周期という超長期の景気循環論で有名なコンドラチェフである．「ロシア学派」の背景としては，チェビシェフ，マルコフ，コルモゴロフ，ヒンチンといった名前で知られるよ

うに,19世紀以来ロシアの数学界が確率論の発展をリードしてきた,という事情があったに違いない.実際スルツキーも,もともとは数理統計学者であった[60].

消費者行動に関するスルツキー方程式はよく知られているが,彼にはもう1つ景気循環に関する有名な研究がある.「循環を生み出す源泉としてのランダムな原因の和」と題するその論文(モスクワの景気研究所紀要に1927年に発表)は,英訳されて1937年 *Econometrica* 誌に掲載された[61].

タイトルが示すようにこの論文は,ランダムな攪乱の和(移動平均)が,正弦曲線にも似た周期的な「循環」を生み出すことを示したものである.スルツキーのこの研究は,先行する Yule (1926) の研究ともども移動平均により加工された時系列が「見せかけの循環」を生み出すことに対する警告として受けとめられてきた(たとえば,Frish 1931 ほか).しかし岡田(2006,第6章)が指摘するとおり,こうした解釈は必ずしも正しくない.

スルツキーの論文を読めば,彼が移動平均をとることにより「見せかけの循環」が生まれることに対する警告を目的としてこの論文を書いたのではない,ということは明らかである.スルツキーは積極的に景気循環を説明する1つの理論を提出したのだ.論文のはじめにスルツキーは次のように言っている.

> ランダムな諸変動の間の関係における一定の構造は,それらを多少とも規則的な波動の体系に変えうると考えられるだろうか.物理学や生物学の多くの法則,なかでも熱力学の第2法則やメンデルの法則のような諸法則は,偶然(チャンス)にもとづいている.しかし,ばらばらの諸要素の無秩序(カオス)のなかから,まさにそのために規則性が導き出されうるということは,これまでも知られている.われわれの場合には,無秩序(カオス)でランダムな諸要素の系列から,それらに一定の関係が押しつけられるために規則性が発生すると考

---

[60] スルツキーの経歴,コンドラチェフとの関係については岡田(2006)を参照.

[61] スルツキーの *Econometrica* 誌の論文は1974年デイビッド・キャスとライオネル・マッケンジーによって編纂された *Selected Readings in Macroeconomics and Capital Theory from Econometrica* (MIT Press)というアンソロジー(27の論文を所収)に収められている.1974年頃には,「ミクロ的基礎づけがない」などといわず,こうした論文の意義を理解する経済学者が学界で重きをなしていたのである.筆者がスルツキーの論文を知ったのも,このアンソロジーを通してである.

えたい.

　われわれには，景気循環の厳密な周期性，たとえばムーアによって想定された8年という周期の実在を信じる傾向があるとしよう．そうすると，われわれは別の困難に突きあたるだろう．規則性の源泉はどこにあるのか，と．社会の海原(うなばら)の表面を昼夜のごとく規則正しく上下動するのと同じ正弦波(sinusoidal wave)を10年ごとに再生するメカニズムとは何だろうか．数世紀前と同様に今日でも，研究者の目は人間社会の事象の説明を捜し求めて天空の太陽や月に向けられている．人には大胆な仮説を立てる権利があることは潔く認めてもよいが，だからといってほかの方法を発見しようと試みてならないということではない．しかし，純粋にランダムな成分によってのみ複雑にされる重層的な規則波という仮説をいったん放棄することを決意するならば，われわれにはどのような説明の方法が残されているだろうか．数十年に及ぶ長期波動，ほぼ5年から10年の長さの短期循環，そして最後に，非常に短期の波動といった一定の波動の存在は，依然として説明を要する1つの事実である．周期のおおよその規則性は，時としてあまりにも明白なので，無視して通すこともできない．そういうわけで，要は，過程の波状的性格と波動のおおよその規則性は，われわれが……ランダムな原因のなかにそのありうべき源泉を見つけようとする2つの事実だということである(岡田訳／岡田 2006, 169-170頁).

　スルツキーは「見せかけの循環」を論じたのではなく，われわれが「景気循環」と呼ぶマクロの現象は，数多くのランダムな原因の積み重なり(移動平均)によって生み出されている，という新しい景気循環理論を提示したのである．実際スルツキーは，ソビエト政府が発行した宝くじの番号を用いて乱数を生み出し，それらの移動平均をとることにより確率的な景気循環モデルをシミュレートした．その結果をイギリスの景気指数(1855-75年)と比べたのが図A-1である．こうしたデモンストレーション——これは現代のRBCのカリブレーションに通ずるものがある——を通して，スルツキーは自らの確率的アプローチの妥当性を主張したのである．

　スルツキーはなぜこのような理論を考えたのだろうか．そこにはチャンパー

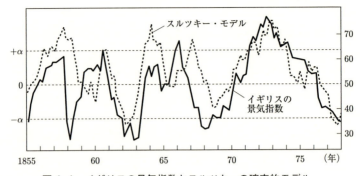

図 A-1　イギリスの景気指数とスルツキーの確率的モデル
注）イギリスの景気指数（実線，左軸），スルツキーの確率的モデル I
（破線，右軸）．
出典）Slutzky (1937), Figure 3.

ノウンが所得分配に関するパレート法則を説明するときにもったのと同じ発想があったにちがいない．すなわち経済に変化をもたらす「原因」は無数にあり，畢竟それらはランダムとみなすよりほかにない，という考え方である．もちろんクズネッツ（Kuznetz 1929）が指摘したとおり，もしスルツキーの「確率的アプローチ」が正しければ，周期的な「循環」を生み出す「原因」を経済変数（たとえば投資）の周期的な変動の中に見出そうとする伝統的な景気循環理論（たとえば第 4 章で言及した Samuelson (1939)，Hicks (1950) らの乗数／加速度モデルなど）は無意味になる．たしかに，すべてをランダムとみなすことは，個人の所得分配と違い景気循環については極端であろう．しかしともかくもスルツキーは，乗数／加速度のメカニズムよりも確率的攪乱を根本原因とみなす新しい景気循環理論を提出したのである．

　もう一人モスクワの景気研究所でスルツキーと同僚であったコンドラチェフは，50 年周期の「長波」の研究で有名である[62]．「コンドラチェフ循環」は，Schumpeter (1939) の『景気循環論』により経済学の歴史の中に不朽の名を残すことになった．コンドラチェフ循環は戦争や鉄道に代表されるメジャーな技

---

[62]　コンドラチェフは 46 歳の若さでスターリンにより粛清された．一方 1880 年生まれのスルツキーは 1948 年まで生きた．二人の運命を分けることになった事情も含めてスルツキーと景気研究所の関係については岡田 (2006, 178-182 頁) に詳しい記述がある．

術進歩などに経済変動の原因を求める．したがってそれはスルツキーのような「確率的アプローチ」ではない．しかしその一方でコンドラチェフの実証研究の背後には，間違いなく「確率的・統計的」方法論があったのである[63]．

こうした方法論は，1926年に発表された「予測の問題」と題する論文において最も明確に述べられている(Kondratiev 1926)．長大なこの論文は少々冗長なところもあるが，マクロの系——コンドラチェフは「母集団」といった意味であろうか，"население"（英訳では "population"）という言葉を用いている——に見出される安定的な「法則」は，多数のミクロ的構成要素のランダムな動きを基礎として確率論の「大数の法則」から得られる，という自らの考えを詳述している(同論文の第4節)．自然科学においてもこうした方法論が成功を収めていると繰り返し述べているが，そこでボルツマンの気体の分子運動論に言及していることは特筆に価する．経済学者がボルツマンの統計力学に言及した例としてKondratiev (1926)はきわめて早い時期に属するといえるのではなかろうか．

なお物理学・化学など自然科学では，ミクロの構成要素の数が非常に大きい（アボガドロ数6×10^{23}）ために大数の法則が厳密に成り立ち，したがってマクロの系に見出される法則はまさに法則の名に値する安定的関係を現出するのに対し，経済においてはミクロの主体の数が比較的小さいために，法則は不完全にしか成立せず揺らぎを無視できない，とコンドラチェフは述べている．にもかかわらず「自殺や犯罪などいずれも個別の事例はランダムに発生するにもかかわらず，社会的な集団現象として見たときには驚くほど安定したパターンが見出される」．そうしたマクロのパターンは，すでに述べたとおり「確率的・統計的方法」すなわち「多数のランダムな事象こそが自然・社会現象に見出される規則性の基礎であるとするものの見方」によってとらえられるべきだ，とコンドラチェフは主張した．

3. コブ＝ダグラス関数のミクロ的基礎

話を戦後に移すことにしよう．「確率的アプローチ」が経済学に適用された

---

[63] この点について筆者は岡田(2006, 247-264頁)から学んだ．Klein (1999)も参照．

もう1つの例としてHouthakker (1955/56)によるコブ＝ダグラス生産関数の集計に関する分析がある．多数の企業ないし生産ユニット(production cells)から成る経済／産業を考える．企業 i の生産は，固定的な投入係数で特徴づけられる．簡単のために企業は2つの生産要素1, 2をインプットとして用い，1つのアウトプットを生産しているものとしよう．企業 i が1単位のアウトプットを生産するのに必要とするインプット1, 2の量は a_1^i, a_2^i である．投入係数 a^i は企業ごとに異なる．アウトプット，2つのインプットの価格をそれぞれ p_0, p_1, p_2 とするとき

$$p_0 - p_1 a_1^i - p_2 a_2^i \geq 0 \tag{A.8}$$

すなわち利潤が負にならない企業のみが生産を行う．上記の不等式が(厳密に)成立している企業はいくらでも生産を増加させるインセンティブがあるが，(明示的に考慮していない)固定的生産要素(たとえば経営能力)が制約条件となり，すべての企業はアウトプットの上限＝キャパシティ(capacity)を与えられている．投入係数 a_1, a_2 をもつ企業のキャパシティが連続的に分布しているとすると，密度関数を $\phi(a_1, a_2)$ としてキャパシティは

$$\phi(a_1, a_2) da_1 da_2 \tag{A.9}$$

で表わされる．

このキャパシティの分布と利潤が正という制約条件を考慮に入れると，総生産量 X_0 は

$$X_0 = \int_0^{p_0/p_1} \int_0^{\frac{p_0 - a_1 p_1}{p_2}} \phi(a_1, a_2) da_1 da_2 \tag{A.10}$$

で与えられる．同様にして2つのインプットの総量は

$$X_k = \int_0^{p_0/p_1} \int_0^{p_0 - a_1 p_1} a_k \phi(a_1, a_2) da_1 da_2 \quad (k = 1, 2) \tag{A.11}$$

となる．Houthakker (1955/56)は，投入係数 a_1, a_2 の分布がベキ分布であるとき，すなわち

$$\phi(a_1, a_2) = A a_1^{\alpha_1 - 1} a_2^{\alpha_2 - 1} \quad (\alpha_i \geq 1) \tag{A.12}$$

であるときマクロの生産関数が

$$X_0 = CX_1^{\frac{\alpha_1}{\alpha_1+\alpha_2+1}} X_2^{\frac{\alpha_2}{\alpha_1+\alpha_2+1}} \qquad (C \text{ は正の定数}) \qquad (\text{A}.13)$$

となる,すなわちコブ゠ダグラス型になることを示した.

　ハウタッカーの分析においては,投入係数 a^i で表わされる企業の効率性にばらつきがあることが前提となっている.利潤にもばらつきがある.したがって経済は新古典派的な均衡状態にはない.第3章で説明したケインズの「有効需要の原理」のミクロ的基礎づけに関するモデルでは,企業のアウトプットに対する需要が数量的に制約されている,という仮定を設けた.これに対して,ハウタッカーのモデルでは,企業の生産能力に上限＝キャパシティがある,という仮定が設けられている.この点で両者の間に違いがあるが,いずれのモデルでも経済は新古典派的な均衡状態にはない[64].

　効率の異なる異質な企業を想定するハウタッカーの分析は,興味深い第一歩を印したのだが,マクロ経済学に与えたインパクトは限られていた.ハウタッカーの研究をフォローした佐藤(1975),Sato (1974)をはじめとするマクロの生産関数の集計(aggregation)の問題に関する研究が1970年代初頭に行われたが,時あたかもマクロ経済学は「合理的期待革命」の時代を迎えていた.そうした中で生産関数の集計問題に関心を寄せる経済学者の数は限られていた.「確率的・統計的」アプローチは,次節で述べるように,フィリップス曲線をめぐる論争の中にわずかにその姿を現すことになる.

　このほか第7章で紹介した資産価格に関する Mandelbrot (1963a)の先駆的な実証分析が特筆されなければならないが,当時の学界に大きな影響を与えたとは考えられない.Mandelbrot (1963b)は Pareto (1896)の所得分布の研究に言及しつつベキ分布の普遍性(universality)を論じたものだが,*Journal of Political Economy* 誌というメジャーな雑誌に発表されたにもかかわらず,これまたその真価は,1980年代に入り経済物理学者により再発見されるまで経済学界ではほとんど顧みられることはなかった.

---

64) 実際ハウタッカーのモデルで投入係数 a_1, a_2 をもつ企業のキャパシティの密度関数とされた ϕ を,そうした企業の有効需要の分布と読み替えることもできる.

4. トービンの「確率的マクロ均衡」

Phillips (1958) の実証研究に端を発するフィリップス曲線(失業率とインフレの間の負の相関関係)は,1960年代には学界で広く受け入れられたが,Friedman (1968) は長期的には失業率はインフレから独立に決まる「自然失業率」に等しくなる,という「自然失業率仮説」を提唱した.Phelps (1970) らによる自然失業率の「ミクロ的基礎づけ」は,労働市場に関する「サーチ理論」という大きな研究分野を生み出したが,第3章で詳しく説明したとおり,サーチ理論のメイン・ストリームは Lucas and Prescott (1974) に代表されるような新古典派均衡理論である.

これに対して,Tobin (1972) は,長期的な均衡においても失業率とインフレの間にトレード・オフが存在する(長期のフィリップス曲線は垂直ではなく右下がりになる)ことを示すべく「確率的マクロ均衡」(stochastic macro-equilibrium) という概念を提示した.

> それはランダムな部門間ショックが個々の労働市場をそれぞれ異なる不均衡状態に保つという意味で確率的である.と同時に,間断なき市場間の変動が,かなりはっきりとした集計量の動きを生み出すという意味でマクロ均衡である (Tobin 1972, p.9).

これはまさしくパレート分布をマルコフ・モデルで説明したチャンパーノウンの考え方と同じである.実際チャンパーノウンも「確率的均衡」(stochastic equilibrium) という言葉を使っていた.

Iwai (1981) の「不均衡動学」(disequilibrium dynamics) は Tobin (1972) の構想を明示的に数学的モデルにより示そうとする試みであった.岩井 (1987) は Tobin (1972) が確率的マクロ均衡と呼んだものを「蚊柱」の比喩により説明している.

> ここでわれわれが興味をもつのは,一種の「社会」現象としての蚊柱,すなわち無数の蚊によって構成されている蚊の社会のひとつの様態として

の蚊柱なのである．

　さて，蚊柱を遠くの方から眺めてみよう．そうすると，蚊柱とは地上数メートルのところに浮かんでいる雲のような白っぽい塊である．それは地表の温度や湿度の変化につれて徐々に位置を移動したり，時によってスッと舞い上がったりする．しかし，ここで重要なのは，そのようなゆるやかな移動や突然の飛翔にもかかわらず，蚊柱のかたちそのものはそれほど顕著な変化をみせないことである．蚊柱のかたちは，全体としてある種の「定常性」とでもいうべきものをもっているのである．

　しかし，うっかり刺されないように注意しながら蚊柱にうんと近づいて観察してみよう．そうすると様相は一変する．蚊柱とはいうまでもなく無数の蚊によって構成されているが，そのなかの一匹一匹の蚊の動きを目で追うと，定常性などというものとはおよそ無縁なしろものであることがわかる．それは，前後左右，上下左右にと，狂ったようにおたがいのまわりを飛びまわり，一瞬たりとも休むことをしない．乱舞する一匹一匹の蚊の動きは，まさに「非定常性」以外のなにものでもない．

　蚊柱全体の定常性と一匹一匹の蚊の動きの非定常性――この対照こそ，蚊柱という社会現象の最大の特徴である．蚊柱が全体としてもつ定常性とは，一匹一匹の蚊の非定常的な動きがおたがいの効果を打ち消し合い平均化された結果として生まれたあくまでも統計的な意味での定常性でしかない．すなわち，蚊柱の「マクロ的な定常性」とは，無数の蚊の「ミクロ的な非定常性」の統計的な均衡として成立しているといいかえてもよいであろう．ミクロ的な非定常性の統計的な均衡としてのマクロ的な定常性――じつは，蚊柱という生物現象からいささか強引にひっぱりだしてきたこの「不均衡」的な「均衡」概念こそ，われわれにマクロ経済学の神話の呪縛から逃れるための糸口を与えてくれるはずのものである（岩井 1987, 243-244 頁）．

「確率的マクロ均衡」は統計物理学的な概念である．Tobin (1972), Iwai (1981) の研究はそうした方向への先駆的な試みであったが，これもまた学界の主流となることはなかった．

5. 物理学者の貢献

こうした中で統計物理学的な方法論を経済現象に当てはめる試みは、もっぱら物理学者によってなされてきた。著名な物理学者である Haken (1977) は、早くから「シナジェティクス」(synergetics) という名の下に自然・社会における「協同現象」と「パターン形成」につき先駆的な研究を行った。Haken (1977) の第 11 章は「社会学」(sociology) と題され世論形成が分析されているが、モデルは経済現象に応用可能であり、実際それは第 2 章で紹介した Aoki (1998) による景気循環のモデルの先駆ということもできる。著名な統計物理学者であった Montroll (1981, 87) も、エントロピーがいかに経済現象の理解にとって本質的な役割を果たすか、数々の実証分析を通して示した。日本では深尾 (1987) により教科書も書かれた。このほかドイツの物理学者 Weidlich (2000) による貢献もある。

1980 年代に入ると米国の物理学者スタンリーらにより精力的な実証分析が行われ、ファイナンスを中心に 1995 年、経済物理学 (Econophysics) という名称が確立した (Mantegna and Stanley 2000; 高安 2001, 04)。日本の物理学者による最近の貢献として、青山ほか (2007, 08) がある。こうした試みはいずれも主として社会・経済現象に関心をもつ物理学者によってなされたのであり、経済学者の反応は概して低調であったということができる。

一般均衡理論にエントロピー最大化原理を導入し「統計的均衡理論」を提唱した Foley (1994) は数少ない例外であるが、経済学においては「確率・統計的アプローチ」は今もって異端の地位に甘んじている。こうした状況の下、「確率・統計的アプローチ」を積極的に提唱した青木正直の一連の著作 Aoki (1996, 2002)、Aoki and Yoshikawa (2007) や、「進化経済学」を提唱する有賀裕二の仕事 (有賀 2004) がある。

参 考 文 献

日本語

青山秀明・家富洋・池田裕一・相馬亘・藤原義久(2007)『パレート・ファームズ——企業の興亡とつながりの科学』日本経済評論社.
―――・―――・―――・―――・―――(2008)『経済物理学——ECONOPHYSICS』共立出版.
―――・相馬亘・藤原義久編著(2008)『ネットワーク科学への招待——世界の"つながり"を知る科学と思考』サイエンス社.
有賀裕二(2004)『進化経済学の数理入門』共立出版.
池田信行・小倉幸雄・高橋陽一郎・眞鍋昭治郎(2006)『確率論入門 I』培風館.
岩井克人(1987)『不均衡動学の理論』岩波書店.
岩田規久男(2001)『デフレの経済学』東洋経済新報社.
牛嶋俊一郎(2004)「日本における賃金・物価の決定メカニズムとデフレの考察」ESRI Discussion Paper Series No. 90.
氏原正治郎(1966)『日本労働問題研究』東京大学出版会.
梅村又次(1961)『賃金・雇用・農業』大明堂.
岡崎哲二・吉川洋(1993)「戦後インフレーションとドッジ・ライン」香西泰・寺西重郎編『戦後日本の経済改革——市場と政府』東京大学出版会.
岡田光正(2006)『コンドラチェフ経済動学の世界——長期景気波動論と確率統計哲学』世界書院.
大川一司(1965)「分配率の長期変動」『経済研究』第16巻第1号.
―――(1974)『日本経済の構造——歴史的視点から』勁草書房.
―――(1975)「過剰就業——再論」大川一司・南亮進編『近代日本の経済発展——「長期経済統計」による分析』東洋経済新報社.
―――・南亮進編(1975)『近代日本の経済発展——「長期経済統計」による分析』東洋経済新報社.
―――・ヘンリー ロソフスキー(1973)『日本の経済成長』東洋経済新報社.
大沢文夫(2011)『大沢流 手づくり統計力学』名古屋大学出版会.
翁邦雄・竹内惠行・吉川洋(1989)「わが国における実質賃金の決定について」東京大学経済学会『経済学論集』第55巻第2号.
小野旭(1981)『日本の労働市場——外部市場の機能と構造』東洋経済新報社.
金子敬生・二木雄策(1964)「物価変動と産業連関——多部門モデルによるわが国物価変動の分析」『季刊理論経済学』第15巻第1号.
加納悟(2006)「マクロ投資理論の再検討——ヘテロな投資主体を考えて」同『マクロ経済分析とサーベイデータ』岩波書店.

川口弘・篠原三代平・長洲一二・宮沢健一・伊東光晴(1962)『日本経済の基礎構造』春秋社.
神取道宏(2014)『ミクロ経済学の力』日本評論社.
清滝信宏(2010)「現代景気循環論の展望」日本経済学会編『日本経済学会75年史──回顧と展望』有斐閣.
久保亮五(1952)『統計力学』共立出版.
玄田有史編(2017)『人手不足なのになぜ賃金が上がらないのか』慶應義塾大学出版会.
小宮隆太郎(1976)「昭和四十八,九年インフレーションの原因」『経済学論集』(東京大学) 第42巻第1号.
齊藤誠(2014)『父が息子に語るマクロ経済学』勁草書房.
佐藤和夫(1975)『生産関数の理論』創文社.
佐藤健一(1990)『加法過程』紀伊國屋書店.
佐野陽子(1981)『雇用と賃金の経済学』中央経済社.
篠原三代平(1955)『所得分配と賃金構造』岩波書店.
───(1961)『日本経済の成長と循環』創文社.
───(1994)『戦後50年の景気循環──日本経済のダイナミズムを探る』日本経済新聞社.
───・藤野正三郎編(1966)『日本の経済成長──成長コンファランスの報告と討論』日本経済新聞社.
新開陽一(1967)『経済変動の理論』岩波書店.
杉山雄規(2012)「交通流」宇川彰・押山淳・小柳義夫・杉原正顯・住明正・中村春木編『計算と社会(岩波講座 計算科学6)』岩波書店.
須鎗弘樹(2010)『複雑系のための基礎数理──べき乗則とツァリスエントロピーの数理』牧野書店.
高田保馬(1947)『勢力説論集』惇信堂.
高安秀樹(2004)『経済物理学の発見』光文社.
───(2013)「経済の現象数理──バブルの発生と崩壊の数理」三村昌泰編『現象数理学入門』東京大学出版会.
───・高安美佐子(2001)『エコノフィジックス──市場に潜む物理法則』日本経済新聞社.
高安美佐子(2012)「金融市場──経済物理学の観点から」宇川彰・押山淳・小柳義夫・杉原正顯・住明正・中村春木編『計算と社会(岩波講座 計算科学6)』岩波書店.
竹内啓(2010)『偶然とは何か──その積極的意味』岩波新書.
竹山道雄(1956)『昭和の精神史』新潮社(『昭和の精神史』中公クラシックス,2011年).
田崎晴明(2008)『統計力学I, II』培風館.
寺田寅彦(1933)「物質群として見た動物群」『理学界』(『物質と言葉』岩波書店,1935年,所収).
寺本英(1990)『ランダムな現象の数学』吉岡書店.
並木正吉(1960)『農村は変わる』岩波書店.

西成活裕(2006)『渋滞学』新潮社.
根岸隆(1965)『価格と配分の理論』東洋経済新報社.
浜田宏一(2013)『アメリカは日本経済の復活を知っている』講談社.
林健太郎(1992)『昭和史と私』文藝春秋.
林文夫(2003)「構造改革なくして成長なし」岩田規久男・宮川努編『失われた10年の真因は何か』東洋経済新報社.
弘岡正明(2003)『技術革新と経済発展——非線形ダイナミズムの解明』日本経済新聞社.
深尾京司・中村尚史・中林真幸編(2017a)『岩波講座 日本経済の歴史 第3巻 近代1』岩波書店.
―――・―――・―――編(2017b)『岩波講座 日本経済の歴史 第4巻 近代2』岩波書店.
―――・―――・―――編(2018)『岩波講座 日本経済の歴史 第5巻 現代1』岩波書店.
深尾毅(1987)『分散システム論——熱力学的システム論』昭晃堂.
福田慎一(2018)『21世紀の長期停滞論——日本の「実感なき景気回復」を探る』平凡社新書.
増川純一・水野貴之・村井浄信・尹熙元(2011)『株価の経済物理学』培風館.
増田直紀・今野紀雄(2010)『複雑ネットワーク——基礎から応用まで』近代科学社.
丸山徹(2008)『ワルラスの肖像』勁草書房.
水野貴之(2016)「「一物一価」は現実に存在しない——選択の根拠は価格だけでない」『週刊エコノミスト』2016年5月31日号.
南亮進(1970)『日本経済の転換点——労働の過剰から不足へ』創文社.
―――(1992)『日本の経済発展』(第2版),東洋経済新報社.
―――・小野旭(1979)「要素所得と分配率の推計——民間非1次産業」『経済研究』第29巻第2号.
宮下精二(2002)『相転移・臨界現象——ミクロなゆらぎとマクロの確実性』岩波書店.
森嶋通夫(1984)『無資源国の経済学——新しい経済学入門』岩波全書(同書の改題,『森嶋通夫著作集10 ケインズの経済学』2004年,岩波書店).
―――(1994)『思想としての近代経済学』岩波新書.
矢野和男(2014)『データの見えざる手——ウェアラブルセンサが明かす人間・組織・社会の法則』草思社.
山田盛太郎(1934)『日本資本主義分析』岩波書店(岩波文庫,1977年).
吉岡完治(1989)『日本の製造業・金融業の生産性分析』東洋経済新報社.
吉川洋(1984)『マクロ経済学研究』東京大学出版会.
―――(1987)「日本の労働市場とマクロ経済学」『経済研究』第38巻第3号.
―――(1992)『日本経済とマクロ経済学』東洋経済新報社.
―――(1994)「労働分配率と日本経済の成長・循環」石川経夫編『日本の所得と富の分配』東京大学出版会.
―――編著(1996)『金融政策と日本経済』日本経済新聞社.
―――(1997)『高度成長——日本を変えた6000日』読売新聞社(増補版,中公文庫,

2012 年).
——(1999)『転換期の日本経済』岩波書店.
——(2000)『現代マクロ経済学』創文社.
——(2003)「過ぎたるはなお及ばざるが如し?!」岩田規久男・宮川努編『失われた10年の真因は何か』東洋経済新報社.
——(2009a)『いまこそ,ケインズとシュンペーターに学べ——有効需要とイノベーションの経済学』ダイヤモンド社.
——(2009b)「オーカン法則とケインズ経済学」『武蔵大学論集』第57巻第2号.
——(2013)『デフレーション——"日本の慢性病"の全貌を解明する』日本経済新聞出版社.
——(2016)『人口と日本経済——長寿,イノベーション,経済成長』中公新書.
——(2017)『マクロ経済学』第4版,岩波書店.
——・安藤浩一(2019)「人口減少,産業構造の変化と経済成長」RIETI Discussion Paper Series 19-J-033.
——・小原英隆(1997)「平成景気・不況と設備投資(1),(2)」東京大学経済学会『経済学論集』第63巻第2, 3号.
——・塩路悦朗(1990)「戦前日本経済のマクロ分析」吉川洋・岡崎哲二編『経済理論への歴史的パースペクティブ』東京大学出版会.
——・竹内恵行(1988)「実質賃金と日本経済」『金融研究』(日本銀行金融研究所)第7巻第4号.
——・松本和幸(2001)「産業構造の変化と経済成長」『フィナンシャル・レビュー』(財務省財務総合政策研究所)第58号.
和達三樹・十河清・出口哲生(2005)『ゼロからの熱力学と統計力学』岩波書店.

外国語

Aghion, P. and P. Howitt (1992), "A model of growth through creative destruction," *Econometrica*, Vol. 60, 323-351.

Akerlof, G. (1970), "The market for 'Lemons': Quality uncertainly and the market mechanism," *Quarterly Journal of Economics*, Vol. 84, No. 3, 488-500.

Anderson, P. W. (1972), "More is different," *Science*, Vol. 177, No. 4047, 393-396.

Aoki, M. (1996), *New Approaches to Macroeconomic Modeling: Evolutionary Stochastic Dynamics, Multiple Equilibria, and Externalities as Field Effects*, New York: Cambridge University Press.

——(1998), "A simple model of asymmetrical buisness cycles: Interactive dynamics of large number of agents with discrete choices," *Macroeconomics Dynamics*, Vol. 2, Issue 4.

——(2002), *Modeling Aggregate Behavior and Fluctuations in Economics*, Cambridge (UK): Cambridge University Press.

—— and Y. Shirai (2000), "A new look at the diamond search model: Stochastic cycles and equilibrium selection in search equilibrium," *Macroeconomic Dynamics*, Vol. 4, 487-505.

—— and H. Yoshikawa (2002), "Demand saturation/creation and economic growth," *Journal of Economic Behavior & Organization*, Vol. 48, Issue 2, 127-154.

—— and —— (2006), "Stock prices and the real economy: power law versus exponential distributions," *Journal of Economic Interaction and Coordination*, Vol. 1, 45-73.

—— and —— (2007), *Reconstructing Macroeconomics: A Perspective from Statistical Physics and Combinatorial Stochastic Processes*, Cambridge (MA): Cambridge University Press.

—— and —— (2008), "The nature of equilibrium in macroeconomics: A critique of equilibrium search theory," *Economics E-journal* (www.economics-ejournal. org) *Discussion Paper*, Nr. 2008-37.

—— and —— (2012), "Non-self-averaging in macroeconomic models: A criticism of modern micro-founded macroeconomics," *Journal of Economic Interaction and Coordination*, Vol. 7-1, 1-22.

Aoyama, H., Y. Fujiwara, Y. Ikeda, H. Iyetomi, and W. Soma (2010), *Econophysics and Companies*, New York: Cambridge University Press.

——, H. Iyetomi, and H. Yoshikawa (2015), "Equilibrium distribution of labor productivity: a theoretical model," *Journal of Economic Interaction and Coordination*, Vol. 10, No. 1, April, 57-66.

——, ——, ——, ——, and H. Yoshikawa (2017), *Macro-Econophysics-New Studies on Economic Networks and Synchronization*, Cambridge (UK): Cambridge University Press.

——, H. Yoshikawa, H. Iyetomi, and Y. Fujiwara (2009), "Labour productivity superstatistics," *Progress of Theoretical Physics Supplement*, No. 179, 80-92.

——, ——, ——, and —— (2010), "Productivity dispersion: Facts, theory, and implications," *Journal of Economic Interaction and Coordination*, Vol. 5, No. 1, June, 27-54.

Arrow, K. (1959), "Toward a theory of price adjustment," in M. Abramovitz ed., *The Allocation of Economic Resources*, Stanford: Stanford University Press.

—— (1963), "The role securities in the optimal allocation of risk-bearing," *Review of Economic Studies*, Vol. 31, 91-96.

—— (1967), "Samuelson collected," *Journal of Political Economy*, Vol. 75, No. 5, 730-737.

—— and G. Debreu (1954), "Existence of equilibrium for a competitive economy," *Econometrica*, Vol. 22, 265-290.

Attanasio, Orazio P. (1999), "Consumption," *Handbook of Macroeconomics*, Vol.

1, 741-812.
Auerbach, A. J. and M. Obstfeld (2005), "The case for open-market purchases in a liquidity trap," *American Economic Review*, Vol. 95, No. 1, 110-137.
Bak, P., K. Chen, J. Scheinkman, and M. Woodford (1993), "Aggregate fluctuations from independent sectoral shocks: Self-organized criticality in a model of production and inventory dynamics," *Ricerche Economiche*, Vol. 47, 3-30.
Ball, L. (2006), "Is the 'accounting' theory of inflation wrong?" NBER Working Paper No. 12687, Nov.
―――, N. G. Mankiw, and D. Romer (1988), "The new keynesian economics and the output-inflation tradeoff," *Brookings paper on Economic Activity*, Vol. 1, 1-65.
Bando, M. (2009), "From traffic flow to economic system," *Progress of Theoretical Physics Supplement*, No. 179, 189-197.
Barabási, A. (2016), *Network Science*, Cambride (UK): Cambridge University Press (池田裕一・井上寛康・谷澤俊弘監訳『ネットワーク科学』共立出版, 2019年).
Barro, R. and G. Becker (1989), "Fertility choice in a model of economic growth," *Econometrica*, Vol. 57, No. 2, 481-501.
Basu, S. (1996), "Procyclical productivity: Increasing returns or cyclical utilization?" *Quarterly Journal of Economics*, Vol. 111, No. 3, 719-751.
Becker, G. (1981), *A Treatise on the Family*, Cambridge (MA): Harvard University Press.
Benassy, J. P. (1975), "Neo-Keynesian disequilibrium theory in a monetary economy," *The Review of Economic Studies*, Vol. 42, No. 4, 503-523.
Bernanke, B. S. (2000), "Japanese monetary policy: A case of self-induced paralysis," in R. Mikitani and A. S. Posen eds., *Japan's Financial Crisis and Its Parallels to U.S. Experience*, Washington, DC: Institute for International Economics, 149-166.
―――, V. R. Reinhart, and B. S. Sack (2004), "Monetary policy alternatives at the zero bound: An empirical assessment," *Brooking Papers on Economic Activity*, 2, 1-100.
Bils, Mark and Peter J. Klenow (2004), "Some evidence on the importance of sticky prices," *Journal of Political Economy*, Vol. 112, 947-985.
Black, F. (1986), "Noise," *Journal of Finance*, Vol. 41, No. 3, 529-543.
――― (1995), *Exploring General Equilibrium*, Cambridge (MA): MIT Press.
Blanchard, O. (1979), "Speculative bubbles, crashes and rational expectations," *Economics Letters*, Vol. 3, 387-389.
――― (2018), "Should we reject the natural rate hypothesis?" *Journal of Economic Prespectives*, Vol. 32, No. 1, 97-120.
――― and S. Fischer (1989), *Lectures on Macroeconomics*, Cambridge (MA):

MIT Press.

—— and M. Watson (1982), "Bubbles, rational expectations and financial markets," in Paul Wachtel ed., *Crises in the Economic and Financial Structure*, Lexington (MA): D. C. Heathand Company, 295-316.

Blinder, A. and L. Maccini (1991), "Taking stock: A critical assessment of recent research on inventories," *Journal of Economic Perspectives*, Vol. 5, No. 1, 73-96.

Boushey, H., J. B. DeLong, and M. Steinbaum eds. (2017), *After Piketty: The Agenda for Economics and Inequality*, Cambridge (MA): Harvard University Press (山形浩生・守岡桜・森本正史訳『ピケティ以後——経済学と不平等のためのアジェンダ』青土社, 2019年).

Brock, W. A. (1999), "Scaling in economics: a reader's guide," *Industrial and Corporate Change*, Vol. 8, No. 3, 409-446.

Brown, E. H., S. A. Phelps, and S. A. Ozga (1955), "Economic growth and the price level," *Economic Journal*, Vol. 65, 1-18.

Bruno, M. and J. Sachs (1985), *Economics of Worldwide Stagflation*, Cambridge (MA): Harvard University Press.

Brynjolfsson, E. and L. Hitt (2000), "Beyond computation: Information technology, organizational transformation and business performance," *Journal of Economic Perspective*, Vol. 14, No. 4, 23-48.

Burdett, K. and D. T. Mortensen (1998), "Wage differentials, employer size, and unemployment," *International Economic Review*, Vol. 39, No. 2, 257-273.

Caballero, Ricardo J. (1999), "Aggregate investment," *Handbook of Macroeconomics*, 1, 813-862.

—— (2010), "Macroeconomics after the crisis: Time to deal with the pretence-of-knowledge syndrome," *Journal of Economic Perspectives*, Vol. 24, No. 4, 85-102.

Calvo, Guillermo A. (1983), "Staggered prices in a utility-maximizing framework," *Journal of Monetary Economics*, Vol. 12, Issue 3, 383-398.

Campbell, J. and J. Cochrane (1999), "By force of habit: A consumption-based explanation of aggregate stock market behavior," *Journal of Political Economy*, Vol. 107, 205-251.

Cassel, G. (1922), *Money and Foreign Exchange after 1914*, Oxford: Oxford Univasity Press (笠井正範『貨幣及び外国為替論』富文堂, 1927年).

Cassidy, J. (2010), "Interview with Eugene Fama," *New Yorker*, November, 1.

Cecchetti, S., P. Lam, and N. Mark (2000), "Asset pricing with distorted beliefs: Are equity returns too good to be true?" *American Economic Review*, Vol. 90, No. 4, 787-805.

Champernowne, D. (1953), "A model of income distribution," *Economic Journal*, Vol. 83, 318-351.

—— (1973), *The Distribution of Income between Persons*, Cambridge (UK):

Cambridge University Press.
Clay, H. (1928), "Unemployment and Wage Rates," *Economic Journal*, Vol. 38, No. 149, 1-15.
Clower, R. (1965), "The Keynesian counterrevolution: A theoretical appraisal," in F. Hahn and F. Brechling eds., *The Theory of Interest Rates*, London: Macmillan.
Costello, D. (1993), "A cross-country, cross-industry comparison of productivity growth," *Journal of Political Economy*, Vol. 101, No. 2, 207-222.
Coutts, K., W. Godley, and W. Nordhaus (1978), *Industrial Prining in the United Kingdom*, Cambridge (UK): Cambridge University Press.
Davis, S. J., J. C. Haltiwanger, and S. Schuh (1996), *Job Creation and Destruction*, Cambridge (MA): MIT Press.
———, R. J. Faberman, and J. C. Haltiwanger (2013), "The Establishment-level behavior of vacancies and hiring," *Quarterly Journal of Economics*, Vol. 128, No. 2, 581-622.
Deaton, A. (1992), *Understanding Consumption*, Oxford: Oxford University Press.
Debreu, G. (1959), *Theory of Value*, New York: Wiley (丸山徹訳『価値の理論』東洋経済新報社, 1977年).
Delli Gatti, D., G. Gallegatti, G. Giulioni, and A. Palestrini (2008), *Emergent Macroeconomics: An Agent-based Approach to Business Fluctuations*, Milan: Springer.
Diamond, P. (1967), "The role of a stock market in a general equilibrium model," *American Economic Review*, Vol. 57, No. 4, 759-776.
——— (1982), "Aggregate Demand Management in Search Equilibrium," *Journal of Political Economy*, Vol. 90, No. 5, 881-894.
——— (2011), "Unemployment, vacancies, and wages," *American Economic Review*, Vol. 101, No. 4, 1045-1072.
Diebold, F. and G. Rudebusch (1990), "A nonparametric investigation of duration dependence in the American business cycle," *Journal of Political Economy*, Vol. 98, No. 3, 596-616.
Di Matteo, M. and H. Yoshikawa (1999), "Economic growth: The Italian and Japanese experiences, *Economic Systems*, Vol. 23, No. 11.
Drèze, J. (1979), "Demand estimation, risk-aversion, and sticky prices," *Economic Letters*, Vol. 4, 1-6.
——— and P. J. Herings (2008), "Kinky perceived demand curves and Keynes-Negishi equilibria," *International Journal of Economic Theory*, Vol. 4, 207-246.
Dunlop, J. T. (1948), "Productivity and the wage structure," in L. Metzler ed. *Income, Employment and Public Policy: Essays in Honor of Alvin H. Hansen*,

New York: Norton.

Durlauf, S. N. (1997), "Statistical mechanics approaches to socioeconomic behavior," in W. B. Arthur, S. N. Durlauf, and D. A. Lane eds., *The Economy as an Evolving Complex System II*, Cambridge (MA): Addison-Wesley.

Economist (2009), "Where modern economic theory went wrong and how the crisis is changing it," *Economist*, July 18th-24th.

Eggertsson, G. B. and M. Woodford (2003), "The zero bound on interest rates and optimal monetary policy," *Brookings Papers on Economic Activity*, No. 1, 139-233.

Fair, R. C. (1989), "Book review of R. E. Lucas, *Models of Business cycles*, London and New York: Blackwell," *Journal of Economic Literature*, Vol. 27, 104-105.

Fama, E. (1970), "Efficent capital markets: A review of theory and empirical work," *The Journal of Financce*, Vol. 25, No. 2, 383-417.

Fay, J. A. and J. L. Medoff (1985), "Labor and output over the buisness cycle: Some direct evidence," *American Economic Review*, Vol. 75, No. 4, 638-655.

Feller, W. (1971), *An Introduction to Probability Theory and its Applications*, Vol. 2, 2nd ed., New York: Wiley.

Feynman, R. P. (1964), "The principle of least action," in id., *Lectures on Physics Vol.II*, Reading (MA): Addison Wesley, Chapter 19.

Fisher, I. (1933), "The debt-deflation theory of Great Depression," *Econometrica*, Vol. 1, No. 4, 337-357.

Fisher, J. C. and R. H. Pry (1971-1972), "A simple substitution model of technological change," *Technological Forecasting and Social Change*, Vol. 3, 75-88.

Foley, D. (1994), "A statistical equilibrium theory of markets," *Journal of Economic Theory*, Vol. 62, 321-345.

Frankel, J. and K. Froot (1987), "Short-term and long-term expectations the Yen / Dollar exchange rate: Evidence brow sunvey data," *Journal of the Japanese and International Economies*, Vol. 1, Issue 3, 249-274.

Freeman, R. B. and M. Weitzman (1987), "Bonuses and employment in Japan," *Journal of the Japanese and International Economies*, Vol. 1, 168-194.

Friedman, M. (1957), *A Theory of the Consurnption Function*, Princeton: Princeton University Press (宮川公男・今井賢一訳『消費の経済理論』厳松堂出版, 1961年).

―――― (1968), "The Role of Monetary Policy," *American Economic Review*, Vol. 58, No. 1, 1-17.

―――― (1975), "Perspectives on Inflation," *Newsweek*, June 24.

―――― (1987), "Quantity theory of money," in J. Eatwell, M. Milgate, and P. Newman eds., *The New Palgrave: A Dictionary of Economics*, London: Macmillan.

Frish, R. (1931), "A method of decomposing an empirical series into its cyclical and progressive components," *Journal of American Statistical Association*, Vol. 26, 78.

Gabaix, X. (2008), "Power laws in economics and finence," *NBER Working Paper Series*, 14299.

―――― (2011), "The granular origins of aggregate fluctuations," *Econometrica*, Vol. 79, No. 3, 733-772.

――――, P. Gopikrishnan, V. Plerou, and H. E. Stanley (2003), "A theory of power-law distriburions in financial market flactuations," *Nature*, Vol. 423, 267-270.

Garibaldi, U. and E. Scalas (2010), *Finitary Probabilistic Methods in Econophysics*, New York: Cambridge University Press.

Gibrat, R. (1931), *Les Inégalités Économiques*, Paris: Recueil Sirey.

Gnedenko, B. and A. N. Kolmogorov (1954), *Limit Distributions for Sums of Independent Random Variables*, Cambridge (MA): Addison-Wesley.

―――― / I. A. Ushakov trans. (1997), *Theory of Probability*, 6th edition (English translation of the Russian original published in 1988), Amsterdam: Gordon and Breach Science Publishers.

Godley, W. and W. Nordhaus (1972), "Pricing in the trade cycles," *Economic Journal*, Vol. 82, No. 327, 853-882.

Goldie, C. M. (1991), "Implicit renewal theory and tails of solutions of random equations," *The Annals of Applied Probability*, 1, 126-166.

Goldsmith, R. W. (1969), *Financial Structure and Development*, New Haven: Yale University Press.

Golosov, M. and R. Lucas (2007), "Menu costs and phillips curves," *Journal of political Economy*, Vol. 115, 171-199.

Gordon, R. J. (1982), "Why U. S. wages and employment behaviour differs from that in Britain and Japan," *Economic Journal*, Vol. 92, 13-44.

―――― (2011), "The history of the Phillips Curve: Consensus and bifurcation," *Economica*, Vol. 78, No. 309, 10-50.

―――― (2016), *The Rise and Fall of American Growth*, Princeton: Princeton University Press.

Granger, C. (1966), "The typical spectral shape of an economic variable," *Econometrica*, Vol. 34, No. 1, 150-161.

Griliches, Z. (1957), "Hybrid corn: An exploration in the economics of technological change," *Econometrica*, Vol. 25, No. 4, 501-522.

Grossman, G. M. and E. Helpman (1991), *Innovation and Growth in the Global Economy*, Cambridege (MA): MIT Press.

Grossman, S. and R. Shiller (1981), "The determinants of the variability of stock market prices," *American Economic Review*, Vol. 71, No. 2, 222-227.

Haberler, G. (1964), *Prosperity and Depression*, 5th ed., Cambridge (MA): Har-

vard University Press.
Hahn, F. and R. Solow (1995), *A Critical Essay on Modern Macroeconomic Theory*, Cambridge (MA): MIT Press.
Haken, H. (1977), *Synergetics*, Berlin: Springer.
Hall, B. H. (2011), "Innovation and productivity," *NBER Working Paper*, No. 17178.
Hall, R. (1978), "Stochastic implications of the life cycles permanent income hypothesis: Theory and evidence," *Journal of Political Economy*, Vol. 86, No. 6, 971-987.
—— and Thomas J. Sargent (2018), "Short-run and long-run effects of Milton Friedman's Presidential Address," *Journal of Economic Perspectives*, Vol. 32, No. 1, 121-134.
Hall, R. L. and C. J. Hitch (1939), "Price theory and business behavior," *Oxford Economic Papers*, No. 2, 12-45.
Hansen, A. (1939), "Economic progress and declining population growth," *American Economic Review*, Vol. 29, No. 1, 1-15.
Harrod, R. (1939), "An essay in dynamic theory," *Economic Journal*, Vol. 49, Issue 193, 14-33.
Hayashi, F. (1982), "Tobin's maginal q and average q: A neoclassical interpretation," *Econometrica*, Vol. 50, No. 1, 213-224.
—— and E. C. Prescott (2002), "The 1990s in Japan: A lost decade." *Review of Economic Dynamics*, Vol. 5, Issue 1, 206-235.
Hicks, J. R. (1936), "Mr. Keynes's theory of employment," *Economic Journal*, Vol. 46, Issue 182, 238-253.
—— (1937), "Mr. Keynes and the Classics: A suggested interpretation," *Econometrica*, Vol. 5, No. 2, 147-159.
—— (1946), *Value and Capital*, 2nd ed., Oxford: Oxford University Press (安井琢磨・熊谷尚夫訳『価値と資本(全2巻)』岩波文庫, 1995年).
—— (1950), *A Contribution to the Theory of the Trade Cycle*, Oxford: Oxford University Press.
—— (1973), "The mainspring of economics growth," *Swedish Journal of Economics*, Vol. 75, 336-348, also in id. *Economic Prespectives: Further Essay on Money and Growth*, Oxford: Oxford University Press, 1977.
—— (1974a), *The Crisis in Keynesian Economics*, New York: Basic Books.
—— (1974b), "Real and monetary factors in economic fluctuations," *Scottish Journal of Political Economy*, Vol. 21, No. 3, 205-214.
—— (1977), "Monetary experience and the theory of money," in id. *Economic Perspectives: Further Essay on Money and Growth*, Oxford: Oxford University Press.

―――― (1989), *A Market Theory of Money*, Oxford: Oxford University Press.
Honig, J. M. (2009), "The role of Fisher information theory in the development of fundamental laws in physical chemistry," *Journal of Chemical Education*, Vol. 86, No. 1, 116-119.
Hornstein, A. (1998), "Inventory investment and the business cycle," *Fed. Reserve Bank Richmond Economic Quarterly*, Vol. 84, 49-71.
Houthakker, H. (1955/56), "The Pareto distribution and the Cobb-Douglas production function in activity analysis," *Review of Economic Studies*, Vol. 23, No. 1, 27-31.
Huang, Z. F. and S. Solomon (2001), "Power, levy, exponential and Gaussian-like regimes in autocatalytic financial systems," *The European Physical Journal B: Condensed Matter and Complex Systems*, Vol. 20, 601-607.
Ijiri, Yuji and H. A. Simon (1975), "Some distributions associated with Bose-Einstein Statistics," *Proceedings of National Academy of Sciences*, U.S.A., Vol. 72, No. 5, 1654-1657.
―――― and ―――― (1979), *Skew Distributions and the Sizes of Business Firms*, Amsterdam: North-Holland Pub. Co.
Ikeda, Y. and W. Souma (2009), "International comparison of labor productivity distribution for manufacturing and non-manufacturing firms," *Progress of Theoretical Physics Suppliment*, 179, 93-102.
Iwai, K. (1981), *Disequilibrium Dynamics: A Theoretical Analysis of Inflation and Unemployment*, New Haven: Yale University Press.
Iyetomi, H. (2012), "Labor productivity distribution with negative temperature," *Progress of Theoretical Physics*, Suppliment, 194, 135-143.
――――, Y. Nakayama, H. Yoshikawwa, H. Aoyama, Y. Fujiwara, Y. Ikeda, and W. Souma (2011), "What causes business cyles?: Analysis of Japanese industrial production Data," *Journal of Japanese and International Economies*, Vol. 25, Issue 3, 246-272.
Javanovic, B. (1987), "Micro shocks and aggregate risk," *Quarterly Journal of Economics*, Vol. 102, No. 2, 395-410.
Johansen, A. and D. Sornette (1998), "Stock market crashes are outliers," *The European Physical Journal B*, 1, 141-143.
Jorgenson, D., M. Ho, and K. Stiroh (2005), *Productivity Vol. 3: Information Technology and the American Growth Resurgence*, Cambridge (MA): MIT Press.
Kadanoff, L. (2000), *Statistical Physics*, Singapore: World Scientific Publishing.
Kahneman, D., J. Knetsch, and R. Thaler (1986), "Fairness as a constraint on profit seeking: Entitlement in the market," *American Economic Review*, Vol. 76, No. 4, 728-741.
Kaldor, N. (1966), *Causes of the Slow Rate of Economic Growth of the United*

Kingdom: An Inaugural Lecture, Cambridge (UK): Cambridge University Press.
―― (1970), "The new monetarism," *Llydos Bank Review*, July.
―― (1982), *The Scourge of Monetarism*, Oxford: Oxford University Press.
―― (1985), *Economics without Equilibrium*, Cardiff: University of Cardiff Press.
Kalecki, M. (1954), *Theory of Economic Dynamics*, London: George Allen & Unwin.
Kesten, H. (1973) "Random difference equations and renewal theory for products of random matrices," *Acta Mathematica*, Vol. 131, 207-248.
Keynes, J. M. (1919), *The Economic Consequences of the Peace*, London: Macmillan (*Collected Writings of J. M. Keynes*, Vol. 2)(早坂忠訳『平和の経済的帰結』(ケインズ全集 第 2 巻)東洋経済新報社,1977 年).
―― (1923), *A Tract on Monetary Reform*, London: Macmillan (*Collected Writings of J. M. Keynes*, Vol. 4)(中内恒夫訳『貨幣改革論』(ケインズ全集 第 4 巻)東洋経済新報社,1978 年).
―― (1930), *A Treatise on Money*, Vols. 1 & 2, London: Macmillan (*Collected Writings of J. M. Keynes*, Vols. 5 and 6)(小泉明・長澤惟恭訳『貨幣論(全 2 巻)』(ケインズ全集 第 5・6 巻)東洋経済新報社,1979, 80 年).
―― (1931), "The consequences to the banks of the collapse of money values (August)," in id. *Essays in Persuasion*, London: Macmillan (*Colletcted Writings of J. M. Keynes*, Vol. 9)(宮崎義一訳『説得論集』(ケインズ全集 第 9 巻)東洋経済新報社,1981 年).
―― (1936), *The General Theory of Employment, Interest, and Money*, London: Macmillan (間宮陽介『雇用,利子および貨幣の一般理論(全 2 巻)』岩波文庫, 2008 年).
―― (1937), "The general theory of employment," *Quarterly Journal of Economics*, Vol. 51, No. 2, Feb., 209-223 (*Collected Writings of J. M. Keynes*, Vol. 14).
―― (1973), *The General Theory and After, Part II Defence and Development* (*Collected Writings of J. M. Keynes*, Vol. 14)(清水啓典・柿原和夫・細谷圭訳『一般理論とその後 II 弁護と展開』(ケインズ全集 第 14 巻)東洋経済新報社,2016 年).
Kichikawa, Y., H. Iyetomi, H. Aoyama, Y. Fujiwara, and H. Yoshikawa (2020), "Interindustry linkages of prices: Analysis of Japan's deflation," *Plos One*, https://doi.org/10.1371/journal.pone.0228046.
Kindleberger, C. (1967), *Europe's Postwar Growth*, Cambridge (MA): Harvard University Press.
―― (1978), *Manias, Panics and Crashes: A History of Financial Crises*, London: Macmillan (吉野俊彦・八木甫訳『金融恐慌は再来するか――くり返す崩壊の歴史』日本経済新聞社,1980 年).

King, M. (2016), *The End of Alchemy: Money, Banking, and the Future of the Global Economy*, New York: W. W. Norton.

Kirman, A. (1992), "Whom or what does the representative individual represent?" *Journal of Economic Perspectives*, Vol. 6, No. 2, 117-136.

Kittel, C. and H. Kroemer (1980), *Thermal Physics*, 2nd ed., San Francisco: W. H. Freeman.

Kiyotaki, N. (2011), "A perspective on modern business cycle theory," *Economic Quarterly*, Vol. 97, No. 3, 195-208.

―――― and J. Moore (1997), "Credit cycles," *The Journal of Political Economy*, Vol. 105, No. 2, 211-248.

Klein, J. (1999), "The rise of 'Neo-October' econometrics: Kondratiev and Slutzky at Moscow Conjuncture Institute," *History of Political Economy*, Vol. 31, No. 4, 152.

Klenow, Peter J. and Benjamin A. Malin (2011), "Microeconomic evidence on price-setting," in Benjamin H. Friedman and Michael Woodford eds., *Handbook of Monetary Economics*, Vol. 3A, Amsterdam: North-Holland, Chapter 6.

Kondratiev, N. D. (1926), "The problem of foresight," in N. Makasheva, W. Samuels, and V. Barnett eds., *The Works of Nikolai D. Kondratiev*, Vol. 3, London: Pickering and Chatto, 1998.

Krugman, P. (1991), "History versus expectations," *Quarterly Journal of Economics*, Vol. 106, No. 2, 651-667.

―――― (1994), "The myth of Asia's miracle," *Foreign Affairs*, November / December.

―――― (1998), "It's Baaack: Japan's slump and the return of the liquidity trap," *Brookings Papers on Economics Activity*, 2, 137-203.

Kuznetz, S. (1929), "Random events and cyclical oscillations," *Journal of American Statistical Association*, Vol. 24, No. 167, 273.

―――― (1940), "Schumpeter's *Business Cycles*," *American Economic Review*, Vol. 30, June, 257-271.

Kydland, F. and E. Prescott (1982), "Time to build and aggregate fluctuation," *Econometrica*, Vol. 50, No. 6, 1345-1370.

Leiyonhufvud, A. (1968), *Keynesian Economics and Economics of Keynes*, Oxford: Oxford University Press.

Leontief, W. (1936), "The fundamental assumption of Mr. Keynes's monetary theory of unemployment," *Quarterly Journal of Economics*, Vol. 51, No. 1, November, 192-197.

Lester, Richard (1946), "Shortcomings of marginal analysis for wage-employment problems," *American Economic Review*, Vol. 36, No. 1, 63-82.

Lévy, M. and S. Solomon (1996), "Power laws are logarithmic Boltzmann laws,"

International Journal of Modern Physics, C, Vol. 7, No. 4, 595-601.

Lewis, A. (1954), "Economic development with ultimited supplies of labour," *Manchester School of Economic and Social Studies*, Vol. 22, Issie 2, 139-191.

Lucas, R. E. (1972), "Expectation and the neutrality of money," *Journal of Economic Theory*, Vol. 4, Issue 2, 103-124.

—— (1973), "Some International Evidence on Output-Inflation Tradeoffs," *American Economic Review*, Vol. 63, No. 3, 326-334.

—— (1976), "Economic policy evaluation: A critique," *Carnegie-Rochester Conference Series on Public Policy*, Vol. 1, 19-46.

—— (1987), *Models of Business Cycles*, Oxford: Blackwell.

—— (1988), "On the mechanics of economic development," *Journal of Monetary Economics*, Vol. 22, July, 3-42.

—— (2003), "Macroeconomic priorities," *American Economic Review*, Vol. 93, No. 1, 1-14.

—— and E. Prescott (1974), "Equilibrium search and unemployment," *Journal of Economic Theory*, Vol. 7, Issue 2, 721-754.

Lux, T. and D. Sornette (2002), "On rational bubbles and fat tails," *Journal of Money, Credit and Banking Part 1*, Vol. 34, No. 3, 589-610.

Malevergne, Y. and D. Sornette (2006), *Extreme Financial Risks*, Berlin: Springer.

Malinvaud, E. (1977), *The Theory of Unemployment Reconsidered*, Oxford: Basil Blackwell.

—— (1982), "Wages and unemployment," *Economic Journal*, Vol. 92, Issue 365, 1-12.

—— (1994), *Diagnosing Unemployment*, Cambridge (UK): Cambridge University Press.

Mandelbrot, B. (1963a), "The variation of certain speculative prices," *Journal of Business*, Vol. 36, No. 4, 394-419.

—— (1963b), "New methods in statistical economics," *Journal of Political Economy*, Vol. 71, No. 5, 421-440.

—— (1997), *Fractals and Scaling in Finance*, New York: Springer.

—— and R. L. Hudson (2004), *The (MIS) Behavior of Markets*, New York: Basic Books.

Mankiw, N. G. (1985), "Small menu costs and large buisness cycles: A macroeconomic model of monopoly," *Quarterly Journal of Economics*, Vol. 100, Issue 2, 529-537.

—— (1989), "Real buisness cycles: A new Keynesian perspective," *Journal of Economic Perspectives*, Vol. 3, No. 3, 79-90.

—— (2016), *Macroeconomics*, 9th ed., New York: Worth Publishers（足立英之

ほか訳『マンキュー マクロ経済学 II』第 4 版, 東洋経済新報社, 2018 年).

—— and Ricardo Reis (2018), "Friedman's presidential address in the evolution of macroeconomic thought," *Journal of Economic Perspectives*, vol. 32, No. 1, 81-96.

—— and D. Romer (1991), *New Keynesian Economics*, Vols. 1 and 2, Cambridge (MA): The MIT Press.

Mantegna, R. and H. E. Stanley (2000), *An Introduction to Econophysics: Correlations and Complexity in Finance*, Cambridge (UK): Cambridge University Press.

Marshall, A. (1887), "Remedies for fluctuations of general prices," *Contemporary Review*, March, also in A. C. Pigou ed., *Memorials of Alfred Marshall*, London: MacMillan, 1925.

—— (1898), "Mechanical and biological analogies in economics," also in A. C. Pigou ed., *Memorials of Alfrd Marshall*, London: Macmillan, 1925.

—— (1920), *Principles of Economics*, 8th edition, London: Macmillan.

—— (1926), *Official Papers by Alfred Marshall*, ed. by J. M. Keynes, London: MacMillan.

Marsil, M. and Y. Zhang (1998), "Interacting individuals leading to Zipf's law," *Phsical Review Letters*, Vol. 80, No. 12, 1073-1091.

McCauley, J. (2004), *Dynamics of Markets: Econophysics and Finance*, Cambridge (UK): Cambridge University Press.

Mehra, R. and E. Prescott (1985), "The equity premium," *Journal of Monetary Economics*, Vol. 15, Issue2, 145-161.

Metzler, L. (1941), "The nature and stablitity of inventory cycles," *Review of Economics and Statistics*, Vol. 23, No. 3, 113-129.

Midrigan, V. (2011), "Menu costs, multiproduct firms, and aggregate fluctuations," *Econometrica*, Vol. 79, No. 4, 1139-1180.

Minsky, Hyman (1975), *John Maynard Keneys*, New York: Columbia University Press.

—— (2008), *Stabilizing An Unstable Economy*, New York: McGraw-Hill.

Modigliani, F. (1944), "Liquidity preference and the theory of interest and money," *Econometrica*, Vol. 12, No. 1, 45-88.

Montroll, E. (1981), "On the entropy function in sociotechnical systems," *Proceedings of National Academy of Sciences, U.S.A.*, Vol. 78, No. 12, 7839-7893.

—— (1987), "On the dynamics and evolution of some socio-technical systems," *Bulletin (New Series) of American Mathematical Society*, Vol. 16, No. 1, 1-46.

Mortensen, D. T. (2003), *Wage Dispersion*, Cambridge (MA): MIT Press.

—— (2011), "Markets with search friction and the DMP model," *American Economic Review*, Vol. 101, No. 4, 1073-1091.

—— and C. Pissarides (1994), "Job creation and job destruction in the theory of unemployment," *The Review of Economic Studies*, Vol. 61, No. 3, 397-415.

Motonishi, T. and H. Yoshikawa (1999), "Causes of the long stagnation of Japan during the 1990's: Financial or real?" *Journal of Japanese and International Economies*, Vol. 13, Issue 3, 181-200.

Muth, J. F. (1960), "Optimal properties of exponentially weighted forecasts," *Journal of American Stastistical Association*, Vol. 55, No. 290.

—— (1961), "Rational expectations and the theory of price movements," *Econometrica*, Vol. 29, No. 3, 384-404.

Neftçi, S. (1984), "Are economic time series asymmetrical over the business cycles?" *Journal of Political Economy*, Vol. 92, No. 2, 307-328.

Negishi, T. (1960), "Welfare economics and existence of an equilibrium for a competitive economy," *Metroeconomica*, Vol. 12, Issue 2-3, 92-97.

—— (1960-61), "Monopolistic competition and general equilibrium," *Review of Economic Studies*, Vol. 28, No. 3, 196-201.

—— (1979), *Microeconomic Foundations of Keynesian Macroeconomics*, Amsterdam: North-Holland.

Newman, M. (2005), "Power laws, Pareto distributions and Zipf's law," *Contemporary Physics,* Vol. 46, No. 5, 323-351.

Nirei, M. (2006), "Threshold behavior and aggregate fluctuation," *Journal of Economic Theory*, Vol. 127, Issue 1, 309-322.

—— and W. Souma (2007), "Two factor model of income distribution dynamics," *Journal of Income and Wealth*, Vol. 53, Issue 3, 440-459.

Ohkawa, K. and H. Rosovsky (1973), *Japanese Economic Growth*, Stanford: Stanford University Press.

Okun, A. M. (1962), "Potential GNP: Its measurement and significance," *Proceedings of the Business and Economic Statistics Section of the American Statistical Association*, 98-104, reprinted in id., *The Political Economy of Prosperity*, Washington D.C.: The Brookings Institution, 1970.

—— (1973), "Upward mobility in a high-pressure economy," *Brookings Papers on Economic Activity*, No. 1.

—— (1981), *Prices and Quantities: A Macroeconomic Analysis*, Washington D.C.: The Brookings Institution.

Pareto, V. (1896), *Cour d'Economie Politique*, Paris: Lausanne.

Pasinetti, L. (1981), *Structual Change and Economic Growth*, Cambridge (UK): Cambridge University Press.

—— (1993), *Structural Economic Dynamics: A Theory of the Economic Consequences of Human Learning*, Cambridge (UK): Cambridge University Press.

Phelps, E. (1970), *Microeconomic Foundations of Employment and Inflation*

Theory, New York: W. W. Norton.

Phelps Brown, E. and P. Hart (1952), "The share of wages in national income," *Economic Journal*, Vol. 62, No. 246, June, 253-277.

Phillips, A. (1958), "The relation between unemployment and the rate of change of money wages in the United Kingdom, 1861-1957," *Economica*, Vol. 25, No. 100, 283-299.

Pigou, A. (1925), *Memorials of Alfred Marshall*, London: Macmillan.

―― (1927), "Wage policy and unemployment," *Economic Journal*, Vol. 37, No. 147, 355-368.

―― (1929), *Industrial Fluctuations*, 2nd ed., London: Macmillan.

―― (1933), *The Theory of Unemployment*, London: Macmillan.

―― (1935), "Inflation, deflation and reflation," in id., *Economics in Practice*, London: MacMillan, 80-106.

―― (1936), "Mr. J. M. Keynes' General Theory of Employment, Interset and Money," *Economica*, Vol. 3, No. 10, 115-132.

―― (1950), *Keynes's "General Theory": A Retrospective View*, London: Macmillan.

Piketty, T. (2014), *Capital in the Twenty-First Century*, Cambridge (MA): Harvard University Press (山形浩生・守岡桜・森本正史訳『21世紀の資本』みすず書房, 2014年).

Pissarides, C. A. (2000), *Equilibrium Unemployment Theory*, second edition, Cambridge (MA): MIT Press.

―― (2009), "The unemployment volatility puzzle: Is wage stickiness the answer?" *Econometrica*, Vol. 77, No. 5, 1339-1369.

―― (2011), "Equilibrium in the labor market search frictions," *Amaerican Economic Review*, Vol. 101, No. 4, 1092-1105.

Plosser, C. I. (1989), "Understanding Real Business Cycles," *Journal of Economic Prespectives*, Vol. 3, No. 3, 51-77.

Postan, M. M. (1971), "Technological progress in post-war Europe," in id., *Fact and Relevance*, Cambridge (UK): Cambridge University Press, Chapter 11 (小松芳喬訳『史実と問題意識』岩波書店, 1974年).

Postel-Vinay, F. and J. Robin (2002), "Equilibrium wage dispersion with worker and employer heterogeneity," *Econometrica*, Vol. 70, No. 6, 2295-2350.

Prescott, E. (1998), "Needed: A theory of total factor productivity," *International Economic Review*, Vol. 39, Issue 3, 525-551.

Quesnay, F. (1758), *Tableau Économique* (平田清明・井上泰夫訳『ケネー 経済表』岩波文庫, 2013年).

Ramsey, F. (1928), "A mathematical theory of saving," *Economic Journal*, Vol. 38, No. 152, 543-559.

Ricardo, D. (1817), *Principles of Political Economy, and Taxation*, London, 3rd ed. 1821, Vol. 1 of P. Sraffa ed. *Works and Correspondence of David Ricardo*, Cambridge (UK): Cambridge University Press, 1953 (羽鳥卓也・吉澤芳樹訳『経済学および課税の原理(全2巻)』岩波文庫, 1987 年).

Redner, S. (1990), "Random multiplicative processes: An elementary tutorial," *American Journal of Physics*, Vol. 58, No. 3, 267-273.

Robertson, D. H. (1915), *A Study of Industrial Fluctuation*, London: P. S. King & Son, reprinted with new Introduction by London School of Economics and Political Science, 1948.

—— (1931), "The world slump," in Pigou, A. C. and D. H. Robertson eds., *Economic Essays and Addresses*, London: P. S. King & Son.

—— (1936), "Some notes on Mr. Keynes' *General Theory of Employment*," *Quarterly Journal of Economics*, Vol. 51 Issue 1, September and November, 168-170, 187-191.

Rogerson, Richard, Robert Shimer, and Randall Wright (2005), "Search theoretic models of the market: a survey," *Journal of Economic Literatica*, Vol. 43, No. 4, 959-988.

Romer, P. M. (1986), "Increasing returns and long run growth," *Journal of Political Economy*, Vol. 94, No. 5, 1002-1037.

Rostow, W. W. (1948), *British Economy of the Nineteenth Century*, Oxford: Oxford University Press.

—— (1953), *The Process of Economic Growth*, Oxford: Oxford University Press.

—— (1960), *The Stages of Economic Growth: A Non-Communist Manifest*, Cambridge: Cambridge University Press.

—— (1978), *The World Economy*, Austin: University of Texas Press.

Saichev, A., Y. Malevergne, and D. Sornette (2010), *Theory of Zipf's Law and Beyond*, Berlin and Heidelberg: Springer.

Salter, W. E. G. (1960), *Productivity and Technical Change*, Cambridge (UK): Cambridge University Press.

Samorodnitsky, G. and M. S. Taqqu (1994), *Stable Non: Gaussian Random Process: Stochastic Models with Infinite Variance*, New York: Chapman Hall.

Samuelson, P. A. (1939), "Interactions between the multiplier analysis and the principle of Acceleration," *Review of Economic Statistics*, Vol. 21, No. 2, 75-78.

—— (1946), "Lord Keynes and the General Theory," *Econometrica*, Vol. 14, No. 3, 187-200.

—— (1948), *Economics: An Introductory Analysis*, 1st edition, New York: McGraw-Hill (都留重人訳『経済学——入門的分析(上・下)』岩波書店, 1966-67 年).

Sargent, T. and C. Sims (1977), "Business cycle modeling without pretending to have too much a priori economic theory," *New Methods Business Cycle Res.*, Vol. 1, 145-168.

Sato, Kazuo (1974), *Production Functions and Aggregation,* Amsterdam: North-Holland.

Scheinkman, J. (2014), *Speculation, Trading, and Bubbles,* New York: Columbia University Press.

Schmookler, J. (1966), *Invention and Economic Growth,* Cambridge (MA): Harvard University Press.

Schumpeter, J. (1934), *Theory of Economic Development,* Cambridge (MA): Harvard University Press (塩野谷祐一・中山伊知郎・東畑精一訳『経済発展の理論(全2巻)』岩波文庫, 1977年).

―― (1936), "Review of Keynes's General Theory," *Journal of the American Statistical Association,* Vol. 31, No. 196, December.

―― (1939), *Business Cycles,* New York: McGraw-Hill (金融経済研究会訳『景気循環論(全5巻)』有斐閣, 1958-1964年).

―― (1946), "John Maynard Keynes," *American Economic Review,* September, also in id. *Ten Great Economists: From Marx to Keynes,* New York: Oxford University Press (中山伊知郎・東畑精一監修『十大経済学者――マルクスからケインズまで』日本評論新社, 1952年).

Sethna, J. (2006), *Statistical Mechanics: Entropy, Order Parameters, and Complexity,* Oxford: Oxford University Press.

Shea, J. (1993), "Do supply curves slope up?" *Quarterly Journal of Economics,* Vol. 108, No. 1, 1-32.

Shiller, R. (1981), "Do stock prices move too much to be justified by subsequent changes in dividends?" *American Economic Review,* Vol. 71, No. 3, 421-436.

Shinkai, Y. (1980), "Spillovers in wage determination: Japanese evidence," *Review of Economics and Statistics,* Vol. 62, 288-292.

Sinha, S., A. Chatterjee, A. Chakraborti, and B. K. Chakrabarti (2011), *Econophysics,* Weinheim: Wiley-VCH.

Slutzky, E. (1937), "The summation of random causes as the sources of cyclic processes," *Econometrica,* Vol. 5, 105-146.

Smith, A. (1776), *An Inquiry into the Nature and Causes of the Wealth of Nations,* London: W. Stahan, T. Cadell (水田洋監訳／杉山忠平訳『国富論(全4巻)』岩波文庫, 2000-01年).

Solow, R. M. (1956), "A contribution to the theory of economic growth," *Quarterly Journal of Economics,* February, Vol. 70, Issue 1, 65-94.

―― (1957), "Thecnical change and the aggregte production function," *Review of Economics and Statistics,* Vol. 39, No. 3, 312-320.

―― (1979), "Another possible source of wage stickiness," *Journal of Macroeco-

nomics, Vol. 1, No. 1, 79-82.
―― (1980), "On theories of unemployment," *American Economic Review,* Vol. 70, No. 1, 1-11.
―― (1986), "What is a nice girl like you doing in a place like this?: Macreeconomics After Fifty Years," *Eastern Economic Journal,* Vol. 12, No. 3.
―― (1990), *The Labor Market as a Social Institution,* Oxford: Basil Blackwell.
―― (2000), *Growth Theory, An Exposition,* 2nd ed., New York: Oxford University Press.
―― (2004), "Introduction: The Tobin approach to monetary economics," *Journal of Money, Credit and Banking,* Vol. 36, No. 4, 659-663.
―― (2014), "Thomas Piketty is right: Everything you need to know about capital in the twenty-first century," *The New Republic,* April 22.
Sornette, D. (2000), *Critical Phenomena in Natural Sciences,* Berlin: Springer.
―― (2003), *Why Stock Markets Crash,* Princeton: Princeton University Press.
Stanley, H. E., P. Gopikrishnan, and V. Plerou (2006), "Statistical physics and economic fluctuations," in M. Gallegati et al. eds., *The Complex Dynamics of Economic Interaction,* New York: Springer.
Stiglitz, J. (2010), "Needed: A new economic paradigm," *Financial Times,* August 20.
Stock, J. and M. Watson (1998), "Diffusion indices," Working Paper 6702, NBER.
―― and ―― (2002), "Forecasting using principal components from a large number of predictors," *Journal of American Statistical Association,* Vol. 97, 1167-1179.
Summers, L. (1986), "Some skeptical observations on real business cycle theory," *Quarterly Review* (Federal Reserve Bank of Minneapolis), Vol. 10, No. 4, 23-27.
―― (2014), "U. S. economic prospects: Secular stagnation, hysteresis, and the zero lower bound," *Buisness Economics,* Vol. 49, Issue 2, 65-73.
―― (2015), "Demand side secular stagnation," *American Economic Review,* Vol. 105, No. 5, 60-65.
Sutton, John (1997), "Gibrat's legacy," *Journal of Economic Literature,* Vol. 35, No. 1, 40-59.
Sweezy, P. M. (1939), "Demand under condition of oligopoly," *Journal of Political Economy,* Vol. 47, No. 4, 568-573.
Taylor, J. B. (1989), "Differences in economic fluctuations in Japan and the U. S.: The roll of nominal rigidities," *Jornal of Japanese and International Economies,* Vol. 3, Issue 2, 127-144.
Temin, P. (2017), *The Vanishing Middle Class: Prejudice and Power in a Dual Economy,* Cambridge (MA): MIT Press(栗林寛幸訳『なぜ中間層は没落したのか――アメリカ二重経済のジレンマ』慶應義塾大学出版会, 2020 年).

Thaler, R. H. (2015), *Misbehaving: The Making of Behavioural Economics*, New York: W. W. Norton.

Thomson, R. (1987), "Learning by selling and Invention: The Case of Sewing Machine," *Journal of Economic Histiry*, Vol. 47, No. 2, 433-445.

Tobin, J. (1969), "A Genaral Equilibrium Approach to Monetary Theory," *Journal of Money, Credit and Banking*, Vol. 1, No. 1, 15-29.

――― (1972), "Inflation and Unemployment," *American Economic Review*, Vol. 62, No. 1, 1-18.

――― (1975), "Keynesian Models of Recession and Depression," *American Economic Review*, Vol. 65, No. 2, 195-202.

――― (1993), "Price flexibility and output stability: An old Keynesian View," *Journal of Economic Perspectives*, Vol. 7, No. 1, 45-65.

――― (2003), *World Finance and Economic Stability*, Northampton (MA): Edward Elgar.

Toda, A. (2009), "Existence of a statistical equilibrium for an economy with endogenous offer sets," *Economic Theory*, Vol. 45, No. 3, 379-415.

Tugan-Baranowsky, Michael von (1901), *Studien zur Theorie und Geschichte der Handelskrisen in England*, Jena (救仁郷繁訳『新訳 英国恐慌史論』ぺりかん社, 1972年).

Ueda, K. and H. Yoshikawa (1986), "Financial Volatility and q Theory of Investment," *Economica*, Vol. 53, No. 299, 11-27.

Uzawa, H. (1969), "Time preference and the Penrose Effect in a two-class model of economic gowth," *Journal of Political Economy*, Vol. 77, No. 4, Part 2, 628-652.

Van Kampen, N. G. (1992), *Stochastic Processes in Physics and Chemistry*, revised and enlarged edition, Amsterdam: Elsevier.

Walras, L. (1926), *Élements d'économiepolitique pure ou Théorie de la richesse sociale*, Paris: Lausanne (久武雅夫訳『ワルラス 純粋経済学要論』岩波書店, 1983年).

Weidlich, W. (2000), *Sociodynamics: A Systematic Approach to Mathematical Modelling in the Social Sciences* (有賀裕二・佐藤浩監訳『ソシオダイナミクス――社会経済システムの物理学的方法』森北出版, 2007年).

Weitzman, M. (1982), "Increasing returns and the foundation of unemployment theory," *The Economic Journal*, Vol. 92, December, 787-804.

Yamada, K., H. Takayasu, T. Ito, and M. Takayasu (2009), "Solvable stochastic dealer models for financial markets," *Physical Review* E 79, 051120.

Yoshikawa, H. (1980), "On the 'q' Theory of Investment," *American Economic Review*, Vol. 70, No. 4, 739-743.

――― (1981), "Alternative monetary policies and stability in a stochastic Keyne-

sian model," *International Economic Review*, Vol. 22, No. 3.
―――― (1990), "On the Equilibrium Yen-Dollar rate," *American Economic Review*, Vol. 80, No. 3, 576-583.
―――― (1993), "Monetary policy and the real economy in Japan," in K. Singleton ed., *Japanese Monetary Policy*, Chicago: University of Chicago Press, 121-159.
―――― (1995), *Macroeconomics and the Japanese Economy*, Oxford: Oxford University Press.
―――― (2003), "The role of demand in macroeconomics," *Japanese Economic Review*, 54, Issue 1, 1-27.
―――― (2010), "The general theory: Toward the concept of stochastic macro-equilibrium," in Bradley W. Bateman, Toshiaki Hirai, and Maria C. Marcuzzo eds., *The Return to Keynes*, Cambridge (MA): Harvard University Press.
―――― (2015), "Stochastic macro-equilibrium: A microfoundation for the Keynesian economics," *Journal of Economic Interaction and Coordination*, Vol. 10, No. 1, April, 31-56.
―――― and F. Ohtake (1987), "Post war buisness cycles in Japan: A Quest for the Right Explanation," *Journal of the Japanese and International Economies*, Vol. 1, Issue 4, 373-407.
Young, A. A. (1928), "Increasing returns and economic progress," *Economic Journal*, Vol. 38, No. 152, 527-542.
Young, A. (1995), "The tyranny of numbers: Confronting the statistical realities of the East Asian growth experience," *Quarterly Journal of Economics*, Vol. 110, 641-680.
Yule, G. U. (1926), "Why do we sometimes get nonsense-correlations between time series?" *Journal of the Royal Statistical Society*, Vol. 89, No. 1, 1-63.
Zipf, G. K. (1949), *Human Behavior and the Principle of Least Effort*, Cambridge (MA): Addison-Wesley.

索　引

人　名

あ　行

青木正直　53, 190, 257, 283, 324
青山秀明　114, 324
アカロフ，ジョージ(George A. Akerlof)　296
有賀裕二　324
アロー，ケネス(Kenneth J. Arrow)　8, 42, 128, 258
安藤浩一　205
家富洋　106, 110, 131
井尻雄士　112, 314
岩井克人　322
ヴィクセル，クヌート(J. G. Knut Wicksell)　156
植田和男　291
宇沢弘文　194
エンゲル，エルンスト(Ernst Engel)　179
大川一司　169
オーカン，アーサー(Arthur M. Okun)　81, 93, 224
大沢文夫　298
岡田光正　316

か　行

ガヴェ，グザビエ(Xavier Gabaix)　142
カダノフ，レオ(Leo P. Kadanoff)　24
カルドア，ニコラス(Nicholas Kaldor)　170, 226
カレツキー，ミハウ(Michał Kalecki)　225

ギブス，ウィラード(J. Willard Gibbs)　47, 115
清滝信宏　17
クープマンス，チャリング(Tjalling C. Koopmans)　136
久保亮五　50
クラウア，ロバート(Robert W. Clower)　10
クルーグマン，ポール(Paul R. Krugman)　14, 70, 204, 219
クールノー，オーギュスタン(A. Augustin Cournot)　40
ケインズ，ジョン・メイナード(John Maynard Keynes)　156, 179, 242, 257, 289, 308
ケステン，ハリー(Harry Kesten)　274
ゴールディ，チャールズ(Charles M. Goldie)　274
コンドラチェフ，ニコライ(Nikolai D. Kondratiev)　136, 315

さ　行

サイモン，ハーバート(Herbert A. Simon)　112, 314
サージェント，トーマス(Thomas J. Sargent)　4
佐藤和夫　321
サマーズ，ローレンス(Lawrence H. Summers)　140
サミュエルソン，ポール(Paul A. Samuelson)　7, 157, 248
篠原三代平　76
ジブラ，ロベール(Robert Gibrat)　314
ジュグラー，ジョゼフ(Joseph C.

Juglar）　　135
シュムークラー，ヤコブ（Jacob
　　　Schmookler）　184
シュンペーター，ヨーゼフ・アロイス
　　　（Joseph Alois Schumpeter）
　　　111, 174, 182, 203, 308, 318
シラー，ロバート（Robert J. Shiller）
　　　259
スウィージー，ポール（Paul M.
　　　Sweezy）　95
スタンレー，ユージン（H. Eugene
　　　Stanley）　265, 324
スティグリッツ，ジョゼフ（Joseph E.
　　　Stiglitz）　15, 252
スルツキー，オイゲン（Eugen Slutsky）
　　　316
相馬亘　315
ソルネ，ディディエ（Didier Sornette）
　　　277
ソロー，ロバート（Robert M. Solow）
　　　3, 165, 244, 248

　　　　　　　た 行

ダイアモンド，ピーター（Peter A.
　　　Diamond）　88, 258
高田保馬　249
竹山道雄　1
チャンパーノウン，デイヴィッド（David
　　　G. Champernowne）　112, 311
ツガン＝バラノフスキー，ミハイル
　　　（Mikhail I. Tugan-Baranowsky）
　　　135
ディートン，アンガス（Angus Deaton）
　　　262
ティンバーゲン，ヤン（Jan Tinbergen）
　　　136
デブリュー，ジェラール（Gerard
　　　Debreu）　42, 258
寺田寅彦　309
トービン，ジェームズ（James Tobin）

　　　99, 140, 195, 227, 248, 291, 322
　　　　　　　な 行
西成活裕　310
楡井誠　315
根岸隆　33, 95
　　　　　　　は 行
ハウタッカー，ヘンドリック（Hendrik
　　　S. Houthakker）　320
ハーケン，ハーマン（Hermann H.
　　　Haken）　324
ハーバラー，ゴットフリート・フォン
　　　（Gottfried von Haberler）　136
浜田宏一　212
林文夫　195, 213, 291
パレート，ヴィルフレド（Vilfredo F. D.
　　　Pareto）　311
ハロッド，ロイ（Roy F. Harrod）
　　　165
ハンセン，アーヴィン（Alvin H.
　　　Hansen）　208
ピグー，アーサー（Arthur Pigou）　2,
　　　135, 242
ピケティ，トマ（Thomas Piketty）
　　　252
ピサリデス，クリストファー
　　　（Christopher A. Pissarides）
　　　88, 92
ヒックス，ジョン（John R. Hicks）
　　　9, 42, 224, 242, 243, 247, 308
弘岡正明　177
ヒンチン，アレクサンドル（Aleksandr
　　　Y. Khinchin）　268, 269
ファーマ，ユージン（Eugene F. Fama）
　　　280
ファインマン，リチャード（Richard P.
　　　Feynman）　48
フィッシャー（J. C. Fisher）　176
フィッシャー，アーヴィング（Irving

Fisher) 217
フェア，レイ(Ray C. Fair) 12
フェルプス，エドマンド(Edmund S. Phelps) 19, 298
プライ，ロバート(Robert H. Pry) 176
ブランチャード，オリヴィエ(Olivier J. Blanchard) 280
フリードマン，ミルトン(Milton Friedman) 4, 10, 107, 122, 130, 137, 231, 248, 301
プレスコット，エドワード(Edward C. Prescott) 4, 213, 261
ボルツマン，ルードヴィッヒ(Ludwig E. Boltzmann) 46, 319

ま 行

マーシャル，アルフレッド(Alfred Marshall) 37, 300
マランヴォー，エドモンド(Edmond Malinvaud) 10
マルクス，カール(Karl Marx) 134
丸山徹 36
マンキュー，グレゴリー(Nicholas G. Mankiw) 140, 207, 235
マンテーニャ，ロザリオ(Rosario N. Mantegna) 265, 324
マンデルブロー，ブノア(Benoît B. Mandelbrot) 263, 321
水野貴之 40
ミッチェル，ウェズレー(Wesley C. Mitchell) 135
南亮進 169
ミュス，ジョン(John F. Muth) 30
メーラ(Rajnish Mehra) 261
メルツァー，アラン(Allan H. Meltzer) 157
メンガー，カール(Carl Menger) 38
モーテンセン，デール(Dale T. Mortensen) 83, 88

モディリアーニ，フランコ(Franco Modigliani) 9
森嶋通夫 249, 307
モントロール，エリオット(Elliott W. Montroll) 310, 324

や 行

矢野和男 41
吉川洋 114, 190, 195, 205, 257, 279, 283, 291, 324

ら 行

リカード，デイビッド(David Ricardo) 218
ルイス，アーサー(William A. Lewis) 168
ルーカス，ロバート(Robert E. Lucas, Jr.) 4, 10, 12, 73, 137, 298
レイヨンフーヴッド，アクセル(Axel Leiyonhufvud) 10
レヴィ，ポール(Paul Lévy) 268, 277
レオンティエフ，ワシリー(Wassily Leontief) 9
ロストウ，ウォルト(Walt W. Rostow) 180, 199
ロバートソン，デニス(Dennis H. Robertson) 9, 135

わ 行

渡辺努 40
ワルラス，レオン(M. E. Léon Walras) 36-38, 301

欧 文

Marsili, Matteo 112
Zhang, Yi-Cheng 112

事　項

あ　行

青木＝吉川モデル　190
異質性　88
1次産品のドル価格　228
1次産品価格　215
一般均衡理論　36, 301
一般均衡モデル　33
『一般理論』(『雇用・利子および貨幣の一般理論』)　8, 136, 156, 179, 242, 257, 289
イノベーション　26
エクイティ・プレミアム・パズル　261
エンゲルの法則　179
エントロピー　51, 66, 104, 107, 271
　シャノンの――　52, 85, 102
オイラー方程式　47, 260
オーカン法則　81

か　行

価格　41, 43, 222
確率的マクロ均衡　322
過剰労働　169
加速度原理　157
貨幣数量(マネーストック)　217
貨幣数量説　217
為替レート　228
完全市場　258
完全競争　91, 128
技術進歩　166, 192, 203
期待　211, 216
均衡の選択　70
金融市場の合理性　289, 305
金融政策　211, 216
屈折個別需要関数　94
クラスター(集団)　239
車の渋滞　310

景気循環　53, 133
　――の「コスト」　12
景気の基準日付　147
経済成長　163, 207, 303
経済物理学　324
経済物理学者　264
ケインズ経済学　8, 73
ケインズの美人投票　289
ゲーム理論　70, 299
限界費用　96
交易条件　215
公正　224, 247
高度成長　171, 173
購買力平価(PPP)　229
効率性　291
効率的市場仮説　280
合理的バブル　280
合理的期待　29
固定価格市場　43, 249
コブ・ダグラス関数　319
『雇用・利子および貨幣の一般理論』
　→『一般理論』

さ　行

在庫　150
最小作用の原理　48
サーチ理論　87
産業構造　205
資産価格　257, 263, 287
自己組織化臨界現象　278
市場　42
指数分布　115
自然失業　122
　――率　107, 130, 301
失業　73, 122
　――者　115
　――率　125, 242, 303
実体経済　284
実物的景気循環(RBC＝リアル・ビジネス・サイクル)理論　137, 138

352

需要創出　192
需要の飽和　174, 180
条件付き期待値　31
乗算的な確率分布　274, 311
消費関数　31
消費者物価指数　234
消費に基づく資産価格モデル（CAPM）　259
所得分配　112, 203, 311
人口（労働力）移動　172
新古典派成長モデル　165
新古典派総合　7, 8
スターリングの公式　52
正規の雇用　244
生産性　75, 114, 124, 140
　——格差　79
　——の分布　77, 130
生産費用　225
成長率　198
制約条件　36, 88, 89
勢力　252
　——説／——論　249, 250
遷移確率　28, 60
潜在失業者　170
全要素生産性（TFP）　139, 143, 190
総需要　102, 104, 125, 126
創造的破壊　111, 174

た 行

対数正規分布　275
代替の弾力性　261
代表的経済主体　14, 16
代表的制約条件　89
代表的消費者　11, 12, 16, 57
チャップマン＝コルモゴロフ方程式　65
中心極限定理　262
長期停滞　304
　——論　208
賃金　90, 168, 241, 247, 304

デフレーション　212
転職　75
統計物理学　45, 48, 70, 86, 101, 297, 309
投資　157, 194, 260
特許　184
トービン税　291, 292
トービンの q 理論　195, 291

な 行

内生的成長理論　166
ナッシュ均衡　246
二項選択モデル　55

は 行

バブル　257, 259, 280
パレート最適　103, 305
パレート分析　311
非自己平均性　22
非正規の雇用　244
飛躍型マルコフ過程　60
フィリップス曲線　10, 253, 322
不完全競争　94, 128
不均衡動学　316
複数均衡　70
負の温度　106
プロダクト・イノベーション　181, 183, 186, 190
分配関数　116
ベキ分布　263, 312
変分原理　47, 48
ポテンシャル関数　66
ボルツマン分布　103

ま 行

マークアップ　228
マクロ経済学　133
マッチング　129
　——関数　92, 94, 302
マネーストック　137

索引　353

マネタリーベース　221
マルコフ・モデル　28, 60
　——の遷移確率の Tree　29
ミクロ的基礎づけ　73
ミクロの最適化をコアとするマクロ経済学　11
無限分解可能な(確率)分布　268, 270
名目賃金　232
メニュー・コストのモデル　235

や　行

有効需要の原理　102, 127, 155, 180, 227
ユール過程　276

ら　行

ラグランジュ乗数　106, 117
ラムゼー・モデル　55
ラムゼー型消費者　56
ランダム・ウォーク　32, 33
ランダム行列理論　148
リーディング・セクター　199
リーマン・ショック／リーマン・ブラザーズ　14, 99, 130, 152, 154, 282

離散選択モデル　55
リスク・プレミアム　262
流動性の罠　219
留保賃金　89, 117
ルイス・モデル　167
ルーカス・モデル　19
レヴィ・フライト　277
労使関係　254
労働生産性　79, 109, 141, 229
　——統計調査　79
労働分配率　246
ロジスティック曲線　177

欧　文

CAPM　→ 消費に基づく資産価格モデル
GDP　214
GDP デフレーター　215
PPP (Purchasing Power Parity)　→ 購買力平価
R&D (研究開発)　195
RBC (リアル・ビジネス・サイクル)　→ 実物的景気循環
TFP　→ 全要素生産性

■岩波オンデマンドブックス■

マクロ経済学の再構築——ケインズとシュンペーター

2020年8月19日　第1刷発行
2021年1月15日　第2刷発行
2025年5月9日　オンデマンド版発行

著　者　吉川　洋（よしかわ　ひろし）

発行者　坂本政謙

発行所　株式会社　岩波書店
〒101-8002　東京都千代田区一ツ橋2-5-5
電話案内　03-5210-4000
https://www.iwanami.co.jp/

印刷／製本・法令印刷

© Hiroshi Yoshikawa 2025
ISBN 978-4-00-731561-9　Printed in Japan